中國古典名著譯注叢書

尚書詮譯

金兆梓 著

中華書局

圖書在版編目（CIP）數據

尚書詮譯/金兆梓著. —北京：中華書局,2010.8
（2025.4 重印）
（中國古典名著譯注叢書）
ISBN 978-7-101-07463-5

Ⅰ.尚…　Ⅱ.金…　Ⅲ.①中國-古代史-商周時代
②尚書-譯文③尚書-注釋　Ⅳ. K221.04

中國版本圖書館 CIP 數據核字（2010）第 111090 號

書　　名　尚書詮譯
著　　者　金兆梓
叢 書 名　中國古典名著譯注叢書
封面題簽　徐　俊
責任編輯　石　玉
封面設計　許麗娟
責任印製　陳麗娜
出版發行　中華書局
　　　　　（北京市豐臺區太平橋西里 38 號　100073）
　　　　　http://www.zhbc.com.cn
　　　　　E-mail:zhbc@zhbc.com.cn
印　　刷　河北博文科技印務有限公司
版　　次　2010 年 8 月第 1 版
　　　　　2025 年 4 月第 9 次印刷
規　　格　開本/880×1230 毫米　1/32
　　　　　印張 15　插頁 2　字數 350 千字
印　　數　14301-15300 册
國際書號　ISBN 978-7-101-07463-5
定　　價　68.00 元

出 版 説 明

金兆梓（1889—1975），近代著名學者、出版家，抗戰期間曾任中華書局總編輯，建國後曾任中華書局上海編輯所主任、《辭海》編輯委員會委員、上海文史館館長。撰著、編校、翻譯著作多種（參本書所附之《金兆梓傳》）。

《尚書詮譯》是金先生一部未完成的遺作。根據其計劃，《尚書》全文二十八篇，《堯典》、《禹貢》、《洪範》、《金縢》、《皋陶謨》、《牧誓》六篇已有司馬遷《史記》譯載其文，故不再注譯，而只選譯剩餘的二十二篇，並重訂其篇次。但是現在這部遺稿，實際只完成了十二篇，其中有的篇還缺譯文、詮釋，有的内容又重複，体例也不統一。附録的几篇文章，可能因爲寫作年代不同，有些觀點或表述與正文也不盡一致。書稿交来後，我們委託梁運華先生做了大量補苴、疏通、潤飾、統一的工作，核對引文、補加書名號等尤其瑣碎煩勞，案頭加工耗時半年有餘。雖然這樣，它和作者在"前言"中講的整理計劃仍有一定距離。這一點要請讀者鑒察。這部《尚書詮譯》雖是未完成稿，但它不囿於習見成説，有不少精闢獨到的見解，可供今日之文史研究者參考，故特爲整理出版。

中華書局編輯部

二〇一〇年二月

目　　録

前　言

（一）尚書辨名

我前撰《今文尚書續論》①曾爲"尚書"一名下過一個定義道："尚書者，上古之書也，非其書名尚書也，漢以前抑未嘗成書。"説取諸《僞孔大序》。《序》云：

> 濟南伏生年過九十，失其本經，口以傳授，裁二十餘篇，以其上古之書，謂之尚書。②

這段話中最要注意者，是"失其本經，口以傳授"之二語。"失其本經"者，謂失去尚書本來的簡册，故只能憑口語傳授。然則伏生所傳授給張生和歐陽生的，並不是他那家藏的簡册了。這話似嫌簡略，東漢衛宏之説，就視此稍詳：

> 《漢書·儒林傳》顏師古注引衛宏《定古文尚書序》云："伏生老，不能正言，言不可曉也，使其女傳言教錯。齊人語多與潁川異，錯所不知者，凡十二三，略以其意屬讀而已。"

這裏所可注意者，爲"言不可曉，使其女傳言教錯，錯以意屬讀"之數語。東漢末的鄭玄記此却又加詳了：

> 宋王應麟《玉海》卷三十七"尚書大傳"條引《中興書目》云："按鄭康成《序》云：伏生爲秦博士，至孝文時，年且百歲。張生、歐陽生從其學而授之，音聲猶有訛誤，先後猶有

差舛，重以篆隸之殊，不能無失。生終後，數子各論所聞，以己意彌縫其闕，別作章句。"

這裏所應注意的，尤在"數子各論所聞，以己意彌縫其闕，別作章句"數語。東漢初王充的《論衡》也曾記載其事，其《書解》篇道：

漢興，收五經，經書缺滅而不明，篇章棄散而不具，朝錯之輩，各以私意分拆文字，師徒相因相授，不知何者為是。

綜合上引各文來看，王充、衛宏，都是東漢初年人，鄭玄是東漢末年人，作《偽孔傳》者也還是漢、魏間人，以視後世那些年湮代遠的經生，其説宜若可信；即使衛宏和作《偽孔傳》者都是傳習《古文尚書》的人，不免有門戶之見，但王充在我國學術史上可算是一位最實事求是的人，而且他也不傳經，應該沒有什麼門戶之見；況皮錫瑞還説："王仲任以孔子製作垂遺於漢，此用《公羊春秋》説也。"是充也是個習今文家言者。鄭玄本是一位從傳習今文經入手兼治古文經而集今古文大成的人，尤其應該沒有門戶之見。故衛宏與作《偽孔傳》者雖不一定可信，王充、鄭玄總應可信。然則《尚書》之為書，似不可專憑《漢書·藝文志》的記載，所謂"秦燔書禁學，濟南伏生獨壁藏之；漢興亡失，求得二十九篇以教齊、魯之間"，而信其為伏生壁藏簡册中僅存之殘本。照上引各文看來，伏生所用以教的，根本不是什麼壁藏的簡册，只是由伏生所口授，朝錯和張生、歐陽生等用當時通行的隸書記下來的筆錄本而已，所以説是"已失本經"。即此，我們似已可藉以窺見所謂《今文尚書》的真正來歷。

朝錯是穎川人，而且口傳給他的更非伏生本人，而是其女，所以朝錯只聽懂了其十之二三。張生與伏生同為濟南人，歐陽生，千乘人，離濟南也不太遠，在語音上當然比朝錯強。但照鄭玄説來，音聲也還有訛誤，先後也還有差舛，加上今古文——隸篆字形上也還不能無出入，那末嚴格點講，折扣也還不會太小，所以自張生、歐陽生以至歐陽、大、小夏侯等别成章句時，還不能不以己意彌縫其闕。所惜者，他們别成章句時，已在伏生死後，不能請這位傳經的老師宿儒親自校正一過。照這樣説來，這所謂《今文尚書》也者，竟是出於自張生以下至於小夏侯等的手筆了。惟然，歐陽、大、小夏侯既各有其章句，故遂有其師説、家法之不同，而所謂師説、家法的具體表現，也當然不外三家各有的章句本及其解釋了。

　　由此可知，在伏生時，此等章句本實尚未成立；換個説法，就是《尚書》一書在伏生時實尚未成書。故這書名當時也還未必果出於伏生的創意，很可能是伏生師弟間隨意給這些筆録本起這麼個廣泛的名稱而已。正因此，直到漢、魏之際，一些治《尚書》的經生還在各自摸索這"尚書"一名的涵義：

　　　　馬融説："上古有虞氏之書，故曰《尚書》。"

　　　　鄭玄説："尚者，上也，尊而重之若天書然，故曰《尚書》。"又説："書名爲孔子所加。"

　　　　王肅説："上所言，史所書，故曰《尚書》。"

　　以上都見唐孔穎達等的《尚書》僞孔大序正義所引，馬釋"尚"爲"古"，鄭釋"尚"爲"天"，王釋"尚"爲"君"，各猜各的，究竟誰猜對了没有，正義以爲都没有對，所以引畢以上各説後，便一一從而闢之曰：

　　　　鄭玄溺於《書》緯之説③，何有人言而須繫之於天乎？且孔君親見伏生，不容不悉，自云"伏生以其上古之書，謂之《尚書》"，何云孔子加也？

　　此闢鄭之説者。又曰：

　　　　王肅云，"上所言，史所書"，則"尚"字與"書"俱有，無先後，既直云“尚”，何以明上之所言？“書”者以筆畫記之辭，羣書皆是，何知書要責史所爲也？此其不若前儒之説密耳。

此闢王説。

上古者，亦無指定之目，自伏生言之，則於漢世仰遵前代，自周已上者皆是。馬融云，“有虞氏”，爲書之初耳……但今世已上，仰之已古，便爲上古耳。以“書”是本名，“尚”是伏生所加，故引諸書，直云“書曰”；若有配代而言，則曰“夏書”……無言“尚書”者。

此又闢馬之説者。然馬實未嘗有誤，特僅舉其偏，而此則舉其全耳。比較起來，正義的説法，還算持之有故、言之成理的。這，我們只須用今存的經、史、子等先秦古籍來證明。例如《論語》、《孟子》等引《尚書》，只稱“書曰”；《左傳》、《國語》等，則配代而稱“夏書”、“商書”、“周書”；《墨子》則泛稱爲“先王之書”；《禮記》則只引篇名，上不冠以“書曰”的字樣了；没有引《尚書》文而稱“尚書曰”的實例。現這類古籍都還在印行，可一一取以覆按。於此可見在伏生以前，没有存在過這麽一種名叫“尚書”的書。

其實還不但伏生以前没有這麽一種名叫“尚書”的書，先秦時代，漢人以與《尚書》並列爲五經的《易》、《詩》、《禮》、《春秋》等經也未嘗不稱“書”。例如《左傳》昭二年曰：

晉使韓宣子來聘。……觀書於太史氏，見《易象》與《魯春秋》，曰“周禮盡在魯矣”。

這裏上文明明説的是“觀書”，而下文述所見到的，却是《易象》和《魯春秋》，而且因之嘆“周禮盡在魯”，這不即是《易》、《禮》、《春秋》都可稱“書”的實例嗎？《詩》可稱“書”的例那就更多了：

《墨子·尚同中》：“是以先王之書《周頌》之道曰：‘載來見彼王，聿求厥章。’”

《墨子·兼愛下》：“先王之書《大雅》之所道曰：‘無言而不讎，無德而不報，投我以桃，報之以李。’”

《墨子·天志下》：“於先王之書《大夏》之道之然：‘帝謂文王，予懷明德，毋大聲以色，毋長夏以革，不識不知，順帝之則。’”

《墨子·明鬼下》：“周書《大雅》曰：‘文王在上，於昭於天，周雖舊邦，其命維新。有周不顯，帝命不時。文王陟降，在帝左右。穆穆文王，令聞不已。’”

《呂氏春秋·慎大覽》：“周書曰：‘若臨深淵，若履薄冰。’”

上引諸例，《墨子》所謂《周頌》、《大雅》（大夏即大雅），不都是《詩》嗎？《呂氏春秋》所引，雖未明指出何詩，其文固見今行《毛詩·小雅·節南山之什·小旻》篇，《小雅》不也是《詩》嗎？但這兩書中一例稱之爲“先王之書”或“周書”，這不都是《詩》可稱“書”的實例嗎？故王充《論衡·正説》篇曰：“五經總名爲書。”“書”在這裏只是一切刻畫有文字的竹簡的通稱，原是共名而非別名，故五經都可總名爲“書”：《易》是卜筮專用的簡札，《春秋》是記往事專用的簡札，《詩》是歌詠合樂專用的簡札，都是“書”這個共名下的別名，這些才是書名。至於“尚書”一名，在這裏所指的，原義只是上古遺留下的古文簡册，在那時是用以泛指一切先秦留下的古書的，猶之今日吾人泛稱清末以前的木刻書爲“古籍”，如斯而已。

那末《漢書·儒林傳》何以又説“孝文時，求能治《尚書》者，天下無有”呢？這不明説原有這麼一種名叫“尚書”的書了嗎？關於這，我的理解是這樣的。《易》本是卜筮之書，在秦始皇時原就未焚未禁。《詩》，在漢高帝時，已有浮丘伯在傳習，高帝母弟楚元王且已和申公同向他受業；吕后時，他且已正式在長安授徒，楚元王並令其子也和申公向他學《詩》，不必待孝文時，《詩》早已在傳世了。《春秋經》則在高帝時已有張蒼在傳授《左氏傳》；孝文時，賈誼且已爲《左氏傳》作有訓詁了。於此可見，《易》、《詩》、《春秋》三經在孝文時都已有了師傳，其書名自也早已確定；這時，五經已有其三，惟"書"、"禮"兩者尚付闕如。"禮"在先秦時代，本與《詩》同作爲知識分子必修的科目，也即是繁榮文化必要的教科書，但自孔子時其經已不具。是時孝文蓋已採納賈誼改正朔易服色的建議，斐然有制禮作樂的意圖，只因已在傳習的《易象》、《春秋》和《詩》、《樂》似尚感資料有不足，覺得要制禮作樂，只有浮丘伯、申公之所學可依傍以作樂，要制禮則尚無可依據，故一時只好謙讓未遑。雖説其時高堂生已傳出《士禮》十七篇（即今所謂《儀禮》），但只有士禮，而無王、公、卿、大夫之禮；且即此《士禮》，也只有一魯徐生能爲容，禮意尚未有人能闡述（今所見的《儀禮》也不闡禮意），不可能本《士禮》之容以推之王、公、卿、大夫而爲之制禮。能明禮意的人，據《漢書·藝文志》的記載，似乎要到孝武時，才有后倉其人者能明；而得以其學列之學官來傳習的，却還要等到后倉的弟子戴德、戴聖、慶普三家之學出。慶氏之學今已無傳，惟《大戴禮》和小戴的《禮記》今尚有其書。由今傳兩戴之《禮記》看，大體上倒確是闡明禮意的書，所論述也不限於士禮和繁碎的禮容。但在孝文時，却都還遠未出世。大概這就是孝文所以要特爲派人求能治《尚書》者之所由來。我這樣的理解，也並非純憑主觀的想象，司馬遷已在《孔子世家》中明以詔我道：

　　孔子之時，周室微而禮樂廢，《詩》、《書》缺，追跡三代之禮，序《書傳》，上紀唐、虞之際，下至秦繆，編次其事，曰："夏禮吾能言之，杞不足徵也；殷禮吾能言之，宋不足徵也，足則吾能徵之矣。"觀夏殷所損益，曰："後雖百世可知也，以一文一質；周監二代，郁郁乎文哉！吾從周。"故《書傳》、《禮記》自孔氏。

試看他說的孔子的序《書傳》，上起唐、虞，下至秦穆，不正是今所見的《尚書》的編次嗎？而記他所追跡的目的却在三代之禮；把"傳書""記禮"兩事竟說成一事了。其實何必司馬遷，上引《左傳》韓宣子之言不正說明《易象》、《春秋》等書正是《周禮》所云的簡册？這不都說明了孝文的求能治《尚書》者的動機、目的也正在追跡三代之禮，作爲他制禮的依據嗎？不然別的經又何以不必遍天下去尋求呢？然則"尚書"一名的涵義，在這意義下，竟還僅指古文字的資料而言了。但就孝文時朝錯之所録進，其後歐陽、夏侯之徒之所章句，似乎都不像闡述禮意的禮經，殊未足以爲解決制禮這一大問題的資料；而其體裁可又不類已在傳世的《易》、《詩》、《春秋》等經，不得已只好將這些資料另行作爲一種古籍給保存下來，姑就那些治《尚書》者們的自稱而名之曰《尚書》。然則"尚書"一名竟又泛指《易》、《詩》、《春秋》各專用簡札以外的一些刻畫有古文字的簡册的總稱了。

至於《尚書》的體裁之所以有別於其他諸經者，《易》、《詩》兩經當然形式上就無共同之處，決不致混淆；惟《春秋》則與之同爲記往事之史體，或易相混。但以文體言，《書》以載言爲主，《春秋》以按年記事的編年體爲主，在先秦時代，原由左右二史分司其事④，故可一望而知其非《春秋》之遺文；況《尚書》所載，上起唐、虞，下訖秦穆；《春秋》則上起魯隱，下訖魯哀，內容尤不可能相涉，故自不能不另作爲一種古籍來處理。此則《尚書》所以自成一經的由來。至其所謂載言之體，唐人劉知幾的《史通》曾於《六家》⑤一篇中詳辨其體之特徵曰：

　　蓋《書》之所主，本於號令，所以宣王道之正義，發話言於臣下，故其所載，皆典、謨、訓、誥、誓、命之文。至如《堯》、《舜》二典，直序人事；《禹貢》一篇，唯言地理；《洪範》總述災祥；《顧命》都陳喪禮，茲亦爲例不純者也。

　　如劉氏對於史之六體之所辨章，以爲二典之“直序人事”、《顧命》之“都陳喪禮”，皆未合於《尚書》之正體，則可知《尚書》之正體既非記事，亦非述禮，所應載者專限於典、謨、訓、誥、誓、命等之話言。必如所云云，遠之唯吉金之鐘鼎銘文，近之則唯清人所輯之《十一朝東華錄》，庶幾似之。衡以正體之《尚書》，亦唯韓退之所謂爲“佶屈聱牙”的殷盤、周誥始足以當之。然則《尚書》之正體，正可歸於今之所謂“檔案”了。檔案固不必有定本，不必有書名，而只是一種資料性文字的匯輯而已。但就史料論史料，檔案則又自有其第一手資料的價值。本此以求之今行《尚書》，亦唯殷盤、周誥等文字與所謂吉金文字者爲尤近，其間有可用吉金文字與之相質證者（見下各篇詮釋），故其史料之價值，尤出諸經之上。我之譯此，所以敢於不辭固陋，知其不可而爲之，亦正以此，故選例也略以《史通》之所辨章爲依歸。

（二）尚書今古文問題

　　我在辨章“尚書”一名的涵義時，謂之爲“上古遺留下來的古文簡册”，其實在求能治《尚書》者的孝文帝時，所求得的《尚書》，還說不上是古文的簡册，還只是由伏生所口授，朝錯、張生、歐陽生等用當時通行的隸書所筆錄的筆錄本而已。惟然，故稱之爲“今文尚書”。至於《尚書》的真正的古簡册，還要到孝景帝初年才出世，孝武帝末年才入於祕藏⑥。據《漢書・藝文志》所載，說是：

　　武帝末，魯恭王壞孔子宅，欲以廣其宫，而得《古文尚書》及《禮記》、《論語》、《孝經》，凡數十篇，皆古字也。……孔安國者，孔子後也，悉得其書，以考二十九篇，得多十六篇。安國獻之，遭巫蠱事，未列於學官。⑦

　　案這段記載，頗有問題。姑置《禮記》、《論語》、《孝經》等不論，考同書《景十三王傳》云"魯恭王餘以孝景前三年徙王魯"，立二十八年而薨，故魯恭王薨年乃武帝即位後十五年，下距武帝末尚有四十年。是魯恭王之得孔壁藏書決不可能在"武帝末"，而是在景帝初。《史記·孔子世家》："安國爲今皇帝博士，至臨淮太守，蚤卒。"司馬遷撰《史記》時已及見其死，總應是事實。考《史記》之作，始於武帝太初元年，下暨天漢四年。則安國之死必在天漢四年之前也可斷言。天漢四年，即公元前九十七年，下距巫蠱事起(公元前九十二年)尚有五年，安國果曾自行獻書，也決不會適值巫蠱事起。故曰魯恭王之得壁藏《古文尚書》在孝景初；而這批《古文尚書》入祕藏則在孝武末。

　　《史記·儒林傳》記載此事則曰：

　　　　孔氏有《古文尚書》，而安國以今文讀之，因以起其家逸書，得十餘篇。

　　合馬、班兩氏所有對此事的記載來參看，我對此事，得到如下的一個整個概念，即說是：

　　　　景帝初年，魯恭王爲了擴大他的宫室，併吞了孔子的舊居而拆毀之。拆毀孔宅時，在牆壁中發見了孔家一批舊藏的古文竹簡。魯王以非其所好，當即勿歸原主，送還孔子的後人孔安國。安國曾用當時已行世的《今文尚書》來對照着讀這批古文的竹簡，發見其中尚有未得行世的《尚書》十餘篇。安國死後，他家後人因於武帝末年將這批古文竹簡獻給國家。國家本想將它列入學官，讓博士們整理出來去傳習，恰好巫蠱這件亂子鬧出來了，便將此事擱置下去。

《藝文志》誤將“武帝末”三字提到得書之上來，這就把讀者搞糊塗了。《史記·儒林傳》本來說的是“安國校讀了這批古文竹簡，發覺其中有未曾整理行世的《尚書》十餘篇”，後人又將“逸書”二字誤會爲已亡失之書，一誤於是再誤。其實這“逸書”之“逸”乃是“隱逸”之“逸”，意謂未得行世之書，係對已行世的《今文尚書》而言。試問倘已亡失了，安國又發覺些什麼？此後又何來今古文之爭？正因巫蠱事起，將此事擱置了，這一批《古文尚書》的竹簡就一直擱置在宮内的祕藏中而未行世，逸書始終停留在逸書的狀態中。直到成帝、哀帝間，劉向、歆父子校書中祕時，才得用這批古文的竹簡來校讀當時已行世的《今文尚書》二十九篇本，校出了《今文尚書》中的《酒誥》篇有脫簡一、《召誥》篇有脫簡二，並發見凡每簡二十五字的地方，脫去的文字也二十五字；二十二字的地方，脫去的也二十二字。這倒可說明今文學家以意彌縫其闕而輯訂起來的章句本，還算輯訂得八九不離十。八九不離十者，十得其八九而已，並非謂其完全對頭。此外雖也還有文字不同的地方七百多字，零星脫字的地方也還有幾十處，但以意彌縫其闕的結果竟有此成績，也已非易事了。這或者正是鄭康成所樂於如實報道的原因。但於此也更可見當時所齗齗以爭的今古文問題，所不同者就只有這些。

當時劉歆既發見今古文有這一些分歧之處，因而主張將這批古文竹簡一並發交學官，好讓博士們重新做些整理功夫，另訂出更正確的章句本來。又因那時經過成帝派謁者陳農訪求遺書於天下，大約也發見些其他經書的古文資料，所以劉歆這一主張還不限於《尚書》一經，兼欲立古文《毛詩》、《逸禮》及《春秋左氏傳》。照常理講，用今古文經互相對照着整理一下，原只有相益相成，互相補充所不足，而使經義益明的好處，無如西漢統治者的統治

力，到了哀帝已成强弩之末，所以對劉歆這一建議，已不能自作
主張，只令歆自己和博士們去商量。當時的博士們又狃於當時的
學風，本不贊同歆的主張，因而就拒絶和歆討論這問題。歆又年
少氣盛，自恃其學之淹博，便移書於博士們，責備他們這種深閉
固拒的態度，説他們“黨同門，妬道真”。不料這一責備，恰正挖
着他們的痛創疤，便引起軒然大波，即今古文之争。歆且因此被
當時經今文學的名儒——治歐陽《尚書》的龔勝和治齊《詩》的師丹
所排斥；師丹還對歆加上個“改亂舊章，非毀先帝所立”的罪名，
用政治勢力來控制學術了。不久，哀帝死，平帝嗣，王莽當國。
莽素信歆，故也贊同歆的主張而將古文經如《毛詩》、《逸禮》、
《左傳》和《古文尚書》一度悉立於學官。莽敗，東漢光武仍一反莽
之所爲以示除舊更新之意，除《毛詩》外，一切古文經都因之而
廢，《古文尚書》於是仍不得列於學官，不得公開傳習。

　　上文所謂“博士們狃於當時的學風”云云，當時的學風究竟是
怎樣的一種學風呢？原來西漢之世，《尚書》經今文學自從孝武、
孝宣相繼置博士整理《今文尚書》後，《今文尚書》的歐陽、大、小
夏侯三家分道揚鑣地傳習開來，一時已蔚爲風氣，其中尤以小夏
侯一家爲獨盛（見拙著《今文尚書論》）。推其所以獨盛的原因，
《漢書·夏侯勝傳》對之曾有所陳述，文曰：

　　　　勝從父子建，字長卿，自師事勝及歐陽高，左右採獲；
　　又從五經諸儒問與《尚書》相出入者，牽引以次章句，具文飾
　　説。勝非之曰：“建所謂章句小儒，破碎大道。”建亦非勝：
　　“爲學疏略，難以應敵。”建卒自顓名經。

　　從這段記載中，我們就可窺見一些當時爲學的風氣。小夏侯
之爲學，按説原可算是學無常師的，其師大夏侯大概不喜建兼師
歐陽高，以爲有亂師説，遽以“章句小儒，破碎大道”非之，這自
不免有點門户之見。但看他對建的評語，建確也似乎有點爲了

“左右採獲”才如此做；爲了利於與人辨難，才博採異説而去師事
歐陽高和五經諸儒，所以當對其師反脣時，也讖勝“爲學疏略，
難以應敵”了。由建讖勝的兩語看來，更可進一步窺見當時夏侯、
歐陽的兩家對峙是相互含有敵意的；建之師事歐陽高，也容或有
入其室、操其矛以伐其師的用意，不然又有何敵之殊應呢？結果
乃至先伐其本師。同一夏侯家學而師弟之間尚且有這樣操戈相向
的態度，其對歐陽家之態度可知。同是《尚書》今文學的兩派間尚
有這樣深的門户之見，何況有今古文——隸與篆之出入，有脱簡
脱字與不脱簡脱字之短長！那就難怪劉歆之議要見拒於博士們
了。此無他，護短之一念之爲祟。而況還更假手於政治勢力來角
雌雄呢？於是本可相輔相成的今古文，遂因此一念之不健康，竟
至尖鋭地對立起來而終於互相敵視。誰實爲之？謂之何哉！結果
西漢末盛極一時的小夏侯家學，到了東漢，反而落得剩王良一人
以維其一綫之傳；而西漢一代始終未得立學官的《古文尚書》，轉
因得有杜、衞倡於前，賈、馬堅其中，鄭玄勁其後，終至取整個
今文學之席而代之。這又足見新興勢力的發展，決非舊勢力所能
阻遏。這是不由人意而自符於自然之驗的。

　　但主觀能動的學風則然，客觀存在的經文本身却又另是一
事。安國起於家的逸書，終因未得立學官而未能有師説或家法爲
之整理成章句，逸書終止於逸書。馬融云：“逸書者，絶無師説
之謂也。”於是作爲《尚書》古文學中堅的大師賈逵，當其傳授《古
文尚書》時，終也不能不仍用大夏侯的《尚書章句》以教⑧。《隋
書·經籍志》亦曰：

　　　　後漢扶風杜林傳《古文尚書》，同郡賈逵爲之作訓，馬融
　　　作傳，鄭玄亦爲之注。然其所傳唯二十九篇，又雜以今文，
　　　非孔舊本。自餘絶無師説。

“無師説”，即未成章句，不可以傳世，故曰逸書終止於

逸書。

　　兹將兩漢所傳習的二十八篇及正義引鄭注《書序》所謂逸書的分別表列其篇目於後，以資識別。

　　（甲）二十八篇的夏侯《尚書》篇目：

堯典（一）	皋陶謨（二）	禹貢（三）
甘誓（四）	湯誓（五）	盤庚（六）
高宗肜日（七）	西伯戡黎（八）	微子（九）
牧誓（十）	洪範（十一）	金滕（十二）
大誥（十三）	康誥（十四）	酒誥（十五）
梓材（十六）	召誥（十七）	洛誥（十八）
多士（十九）	無逸（廿）	君奭（廿一）
多方（廿二）	立政（廿三）	顧命（廿四）
呂刑（廿五）	文侯之命（廿六）	費誓（廿七）
秦誓（廿八）		

　　（乙）古文逸書篇目：

舜典（一）	汩作（二）	九共（三）
大禹謨（四）	益稷（五）	五子之歌（六）
胤征（七）	湯誥（八）	咸有一德（九）
典寶（十）	伊訓（十一）	肆命（十二）
原命（十三）	武成（十四）	旅獒（十五）
冏命（十六）		

　　以上（甲）表，係夏侯《尚書》篇目，其一爲《書序》，或云《泰誓》，合得二十九篇。據漢人意識論，他們以爲二十八篇法二十八宿，其一爲斗，則此加上之一篇應該是《書序》而非《泰誓》。蓋斗即《論語》中的北辰，所謂居其所而衆星拱之者，如是則《書序》方有此意義，《泰誓》即不足以語此⑨。歐陽《尚書》篇目與此同，唯分《盤庚》爲上、中、下三篇，故爲三十篇，外加《書序》一篇爲

三十一篇。《漢書・藝文志》所著録，皆與之合。（乙）表所列，即漢人所目爲“逸篇”的《古文尚書》的篇目，計十六篇。亦分《九共》爲九篇，合得二十四篇，合之夏侯《尚書》二十九篇，得五十三篇；合之歐陽《尚書》三十一篇，得五十五篇，外加後得的《泰誓》三篇爲五十八篇。可能這就是鄭玄所見的《古文尚書》五十八篇了。但鄭玄也並不曾全部爲之作注，所注的也還只是夏侯本的二十九篇，或歐陽本的三十一篇，只用古文本以校讀今文本，或正其訛誤，或補其闕失而已。故直至東漢末，《古文尚書》已取今文學之席而代之的時候，而《熹平石經》用以上石的定本，據清末洛陽出土的殘碑表叙文，似乎還是小夏侯的章句本⑩。然則當時今古文家間所斷斷以爭者，出入只是上述劉向、歆父子所曾校出的那一些而已。其所以互相敵視，必不許古文列於學官，實還是由於門户之見，尤其是師丹之流用政治勢力激成的門户之見罷了。

（三）古文尚書的真僞問題

以今行的《正義》本《尚書》的篇目，合之上列（甲）表，出入很大。今行《尚書》篇目爲漢代《今文尚書》所無者，計有如下之二十八篇，即：

（丙）表

舜典（一）	大禹謨（二）	益稷（三）
五子之歌（四）	胤征（五）	仲虺之誥（六）
湯誥（七）	伊訓（八）	太甲上（九）
中（十）	下（十一）	咸有一德（十二）
説命上（十三）	中（十四）	下（十五）
泰誓上（十六）	中（十七）	下（十八）

武成(十九)	旅獒(十)	微子之命(廿一)
蔡仲之命(廿二)	周官(廿三)	君陳(廿四)
康王之誥(廿五)	畢命(廿六)	君牙(廿七)
冏命(廿八)		

以上廿八篇中，《泰誓》三篇本非伏生傳出，乃後時所得，故也不列入歐陽、夏侯兩家書內，應除外；合得二十五篇。再合之（甲）、（乙）兩表，今行《尚書》所獨多出的篇目，也尚有十三篇，即：

（丁）表

仲虺之誥(一)	太甲上(二)	中(三)
下(四)	説命上(五)	中(六)
下(七)	微子之命(八)	蔡仲之命(九)
周官(十)	君陳(十一)	畢命(十二)
君牙(十三)		

然則今行《尚書》，既非漢人心目中的《今文尚書》（伏生《書》），也非漢人心目中的《古文尚書》（逸書）。這裏所要討論的真偽問題，即指這今行所謂《古文尚書》的真偽問題，而非謂漢人心目中的《古文尚書》有什麼真偽問題。

倘問題僅止於此，倒也還簡單，就是說：“今行《尚書》中所獨多出的，有（丁）表所列的《仲虺之誥》等十三篇，加上《泰誓》三篇，共十六篇，全是後人所偽造。”——這樣一句話，也就可解決了。但事實上沒有這麼簡單。別的不說，先就今行《正義》本《小戴禮記》一書來談一談。《小戴禮記》一書中所輯的各篇文字，據《漢書·藝文志》的班固自注，説是“七十子後學者所記”，雖其中也收有漢人的文字，但在西漢之世已列於學官而公開傳習，作爲五經之一了——就中如《大學》、《中庸》兩篇，尤已爲疑古最早的宋儒所論定爲孔子弟子曾參及孔子之孫孔伋的著作，且收爲

"四書"之二。其中却盡有引用這十三篇文字而且明著其篇目的。例如：

《文王世子》、《學記》、《緇衣》等篇中都引有《兌命》文，鄭玄注以"兌"當爲"説"，《書》篇名。

《坊記》、《緇衣》等都引有《君陳》文，鄭注以爲《書》篇名，惟已亡耳。

《坊記》、《表記》、《緇衣》、《大學》等都引有《太甲》文，鄭注以爲《書》以名篇。

《緇衣》中除上所舉例之外，還曾兩引《尹吉》文，一引《君雅》文，鄭注也以爲"吉"當爲"誥"，即《咸有一德》；"雅"當爲"牙"，亦《尚書》篇名。

小戴（戴聖）是傳《禮經》的今文經大師，所輯文顧多有引用這十三篇經文的；鄭玄也是個兼通今古文經而集其大成的學者，且從而注明其篇名，我們能簡單地否定這十三篇的存在嗎？此外先秦古籍中引用這十三篇文字也還往往而有，兹亦録其數例於下以見一斑。

《墨子·非命上》："《仲虺之誥》曰：'我聞有夏人矯天命，布命于下，帝式是憎，用爽厥師。'"（按此數語，亦見今行《尚書·仲虺之誥》，文略異，作"夏王有罪，矯誣上天以布命于下；帝用不臧，式商受命，用爽厥師"）

《左傳》僖五年引《周書》曰："皇天無親，惟德是輔。"又襄二十五年引《書》曰："慎始而敬終，終以不困。"（按文均見今行《尚書·蔡仲之命》）

《孟子·梁惠王下》引《書》曰："湯一征，自葛始，天下信之，東面而征，西夷怨；南面而征，北狄怨，曰：'奚爲後我？'"又："徯我后，后來其蘇。"又《滕文公下》引《書》曰："葛伯仇餉。"（按文均見今行《尚書·仲虺之誥》）

《孟子·公孫丑上》、《離婁上》均引《太甲》曰：“天作孽，猶可違；自作孽，不可活。”同上《滕文公下》引《書》曰：“徯我后，后來其無罰。”同上《盡心上》引《伊尹》曰：“予不狎于不順。”（按文亦均見今行《尚書·太甲》上中兩篇）

《荀子·堯問》：“其在中𧄣之言也，曰：‘諸侯自爲得師者王，得友者霸，得疑者存，自爲謀而莫己若者亡。’”（按楊倞注謂：“中𧄣與仲虺同。”文亦見今行《尚書·仲虺之誥》，唯省略作“能自得師者王，謂人莫己若者亡”）

由上引這些例子看，也可知這十三篇的文字漢以前人引用的也盡有，我們能直捷了當否定其存在而一概目之爲僞書嗎？所可惜者，經過西晉末年永嘉之亂，不但漢世的《今文尚書》隨西晉之亡而亡，即漢人所目爲逸書的《古文尚書》也因無人傳習而失傳，結果只留下了殘篇兩卷。具見唐人所修的《隋書·經籍志》。

考《隋書·經籍志》之所著録，漢、魏人的《尚書》傳注本，只録有八種：

1. 《古文尚書》十三卷，漢臨淮太守孔安國傳。

2. 《今字尚書》十四卷，孔安國傳。

3. 《尚書》十一卷，馬融注。

4. 《尚書》九卷，鄭玄注。

5. 《尚書》十一卷，王肅注。

6. 《尚書大傳》三卷，鄭玄注。

7. 《尚書洪範五行傳論》十一卷，漢光禄大夫劉向注。

8. 《尚書駁議》，魏王肅、王粲等撰。

此外則惟“《尚書》逸篇二卷”，餘則皆晉謝沈、李顒、宋姜道盛、齊顧歡、梁武帝、劉叔嗣、巢猗、費甝、蔡大寶、呂文優、隋劉炫、劉焯等人的注疏，無復其他漢、魏人的傳注本了。所有這些，就是唐人所能見到關於《尚書》一書的著作的全部了。作者著録畢，並繫之以論曰：

　　晉世祕府所存有《古文尚書》經文，今無有傳者。及永嘉
之亂，歐陽、大、小夏侯《尚書》並亡，濟南伏生之傳，唯劉
向父子所著《五行傳》是其本法，而又多乖戾。至東晉，豫章
內史梅賾始得安國之傳奏之，時又闕《舜典》一篇。齊建武中
吳姚興方於大桁市得其書奏上，比馬、鄭所注多二十八字，
於是始列國學。梁、陳所講，有孔、鄭二家；齊代唯傳鄭
義。至隋，孔、鄭並行而鄭氏甚微。自餘所存無復師說。又
有《尚書》逸篇，出於齊、梁之間，考其篇目，似孔壁中書之
殘缺者，故附《尚書》之末。

　　這一段記載很重要，由兩漢今古文對壘之局而到唐代的頒定
《尚書正義》，其過程完全由它來交代明白了。就《尚書》論《尚
書》，這段過程是很有關鍵性的，而其總關鍵則在西晉永嘉之亂。
因這一亂，使歐陽、夏侯兩家《今文尚書》同時並亡，當然不可能
再有今古文的對壘，繼之而起的則爲古文學孔、鄭兩家的對壘之
局。經東晉、宋、齊三朝，孔學逐步完成，鄭學由盛而衰，至隋
而遂微。蓋鄭學猶雜以今文學之義，而孔學則主要是古文家言
了。唐興，鄭學益微，孔學遂獨盛。唐修《正義》，《尚書》取《古
文尚書》孔《傳》爲底本，自有它選擇的由來。

　　唐人之修《正義》，原有整齊殘闕、總結自晉以來經師們注疏
之學的用意，故孔穎達等自敘其工作，說是“竭所聞見，存是去
非”。當時所得據以爲疏的傳注本，既限於孔、馬、鄭、王四本，
此四本中，卷數本以孔《傳》爲獨多；而上開《隋書·經籍志》之所
著録，作者又以梁、隋二朝人爲多。梁固孔學上升之始，隋又鄭
學甚微之時，他們在“竭所聞見”的原則下，以孔《傳》爲底本，自
是極自然的選擇。所以他們在自序中，評論六朝人關於《尚書》之
著作，也很坦率地自白道：“諸公旨趣多或因循帖（本作‘怗’，據

阮校改）釋，注文義皆淺略，惟劉焯、劉炫最爲詳雅。"焯、炫皆鄭學已甚微之隋時人，所闡釋亦自以釋孔《傳》爲主，不取孔，又將誰取？自《正義》行而漢、魏人所傳下有關《尚書》的一切本子皆廢，傳注本也只留下了一個孔《傳》本了。漢、魏人所傳習有關《尚書》的著作既燼於永嘉之亂，至今所可得見者，只宋洪适的《隸釋》所收的漢《熹平石經》和清末洛陽出土的魏《正始石經》兩種殘碑而已了。這兩種殘碑所存的字數總共到不了二千字[⑪]，而這不到二千字的殘文，還都集中於《盤庚》、《無逸》、《君奭》等三數篇內，根本不足以解決什麼問題。但是用它來校正今行《尚書》孔《傳》本，還是有用的。

向來治《尚書》的學者，以孔《傳》本《古文尚書》和漢世所傳《尚書》出入很大，因疑它是僞書。首先揭出這一層疑雲，又向來公推宋人吳才老棫。我覺得首起而致疑的，還可再往上推——可推到唐初陸德明的《經典釋文・序錄》，其文曰：

> 案今馬、鄭所注，並伏生所誦，非古文也。孔氏之本絕，是故馬、鄭、杜預之徒皆謂之"逸書"。王肅亦注今文，而解大與古文相類，或肅私見孔《傳》而祕之乎？

這就說明了兩漢之世，孔氏的《古文尚書》已絕傳，經生們一例只謂之"逸書"，連章句都未整理出來行世，又何來什麼孔氏《傳》呢？王肅注《今文尚書》，忽然竟會與古文家言暗合，故疑其曾私下見過什麼孔氏《傳》。這不等於說《尚書》王肅注和所謂"古文尚書孔氏傳"如出一手嗎？和《經典釋文》約略同時而稍後的《尚書正義》卻又說得更露骨一點了。《堯典・虞書》下《正義》云：

> 《漢書・儒林傳》云"安國傳都尉朝子俊，俊傳膠東庸生，生傳清河胡常，常傳徐敖，敖傳王璜及塗惲，惲傳河南桑欽"。至後漢初，衛、賈、馬亦傳孔學，故《書贊》云"自世祖興，後漢衛、賈、馬二三君子之業"是也。所得傳者三十

三^⑫篇，古經亦無，其五十八篇及傳説，絕無傳者。至晉世，
王肅注《書》，始似竊見孔《傳》。

這更引經據典來證明孔安國之學自有其傳人；且明説所傳者
只是歐陽《尚書》三十三篇本，並非如今所謂孔傳的五十八篇本；
這五十八篇本，只有王肅才像偷看過。這兩書雖未明説它出於肅
之僞造，但其所下的字眼如"私見而祕"，如"始似竊見"，似乎也
有點不惡而嚴。後來自宋吳才老以後逐步有人揭露其僞造之痕
跡，遂一例稱之爲"僞孔傳"。

清末俞樾撰《羣經平議》，議及《僞孔傳》處，徑稱之爲"梅
傳"，這無非因東晉梅賾實始奏上其書。其實僞造孔《傳》者究爲
何人，也還是值得追究一下的問題。清人丁晏的《尚書餘論》便曾
追究過，並曾明白指出僞造《古文尚書孔傳》的人，即是唐初人所
指出的那"私見而祕"、"始似竊見"的王肅。丁氏羅列的論證相當
充分，讀者可就上文所引"《堯典·虞書》下《正義》"的那段文字
的下文所引《晉書·皇甫謐傳》兩段文字分析一下，也就盡足説明
這問題而有餘。其文曰：

　　　姑子外弟梁柳得《古文尚書》，故作《帝王世紀》，往往載
孔傳五十八篇之書。

《晉書》又云：

　　　晉太保公鄭沖以古文授扶風蘇愉，愉字休預；預授天水
梁柳，字洪季，即謐之外弟也；季授城陽臧曹，字彥始；始
授郡守子汝南梅賾，字仲真，又爲豫章内史，遂於前晉奏上
其書而施行焉。（案前晉應即東晉）

按此所引《晉書·皇甫謐傳》文，不見今行《晉書》，蓋是唐初
的《晉書》而今已亡失的本子。考《五經正義》，成於唐太宗貞觀十
四年，即公元六四〇年；今行《晉書》始撰於貞觀十八年，即公元
六四四年，故今行《晉書》在孔穎達等修《五經正義》時尚未着手編

撰，《正義》自不可得而引。今行《晉書》本以齊臧榮緒《晉書》爲
主，裒集晉王隱等十八家《晉書》而成，在唐初均未亡，故《正義》
得引之。唯此所引是何《晉書》，則不可考了。但根據這一點資
料，我們就可斷言梅賾所奏上書得之於臧曹，曹得之於梁柳，柳
得之於蘇愉，愉得之於鄭沖，師承固自分明；況梁柳亦已以之授
皇甫謐而被採入《帝王世紀》了。謐是西晉初年人，其書非東晉的
梅賾所僞造，於此尤可斷言。不過這一師承，溯至鄭沖即戛然而
止，沖又得之何人呢？我以爲即此便可以説明其得之於王肅。這
一師承，雖史無明文，但以事理推之，可能性原絶大，理由是：
（一）由上所引陸德明、孔穎達等文字，首有其書的人即是王肅，
不過未直揭其僞造耳，然肅前無此傳本則已可斷言；（二）肅雖亦
好賈、馬之學，但有意與鄭玄立異，因苦於當時鄭玄在學界的地
位很高、影響十分大，於是便假託於鄭所宗師的孔安國以求勝[13]；
（三）肅嘗僞造《孔子家語》，據以撰《聖證論》以非鄭，又何難僞
造孔《傳》以增强其勝敵之資？（四）鄭沖久與肅同列，且與之同爲
魏主之經師；在魏齊王曹芳時，肅已與權勢熏灼一時的司馬氏結
爲姻親，而爲人又好人佞己[14]；沖本是個朝魏暮晉的鄉愿，有不
惜以佞肅的嗎？

　　不過平心而論，肅所僞造的孔《傳》，雖不怎樣高明，但有一
點似也非鄭玄所及，即鄭好引讖緯家言，肅則無之。至於他所增
多於《今文尚書》定本的二十餘篇，既與孔氏所起於家的“逸書”不
符，究從何處來，也是值得一追究的問題。我主觀上的猜測，上
所引《禮記》、《墨子》、《孟子》、《荀子》、《左傳》中所引十三篇
的資料，應即其來源的一部分。欲知其全，清人惠棟所著的《古
文尚書考》，已足够説明。兹亦不贅。

（四）其他問題

綜上所述，今行《尚書》是唐人修《正義》時所洌成的定本；《正義》所據以疏釋的，是曹魏時王肅所僞造的《古文尚書孔傳》五十八篇本。這一本子，既非上（甲）表所列兩漢人所目爲定本的二十九篇本（夏侯章句本），或三十一篇本（歐陽章句本），也非上（乙）表所列兩漢人所目爲"逸書"的《古文尚書》十六篇本。《今文尚書》二十八篇或三十一篇本，是經過漢代經師逐步整理而成的章句本，故較爲可信；兩漢人對《古文尚書》十六篇本，所以目之爲"逸書"，就因其未整理成章句，故雖可信其不僞，但不可能認爲是可順讀的定本，故只可用以校讀二十八篇或三十一篇本。至於王肅所僞造的五十八篇，起碼有（丁）表所列《仲虺之誥》等十三篇是由肅以意屬讀的僞纂本；即（乙）（丙）兩表所列各篇，也未必不出於肅及其傳人的手筆。最顯著的證明，即凡二十八篇以外各篇的文字都比較文從字順而無佶屈聱牙之病。

然則漢世所傳習的二十八篇或三十一篇本，遂可信其真爲上古之遺了嗎？我以爲却也未必，因其也還有不少可疑的問題在。這裏姑就我這淺學所能見到的，略拈出其較爲顯著者如下：

（一）篇次問題。今行《正義》本《尚書》"《堯典》第一"下正義云："百篇⑮次第，於序孔、鄭不同：孔以《湯誓》在《夏社》前，於百篇爲第二十六，鄭以爲在《臣扈》後，第二十九；孔以《咸有一德》次《太甲》後，第四十，鄭以爲在《湯誥》後，第三十二；孔以《蔡仲之命》次《君奭》後，第八十三，鄭以爲在《費誓》前，第九十六；孔以《周官》次《立政》後，第八十八，鄭以爲在《立政》前，第八十六；孔以《費誓》次《文侯之命》後，第九十九，鄭以爲在《吕刑》前，第九十七。不同者，孔依壁内篇次及序爲文，鄭依

賈氏所奏別録爲次，孔未入學官，以此不同。考論次第，孔義是
也。"於此可見這種篇次向來就是有問題的。正義所謂"考論次第，
孔義是也"，尤不可解。所謂"孔"當然指僞孔，這正是王肅有意
與鄭立異處，有何義之可言？別的姑不談，以《費誓》次《文侯之
命》後，究屬何義，就始終不可解，何如鄭之次於《呂刑》前之爲
得當？其實像這樣顛倒錯亂的情形，還有更明白具體於此者，姑
就所能見到的略拈出一二於下：例如《多方》篇首有"王來自奄"之
文，《多士》篇中有文曰"昔朕來自奄"，自然都指的是成王自踐奄
後西歸至洛一事，這只須將它們兩兩一對照，我想任何一個略知
文義者都會很快地意識到周公作《多方》在前，作《多士》在後，不
然，又何以解釋《多士》篇"昔朕來自奄"語中那個"昔"字？但在
今行《尚書》五十八篇中，《多士》列第四十四，而《多方》却列第
四十八。這究屬何義？後人對此亦覺其不可解，因不得不無中生
有幻想出一個成王二次東征之説來。又如《多方》篇通篇語氣，明
明是營洛時周公慰勞侯、甸、男、采、衞五服諸侯遣來助役之臣
民的誥辭，而《洛誥》則是洛邑營成後，周公和成王商量如何運用
洛邑的對話。此兩篇究應孰先孰後，必有能辨之者。但五十八篇
中，《洛誥》列四十一，而《多方》則轉列四十七。這又是何義？

　　（二）錯簡問題。錯簡者，指古籍當初整理散簡成章句時，將
散簡編的不是地方，使文義上不可屬讀之謂。吾人校讀古籍時，
往往遇之。在今行《尚書》中，這種情形，最顯著者爲《洛誥》篇。
《洛誥》號稱難讀，原因未必不在此。此篇全文的篇旨，是周公因
洛邑已營成，要成王到洛邑去舉行殷祭，執行天子最不可少的職
權⑯，藉以正天子之位號於天下。成王因年幼，怯於承大祭，再
三強請周公同去，以便隨時指導自己。周公終於依了他同往。大
典已畢，成王又要周公留居洛邑爲自己鎮撫東方諸侯，而自歸宗
周。這大概是周公居東説之所由來。此篇開頭倒也明白記載着兩

人一往一來的對話。但於周公二次發言後，却緊接着記載周公第
三次的發言，已令讀者覺得周公一人在自言自語了。周公三次發
言後，忽又接連記載成王一連四次的發言，更好像兩人都各在自
言自語，有類白日夢囈，致使讀者如墮五里霧，連他兩人在説些
什麼也搞不清楚。這樣的記載方式，疑即如鄭玄所説，"伏生終
後，數子各以己意彌縫其闕，別作章句"時，未能辨出兩人的對
話應孰先孰後而機械地將兩人的語言各各分成兩大堆之所致。這
樣的安排似乎比偶爾的錯簡還錯得更嚴重而荒誕。我爲要讀懂
它，曾大膽試將兩人的説話各按其語氣分出一來一往的對話去
讀，覺得這篇素號難讀的《洛誥》倒並不怎樣太難懂，並因此讀出
了上述的篇旨來。當然我這樣的讀出是否就對頭，還有待讀者的
批評和指正。不過像原來那樣的章句，其爲錯簡應可無疑。此外
還有比這更顯著的例，那就是《康誥》篇首"惟三月哉生魄……乃
洪大誥治"等四十八個字了。這四十八字的文辭並不怎樣難懂，
講的是明明白白關於周公開始營洛時代成王慰諭侯、甸、男、
采、衛五服諸侯之臣民而作誥的事由，講話的對象自應是五服諸
侯的臣民，這和康叔有何相干？把它安在《康誥》篇首，簡直是牛
頭不對馬嘴。宋蘇軾疑它爲《洛誥》篇首的文字而錯簡在此，疑得
原很有理；故朱熹、蔡沈師弟雖與蘇不同道而卒無以易其説。宋
末金履祥雖不襲蘇説，但也認它爲《梓材》篇首之文[17]，清末吳汝
綸的《尚書讀本》更不從蘇、金兩説，而也認它爲《大誥》篇末之
文，其認爲錯簡則固無不同。便是我自己，對蘇、金、吳三先生
之説皆不敢苟同，却也繫此四十八字於《多方》之末，理亦猶然。
説詳《多方詮譯》之首。

　　（三）編排上的問題。這種問題，似乎比以上兩個問題還更帶
有根本性，最顯著的例子則爲《康誥》、《酒誥》、《梓材》三篇及
其《書序》。《書序》者，非指篇首引過的《僞孔大序》言，指的是

那分冠於今行《尚書》各篇篇首説明篇旨的小序。這種小序在漢世，本也是合成一篇總冠於書前或附於書後的，上文所謂"二十八篇法二十八宿，而其一爲斗"，那爲斗的一篇，就是《書序》，我並因其總括各篇篇旨而認爲確有斗之作用者。《僞孔大序》云："《書序》，序所以爲作者之意，昭然義見，宜相附近，故引之各冠其篇首。"於此可見《書序》原作爲二十九篇本中的一篇，分之各冠其篇首，實始於《僞孔傳》。我爲什麼要説二十八篇本的編排上有問題，而且舉《康誥》等三篇及其《書序》爲例，就因《僞孔傳》將《書序》分冠各篇篇首而更顯得突出，才把《書序》也連帶來説的。這三篇的《書序》是"成王既伐管叔、蔡叔，以殷餘民封康叔，作《康誥》、《酒誥》、《梓材》"。照此説來，這《書序》是《康誥》等三篇的總序了。我曾用這《書序》所示的篇旨去讀這三篇經文，却讀得我疑竇叢生。於是再取《史記·衛康叔世家》讀之，則其文爲"周公旦懼康叔齒少，乃申告康叔曰：'必求殷之賢人君子長者，問其先殷所以興所以亡而務愛民。'告以紂所以亡者以淫於酒，酒之失，婦人是用，故紂之亂自此始。爲《梓材》，示君子可法則。故謂之《康誥》、《酒誥》、《梓杖》以命之"。讀畢此段文字，我的疑雲仍舊不能撥開，因爲我的疑惑不在此而在彼——不在《書序》未説明篇旨，而在《書序》不足爲三篇的總序。理由：(1)《康誥》篇全文，我的理解和朱熹、蔡沈師弟完全相同，以爲只有看作武王告康叔之辭方能讀得通，理由詳下《康誥詮譯》篇首，而《書序》和《史記》却同作周公之辭，故非但《書序》不能解決這問題，《史記》也不能。(2)既是武王之辭，那末此番話決不是封康叔於衛時説的話，和封康叔於衛時所説的《酒誥》就不能合編在一起而冠以同一的總序。(3)這一總序，只能是《酒誥》一篇專用的小序，今取以爲總序，則《酒誥》倒失去原有的小序了，故《揚子法言》説："序《書》者百而《酒誥》之篇俄空焉。"這便並《史記》也不足徵了。(4)《梓材》篇的經義，據清人盧文弨、陳壽祺兩輯本的《伏生大傳》看，確應如金履祥的《尚書表注》所謂，是周公教伯禽和康叔之辭[18]；《史記》所謂"示君子可法則者"，倒確與之符合的。但今行《尚書》的《梓材》篇可絲毫没有這一意義。那末，今《梓材》篇文字既不是伏生所見的《梓材》，也不是司馬遷所見的《梓材》，細繹其文辭的風格，却好像《康誥》篇的逸文，或竟是伏生、司馬遷所見的《梓材》原文已失去，由一個不知誰何截取了《康誥》篇中少數語句連綴起來以"彌縫其闕"的。説詳《梓材詮譯》篇首。我還曾試將《梓材》文字仍編入《康誥》篇中去，居然仍可屬讀。本此四疑，我覺得這一問題似應處理如下：（一）將《康誥》、《梓材》兩篇仍合爲一篇，按產生的時代，應列於《金縢》之前。（二）將小序仍冠《酒誥》一篇之首，緊接着列於《大誥》之後。這樣才可將這三篇通讀而無疑障。我認爲這起碼是當初爲章句的經師歐陽、夏侯之徒在"以意彌縫其闕"時所造成的錯誤，所以連司馬遷也爲所惑了。當然我這樣的看法，是出於一種大膽的獨立思考，對頭與否，也還要請讀者予以積極的批評和糾正。

總之，今行《尚書》中，即使較可徵信的二十八篇，問題也還着實不少，以上拈出的，不過其較爲顯著者罷了。

（五）我的選譯凡例

根據以上所述，我這裏想把我選譯此書時自定的凡例，也提出來就正於讀者。

一、真正的《古文尚書》，既始終停留在絕無師説的"逸書"階段上，當然不入選。

二、今行《正義》本的《古文尚書》中所多出的十三篇，既然出於作僞者的手筆，當然也不入選。

三、《尚書》較可徵信者，既限於曾用今古文對校過的二十八篇本，所以入選者，當然也限於二十八篇之內。

四、即在二十八篇中，如《堯典》、《禹貢》、《洪範》、《顧命》等四篇，劉知幾《史通·六家》篇曾譏其"爲例不純"，即謂其不符載言之例；換句話說，就是說它無檔案性質。既無檔案性質，就不得有第一手資料的價值，故不足譯。況據《漢書·儒林傳》說，《堯典》、《禹貢》、《洪範》、《微子》、《金縢》等五篇，司馬遷已據古文說用自己的文字寫入《史記》了，今其文其事亦確已具見《史記》之《五帝本紀》、《夏本紀》、《宋微子世家》和《魯周公世家》中，即欲知其文其事，亦大可取《史記》來對照着讀。故《堯典》、《禹貢》、《洪範》等三篇更可肯定其不必譯。

五、《微子》，《史記》未全部譯載，而其文亦尚不失爲載言之體，故仍譯。《金縢》，《史記》已全譯，而且比今行《尚書》整理得更好，故亦不必譯。

六、《顧命》在伏生書中本和《康王之誥》合爲一篇，《僞孔傳》始將它分爲兩篇。《顧命》雖都陳喪禮，而《康王之誥》則固有合於載言之體；況《顧命》所陳喪禮亦未嘗不可藉以窺見當時一些名物制度，故仍譯。

七、二十八篇中，還有《皋陶謨》、《牧誓》兩篇，本文原已不難讀，《史記》又皆已譯載其全文入《夏本紀》和《周本紀》中，故亦不譯。

八、以上的選例，除參酌《史通》之說外，大抵也以文字的難易定取捨——文字難懂者譯，不難懂者不譯。

九、編次上，上文已略及篇次先後之意見，這裏遂就淺學所及，一以其文產生之先後爲序，重訂其篇次，既不襲孔，亦不師鄭，要以存乙部之正體爲主，免使後之讀者再蹈前人覆轍，無端幻出如"成王二次東征"等無中生有的史實來。

編選之例既定，茲將我所編定之篇目先列於後以見一斑。

盤庚上第一　　　　　　盤庚中第二

盤庚下第三　　　　　　高宗肜日第四

西伯戡黎第五　　　　　微子第六

康誥第七　　　　　　　梓材第八(《康誥》、《梓材》合編附)

君奭第九　　　　　　　大誥第十

酒誥第十一　　　　　　多方第十二

召誥第十三　　　　　　洛誥第十四

多士第十五　　　　　　無逸第十六

立政第十七　　　　　　費誓第十八

顧命第十九　　　　　　呂刑第二十

文侯之命第二十一　　　秦誓第二十二

十、我選譯的工作，計分五步：（1）選定須譯各篇而定其篇次，如上；（2）次就各篇分定其章或句；（3）取每章或每句逐字用集解方式予以詮釋；（4）然後綜合逐字的詮釋將章句譯成今語；（5）最後將全篇章句之已譯成今語者，連綴成全篇以觀其有無不貫串之病。此外有必要時，還在各篇篇首加一小引。

十一、編次既不泥於偽孔，詮釋當然也不必遵守任何古經師之舊釋，爰雜取漢鄭玄以下直至今世之治《尚書》者之解釋鎔之一爐而治之，而惟其是之從。例如《盤庚》中篇首“乃話民之弗率，誕告用亶其有衆，咸造，勿褻在王庭”一語，自《偽孔傳》釋“話”爲“善言”，“誕”爲“大”，“亶”爲“誠”，“造”爲“至”，“勿”爲“毋”，“褻”爲“嫚”；釋其語爲“民不循教，發善言，大告用誠于衆，皆至王庭，毋褻嫚”云云以後，歷來釋此語者幾乎都離不開類似這樣的一個抽象得流於模糊的概念。我讀此總覺得奇怪，怪那上古時代的殷人，何以竟會有如許的抽象概念。既而讀到清劉逢祿的《尚書今古文集解》，他釋“亶”爲“壇”，“勿”爲“笏”，我才覺得他已把握了釋此語的關鍵，因細繹重解，並略略變更其句讀，讀爲“乃話民之弗率，誕告用亶其有衆，咸造勿，褻在王庭”。經這樣一讀，居然有一個極清晰而具體的概念浮現於腦中，而得其解曰：“乃會合不肯遵令的人民，布令：先用旝旗招致親民的鄉師、遂長等人，命他們各各樹起了旓旗執守在王庭之上，盤庚這才叫他們用旓旗趣令人民都上王庭來。”因“旝”又通作“旃”，是當時集合羣臣的旗子；“旓”也通“物”，是當時集合庶民的旗子，這都見於《孟子》、《周禮》和《説文》。既有了這兩個具體概念，其餘一些字眼，自就都可迎刃而解。我這裏即以劉解爲中心，雜採吳汝綸的釋“話”爲“會合”，今人于省吾的釋“褻”爲“執守”，加上我自己的釋“造”爲“建”，因而得上一釋。是之謂“集解”。我詮釋這二十二篇經文，就一貫採用這種集解的方式。舊解中對其他各篇字句之强作解人者，也往往類是；甚至有明明是此一人的話而誤解爲彼一人的話，因解不通便勉强加以曲解者，我都曾就力所能及爲正其解。

十二、我在上文，每每道及章句，並認章句爲即所謂師説、家法的具體表現。所謂章句也者，意即分章斷句，亦即吾人在今日整理古籍猶不可廢的一些分段落、加標點等純技術工作。誠以分章不清，通篇篇旨易爲之不明；句讀不當，全章意義易爲之走樣。這兩者尤當以句讀爲基本功夫。讀古籍往往就全因句讀不當而生出許多歧義來。上十一舉例時，我曾爲求得一確解而改正傳統的句讀，就是爲此。這裏我還可另舉一個更明顯的例來説明它。例如《盤庚》篇《書序》曰：“盤庚五遷，將治亳殷，民咨晉怨。”這是此語傳統的句讀，當是歐陽、夏侯等章句所定；所以鄭注和《僞孔傳》就在此語上解出歧義來——鄭注以爲“治亳殷”是治於亳之殷地，《僞孔傳》則以殷爲亳之別名。那末誰對誰不對呢？晉束晳乾脆對兩説皆無取，以“治”爲“始”之訛，以“亳”爲“宅”

之訛，於是歧之中又有歧焉了。此種令人莫衷一是的歧義，實皆產生於“亳殷”兩字的連文並書，所以我也曾爲正其讀曰：“盤庚五遷，將治亳，殷民咨胥怨。”這樣一來，自然而然就可得一固定的新解，無所用其分歧，而且和上下文也一氣呵成了。

　　總之，我對此書編選和詮釋的工作，一不遵舊編次，二不遵舊章句，三不遵舊注解，但也不敢獨創新解，必使之語必有宗。如有以離經叛道罪我者，誠所不敢辭；如有賜以積極而具體的批判和糾正者，則至所拜嘉。

注

① 是文原刊於抗戰時期上海出版的一種期刊名《學林》的第五輯；新中國成立前曾收入拙著《芚盦治學類稿》，由中華書局出版。

②《僞孔大序》，是指作《僞孔傳》者自序其作傳之緣起、冠於《僞孔傳》全書之首的一篇序文。予以此稱者，所以示別於《僞孔傳》取原有的書序以分冠於各篇篇首而説明各篇篇旨之小序。

③ 清喬松年《緯攟》卷二《尚書璇璣鈐》：“《尚書》篇題號：尚者上也，上天垂文，象布節度；書者如也，如天之行也。”（輯自《藝文類聚》）又曰：“書者如也。書務以天言之，因而謂之書，加上以尊之。”（輯自《尚書序》疏）喬加後案曰：“鄭康成依緯，以‘尚’字爲孔子所加，今遺其文。”

④《禮記·玉藻》：“天子玄端而居，動則左史書之，言則右史書之。”

⑤《六家》，係《史通·內篇》第一篇，總論史體，以爲其流有六：一曰《尚書》家，二曰《春秋》家，三曰《左傳》家，四曰《國語》家，五曰《史記》家，六曰《漢書》家。

⑥《漢書·藝文志》“建藏書之策”如淳注引劉歆《七略》曰：“外則有太常、太史、博士之藏，內則有延閣、廣內祕室之府。”這都是漢代國家藏書之所。大約可以公開研習的書，就藏在太常等處，所謂“列之官學”者是也。其珍貴罕見之本，則藏在宮中延閣等祕密藏書之府，也簡稱“中祕”、“祕府”，即所謂藏之中祕者是也。

⑦ 見注⑥。

⑧ 見《後漢書·賈逵傳》。

⑨《泰誓》之爲書，馬融已直揭其僞，後之治《書》者皆從之。蓋《泰誓》之出世，或云是武帝時（劉向《別録》説），或云是宣帝時（王充《論衡》説）；其所由出世，也都只泛稱得民間，從未有明指是何人所傳的。我別有辨《泰誓》一文，説以爲《泰誓》已別自成書，非《尚書》之一篇（見《今文尚書續編》）。只因當時已得列於學官，故得傳於世。"斗"爲二十八宿之一，即今天文學上的大熊座。這星座有七星，即 α、β、ρ、σ、ε、ζ、ϵ。在我國古籍中，這七星都各有專名，如 1. 天樞，2. 天璇，3. 天璣，4. 天權，5. 玉衡，6. 開陽，7. 瑶光，是之謂北斗七星。這七星的位置恰可連成一個斗形，有杓（柄）有魁（即勺之本部），故稱"斗宿"；以其常在天空之正北，故又稱北斗。其第一星天樞（即 α）以其正當北極之旁，天文家即取以定方位而名之爲極星，故亦稱北辰。《春秋緯運斗樞》曰："北斗有七星，天子有七政也。"這就是漢人對於斗宿的糊塗概念而以運用於《書序》者。

⑩ 因殘碑中有表叙一方，中有"尚書小夏侯"字樣，故云。

⑪ 漢《熹平石經》前後所異的有七百餘字，魏《正始石經》亦八百餘字，故云。

⑫ 二十八篇，加上從《顧命》分出的《康王之誥》一篇，從《堯典》分出的《舜典》一篇，從《皋陶謨》分出的《益稷》一篇，從《盤庚》分出的兩篇，共加上五篇，合得三十三篇。

⑬ 孔疏本《虞書》下《正義》引鄭玄《書贊》云："我先師棘下生子安國亦好此學。"今案：棘下即稷下；"子安國"猶"子墨子"之類，古人稱其師往往於名上着一"子"字以尊之，於此以見鄭之尊孔。

⑭ 見《三國志·魏書·王肅傳贊》。

⑮《尚書》有百篇之説，漢人多信之，《史記》也往往無其篇而有其目，故鄭注與《僞孔傳》都具有百篇之篇目。兹録目次如下：（一）堯典，（二）舜典，（三）汩作，（四）—（十二）九共九篇，（十三）槀飫，（十四）大禹謨，（十五）咎繇謨，（十六）棄稷，（十七）禹貢，（十八）甘誓，（十九）五子之歌，（廿）胤征，（廿一）帝告，（廿二）釐沃，（廿三）湯征，（廿四）汝鳩，（廿五）汝方，（廿六）夏社，（廿七）疑至，

（廿八）臣扈，（廿九）湯誓，（三十）仲虺之誥，（三十一）湯誥，（三十二）咸有一德，（三十三）典寶，（三十四）明居，（三十五）伊訓，（三十六）肆命，（三十七）徂后，（三十八）—（四十）太甲上、中、下，（四十一）沃丁，（四十二）—（四十五）咸乂四篇，（四十六）伊陟，（四十七）原命，（四十八）仲丁，（四十九）河亶甲，（五十）祖乙，（五十一）—（五十三）盤庚上、中、下，（五十四）—（五十六）說命上、中、下，（五十七）高宗肜日，（五十八）高宗之訓，（五十九）西伯戡黎，（六十）微子，（六十一）—（六十三）泰誓，（六十四）牧誓，（六十五）武成，（六十六）洪範，（六十七）分器，（六十八）旅獒，（六十九）旅巢命，（七十）金縢，（七十一）大誥，（七十二）微子之命，（七十三）歸禾，（七十四）嘉禾，（七十五）康誥，（七六）酒誥，（七十七）梓材，（七十八）召誥，（七十九）洛誥，（八十）多士，（八十一）無逸，（八十二）君奭，（八十三）成王政，（八十四）將蒲姑，（八十五）多方，（八十六）周官，（八十七）立政，（八十八）賄肅慎之命，（八十九）亳姑，（九十）君陳，（九十一）顧命，（九十二）康王之誥，（九十三）畢命，（九十四）君牙，（九十五）冏命，（九十六）蔡仲之命，（九十七）費誓，（九十八）呂刑，（九十九）文侯之命，（一〇〇）秦誓。

⑯《左傳》成公十三年載劉康公曰：“國之大事，在祀與戎。”又襄公二十六年載衛獻公使子鮮復於甯喜曰：“苟反，政由甯氏，祭則寡人。”蓋自殷、周以至春秋時代，習慣上以爲一國之大事，就在祭祀和用兵。這兩件大事，在天下，都應由爲天下共主的天子主持；在諸侯之國內，就應由諸侯主持。《論語·季氏》篇所謂“天下有道，禮樂征伐自天子出；天下無道，則禮樂征伐自諸侯出”，就是這個意思。因爲禮樂即指祀講，征伐即指戎講，這都是國之大事，不得假手於臣下的。上所引衛獻公的話，就是說“只要自己能返國，一切政務可由甯氏主持；祭祀則由自己主持”。這已是衛侯向掌握國家實權的大夫甯喜讓步的話了，但這祭祀大權還是不能隨便放棄的，正是這個意思。因那時候祭祀的作用是一種教育和訓練人民的工具，上以是教，下即可以是應，所以只要掌握這教育大權，人民自在其掌握之

中，其餘庶政由他人處理，即無害其爲君。周公定要叫成王自己到洛邑去主持大祭，用意即在於此。

⑰　見金履祥的《通鑑前編》。

⑱　見金履祥的《尚書表注》。

　　　　公元一九六二年八月上旬金兆梓寫畢於滬寓

盤庚篇詮譯

前　言

　　《盤庚》亦稱《盤庚之誥》（見《春秋左氏傳》哀十一年引），在《今文尚書》中我是認爲比較可信的文獻資料。據《史記·殷本紀》説："帝盤庚崩，弟小辛立，是爲帝小辛。帝小辛立，殷復衰，百姓思盤庚，迺作《盤庚》三篇。"據今可見到漢世最後的《尚書》定本《熹平石經》的殘本似只作一篇，與《史記》之説不符。但細按之，石經殘本中有"建乃家□般"數字，"建乃家"明是今行《尚書·盤庚中》篇末"永建乃家"句的殘文；其下一"般"字也明是"盤"字的異體，今殷墟出土的甲骨文中"盤庚"即一例作"般庚"，"般"又明是下篇首句"盤庚既遷"句的殘字，中空一格作□，正所以分開中下兩篇。可見伏生原作一篇，其分上、中、下三篇另起行，當是歐陽家所分，夏侯家則只中空一字以別之。所以分訂三篇，大約由於《盤庚之誥》原分三次作的。第一次是在未遷前告衆的話；第二次是出發時告民的話；第三次是遷定後告衆的話。這都可於三篇篇首那叙述他講話緣起的文字中見之。是不是小辛時所輯訂，還得待考。有人説是周人所輯訂，亦未見有實據。至於"衆"與"民"的區別，具見下詮譯中。

［書序］

　　盤庚五遷將治亳，殷民咨胥怨，作《盤庚》三篇。

［詮釋］

　　《史記·殷本紀》：“盤庚之時，殷已都河北，盤庚渡河南，復居成湯之故居，迺五遷無定處。殷民咨胥皆怨，不欲徙。”這段記載，竟像是司馬遷用當時語譯《書序》而成，故取以詮釋。《史記》這段記載的文字，異常明白，只有“咨胥怨”三字須略加詮釋。“咨”，嗟也；“嗟”，《易·節》“則嗟若”虞注：“哀號聲。”“胥”，相也。“咨胥怨”猶言哀鳴而相怨。又這幾句《書序》文，向來都於“殷”字讀斷，讀爲“將治亳殷”。此語照鄭玄的注釋（以下簡稱鄭注），說是“治於亳之殷地，商家自徙此而改號曰殷”。如鄭注亳是個大地名，而殷却成了亳地方内的一個小地名了。照《僞孔傳》（以下簡稱《僞傳》）的解釋，則以殷爲亳的別名。那末亳和殷兩個地名，究竟是一是二就成了問題。晉束晳引孔壁中書，以爲此語原作“盤庚將始宅殷”，是“治”爲“始”之譌文，“亳”爲“宅”的譌文了。據《史記·殷本記》“湯始居亳”《正義》引《括地志》：“宋州穀熟縣西南三十五里南亳故城即南亳湯都也；宋州北五十里大蒙城爲景亳，湯所盟地，因景山爲名；河南偃師爲西亳，帝嚳及湯所都，盤庚亦從都之。”按宋州即今河南商丘地，是三亳都在大河之南，而殷則據今發見有刻契文字的甲骨出土的殷墟却在今河南安陽縣，地在大河之北。是亳、殷兩地名的所在，實風馬牛不相及。《書序》把兩字連文並書，鄭注、《僞傳》從而爲之辭，都不免望文生義。束説本可一掃疑雲，但仍似是而實非。照《史記》的敘述，説是“盤庚之時，殷已都河北，盤庚渡河南，復居成湯之故居”，則盤庚之前商家已有殷稱，西亳本湯之故居，也説不上“始宅殷”。總之，殷地，據今地考之，原在大河之北，盤庚欲遷殷，盡不必“渡河南”，豈《史記》有誤乎？我以爲《書序》此文，向來都讀錯了，"殷"字應屬下讀，讀爲："盤庚五遷，將治亳，殷民咨胥怨。"這樣文義自明，既不必如鄭注、《僞傳》那樣望文生義，也不必如束晢那樣改字釋文。照我的讀法雖可一掃疑雲，但仍有一個問題須加以解決，那就是"五遷"這一問題。

五遷之說，自唐張守節的《史記正義》引據《殷本紀》文"湯自南亳遷西亳，仲丁遷敖，河亶甲居相，祖乙遷邢（一作耿），盤庚渡河南居西亳"解釋五遷後，治《尚書》的人因其佐證昭然，所以一直沿其說而無異辭。我讀《史記》後再取《尚書·盤庚》篇來讀，總覺得《正義》這一說法，只能解釋了"五遷"兩字，《史記》所謂"五遷無定處"語中"無定處"三字卻仍没有着落。因爲從成湯到盤庚，以世次講，雖只十世，而以王位的傳受講，實已十八傳，以年數講，尤已將近四百年（公元前一七八三——公元前一四○一年）。歷世如此久長，僅僅這五遷，似乎說不上"無定處"。若衡以自契到成湯的四百年已八遷，兩兩相較，就更說不上了。況且這五遷的史實上文已歷歷叙述一過，何以叙述到盤庚忽又叙上這末一句"五遷無定處"？這是什麼文法？我想千古文宗的司馬遷不至有此。再說《書序》明說"盤庚五遷"，不曾說"自湯至盤庚共五遷"。《尚書·盤庚》篇上記人民呼籲的一段話中也明明有"兹猶不常寧，不常厥邑，於今五邦"的幾句話。這幾句話譯成今語，即說："這還不能常久安居下來嗎？此番遷徙無常，到如今已遷了五處了呀！"這能說是包括盤庚以前諸王的遷徙嗎？我倒覺得這樣的幾句話正合得上"咨胥怨"的口吻。再按之《竹書紀年》（以下簡稱《竹書》）的記載，祖乙一人就遷了兩次：一次是元年從相遷耿；二年因圮於耿，又遷庇；八年城庇，這才安定下來。於是從祖辛歷開甲、祖丁、南庚，一連四王即位都大書"居於庇"。南庚三年，才又從庇遷到奄。歷陽甲、盤庚二王也都書即位於奄。庇、奄兩地都歷數世，怎麼又不算在遷徙之内呢？張氏不應不見《竹書》，那末連五遷也還不足數呐。

　　《書序》既説“盤庚五遷將治亳”，而照《正義》所引據的《括地志》之説，亳既有南亳、景亳、西亳三處，而且都是成湯之故居，那末盤庚所遷居的亳究竟是哪一亳呢？據《括地志》之説，當然是西亳了。但查《括地志》一書成於唐初，其説疑出於皇甫謐的《帝王世紀》，以爲南亳在今（晉）河南穀熟縣，即湯都；北亳爲今（晉）河南蒙縣，即景亳，也即湯所受命處；西亳今（晉）河南偃師縣，即盤庚所徙。案皇甫謐之説也非其所創，《後漢書·楊終傳》記終言，即已有“殷民近遷洛邑，且猶怨望”之語。這固猶在謐前。其時《竹書》也未出土，其説殆爲漢、魏人所共信。到束皙時，他原是首先見到《竹書》的，所以就不信盤庚遷亳之説而改“亳”爲“宅”了。其實照《竹書》所載，盤庚即位十四年自奄遷於北蒙，十五年便正式經營殷室，定居下來，所以舊本《水經·洹水注》曾引《竹書紀年》文言：“盤庚自奄遷此，遂曰殷。”《史記·殷本紀正義》也曾引《竹書》云“自盤庚徙殷，二百五十二年更不遷都”；《史記·殷本紀索隱》也説“契始封商，其後裔盤庚遷殷，遂爲天下號”，是其説皆出於《竹書》。故以盤庚所遷之亳爲今偃師者爲《竹書》未出土前的舊説；以盤庚所遷之殷爲今之安陽者爲《竹書》出土以後的新説。這兩説，一在大河南，一在大河北。前者有《史記》“渡河南”語可據；後者有《竹書》的詳細記載可據之外，還有目今新出土的龜甲獸骨可證。孰是孰非，殊無法臆斷。我覺得要打破這個疑團，首先得解決這五遷問題。這一問題我上文歷據《盤庚》篇“兹猶不常寧，不常厥邑，於今五邦”之文、《史記》“五遷無定處”之文及《書序》“盤庚五遷”之文，肯定了這五遷，是盤庚一人遷了五次，而不是自成湯至盤庚遷了五次。我以爲盤庚五遷既非自奄遷殷，也非自奄遷西亳，而是自奄遷景亳。按之《竹書》，盤庚即位的元年，明書“居奄”；到十四年乃書“自奄遷於北蒙曰殷"；十五年又書"營殷邑"。北蒙即皇甫謐之所謂蒙縣，即春秋時宋國的蒙澤，地在今河南商丘縣東北二十餘里，據說是成湯當初盟諸侯受命的地方。《盤庚上》本文記殷民向盤庚籲請不要遷居的話中也有"克從先王之烈"與"紹復先王之大業，厎綏四方"之文；《史記·殷本紀》也有"盤庚能行湯之政，遵湯之德"之文，大概當時盤庚承仲丁以來衰弱之餘，頗思奮發有爲，並曾以此號召殷民。果如此，當時盤庚所原居的奄，地在今山東曲阜縣。周初伯禽就封時，還是淮夷徐戎出没之鄉，以地望論實過於偏僻。南庚之遷奄可能即因勢衰力弱，才竄居夷戎之間，如周初不窟之所爲。盤庚既有繼成湯朝諸侯的雄心大志，自不能不向中原之地邁進，這就可能在即位後的十四年中逐步由東西遷，最後乃定居北蒙而營殷邑。在這由東西遷的過程當中，一共遷了五處，是可以想象的，所以《盤庚下》中有"腹腎腸歷"之語。在這次作誥前可能已一度曾遷居大河之北，所以《史記》有"渡河南"之文，而《盤庚中》也有"作惟涉河"之語。又作誥時可能於途中在"腹腎腸歷"之下已決定遷往三亳中的景亳，所以《書序》有"將治亳"之文，《史記》也有"復居成湯之故居"之文。何以知盤庚此番所遷定的是景亳而不是西亳？這我有如下兩個看法：（1）景亳離原居之奄於三亳中爲最近，且是相傳爲成湯盟諸侯而受命之地，有合於他那"行湯之政"的雄心大志。西亳距奄爲最遠，以殷中葉時的交通情況論，不可能勞師遠征經營西亳。當時殷的根據地是奄，奄在今山東，它所能結合的諸侯應以東方的部落爲多，後此武庚所能結合來叛周的，也不外是淮夷徐戎中的一些部落。至於西亳，原是夏后氏的根據地，且已和時叛時服與殷對抗的周邦較近，他要朝諸侯也過於偏西。（2）景亳地本宋之蒙澤，今商丘之北，亦稱北亳，《竹書》明書"盤庚自奄遷北蒙"，應該即是這景亳。《括地志》云"相州安陽本盤庚所都，即北冢殷墟"，這似乎因

有北冢而附會爲盤庚之所都；近人則竟附會北冢爲即北蒙。其實
“冢”與“蒙”今雖音同形似，但籀文“蒙”字遠爲複雜，義尤相遠，
不得僅以形似便附會而爲一。北蒙自在商丘，由古蒙澤得名；北
冢自在安陽，與古蒙澤相距已甚遠，何從得有北蒙之名？故由
《竹書》所記看，盤庚所遷定的亳，固不得爲西亳，也不得爲北
冢。況殷之遷居安陽，最早也當在庚丁之世，《史記・三代世表》
有“庚丁時，殷徙河北”之文；《殷本紀》也云：“庚丁崩，子帝武
乙立，殷復去亳徙河北。”《竹書》亦云：“武乙三年，自殷遷於河
北；十五年，自河北遷於沫。”這三種資料都若合符節，應該可
信。亳即盤庚所遷的景亳；沫即《酒誥》所謂的妹邦，亦即《牧誓》
中的牧野或稱坶野，這才是今在安陽的殷墟。《竹書》所記殷邦遷
徙的過程是盤庚遷景亳，庚丁、武乙間自景亳遷河北，武乙後自
河北再遷今在安陽的殷墟，不很明白嗎？漢人徒以誤將《書序》
“將治亳殷”之文中的亳殷二字連文並讀，合“亳殷”二字而爲一，
而不知亳自地名，殷自邦名；又因《史記》“渡河南”之文，強指在
今偃師的西亳爲亳殷，便一直誤人一二千年。近人則又因在安陽
發見殷墟甲骨，而又有《括地志》“北冢殷墟”之文以爲佐證，便又
將北冢、北蒙誤合而爲一，遂於一誤之後來個再誤。今特爲正之
如上。

　　綜計殷邦的遷徙，據《史記》的記載，自契至成湯八遷；自成
湯至盤庚，據張守節的《史記正義》説是五遷，共十三遷；但據
《竹書》所載還須加上祖乙的一遷、南庚的一遷，應該共十五遷。
自盤庚以後，加上盤庚一遷，還有武乙的二遷，統有殷一代，共
遷了十八次了。倘照我上文所論定，盤庚一人就遷了五次的説法
而可成立的話，還不止十八次，而竟有二十二次了。那末自契至
紂共二十九王，遷了二十二次，遷徙之頻，通一部中國歷史來
看，前乎殷、後乎殷的王朝，確實未曾有過，真可謂空前絶後

了。可是遷國畢竟不是一件小事，所以《周禮・秋官・小司寇》以三事致萬民而詢，國遷即其一，非不得已自不可能輕舉妄動。殷王中遷徙最頻的，由上所述，似乎要算盤庚，殷民的咨胥怨原是可以理解的。但由這三篇《盤庚之誥》看起來，國遷似乎也要徵詢人民的同意，這在我國全部歷史上通看起來，可以做《周禮》詢國遷的實例的，似乎只此一事。由此更可推知，在公元前十二世紀以前的殷商(公元前一七六八——公元前一一二三年)，雖説是個朝諸侯、有天下的王朝，實際上恐怕還只是個部落聯盟的共主，這三篇《盤庚之誥》，似乎也還是盤庚在部落議事會或竟是氏族議事會上的發言，至少也可反映了這一類性質的議事會的殘痕餘影。

盤　庚　上

[經文]

　　盤庚遷于殷①，民不適有居②。

[詮釋]

　　① "于"，就上、中、下三篇的語例歸納起來看，應作"以"字講。這句和本篇的"予告汝于難"、"恐沈于衆"，中篇的"各設中于乃心"，下篇的"告爾百姓于朕志"、"今我既羞告爾百姓于朕志"等句，都是同樣的語例。所以"盤庚遷于殷"應讀作"盤庚遷以殷"，即是"盤庚以殷遷"。

　　② "適"，之也，宋魯語，見《説文解字》。"之"即今語"往"。"有"，《經傳釋詞》："語助也。一字不成詞，則加'有'字以配之。"故"有居"即"居"，也即居處。

[經文]

率籲衆①，感出矢言曰②：

[詮釋]

① "率"，《爾雅·釋詁》(以下簡稱《釋詁》)："循也。""籲"，《説文解字》(以下簡稱《説文》)："呼也。"今語習用"呼籲"連文。"率籲"猶言遵例呼籲。"衆"，下文"王命衆悉至於庭"《僞傳》："羣臣以下。"《疏》："羣臣以下，謂及下民也。"梓案：中篇"亶其有衆，咸造勿褻，在王庭，盤庚乃登進厥民"，明明説是先"亶其有衆"，然後"登進厥民"，次序井然，可知"衆"自"衆"、"民"自"民"，不可相混。下篇"綏爰有衆"的告語中，竟直稱之爲邦伯、師、長、百執事之人而告之，是"衆"所指，乃竟是邦伯、師、長及百執事之人，並不下及於民。《傳》是而《疏》却蛇足了。劉逢禄《尚書今古文集解》(以下簡稱劉《集解》)也曾説："三篇中以'民'與'衆'爲告庶民、告羣臣之别。"是也。也有以爲"有衆"可以説是羣臣，單單一個"衆"字不能算是羣臣。"有衆"猶言"有國"、"有家"，"有國"指諸侯，"有家"指卿大夫。國非即諸侯，家非即卿大夫，故"衆"非即"有衆"。其説實似是而非，這只消讀一讀本篇下文"王若曰：'格汝衆……古我先王亦惟圖任舊人共政……凡爾衆其惟致告，自今至於後日，各恭爾事，齊乃位，度乃口……"全段，讀完後，看看這"衆"是不是下及於民？"有"字在這裏只是像王引之所説的語助詞，語法與"有居"同。

② "感"字的訓詁頗分歧。《説文》引作"戚"。"率籲衆感"句，《僞傳》釋爲"衆憂之人"，訓"感"爲憂。蔡《傳》因

之。這是一説。孫星衍《尚書今古文注疏》（以下簡稱孫《疏》）訓“慼”爲貴戚近臣，説本江聲《尚書集注音疏》（以下簡稱江《音疏》）。這又是一説。莊存與雖也訓“慼”爲憂，但屬下讀而讀爲“慼出”，並讀“出”爲“咄”；劉《集解》因據以《多方》“慼言于民”爲語例，釋此而讀爲“慼咄矢言”。這又是一説。這三個説法中，我是比較贊成莊、劉之説的。因爲“慼”、“蹙”、“戚”三字古本通用；《詩·王風·兔爰》鄭箋“有所急者，有所躁蹙也”，“蹙”，《釋文》本亦作“戚”；《禮記·禮器》“則已蹙”，“蹙”，《釋文》本亦作“慼”。我認爲此“慼”應讀爲“蹙”。“蹙”，《廣雅·釋詁》“急也”、“迫也”，故有窘急義。《説文》：“咄，相謂也。”“蹙出”有面面相覷相互説話義，所以後來用起“咄”字時，總帶着驚恐不安的口吻，殷浩的“咄咄怪事”是一個顯例。此處“慼出”連文，猶言“惶窘地相謂”，也就是“面面相覷”。“矢”，《釋詁》：“陳也。”“矢言”猶言“陳辭”。

[經文]

我王來①，既爰宅於兹②，重我民③，無盡劉④，不能胥匡以生⑤。卜稽曰其如台⑥，先王有服⑦，恪謹天命⑧。兹猶不常寧⑨，不常厥邑⑩，于今五邦。今不承于古⑪，罔知天之斷命⑫，矧曰其克從先王之烈⑬。若顛木之有由蘖⑭，天其永我命于兹新邑⑮，紹復先王之大業⑯，底綏四方⑰。

案：這一段話，自《注》、《疏》以來，一向都認爲是盤庚説的話，惟清姚鼐始以爲是殷民所矢言不願遷的話，孔廣森

從之，說見孔廣森的《經學卮言》。其說云：“竊聞座主桐城
姚大夫說：‘自“我王來”迄“底綏四方”，皆述民不願遷之
言；“盤庚斆於民”以下，乃述盤庚之誥。’誠有特見，足破前
儒沿誤。”吳汝綸沿其說。我以爲姚、孔之說以視前儒，確不
失爲特見。這只須從這段經文開頭一句話“我王來”就可見
得。所謂“我”究竟指的是誰？若說是盤庚自己，難道盤庚向
人説話，會自稱“我王”嗎？“我王”者，我的王也。倘若這段
話是盤庚説的，那末我王決非盤庚自己。若照《僞傳》，解釋
爲祖乙，當知盤庚是祖乙的曾孫，且中經六傳了，不可能同
時，只能稱“我先王”或“我先后”，不會稱“我王”。若如
《疏》引鄭玄說，說是“至陽甲立，盤庚爲之臣”，上篇是盤庚
爲臣時事，但據下面中篇中盤庚自稱“幼孫”，下篇中也自稱
“予沖人”，是盤庚爲君時年歲尚不甚大，何況爲臣時，更何
能代陽甲主持遷國這樣的大計，并且還能代陽甲作誥告大
衆？這是不可能想象的事，所以《疏》雖引其説，仍斥爲輒專
謬妄。今用姚、孔之説來讀這一段文字，便覺得驍然理解，
通《盤庚》三篇全部文字也因之易讀了。但姚、孔之説以爲這
段話是殷民的矢言，也似還未達一間，我以爲這是有衆向盤
庚述殷民之辭，這只須看下文“王若曰格汝衆”之文而知之。

[詮釋]

① “我王”，指盤庚。這是臣下述殷民的話，故稱盤庚爲“我
王”。

② “爰”，《僞傳》訓“於”，非。依此訓釋，這句便成了“於
宅於兹”，亦復成何説話？案：“爰”，通“趄”；“趄”，
《説文》：“田易居也。”《春秋左氏傳》僖公十五年：“晉於
是作爰田。”服虔注：“‘爰’，易也。”“宅”，《釋言》：“居
也。”“爰宅”義即易居，不正是遷居嗎？

③ "重"，《楚辭·九辨》"重無怨而生離兮"王逸注："重，念也，自念無怨咎於君。"

④ "劉"，一向都沿《僞傳》訓"殺"，語氣似過重。案："劉"亦通"流"，故"流覽"可作"劉覽"，見《淮南子·原道訓》。"流"，《管子·宙合》"君失音則風律必流"房玄齡注："流謂蕩散。""蕩散"義即流離失所。

⑤ "胥"，《釋詁》："相也。""匡"，《淮南子·主術訓》"匡牀蒻席"孔注："匡，安也。"

⑥ "稽"，同"卟"。"卟"，《説文》："卜以問疑也。从口卜，讀與稽同。《書》云：'卟疑。'"案"卟疑"見《尚書·洪範》，今本作"稽疑"。此與"卜"字連文，其爲"卟"之異文無疑。"卜卟"，即今語"求神問卜"的"問卜"。"曰"本字作"欥"，亦通作"聿"、"遹"、"越"，《釋詁》："於也。""曰其"二字連文，有"於此"口吻，即今語對此事。這與下文"曰其克從先王之烈"和"越其罔有黍稷"都同一語例。孔廣森《經學卮言》："《商書》言'其如台'者四（案即《湯誓》、《盤庚》、《高宗肜日》、《西伯戡黎》），《史記》有其三，而皆改爲'其奈何'，即'其如何'。'卜稽曰其如台'，猶言卜卟於此事云何。"正惟殷民通過羣臣有此一質難，所以下篇中盤庚告邦伯、師、長、百執事的語中才有"非敢違卜"的解釋，尤足證明這段話決不出於盤庚。

⑦ "先王"於此當然泛指盤庚以前的殷王。這裏所當説明的，有此一句話，很易誤解爲這是盤庚的口吻，而誤會這段話爲盤庚所説。其實從這篇的語例看，自稱其先王時，例於"先王"之上加一"我"字，間有不加的，則只在上文已提及過時爲然，突提時是無有不加的。"服"，通"艮"。"艮"，《説文》："治也。"即治事之意。今語"服務"之

“服”，即此“艮”字。

⑧ “恪”，《釋詁》：“敬也。”“敬”，即今語“認真”。“謹”，
王國維引《單伯鐘》、《毛公鼎》中的“廑大命”來證明這是
周時的一種語例而釋爲“勤”。“謹”與“廑”僅偏旁不同，
本可通用，古時，尤其是殷周時，此等通假之例極多，舉
不勝舉；“廑”“勤”則是古今字，所以王氏此詁是正確的。
梓案：這種語法，也見於《禮記·祭統》，其辭爲“勤大命
施於烝彝鼎”。此語鄭玄訓“勤”爲“行”，謂句義是“行君
之命，刻著於烝祭之彝鼎”。“行”即今語“執行”。此處
“恪謹天命”，譯以今語，猶言“很認真地執行上天的使
命”。

⑨ “常”乃“裳”的本字，見《説文》。《廣雅·釋詁》“常”“長”
互訓，王念孫《疏證》：“‘常’‘長’聲相近，故漢京兆尹
長安王莽曰‘常安’矣。”“長”，《説文》：“久遠也。”

⑩ “邑”，邦邑，指邦人聚居地。“邦”，包括邑和野講，即
部落。説詳拙作《封邑邦國方辨》，見《歷史研究》一九五
六年第二期。

⑪ “承”，《説文》：“奉也。”義即奉行。“承於古”，承以古
也。“古”者，故舊之道。“承以古”，意謂以故舊之道奉
行天命。所謂故舊之道，即上文的“先王有服，恪謹天
命”。

⑫ “罔”，無。“斷”，自《僞傳》以後，大抵作斷絶義講，我
看是決定義。《易·繫辭》“以斷天下之疑”、《禮記·樂
記》“臨事而屢斷”皆決定義。這句語氣原和上文“卜卟曰
其如台”一語相呼應。“今不承於古，罔知天之斷命”，意
謂“今不以先王恪謹天命的辦法去奉行天命，對於上天怎
樣決定我邦的使命就會一無所知”。這樣講，才和下文

“天其永我命于茲新邑”語一氣貫通。

⑬ “矧”，《釋言》：“況也。”“曰其”，於此也，見上注⑥。“克”，《釋言》：“能也。”“從”，《詩·齊風·還》“並驅從兩肩兮”《箋》：“逐也。”實即今語“追隨”。“烈”，《釋詁》：“業也。”即今語事業。

⑭ “顛”，即“槙”，《說文》：“木頂也，一曰仆木也。”段注：“人頂曰顛，木頂曰槙，今‘顛’行而‘槙’廢矣。”是顛木即槙木。又云：“人仆曰顛，木仆曰槙，‘顛’行而‘槙’廢矣。”是顛木即槙木，也即仆木。“由蘗”，《說文》引作“粵櫱”：“櫱，伐木餘也。《書》曰：‘若顛木之有粵櫱。’”於此可見“由”實“粵”之殘字，《僞傳》訓“用”，非。“粵櫱”實有萌生義。《毛詩·由儀序》：“萬物之生各得其宜也。”“由儀”即“粵櫱”，亦即“由蘗”；“儀”“櫱”一聲之轉，詳見《說文》“虒”字下段注。“櫱”，《說文》古文作“木無頭”，段注：“木禿其上而僅餘根株也。”故“若顛木之有由蘗”譯以今語，猶云“像樹木被砍伐而顛仆也有於砍處萌生枝葉的情形”。這種情形，我們是隨時可見到的。

⑮ “永”和“長”，古互用。《書·皋陶謨》“修思永”，《史記·夏本紀》作“修思長”；《書·金縢》“惟永終是圖”，《史記·魯世家》作“惟長終是圖”。“茲新邑”，孔廣森《經學卮言》：“姚大夫曰：‘次篇“新邑”，殷也，盤庚辭也；首篇“新邑”，祖乙所遷也，民之辭也。’廣森謂中篇方云‘盤庚作惟涉河以民遷’，下篇方云‘盤庚既遷’，則上篇作於未遷之前甚明。既遷於殷，可云‘茲新邑’；未遷前，但當云‘彼新邑’，不當云‘茲新邑’，更不當云‘既爰宅於茲’，故知上篇‘新邑’決非亳殷。大抵此邑遷來亦未久，故尚有新邑之稱。盤庚承亶遷之後而又謀遷，所由

咨胥怨也。"梓案：姚氏認首篇新邑爲祖乙所遷，實尚泥
於舊説的五遷，自未若孔氏"遷來未久"和"甫遷之後"之
説爲尤有特見。況上文還有"我王來"一語！倘盤庚僅有
自奄之殷之一遷，則在未遷前，此一"來"字也無着落。
是知我那五遷出於盤庚一人之説，孔氏已先我言之了。

⑯ "紹"有継承義，"復"有"再"義，那末"紹復"即継承先人
而復建大業，那末"紹復"義即"恢復"。

⑰ "厎"，《釋詁》："待也。"宋陸佃《爾雅新義》："致也。以
能致之，故待之，以有所待也。"是"厎"有今語"期待"義。
"綏"，《釋詁》："安也。""方"本"邦"字的音轉，而"邦"
在古初則爲"封"，所以"四方"即"四封"。"封"爲古初部
落間的沿境林，是所謂"四封"即四境。詳拙著《封邑邦國
方辨》。"厎綏四方"意即期待着把四境安定下來。

[經文]

　　盤庚斅於民由乃在位①，以常舊服正法度②，曰毋或
敢伏小人之攸箴③，王命衆悉至於庭。

[詮釋]

① "斅"，《説文》："覺悟也，从'教'从'冂'。'冂'，尚蒙
也。""由乃"，于省吾《尚書新證》（以下簡稱《新證》）：
"'由乃'二字係'甹'字之訛，金文作'甹'，亦作'嘼'，
係夾輔之義。《毛公鼎》'嘼朕位'，《番生毀》及《班彝》均
有'甹王位'之語。此言'甹在位'語例相垺。"郭沫若《兩周
金文辭大系》據此釋"甹"爲"屏"。梓案："屏"有"蔽"義；
于謂"甹"有"夾輔"義。結合此兩義去探索此字之的解，
似有"左右"義。"民甹在位"，猶言在位之人爲人民所

左右。

② “常”,《毛詩·魯頌·閟宮》“魯邦是常”鄭箋:“守也。”即今語遵守。“服”,事也。“舊服”猶言故事。《疏》引鄭玄“屬民而詢”說,即指此所謂故事。孫《疏》並引《周禮·小司寇》之文以證實鄭説,其文云:“以致萬民而詢焉:一曰詢國危,二曰詢國遷,三曰詢立君。”足見周代有關上引語中的三大事都須徵詢人民的同意,也即《洪範》七稽疑中庶民的從逆。這三篇盤庚的叙述,不正是《周禮·小司寇》詢國遷的故事嗎?我覺得這樣的故事,倒很像是氏族社會時代氏族會議或部族會議的遺風流俗。“正”通“整”,猶言整頓。“法度”即紀律。

③ “曰”,本字作“欥”,《説文》:“詮詞也。”《釋詁》解作“於”,《經傳釋詞》解作“於是”。此處語吻正是“於是”,是所以説明上文的用意的,猶言“於以”或“用以”。“或”同“有”,詳《春秋穀梁傳》“日有食之”范甯《集解》,在此猶言“有人”。“伏”“服”古通,有屈服或慴服義。“小人”在經籍中往往用以指庶人或勞動人民。《無逸》“其在高宗時,舊勞于外,爰暨小人”;“其在祖甲,不義惟王,舊爲小人”,《僞傳》“勞是稼穡,與小人出入同事”,是一個明證。“箴”即現今針灸,同“鍼”,即同“針”,蓋古用竹,後用金,所以刺病,引伸爲諷刺、箴戒等義,即今語“批評”。

[經文]

　　王若曰①:

[詮釋]

　　① “若曰”一詞在《尚書》中,尤其在《周書》中極爲習見,例

如《微子》、《君奭》、《康誥》、《酒誥》、《多方》、《多士》、《立政》、《君陳》、《畢命》、《君牙》、《冏命》、《文侯之命》諸篇中都有。揣其語氣，似有二種：（1）代人傳話時用，如《多方》、《多士》中所用的，都是周公傳達成王話用的，而尤以《多方》篇中所用的爲明顯；（2）後人記載時用的，如《君奭》、《立政》所用的"周公若曰"、《君陳》中的"王若曰"，而尤以《君陳》中所用的爲明顯。明陳泰交《尚書注考》："若曰者，非盡當時之言，大意若此也。"梓案："若"，《説文》："擇菜也。"經籍中亦有引申爲一般的選擇用的，例如《國語·晉語》二十六年獻公卒章"吾誰使先若夫二公子而立之"是也。這裏的"若曰"的"若"，已可釋爲擇要而言之義，即後世所謂"略曰"，譯作今語，猶言"大要是這樣説"。這裏的"若曰"是第二種語氣，即後人取其言的概略記載下來的。

［經文］

"格①，女衆②，予告女，訓女猷③。黜乃心④，無傲從康⑤。

［詮釋］

① "格"，《釋詁》："來也。""女"讀"汝"，即今語"你"或"你們"。

② "衆"，有衆也，即下篇的邦伯、師、長、百執事之人等，也即本篇上文的"衆"。惟然，此下的話都是呼衆而告之的話。

③ "訓女猷"，這句話因讀法不同而生出許多不同的解釋。《僞傳》於"訓"字讀斷，故釋爲"我告女以法教"，蔡

《傳》、江《音疏》因之；孫《疏》於“猷”字讀斷，讀作“訓女猷”，而釋爲“導女以道”；近人也有讀作“告女訓女”的，則釋爲“告訴你們，教育你們”。我比較贊成孫《疏》的讀法和解釋。他的根據在《釋詁》。《釋詁》云：“迪、繇、訓，道也。”“繇”“猷”古通作“繇”，隸古定作“繇”。“猷”乃通假字。“繇”“訓”既同訓“道”，故應自作一句讀。倘照《僞傳》等讀作“予告女訓”，固可釋爲“我告女以道”，然下句“女猷黜乃心”又應作何解釋？難道能以“女道黜乃心”或“女謀黜乃心”去解釋嗎？至“告女訓女”，“告”、“訓”都可訓教，何以會這樣重牀疊屋地講話？孫《疏》所謂“導女以道”者，“訓”，《説文》：“教也。”段注：“説教者説釋而教之，必順其理。”(梓案：“釋”當是“懌”之訛)意即以道教誨人，所以也可訓道。“猷”通“繇”“由”，即行道之所由。“訓女猷”，即謂向你們説明這事的經過。

④“黜乃心”，“黜”，《國語·周語》王將鑄無射章“以揚沈伏而黜散越”韋注：“去也。”“乃”即今語“你”(或“你的”，在本篇中例用作“你的”)。“心”，《僞傳》釋爲“違上之心”，江《音疏》釋爲“衺心”，孫《疏》釋爲“傲慢從康之心”，都不免於增字解經、望文生義。我以爲不如釋爲“成心”。“成心”義同成見，指有衆先入殷民之言而有的成見。

⑤“無”即“毋”。“傲”，隸古定作“奡”，《説文》：“嫚也。”“嫚”，侮傷也。故“傲”即輕嫚。“康”，《毛詩·小雅·賓之初筵》“酌彼康爵”《箋》：“虚也。”《史記·屈原賈生傳》“斡棄周鼎兮而寶康瓠”《集解》：“空也。”故“康”有空虚義。“從康”，猶今語“落空”。“無傲從康”，猶言不可

看輕其事而心中空虛。“心中空虛”，猶今語“心中無數”。
舊釋以“違上”解“傲”，以“安”解“康”，非是。

[經文]

　　古我先王亦惟圖任舊人共政①。王播告之修②，不匿
厥指③，王用丕欽④，罔有逸言⑤，民用丕變⑥。

[詮釋]

① 首應辨清這是“我先王”，和上文人民呼籲辭中的“先王”
有別。這多出一“我”才真是盤庚的口吻。“亦惟”，語詞。
“亦”音近“壹”；“惟”有“是”義，語氣和《禮記·大學》
“壹是皆以修身爲本”語中的“壹是”略同，猶今語“一切”、
“一直”。“圖”，《釋詁》：“謀也。”即今語“打算”。
“任”，用也。“共”、“供”通，謂供職。須注意，這是對
有衆講的話，所以説是“圖任舊人共政”。倘若是對民説
的話，就不必提及共政不共政了。

② “播”，《説文》引作“譒”。“譒”，敷也。“播告”即今語
“布告”。據《説文》“譒”字下引此語，作“王譒告之”絶
句。俞樾《羣經平議》以爲“修”字屬下讀殊不成義，《説
文》或奪“修”字；並謂如《傳》解作“王布告人以所修之
政”亦於經文不合，經言播告之修，不言播告以所修也。
其實如《説文》的讀法，不僅“修”字屬下讀不成義，即“王
譒告之”一語，語意亦未完。然俞氏疑“修”當讀爲“迪”，
其説亦殊迂曲。“修”有廣遠義。王譒告之修，意爲王的
布告出得久遠了。

③ “匿”，于《新證》：“匿舊訓爲隱匿，非是。《盂鼎》‘闢斥
匿’，‘匿’應讀作‘慝’，《管子·明法》‘比周以相爲匿’，

《明法解》‘匿’作‘慝’。‘慝’‘忒’通。《洪範》‘民用僭
忒’，《漢書·王嘉傳》引作‘民用僭慝’。‘忒’，《説文》：
‘更也。’……不匿厥指，謂不復更其主旨也。”

④ “欽”，劉《集解》以爲應讀爲“廞”，並引《周禮·春官·
笙師》“廞其樂器”以爲證，而引鄭《注》釋爲“興”，以爲
“王用丕欽”義爲王因之可大興作。

⑤ “逸”“佚”古通。“佚”，《説文》：“忽也。”義即輕忽。“逸
言”即輕忽的傳言。

⑥ “變”通作“蕃”；《堯典》“黎民於變時雍”，《漢書·成帝
紀》引作“黎民於蕃時雍”。王符《潛夫論·考績》篇：“此
堯舜所以養黎民而致時雍也。”即所以解釋這“蕃”字的。
“蕃”，《説文》：“草茂也。”是“蕃”即蕃殖之“蕃”。我以
爲用蕃殖義解釋“民用丕變”，逼《盤庚》三篇看起來，是
較爲恰當的。

[經文]

　　今女聒聒①，起信險膚②，予弗知乃所訟③。非予自
荒兹德④，惟女含德⑤，不惕予一人⑥，予若觀火⑦，予
亦拙謀⑧。

[詮釋]

① “聒聒”，《説文》作“憨”。“憨”，《説文》：“善自用之意
也；《商書》曰：‘今女憨憨。’”衛包因鄭云“憨”讀如聒耳
之“聒”，竟改經文作“聒聒”，至宋人乃有訓“聒聒”爲
“譊譊多言”者，非經旨也。段《注》云在此文中亦有執拗
難曉之意。

② “起”，《禮記·內則》“起敬起孝”《注》：“起，更也。”

“險”，章炳麟《古文尚書拾遺》：“‘險’當讀爲‘僉’。
‘僉’，《釋詁》：‘皆也。’《詩·周頌》傳‘皆徧也’。”
“膚”，《廣雅·釋詁》：“傳也。”故“險膚”在此有徧布的
傳言之義，即今語“流言”。

③ “訟”，《説文》：“争也。”

④ “荒”，《詩·周頌》“大王荒之”鄭箋：“大也。”在此有擴
大之義。“德”是對道的認識，這是根據《論語》朱熹《集
注》“行道而有得於心也”一語而下的定義，詳見拙著《道
德論》（現已收入《苊盦治學類稿》）。這裏所謂“兹德”，
即指對遷居一舉的認識。

⑤ “含”，鄭注引《史記·殷本紀》“法則可修，舍而弗勉，何
以成德”語來解釋，極是。是“含”乃“舍”的形譌。

⑥ “惕”，鄭《注》：“一作‘施’。”《白虎通義·號篇》引此文
也作“不施予一人”。“施”，在此處讀若難易之“易”，意
即延及或受影響之意，與下文“無俾易種於兹新邑”的
“易”同義。梓案：《儀禮·喪服傳》“絶族無施服”《注》：
“在旁而及曰施。”音與“易”同，故亦假爲“易”。“惕”則
取音於“易”，故此字作“惕”，而有“易”、“施”義。

⑦ “觀”，孫《疏》：“《周禮·夏官·司爟》注：‘爟讀若“予
若觀火”之“觀”，今燕俗名湯熱爲“觀”，則爟火謂熱火
與？’是鄭以‘觀火’爲‘爟火’也。”梓案：《史記·封禪書》
“通權火”《集解》引張晏曰：“權火，烽火也，狀若欃皋
然，其法類稱，故謂之‘權’，欲令光明遠照，通祀所也。
漢祀五時於雍，五里一烽火。”《索隱》：“權一音爟，《周
禮》有司爟。爟火官，張晏解非也。”是爟火亦作權火。
《漢書·郊祀志》“通權火”顏師古注：“凡祭祀通舉火者，
或以天子不親至祠拜；或以衆祠各處欲其一時薦饗，宜知

早宴，故以火爲之節度也。"據上引，可知這裏的"觀火"，即《周禮》的"爟火"，也即《史記》、《漢書》的"爟火"，皆同指祭祀時所舉的烽火，無非欲使光明遠照，令與祭之人得按時至祠所，不至失誤時間，故張晏解並不誤，只是太直捷一點。

⑧ "拙"，鄭注"一作㶱"是也。"㶱"，《説文》："火光也，從火出聲；《商書》曰'予亦㶱謀'，讀若巧拙之拙。"是知"拙"字應作"㶱"。段注："《類篇》作'火不光'；《集韻·六術》曰：'㶱爍，煙皃。'《類篇》同。又《九迄》曰：'㶱爍，煙出也。'煙盛則光微，是知《説文》奪'不'字。"盤庚這兩句話，是用爟火自喻，因煙盛出而發不出光亮來，以致他遷居的打算被流言所蒙而無人響應，真確喻。"觀火"，舊訓往往作視火，非。

　　梓案：這段話更可證實上文"我王來"到"厎綏四方"一段話，確是殷民通過有衆向盤庚的呼籲，決不是盤庚向誰說的話。"觀火"一喻，尤覺貼切。今人乃以"洞若觀火"喻見得分明，誤。

[經文]

　　作乃逸①，若網在綱②，有條而不紊。若農服田力穡③，乃亦有秋④。女克黜乃心，施實德于民至于婚友⑤，丕乃敢大言女有積德⑥，乃不畏戎毒於遠邇⑦。惰農自安，不昏作勞⑧，不服田畝，越其罔有黍稷⑨。

[詮釋]

　　① "作"，《禮記·哀公問》"孔子愀然作色而對曰"鄭注："作猶變也。""逸"，忽也，見上"罔有逸言"詮釋。"作乃

逸”，猶言將你們那輕忽的作風改變改變罷。

② “綱”，《説文》：“維紘繩也。”案即貫穿網口、用以收放全網的繩。

③ “穧”，《詩·齊風·伐檀》“不稼不穧”鄭箋：“斂之曰穧。”即今語收割。

④ “秋”，《釋天》：“秋爲收成。”

⑤ “施”，義同上文“不惕予一人”的“惕”。“實德”，真實的認識。“婚友”，即親友。

⑥ 此語中的“丕”、“大”皆語詞，無實義。“乃”，然後。“積德”，積累起來的認識，義即經驗。

⑦ “乃”，《經傳釋詞》：“而也。”“戎”同“叢”，音近義通。“戎毒”即“叢毒”，亦即積怨，與上文的“積德”爲對文。

⑧ “昏”，鄭注：“昏”，讀爲“暋”；“暋”，《説文》：“冒也。”“冒”，《説文》：“蒙而前也。”意即不顧一切而前進。“冒昧”、“冒失”即由此衍出。“昏作勞”猶今語“忘我勞動”。“服”通“及”，治也，亦事也，見上“先王有服”詮釋。

⑨ “越其”，即“曰其”，解見上文“卜稽曰其如台”詮釋。

[經文]

　　女不和①，吉言于百姓②，惟女自生毒③。乃敗禍姦宄以自災于厥身④。乃既先惡于民⑤，乃奉其恫⑥，女悔身何及⑦。

[詮釋]

① 舊解都“和吉”連讀，我覺得和上文不相應，故於“和”字讀斷。“和”，《説文》：“相應也。”是唱和之“和”，而不

是和善之"和"，應讀作去聲。

② "吉"，《說文》："善也。""吉言"即今語"善言"或"好言"。"百姓"，《正義》："此篇上下皆言'民'，此獨云'百姓'，則知'百姓'是百官也。"梓案：上篇原是呼衆而告之之言。"衆"，上文已引鄭《注》釋爲羣臣以下了，羣臣難道不是在百官之中的嗎？難道會叫羣臣吉言於百官的嗎？況且這篇既是告衆之言，對"衆"只能用第二人稱的"女"，百官既在"衆"之內，也當用第二人稱，何以這裏忽又用第三人稱而稱之爲百官？豈不成了"女不和，吉言于女"了嗎？《正義》於此也覺有點不能自圓其說，所以說是"和吉言者又在百官之上，知此總是責公卿"。不知公卿是在王左右之官，而不像邦伯、師、長、百執事等是親民之官，人民不可能請公卿代呼籲，只能請邦伯、師、長、百執事等代呼籲，怎麽正在對邦伯、師、長們講話，忽然會掉轉頭來責備公卿？凡此種種都不可能使《正義》得以自圓其說。我以爲這裏的"百姓"應作"百家"講。"百"當然是盈了。"女不和，吉言于百姓"，猶言你們不響應我而用好言相勸開導那各家族的家長。

③ "惟"，《經傳釋詞》："是也。""生"，凡由因以致果者，皆謂之生。見《正字通》。"生毒"，即致人民之怨毒，也即上文的"戎毒"。

④ "乃"，《經傳釋詞》："猶則也。""則"，《廣雅》："即也。""敗"，《方言》："露也。""禍"，《說文》："神不福也。""敗禍"，猶言不幸而敗露。"姦宄"，《國語·魯語》里革曰："竊寶者爲宄，用宄之財者爲姦。""姦宄"，猶言於中取利。"以"，因；"災"，害；"厥"，其。

⑤ "乃"，你也。"惡"，《說文》："過也。""于"，以也。"先

惡于民”，言先以人民之呼籲而犯過錯。

⑥ “奉”，《廣雅·釋詁》：“進也。”“恫”，《説文》：“痛也，
一曰呻吟也。”《匡謬正俗》：“今太原俗呼痛而呻吟謂之通
唤何？ 答曰……今痛而呻者，江南俗謂之呻唤，閩中俗謂
之呻恫。”是“恫”即痛苦而呻吟的意思。案：此當指人民
呼籲的矢言。“乃既先惡於民，乃奉其恫”，猶言你們爲
人民的呼籲所誤，而進其呻吟之聲。這便已明指出有衆代
人民呼籲了。

⑦ “女悔身何及”，漢《熹平石經》“身”作“命”。“悔身”固不
辭，“悔命”也未必便成辭。案：“悔”、“侮”通，因兩字
原都取音於“每”。“侮”，《禮記·曲禮》“不侵侮”《釋
文》：“輕慢也。”“侮命”，輕慢命令。“及”通“伋”，也通
“急”。《史記·齊世家》“丁公吕伋”《集解》引徐廣曰“一
作‘及’”；《詩·新臺》序“衛伋子”，《左傳》桓十六年作
“急子”，其證也。這裏的“及”也即“伋”或“急”。“女悔
命何及”，猶言你們爲何要這樣急於輕慢我的命令呢。

[經文]

相時憸民①，猶胥顧于箴言，其發有逸口②，矧予制
乃短長之命③。女曷弗告朕而胥動以浮言④？恐沈于
衆⑤。若火之燎于原不可嚮邇⑥，其猶可撲滅⑦？則惟汝
衆自作弗靖，非予有咎。

[詮釋]

① “相”，《釋詁》：“視也。”“時”，《釋詁》：“是也。”即今語
“這”或“那”。“憸”，漢《熹平石經》作“散”，足見今文作
“散”。吴汝綸《尚書讀本》：“散民猶《莊子》所云‘散人’，

謂不足數者。"梓案：如吳説，即今語閒散之人，亦即不負任何責任的人。自《僞傳》以來，一直都以"憸民"釋爲"憸利小人"，我以爲照這解釋，不可能通於石經的"散"字。其實這裏的"憸民"是正對下文"矧予制乃短長之命"而言，自以吳説爲長。

② "其"，通作"己"，亦通作"記"。《詩·王風·揚之水》"彼其之子"鄭箋："其或作記，或作己，讀聲相似。"又《詩·鄭風·叔于田》"叔善射忌"《箋》："忌讀如'彼己之子'之'己'"，見《經傳釋詞》。由此可見，"其"亦可通作"忌"，亦以其讀聲相同也。"其發有逸口"，語法同於《莊子·齊物論》"其發若機括"。此兩語皆指發言講。大概古人以爲出言必當有所警戒，故《説命》亦有"惟口出好興戎"之言。故這裏"其發"也有"忌發"的語氣。"逸口"之"逸"，在這裏也有輕慢義。所謂"逸口"，猶言"無顧忌之言"，也即同於今語"不加考慮隨便出口之言"。

③ "制"，《禮記·樂記》"治定制禮"《疏》："制謂裁斷。""短長之命"自《僞傳》以來，多釋爲"生殺之命"。梓案：此釋未安。蓋此只謂有決策之權，亦有決策之責，不像散人那樣無權無責。既有權責，則殷邦人民在此新遷之邑能久居或只能暫居自皆由我裁定，正不必夸大其辭到生殺予奪之權。

④ "朕"，于《新證》以爲金文語例，皆訓"我之"。此處用法與金文不同，疑此爲後人所纂易補苴。梓案：此固不必尚引金文語例，只以《盤庚》三篇的語例衡之，亦必非是，因通三篇去看，盤庚自稱，一例稱"予"或"予小子"，不應此處獨稱"朕"。頗疑"朕"當本作"佚"。"佚"，古文"訓"。"女曷弗告朕"實本"女曷弗告佚"，猶言"你們何

以不予以教訓”。“胥”，相；“動”，動搖。“浮”，《說
文》：“氾也。”“浮言”猶言浮泛不切事理的說話。

⑤ “恐沈于衆”，《僞傳》：“我恐汝自沈溺于衆人。”梓案：此
解與詰有衆的語氣不合，因“女”即指有衆，不能說“女自
沈于女”。劉《集解》引莊云：“沈當讀作扰。”吳《讀本》：
“沈當爲‘愔’。”都因《僞傳》的訓釋於此有抵觸，故改字釋
經。其實我認爲大可不必。“恐沈于衆”，猶言“恐帶挈衆
位都沈溺于浮言之中去”。“于”，以也，解見“盤庚遷于
殷”語詮釋。

⑥ “若火之燎于原……”江《音疏》：“《左傳》隱六年及莊十
四年兩引《商書》都作‘惡之易也，如火之燎于原，不可嚮
邇，其猶可撲滅’。當是《盤庚》原文如此，《僞孔》刪去
‘惡之易也’四字，又改‘如’爲‘若’，妄也，當從《左傳》
所引。”“易”，即“不惕予一人”之“惕”，也即“施實德於
民”之“施”，義即“在旁而及”，亦即“延及”或“影響”。
“燎”，《說文》：“放火也。”“嚮”，面向。“其”，《經傳釋
詞》：“猶寧也。”同“豈”，猶今語“難道”。

[經文]

　　遲任有言曰①：‘人惟求舊，器非求舊，惟新。’②古
我先王暨乃祖乃父胥及逸勤③，予敢動用非罰④。世選爾
勞⑤，予不敢掩爾善⑥。茲予大享于先王⑦，爾祖其從與
享之⑧。作福作災，予亦不敢動用非德⑨。

[詮釋]

　　① “遲任”，于《新證》：“‘任’本應作‘壬’，殷人多以十干
　　　爲名也。”

② "人惟求舊……惟新"，《熹平石經》此兩語作"人惟求舊，器非救舊"。梓案："求""救"古通，《堯典》"旁求"，《説文》引作"旁救"，是顯例。此兩語，《僞傳》訓爲"人貴舊，器貴新，汝不從，是不貴舊"，以爲無非因盤庚所欲遷者乃湯故居耳。我以爲此解殊曲。無論從今行《尚書》或從《石經》，語氣實皆側重下半句。上"惟"字實應讀作"雖"字，下"惟"應讀爲"乃"字，意謂人雖是舊的好，器却不要求其舊乃要求其新。這大概因上文已説過"先王亦惟圖任舊人共政"了，深恐有衆有所誤會，益堅其不遷之説，故引遲任之語以解之。因邑之爲邑，畢竟只是物之堪用者（語見《禮記·學記》"大道不器"《疏》），故以之告以不可戀舊而要求新。

③ "暨"，《釋詁》："與也。""胥"，相；"及"，與，亦皆《釋詁》文。是"胥及"即"相與"，也即今語"共同"。"逸"，蔡邕《司空文烈侯楊公碑》引此語作"肆"。"肆"，《左傳》昭十六年"莫知我肆"杜注："勞也。"《左傳》此語，係叔孫昭子引《詩·小雅·雨無正》語，"肆"本作"勩"。梓案："勞"義本以訓"勩"，"肆"之訓勞，乃以與"勩"同音通假，而"逸"則又假音於"肆"。是"逸勤"即"勞勤"。

④ "敢"，《詩·大雅·文王疏》引《五經異義》作"不敢"。

⑤ "選"，俞樾《羣經平議》："《僞傳》訓'選'爲'數'，迂曲，非經旨也。'選'，當讀爲'纂'，《釋詁》：'纂，継也。'《禮記·祭義》'纂乃祖服'；《左傳》襄十四年'纂乃祖考'；《國語·周語》'纂修其緒'，其義並同。'世纂爾勞'者，世繼爾勞也，故下文曰'予不掩爾善'。'選'從'巽'聲，'纂'從'算'聲，古音近也。"

⑥ "掩"，《釋文》作"弇"，《五經異義》引作"絶"。梓案：作

"絶"是。"絶"與上"纂"爲對文。

⑦《正義》引《周禮・大宗伯》釋此語，謂天神曰祀，地祇曰祭，人鬼曰享。是"享"即祭。《僞傳》："大享，蒸享也。"梓案：《周禮・大宗伯・司勳》："凡有功者，銘書於王之太常，祭於大蒸。"《禮記・祭統》："冬祭曰蒸。"

⑧"其"，《經傳釋詞》："猶將也。""從"，《説文》："隨行也。""與"，《史記・夏本紀》"與益予衆庶稻鮮食"《索隱》："上'與'謂同與之與。"是"從與"即隨同，"從與享"即"隨同受享"。

⑨"非德"之"德"訓恩澤。《論語・憲問》"以德報怨"朱注："謂恩惠也。"

[經文]

予告女于難①，若射之有志②。女無侮老成人，無弱孤有幼③，各長于厥居④。勉出乃力，聽予一人之作猷⑤。

[詮釋]

① "于"字在此也讀爲"以"，和篇首"盤庚遷于殷"及下文"各長于厥居"語法都同。"難"本義爲鳥名，字或从"鳥"，見《説文》，艱難之義行而本義遂廢。在此，義即今語困難。"予告女於難"，猶言我以爲難之處告訴你們罷。

② "志"與"識"通。古文"識"後世也通作"幟"，《史記・張丞相列傳》"以周昌爲職志"《索隱》："志，旗幟也。"是"志"、"識"、"幟"古通。朱彬《經傳考證》謂旗幟即標幟，猶埻也。梓案："埻"，讀如"準"，《説文》："射臬也。"即準的，後世也作"垛"，即今語靶子。

③ 此兩語《唐石輕》也作"女無老侮成人，無弱孤有幼"，足

證《唐石經》尚未誤。今行本作"無侮老成人"係後人所改竄，《漢石經》作"翕侮成人"可證。鄭《注》："老、弱皆輕忽之意也。"亦可證今作"老成人"者誤。"老"於此蓋與"弱"爲對文，"老"者，老之也；"弱"者，弱之也。"老"猶《孟子》"老吾老以及人之老"的"老"；"弱"猶《史記·南越王傳》"王太后弱孤不能制"的"弱"。"弱孤"連文，尤足推知"老侮"亦連文。以上略用王引之《經義述聞》説。此兩語的意義，即謂不可以成人爲老而侮之，不可以有幼爲弱而孤之。"又"通"有"。"有幼"之"有"爲語詞，與"有衆"之"有"同。

④ "長"，《説文》："久遠也，从'兀'从'匕'。兀者，高遠意也；久則變化。亡聲。亡者，倒匕也。"段注："匕而倒，變化之意。"由這字形的分析看，就是不可滿足於現在而自以爲高遠，日久則變生，能變方可久長。《易·繫辭下》"易窮則變，變則通，通則久"即此意。正惟有此義，故"長"不但有久遠義，也有變遷義；司馬遷字子長，蓋即取義於此。在此處"各長于厥居"，猶言"各遷以其居"，亦即"各以其居遷"。

⑤ "猷"，《釋詁》："謀也。"即今語"打算"。"作猷"，即"作出打算"，也即今語"定奪"。

[經文]

無有遠邇，用罪伐厥死①，用德彰厥善②。邦之臧③，惟女衆；邦之不臧，惟予一人有佚罰④。

[詮釋]

① "用"，《經傳釋詞》："詞之由也。""伐"，《説文》："擊

也，从人持戈。”“厥”有“之”、“其”兩種語氣。

②“德”仍訓認識，意即認識正確，與“罪”（錯誤）爲對文。

③“臧”，《説文》：“善也。”

④“佚”，取音於“失”，即訓“失”。“佚罰”，即失於責罰。
“罰”，《説文》：“辠之小者，从刀詈。未以刀有所賊，但
持刀罵詈。”故《説文》言部“謫”下云“罰也”，是所謂罰
者，只是譴謫而已。然則“有佚罰”者，義即有失於譴謫，
即今語有失於責備。

[經文]

　　凡爾衆其惟致告①：自今至于後日，各恭爾事②，齊
乃位③，度乃口④。罰及爾身弗可悔⑤。”

[詮釋]

①“其”，《經傳釋詞》：“尚也。”“尚”，庶幾也。“惟”，《説
文》：“凡思也。”“致”，《禮記·禮器》：“禮也者，物之
致也。”鄭注：“致之言至也、極也。”《荀子·勸學篇》：
“色從而後可與言道之致。”楊倞注：“致，極也。”“致告”，
極言也，即今語最後的忠告。

②“恭”，《漢石經》作“龔”，即“共”，皆“供”的同聲通假。
“事”，《説文》：“職也。”

③“齊”，《説文》：“麥吐穗上平也，象形。”段注：“从‘上’
者象地有高下。禾麥隨地之高下爲高下，似不齊而實齊。
參差其上者，蓋明其不齊而齊也。”是“齊”雖有平義，而
亦有辨別義，故《易·繫辭》“齊小大者存乎卦”鄭注：
“齊，猶言辨也。”

④“度”、“斁”古通。《説文》：“閉也，从攴，度聲，讀若

杜。"段云："杜門字當作此。"

⑤ "悔"疑亦"侮"之訛，意即看得隨便。

盤庚上譯文

盤庚要把殷邦遷移一個地方，殷民不願往新居。循例呼籲於羣臣百執事之人，面對面地陳辭。臣下代爲傳達於盤庚道："我王到此地來，原是遷易新居來的呀，還望顧念我們的人民，不要使他們流離失所，而能相安地生活下去。占卜時對此事究竟怎麽説的呢？先王遇事總是很小心謹慎地執行上天的使命。這還不是一個可以一勞永逸的地方嗎？我們遷來遷去，到如今已遷了五處了。現在不奉行故事，那就對於上天怎樣決定我們的使命也會一無所知，何況是追隨先王的大業？像那砍翻了的樹木還能在砍斷處重新抽枝發芽。上天也許會長久安排我邦在這新居，使我們就在此恢復先王的大業，以便把四境安定下來吧。"

盤庚發覺人民的呼籲已在左右着在位的羣臣了，因遵守屬民而詢的故事來整頓一下風紀，用以不使有人輕而易舉地被人民的諷刺所懾服，因命令羣臣悉數到王庭上來。王大要是這樣説："來，你們衆位，讓我來告訴你們，向你們説明這事的經過。你們得先去了成見，并且不要把這事看得無關緊要而自己却心中没數。從前我先王在政事上一直打算任用舊人來供職。我先王布告傳播得很廣遠，只有舊人不會變更它的原意，先王因之可以大有作爲；也正因舊人能傳達先王的意旨而没有食言，人民才得以大大蕃育起來。如今你們這樣執拗難曉，更偏信那些不合事理的流言，我竟不明白你們到底爭辯些什麽。這不是我自己過分夸大對遷居一事的認識，乃是你們有意不接受我的認識，不肯從旁幫我的忙，以致我好像祭祀時所通爇的爇火，我的打算竟被流言所籠罩，一點都發不出光芒來。把你們那輕忽這事的作風改變改變吧，譬如張網必得先把綱繩提起來，全網才會有條有理不至於散亂糾結，而你們就是全網的綱。譬如務農，必須耘治田畝，努力收割，才會有收成。只要你們能屏除成見，將你們對此事的真實認識去影響人民和你們的親友，才顯得你們積有經驗，而不必怕積怨於遠近的人。倘長此自安於做一個懶惰的農夫，不努力去耘治田畝，那末是不會有黍稷可收穫的。你們不響應我的主張，向一家一家去好言開導，倒是你們自己會招致怨恨。不幸敗露了你們取巧的形迹，還會因此害及自身。你們一聽了人民的呼籲，立即進其呻吟之聲於我，你們何以要這樣急急於輕蔑我的命令呢？

你們看看那些不負什麼責任的閒人，對於諷刺他們的言語還能相互警惕，畏忌出口太隨便，何況我還是一個決定你們能否在此久居負有權責的決策人。你們爲什麼不好好開導他們，反而和那些浮泛不切事理的流俗之言一起動搖起來？我怕你們會把自己都沉溺在流言之中而不能自拔吧。要知道這種錯誤會很快地傳佈開來的，好像在草原上放一把野火，連要走近都不可能，難道還可撲滅嗎？那是你們自己找這個不安靖，不是我的錯誤。

遲任曾説過：‘人雖是舊的好，器可不能要舊的而要用新的。’從前我先王和你們的祖父及父親是共同勞動締造殷邦的，所以我絕不敢對你們不當責罰而責罰。只要你們世代代繼承你們祖和父的勞績，我決不會埋没你們的好處。如今我正要對我先王舉行冬祭，你們的祖先照例隨同受享。冬祭之後，對你們是降福還是降災，鬼神自有權衡，我也不敢濫施恩澤。

我把我的爲難之處告訴你們吧。好像射箭，我是已有箭靶子的了。你們不要以爲成年人已老大就輕慢他，也不要以爲年輕人爲弱小就孤負他，要把你們的居處各自做長遠的打算，遷移一下。加勁出把力罷，一切聽憑我來定奪。

不論遠近親疏，由於認識錯誤會受致命的打擊，或由於認識正確會受到表揚。把殷邦搞好，全靠你們衆位；搞得不好，是我有失於督責。衆位，希望你們能想着我最後的幾句忠告：從今以後，你們各要好好供職，辨清自己的崗位，不必多説話。責備已到你們的身上來了，不可再太隨便了。"

盤 庚 中

[經文]

盤庚作惟涉河以民遷①，乃話民之弗率②。誕告用亶其有衆，咸造勿，褻在王庭③，盤庚乃登進厥民。

[詮釋]

① "作惟涉河"，《偽傳》："爲此南渡河之法。"《正義》引鄭玄云："作渡河之具。"引王肅云："爲此思南渡河之事。"梓案：三説中，王似較長。"惟"，《説文》："凡思也。"意即一切心理運動的總稱。"作"，《説文》："起也。""作惟"，起意思惟，可譯作"打算"。"盤庚作惟涉河以民遷"，意謂盤庚打算渡河帶了人民遷居。

② "話"，《説文》："合會善言也，从言𠯛聲，《傳》曰'告之話言'。'譮'，籀文'話'，从言會。"梓案："話"，今省作"话"，故"話"、"譮"、"话"三字是一字。古从"𠯛"之字，每與"會"通作。例如《禹貢》的"梧柏"即"檜柏"；《釋名》"佸，會也"，而《説文》則作"佸會也"，皆可證。以上用于《新證》説。吴汝綸《尚書讀本》於此逕釋"話"爲"會合"，是也，而義有未盡。我意應釋爲會合而以善言勸告，"話"義庶全。《左傳》文六年"著之話言"杜注且逕訓"話"爲"善"矣。"率"，《釋詁》："循也。"即今語"遵

命"。此語意謂"於是召集不遵令遷移的人民，用好言勸
導"。

③ "誕"，自《僞傳》以下皆訓"大"。"誕告"即"大告"。我意
字從"言"從"延"，有播告義，即今語"布告"。"亶"，自
《僞傳》以下皆訓"誠"。《僞傳》釋此語爲"用誠於衆"，姑
不論其不辭，中篇乃誥民之辭，何以又用誠其有衆？也不
可解。于《新證》聲訓爲"殫"，釋此語爲"用盡其有衆"，
亦有未安。"造"，《釋文》引馬《注》云"爲也"；《僞傳》則
訓"至"，蔡《傳》同；孫《疏》且沿鄭《注》訓"造"爲造船；
又引李巡説，訓"造"爲"比舟而渡"，迄莫衷一是。"勿
褻"則《僞傳》以下類訓爲"勿得輕率"，惟孫《疏》訓"褻"
爲"近"、于《新證》訓"埶"爲不同耳。但通全句訓釋，就
都覺得有點强解，而且有類猜謎。我以爲對此語最得真解
的，要推清今文學家劉逢禄。劉逢禄的《尚書今古文集
解》引莊云："亶，當爲旜。勿，古文㫃。"劉氏更加以後
案道："《周官·司常》'通帛爲旜，雜帛爲旗'鄭注：'通
帛爲大赤，從周正色，無飾；雜帛者以帛素飾其側、白，
殷之正色。……凡九旗之帛皆用絳。'《司常》又云：'孤卿
建旜，大夫士建物。'《大司馬》云'師都載旜，鄉遂載物'，
鄭注：'師都，遂大夫也。鄉隊，鄉大夫也。'或載旜，或
載物，衆屬軍吏無所將也。今按《爾雅》：'因章曰㫃'，
《孟子》曰'招庶人以㫃'，'㫃''旜'同。《説文》：'勿，
州里所建旗，象其柄，有三游，雜帛，幅半異，所以趣
民。'上篇主幹告羣臣，此篇主幹告萬民。用旜以令鄉遂
大夫，率其民而聽誓。其羣臣前受訓戒者以次各就其旗而
立。"惟"造"劉氏似仍訓"至"，故言各就其旗而立，此則
尚差一間。我意"造"即建也，即《周官》"建旜""建物"之

“建”，今尚“建”“造”連文。“襄”則當從于《新證》之説。《新證》：“‘襄’即‘執’，金文从‘衣’，與否每通。如《毛公鼎》‘襄事’即‘執事’；《伯農鼎》‘哀里’，‘里’即‘裏’可證。《老子》‘執大象’注：‘執，守也。’”如上引，則此語可寫作“誕告用亶其有衆，咸造㫈，襄在王庭”，即謂布告用亶旗趣有衆，都建了㫈旗，守在王庭。這裏“有衆”即下篇的“師長”，也即鄉遂大夫。下文“盤庚乃登進厥民”，謂盤庚即令師長們更用㫈旗趣令人民到王庭上來。這不就明白而具體了嗎?

[經文]

曰：“明聽朕言①，無荒失朕命②。嗚呼！古我先后罔不惟民之承保③，后胥慼鮮④，以不浮于天時⑤。殷降大虐⑥，先王不懷厥攸作⑦，視民利用遷⑧。女曷弗念我古后之聞承女俾女⑨，惟喜康共。非女有咎比于罰⑩，予若籲懷兹新邑⑪，亦惟女。故以丕從厥志⑫。今予將試以女遷，安定厥邦。

[詮釋]

① “明”，清儒多訓“勉”；莊存與更謂上“朕”當作“侯”，都轉迂曲。我以爲此語文自明白，不煩曲解，只是“聽明白我的話”。

② “荒”，廢；“失”，失去；“荒失”，廢棄。

③ “惟”，《廣雅·釋詁》：“獨也。”有專一之意。“承保”，自《僞傳》以來多以“保”字屬下讀，其實“承保”連文是當時語例。“承”，奉；“保”，養；“承保”即奉養。

④ 自《僞傳》以來所以要將“保”字屬下讀，大抵因“后胥慼

鮮"語無解，故將"保"移下。其所以無解，實由不明"后"字之義。"后"，在此只須用《說文》"繼體之君"本義即得，蓋正對上文"古我先后"而言。"胥"，即《詩・大雅・緜》"聿來胥宇"之"胥"，鄭箋："相也。"義即相度之"相"。"感"，《漢石經》作"高"。"鮮"，則《詩・大雅・皇矣》"度其鮮原"之"鮮"。《爾雅・釋山》"小山別大山鮮"《疏》："小山與大山分別不相連屬者名鮮。""高鮮"即高高低低的山。

⑤ "以"，《經傳釋詞》："詞之用也。""浮"，俞樾《羣經平議》："'浮'讀爲'佛'"；《後漢書・襄楷傳》注曰："浮屠即佛陀，但聲轉耳。"……《說文・口部》："咈，違也。"古書每以"佛"爲之。東方曼倩《非有先生論》"夫談者有悖於目而咈於耳"李善注引《字書》曰："佛，違也。""不浮"即"不悖"，亦即"可適應"。"后胥感鮮以不浮于天時"意即"繼體之君，也都會相度那高高低低的山地而居，用以可順應天時的變化"。

⑥ "殷"，鄭玄云："殷者，將遷於殷，先正其號名。"似非。如是，此語豈不成了"殷地降大虐"了？還可遷殷嗎？劉《集解》引莊云："殷當讀爲'慇'，《說文》：'慇，痛也。'"梓案：《釋訓》："慇慇，憂也。""殷降天虐"意謂"憂天之將降大災害"。

⑦ "懷"，《說文》："念思也。"義即懷念，有留戀意。"作"，《後漢書・樊準傳》"京師作者"李注："謂營作也。"義即經營。"不懷厥攸作"猶言"不留戀其所經營之地"。

⑧ "視民利用遷"，猶言"只要看到於人民有利的地方，便因而遷往居住"。

⑨ "曷"，敦煌唐寫本作"害"，《說文》："何也。""聞"，敦

煌唐寫本作"聾"。于省吾《尚書新證》："《盂鼎》'我䵼殷
述命',《徐王子銅鐘》'䵼於四方',是'聞'古作'䵼'。
上文'不昏作勞',鄭康成曰：'昏讀爲㬪,㬪,勉也。'蓋
'䵼'與'㬪',皆作昏聲,故得相通。今改'䵼'爲'聞',
而㬪勉之義湮矣。"梓案：于說是,蓋"米"、"門"皆爲雙
聲,"勉"亦雙聲,故可通。不然,此語殊不可解；即如
舊各家所解,勉强以"所聞之事"當一"聞"字,就增字求
解、望文生義了。姑無論"聞"字無此用法,即勉用此義,
亦於上下不銜接。"女曷弗念我古后之聞"意謂"你們爲什
麼不想想我古后的勤勞"。凡从"卑"的字都有夾輔義,如
"裨"、"埤"等都以此得聲,是"俾"即與"保"同義。"承
女俾女",義即"承女保女",也即上文"惟民之承保"。梓
案：此四字應屬上讀,意謂"你們爲什麼不想想我古后勤
勞於承保你們"。

⑩ "非女有咎比于罰",《僞傳》："非謂女有惡,徒女比于殃
罰。"梓案：《僞傳》似釋"比"爲比擬,非。《漢書・高帝
紀》"自度比至皆亡之","比"應訓"及"。"非女有咎比于
罰"意謂"不是你們有什麼過錯以至要受我的責罰"。

⑪ "若",女；"籲",訏,意即號召。"懷",《釋詁》："依
也。"有歸往之意。"新邑"指欲遷往之亳。"惟",《廣雅・
釋詁》："獨也。"有專一意,與上文"惟民之承保"之"惟"
同。"予若籲懷兹新邑亦惟女",此語承上文而說明無責
備人民之意,所以說"我今號召你們前往這即將遷居的新
邑,原只是爲了你們"。

⑫ "故以"即"所以"；"志"即上篇"若射之有志"的"志",意
即原定的目的。"故以丕從厥志"意即謂"所以還是照着原
來的目的行事"。

[經文]

女不憂朕心之攸困①，乃咸大不宣乃心②，欽念以忱動予一人③，爾惟自鞠自苦④。若乘舟，女弗濟，臭厥載⑤。爾忱不屬，惟胥以沈⑥。不其或稽⑦，自怒曷瘳⑧？女不謀長以思乃災，女誕勸憂⑨。今其有今罔後⑩，女何生在上⑪？今予命女一無起穢以自臭⑫，恐人倚乃身迂乃心⑬。予迓續乃命于天⑭。予豈女威⑮？用奉畜女⑯。

[詮釋]

① “憂”，《釋詁》：“思也。”“困”，《説文》：“故廬也，从木在口中。‘朱’，古文‘困’。”段注：“‘困’之本義，爲止而不過，引伸之爲極盡義。”梓案：敦煌唐寫本此處迳作“朱”。木在口中，不復能長，故亦从止木，謂即木長至此而止，故有極盡義。此處“朕心之攸困”，猶言“我已計無復施”了。

② “乃”，王引之《經傳釋詞》：“異之之詞也。”猶今語“反倒”。“宣”，《管子·心術》：“去欲則宣，宣則静矣。”房玄齡注：“通也。”去欲即無所蔽，無蔽故通，故“宣”於此即今語“搞通”。“不宣乃心”，猶言“你們心中搞不通”。

③ “欽”，劉《集解》：“‘欽’當爲‘廞’。‘廞’，《釋詁》：‘興也。’”“忱”，劉《集解》：“當爲‘扰’。‘扰’，《説文》：‘深擊也，讀若告言不正曰扰。’”

④ “鞠”同“鞠”，《釋言》：“窮也。”即《説文》“鞠”字省。

⑤ “臭”，孫《疏》：“當讀爲‘殠’。‘殠’，《説文》：‘腐氣也。’又：‘歹，腐也。’或作‘朽’。《廣雅·釋語》：‘歹，臭也。’言爾徒自窮苦，譬如登舟不渡，坐待其朽敗。”“載”，《虞書·益稷》：“予乘四載。”《僞傳》：“所載者

四，謂水乘舟，陸乘車，泥乘輴，山乘樏。"是"載"乃舟車之類的總稱，在這裏自指"若乘舟"的"舟"講。

⑥ "屬"，俞《平議》："《釋文》引馬云：‘獨也。’‘屬’之訓‘獨’，蓋以聲訓……古通用也。‘爾忱不獨’義不可通，疑‘忱’字馬本作‘沈’。‘爾沈不獨，惟胥以沈’，言不獨爾自沈溺，且相與共沈溺也。‘獨’字、‘胥’字正相應成義。‘沈’與‘忱’字形相近……古篆書作立心，與水相近。"梓案："惟"有但一義；"以"，與也；胥，相也。

⑦ "其"，《經傳釋詞》："猶之也。"《漢石經》"稽"作"迪"。"迪"，《釋詁》："進也。""或"，《易·小過》"從或戕之"《疏》："言或者，不必之辭也。""不其或迪"猶言"倘或不前進"。

⑧ 《漢石經》"怒"作"怨"。"瘳"，本義爲疾愈。"自怨曷瘳"，猶言"自怨也無救於沈溺"。

⑨ "誕"，《漢石經》作"永"。"勸"，《廣雅·釋詁二》："助也。"於此有助長意。

⑩ "其"，《經傳釋詞》："猶若也。""有今罔後"，《僞傳》訓爲"只圖目前，不計久遠"，是也。

⑪ "女何生在上"，《僞傳》訓爲"久生在人上"。山井鼎的《七經孟子考文》校正"人"爲"民"卻不是了。因爲這篇是告民之辭，"女"爲第二人稱，明明指民，豈不成了"民生在民上"了嗎？故清人都改爲生在地上，但也不免增字解文了。我疑"在"爲"世"之形訛。"在"小篆作"𡉈"，"世"古或從木作"枼"，兩篆形極近似，疑因之致訛。

⑫ "一"通"抑"，語詞，略有"還是"的口吻。"無"通"毋"。"起"，猶積也。

⑬ "倚"，偏也。《荀子·解蔽》："倚其所私以觀異術。"

　　“迂”，猶今彎曲。

⑭ “迓”，《釋詁》：“迎也。”有迎上前去之意。

⑮ “威”，也通作“畏”，有使之畏懼意，猶今語威脅。

⑯ “畜”，《説文》亦作“蓄”，訓“田畜”。段注：“謂力田之蓄
積也。”梓案：從“蓄”的制字看，是田面兹生之物，段氏
所謂“力田之蓄積”殆本此。這倒可取證於《史記·貨殖列
傳》，文云：“秦之敗也，豪傑皆爭取金玉而任氏獨窖倉
粟。楚漢之相距滎陽也，民不得耕種，米石至萬，而豪傑
金玉盡歸任氏，任氏以此起富。富人爭奢侈，而任氏折節
爲儉，力田畜。田畜，人爭取賤賈，任氏獨貴善，富者數
世。然任公家約，非田畜所出弗衣食。”由這段記載看，
所謂“田畜”直上文的“倉粟”，也即段氏所謂“力田之蓄
積”，是“畜”字的本義實爲農作物。農作物原用以養人，
故引伸爲“養”，所以此處“奉畜”即“奉養”，即“田畜”的
引伸義。司馬遷是前漢人，許慎是後漢人，是“田畜”一
詞，竟是漢人語例，“畜”的本義，可知至有漢一代還保
存。乃後世竟以“畜”訓爲“牲口”，而馬、牛、羊、鷄、
犬、豕以有“六畜”之稱，則又是發展了的引伸義。這也
有它的由來，因土田中自然滋長之物，最初原只用以餵養
牲口，人是見其可食而後有意識地培殖起來自食，遂成爲
農作物，而謂之田畜。“畜牧”、“畜牲”之“畜”實非“畜”
的本義。近人釋此語竟釋爲把人民當作牲口來餵養，因以
此來證明殷代爲奴隸社會。難道《孟子》上所引的古樂章
“畜君何尤”也可以釋爲把君主當牲口來餵養嗎？能把當
時的君主當奴隸嗎？再者，此語向來讀作“用奉畜女衆”。
這裏“女衆”，據劉《集解》引莊云：“‘衆’，衍文，或古
文作‘息’，屬下讀。”我覺得莊氏此一疑，疑得極有理。

蓋中篇通體都是對民講而非對衆講的話，正其有所區別於上下兩篇的關鍵。這裏忽然插上一個"女衆"，這說話的對象究竟是民還是衆，易使讀者墮入五里霧中，所以我這裏就採用莊氏之說，於"女"字讀斷，還它一個民自民、衆自衆。

[經文]

衆①，予念我先神后之勞爾先②，予丕克羞爾用懷爾③。然④，失于政，陳于兹⑤。高后丕乃崇降罪疾⑥，曰："曷虐朕民？"女萬民乃不生生⑦，暨予一人猷同心⑧，先后丕降與女罪疾，曰："曷不暨朕幼孫有比⑨，故有爽德⑩？"自上其罰女，女罔能迪⑪。

[詮釋]

① "衆"，莊疑作"𠂤"之形訛，謂宜屬下讀，今從之。"𠂤"，《說文》："衆，詞與也，从'亞'自聲。"段注："或假'洎'爲之……亦假'暨'爲之。"梓案：敦煌唐寫本《古文尚書》，凡"暨"概書作"𣶒"。《釋詁》"暨，與也"；《釋訓》"暨，不及也"，不及猶及也。"洎"，《說文》："灌釜也。"段注引《周禮·士師》"洎鑊水"注："洎謂增其沃汁。"故"洎"有增益義。總之，"𣶒"、"洎"、"暨"皆同聲通假字，但語意都於已有者之上有所增益。此處用於句首，蓋承上文之外更有增益意，猶今語"加上"或"再者"，此處則以"再者"爲適。

② "先神后"，猶言先王或先后之靈。"勞"，江《音疏》釋爲先神后之勞爾先人遷都遠害，說是。

③ "丕"，《漢石經》作"不"。"羞"，《說文》："進獻也。"

“予丕克羞爾”猶言“我不能對你們有貢獻”。“用”，《經
傳釋詞》：“‘以’‘用’一聲之轉。”“懷”，《吕覽・誣徒》
“懷其俗”及“懷寵”、“民懷其德”高誘注皆云：“安也。”
全句謂“我不能對你們有貢獻以安你們的生活”。

④ “然”，讀斷，如此也。

⑤ “陳”，《釋詁》：“延也。”“兹”指舊居講。

⑥ “高后”，泛指先王。蓋殷周人都以爲他們的先王死後即
能上天配享上帝，《詩・大雅・文王》“陟降在帝左右”即
此種意識。高后者，謂高高在天上的先王。“丕乃”即“不
乃”，也即“毋乃”，《經傳釋詞》釋爲“得無”，口吻等於
今語之“可能”、“怕會”。“崇”，《漢石經》作“知”。
“知”，《説文》：“詞也，從口矢。”段注：“識敏故出於口
疾如矢也。”在此只是一種疾速的口吻。“罪”本“辠”的假
借字。“罪疾”猶言“罪過”，或罪名。

⑦ “生生”，清儒朱彬、劉逢禄等都引《莊子・大宗師》“生
生者不生”《釋文》引崔譔注釋之，略謂“常營其生爲生生”。
就《莊子》原文體會得上“生”爲“營生”，下“生”爲“生命”
或“生活”，故“生生”即營生。

⑧ “猷”，《釋詁》：“謀也。”“猷同心”即“謀同心”，猶言我
們一條心來共作遷移的打算。

⑨ “比”，《説文》：“密也。”“比”從二人，“密”即親密。“有
比”，意謂相親密，亦指同心而言。

⑩ “故”，《説文》：“使爲之也。”“故有爽德”，猶言使有爽
德。“爽”，《説文》：“差也。”“差”，《説文》：“貳也，左
不相値也。”“不相値”即今語“不對頭”。“使有爽德”，使
有不對頭的認識。

⑪ “迪”通“由”，“由”“攸”聲近義通，故《多方》“勸於帝之

迪”，《釋文》引馬本“迪”作“攸”。“攸”，《說文》：“行水也。”段注引戴侗曰：“唐本作‘水行攸攸也’。”故“攸”又有安行意。“女罔能迪”猶言“你不能安然”。

[經文]

古我先后既勞乃祖乃父，女共作我畜民①。女有戕則在乃心②。我先后綏乃祖乃父③，乃祖乃父，乃斷棄女，不救乃死④。

[詮釋]

① “共”同“供”，意謂“供給”，在此猶言供給勞動力。“畜民”，我個人的體會，應是從事農業生產的人民。《僞傳》訓“治民”，這由於未能辨清中篇說話的對象。蔡《傳》訓畜養人民，那也成爲“所畜之民”，意謂所蓄聚之人，此似只可施之於物，不可施之於人。孫《疏》釋爲“順於道教的人民”，大概取義於《禮・祭統》，但在此殊迂曲。吳汝綸釋爲“好民”，這大概由《孟子》“畜君者好君也”語而來，但究亦不太貼切，近於泛泛。近人則更望文生義，把“畜民”和上文“奉畜”連起來而解“畜”爲牲畜，“奉畜”就被解爲把人民當作牲畜餵養；把“畜民”解爲牲畜般的人民，並即以此兩語作爲殷爲奴隸社會的左證。“奉畜”而解爲“牲畜”，著一“奉”字何義？“畜民”而可解爲牲畜般的人民，在此何能竟可直說“你們來供我做牲畜”？這種說話的方式，即使在奴隸社會中恐也不便出口吧，何況此時盤庚正在勸誘人民同意他的遷亳計劃，是一種說服工作？當面叫人爲牲畜可以說服人嗎？所以仔細體會這篇文字上下文的語氣，根據“畜”字的本義而解爲“從事農業生產的人

民”。一定要解“畜”爲“牲畜”，承上文“女萬民乃不生
生”而言，也應釋爲“從事牧畜生產的人民”，決沒有叫人
爲牲畜而可説服人的道理。

② 《漢石經》“戕”作“近”，“在”作“左”。此一語，自《僞傳》
以來，無論怎麽樣的解釋，總都按着僞古文作“戕”作
“在”而且訓“則”爲“賊”，連貫上下文讀起來，總覺得不
情不理。當時殷民不過不肯遵令遷居而已，但也正在通過
有衆來呼籲之中，固説不上有什麽戕賊之心，也説不上受
有戕害。竊以爲當從今文讀爲“女有近則左乃心”。但此
語中的“近”字也無解，疑係“延”字的形訛。《漢書·儒林
傳》張山拊下有“信都秦恭字延君，增師法百萬言”語，而
桓譚《新論》引此事則作“秦近君能説《堯典》篇名兩字之説
至十餘萬言，但説曰若稽古三萬言”。同一秦恭，班作延
君，桓作近君，可知“延”“近”在漢時極易因形近致訛，
“左”，《詛公壺》作“”，《林氏壺》“在”作“左”，是
“在”字也是“左”字形訛。照此説來，這一句應讀爲“女有
延則左乃心”。“有”在此語中通“或”。此語意謂“你們倘
或延留在此不遷，那末你們心裏就想左了”。“左”的意
義，即今語“不對頭”。

③ “綏”，吳汝綸曰：“告也。”

④ “斷”，即“斷絕”。“棄”，即“棄置”，即今語“丟開”。
“死”意謂死亡之患，非真死。

[經文]

　　兹予有亂政①，同位具乃貝玉②，乃祖乃父丕乃告我
高后曰③：‘作丕刑于朕孫。’④迪高后丕乃崇降弗祥⑤。

[詮釋]

① "兹",《廣雅·釋言》: "今也。" "今",《經傳釋詞》: "猶若也。" 故"兹"可訓"若"。"亂政",俞《平議》: "此當於'政'字絶句。昭六年《左傳》曰: '夏有亂政而作禹刑,商有亂政而作湯刑,周有亂政而作九刑。' 兹予有亂政,義與彼同。"

② "同位"指與盤庚同列位於庭中的"有衆"言。"具",《説文》: "共置也,从廾貝省,古以貝爲貨。"從字形論,即兩手捧着貝。梓案: "貝"在此與"玉"連文並稱,性質與玉同,蓋皆爲當時所寶重之飾物,許謂"古以貝爲貨"未必然。殷周皆以貝錫人,而貨則用鋝(金文作寽),《詩·小雅·南有嘉魚》、《菁菁者莪》"錫我百朋","朋"即雙"貝"。"具乃貝玉",猶言"手捧着你們贈送的貝玉",此自責而影射人民以貝玉賂有衆之言。全句則爲"倘我有亂政而使有衆竟受你們貝玉之賂"。

③ "乃祖乃父",《唐石經》及敦煌唐寫本均作"乃祖先父"。"丕乃"釋已見上。"我高后",《釋文》: "本又作'乃祖乃父'。"梓案: "乃祖乃父丕乃告乃祖乃父"不成説話,其中必有一誤字,疑"乃祖"之"乃"亦作"先",蓋"祖先父"亦不成一稱謂也。果爾,則此語應是"先祖先父丕乃告乃祖乃父"了。

④ "作丕刑于朕孫","朕孫",《唐石經》作"朕子孫"。梓案: 《唐石經》之"子"字疑衍,上文已有"朕幼孫"之文了。或者"子"義同"幼",《釋名·釋形體》: "子,小稱也。" "子孫"猶言小孫。"丕刑",大法也。

⑤ "迪"有至義、及義,於此似有"至是"或"及是"的口吻。"崇降弗祥",《漢石經》作"興降不永"。梓案: "興",作

也，與上“作丕刑於朕孫”之“作”同訓“用”。“永”，《説文》：“水長也……《詩》曰：‘江之永矣。’”《説文》同在永部有一“羕”，其解亦曰“水長也”，而引《詩》亦曰“江之羕矣”，其字從永羊聲。段《注》曰：“《詩·周南·漢廣》文，《毛詩》作‘永’，《韓詩》作‘羕’，古音同也。”然則“永”“羕”實一字。蓋漢世經文此字本作“祥”，形訛爲“羕”，《石經》遂省作“永”。故“興降不永”即“用降不祥”。“祥”，善也，幸也。

[經文]

　　嗚呼！今予告女不易①。永敬大恤②，無胥絶遠③，女分猷念以相從④，各設中于乃心⑤。乃有不吉不迪⑥，顛越不恭⑦，暫遇姦宄⑧，我乃劓殄滅之無遺育⑨，無俾易種於兹新邑⑩。

[詮釋]

① “易”，鄭玄讀爲“變易”之“易”，王肅讀爲“難易”之“易”。案：王讀較長，但王訓“不易”爲“難”，亦未是。在這裏，“易”應是“輕易”之“易”，意即看事情不可太輕易。必如此，方和下文“永敬大恤”語相銜接。

② “永”，有深長義。“敬”，劉《集解》引莊云：“當讀若儆。”即今語警惕。“恤”，《釋詁》：“憂也。”“大恤”即大憂大患。

③ “絶遠”連文，義即相距太遠。

④ “分”，《漢石經》作“比”。“比”，《説文》：“密也。”即密切相親，承上文“曷不暨朕幼孫有比”而言。“猷”，謀；“念”，慮。

⑤ "設"，《漢石經》作"翕"。王引之《經義述聞》："《廣雅》曰：'設，合也。'《禮記・禮器》曰：'合於天時，設於地財。'謂合於地財也。'各設中於乃心'者，各於女心求合中正之道也。……'翕'亦合也，今文古文字異而義同。"梓案：王訓"設"爲合，極是；但訓"設中"爲"求合於中政之道"，仍泥於舊解，嫌迂曲。"翕"，《易・繫辭》："其靜也翕。"韓康伯注："翕，斂也。"《方言》："翕，聚也。"義皆一貫爲斂聚。是"設中"，今語"集中"。"各設中于乃心"，意謂"將你們的心各各集中起來，來從我謀遷"之意。

⑥ "乃"，《經傳釋詞》："猶若也。""有"，意即"有人"。"有"，本通"或"；"有人"，即"有這樣的人"，泛指。"吉"，《說文》："善也。""迪"，《字彙》："順也。"

⑦ "顛越"，"顛"，仆也；"越"，墜也；"顛越"，意即從所站立的地位上仆下來，以形容失職，其詞亦作"隕越"。"恭"，敦煌唐寫本作"龔"，與"供"同。

⑧ "姦宄"，已見上釋。"暫遇"，劉《集解》引王引之云："'暫'讀曰'漸'，'漸'，詐也。'遇'讀曰'偶'，《淮南・原道篇》'偶睋智故，曲巧僞詐'，是以'偶'爲姦衺之稱也。亦通'愚'、'睸'。《荀子・正論篇》'上幽隱則下漸詐矣'；《呂刑》'民興胥漸'，'漸'亦詐也。"由上引，是"暫遇"即荀子所謂"漸詐"了。

⑨ "劓"，敦煌唐寫本作"劓"。《說文》："劓，刑鼻也……劓或从鼻。"是"劓"乃"劓"之或字。《廣雅・釋詁》亦訓"斷"。"殄"，《釋詁》："絕也。""劓殄"猶言"斷絕"。劉《集解》引莊云："'滅之'疑衍"，以文論，疑得極是，既云"斷絕"，非"滅之"而何？複出無謂。"育"，《說文》：

“養子使作善也。”今語“教育”即由此義出。“遺”，留也，
餘也。“遺育”謂留下暫遇姦宄的教育。

⑩ “俾”，《釋詁》：“使也。”“易”，《尚書正義》：“易種者，
即今俗語云相染易也。”“易”，同上文“不惕予一人”之
“惕”，亦作“施”，蓋“易”“施”同聲通假。“染易”猶今語
“傳染”。

梓案：近人釋這段文字的，竟認爲盤庚要將那些不願遷
居的人民都要斬盡殺絶，不讓留種於新邑，便批評盤庚自露
其猙獰面目。這通篇的語意無他，只是説服人民遷移而已，
世界上有這樣説服人的嗎？況且上文已聲明過“予豈女威”
了，此非女威而何？盤庚爲人，即使粗暴，也不應自己説話
不算，剛剛説了不威脅，轉眼就如此兇暴地威逼起來，亦復
成何説話？再看後文，還要好好勸人民“永建乃家”，何等温
暖！照上述的譯法，又如何銜接得起來？總之，古人一做了
君主，就沒有一個是好貨，這樣恐怕也不免於形而上的思想
方法而違背了歷史主義吧！

[經文]

往哉生生，今予將試以女遷，永建乃家。”

盤庚中譯文

盤庚打算渡河，帶領殷民遷往新居，乃召集那些不肯遵令遷
居的人民來用好言勸導。於是發出布告，叫用旝旗先召集羣臣，
並令他們樹起旂旗，堅守在王庭上，然後召集人民到王庭上來，
説道：“聽清楚我的話，不要廢棄我的命令。啊呵！從前我先王
沒有一個不一心一意以奉養你們爲事的，我這繼位的君王也曾相
度了高高低低的山地，以便可以順應天時的變化。爲了擔心天降

大災害，先王尚且不曾留戀他自己經營的地方，只看到有利於人民的地方便遷移。你們爲什麼不念我先王不怕麻煩地奉養你們。只要見到你們能安居樂業，他們就快活。現在我也不是因你們有什麼過錯要來責備你們，而是號召你們前往這即將遷居的新邑，也無非是爲了你們。所以還是照原計劃進行罷。如今我將帶領你們遷徙，使我們的國家得到安寧。

你們全不想到我心中無計可施的苦楚，反倒心中老大搞不通，還起了不正當的念頭想來打動我。這是自討苦吃。譬如坐船，已上了船，却老不叫開船，徒使這船因不用而腐爛下去，這就不獨你們自己會沉下水裏去，還會把全體殷邦人都和你們一起沉下去！這時倘或再不前進，到那時自己埋怨自己也無濟於事了。你們不想作長遠打算來考慮這次的災情，你們是要叫我一直爲你們擔憂下去。現在再要只顧目前，不作久遠的打算，我看你們怎麼能活在世上？我今警告你們，還是不要堆起垃圾來腐爛自己罷！怕是有人以偏見延誤了你們的身體，歪曲了你們的心思吧？我預先在上天那裏延續你們的生命，我難道是威脅你們？無非用以奉養你們。

再者我又想到我先王在天之靈，在生前原曾勞動你們的祖先遷移到此地來，我不能對你們有所貢獻以安定你們的生活，這是我在政治上有缺失，以致使你們久久留滯在此地。我先王在天之靈可能會很快就降下我的不是，說：‘你爲什麼虐待我的人民？’你們千千萬萬的人民不爲自己打算如何生活下去，和我一條心，我先王在天之靈也會對你們降下不是，說：‘你們爲什麼不親附我那年輕的孫子，以致使他在認識上有了偏差？’到那時從天降下責罰於你們，你們也是不能安然的。

從前我先王既勞動你祖和父在先，你們也應做效力于我的人。倘或你們有延留不遷的意圖，那就和我的設想不對頭了。我先王倘以此告訴你祖和你父，你祖你父也就會丟開你們，就是你們有死亡之患時，也不会來援救了。倘若我在政治上有缺失，因而使和我同列在庭上的人有受你們貝玉的，我先王可能會告訴你祖你父道：'我如今要大大責罰我的孫子了。'至是我那先王在天之靈也會降下我的不是來。

啊呵！我今警告你們，凡事不可大意。對於大憂大患總得永遠警惕着，我們之間不可相距太遠。你們的謀慮要服從於我，將你們的心思集中起來。倘有人心懷不善，不服從我，有人丟開自己的職責不好好供職，那就是妄逞私智，於中取利。對於這種不良風氣，我定要予以根除，不使它在新邑中滋長。

去罷，到新邑去謀生路罷！現在我將帶領你們遷往新邑，好好在那裏建立你們自己永久的家。"

盤　庚　下

[經文]

盤庚既遷①，奠厥攸居②，乃正厥位③，綏爰有衆曰④：

[詮釋]

① "既"，《釋言》："已也。"

② "奠"，《僞傳》："定也。"奠基義取此。"攸"，所也。

③ "正"，《管子·法法》房注："所以止過而不及也。"意即作一適當的部署。"位"，即《召誥》"攻位于洛汭"的"位"；"正位"，謂對公私所居的地方作一適當的部署。

④ "綏"，告也，見中篇"綏乃祖乃父"詮釋。"爰"，《釋詁》："於也。""有衆"，即中篇"誕告用亶其有衆"的"有衆"，也

即上篇“率籲衆”的“衆”。

[經文]

“無戲怠懋建大命①，今予其敷心，腹腎腸歷，告爾百姓于朕志②。罔罪爾衆③，爾無共怒，協比讒言予一人④。

[詮釋]

①《漢石經》首兩語作“女罔台民，勖建大命”。于省吾《尚書新證》訓“台”爲“怡悦”之“怡”，是也。“女罔台民”，猶言“你們不要一味取悦於人民”。“勖”，《説文》：“勉也。”

②《堯典》篇首《虞書疏》：“鄭注《尚書》……篇數並與三家（指歐陽、大、小夏侯）同……而經字多異，夏侯等書……‘心腹腎腸’曰‘優憂陽’。”孫星衍《尚書今古文注疏》：“《疏》文舛誤，當爲‘優賢揚’三字。《文選》左太沖《魏都賦》：‘優賢著於揚歷。’張載注云：‘《尚書·盤庚》曰：“優賢揚歷。”“歷”，“試也”。’《魏志·管寧傳》‘陶丘一等薦寧曰：“優賢揚歷”’。裴（松之）注曰‘《今文尚書》曰“優賢揚歷”，謂揚其所歷試……’案：‘心腹’二字似‘優’，‘賢’字似‘腎’，‘腸’字似‘揚’，‘歷’字上屬，則下‘告爾百姓于朕志’爲句。《漢成陽令唐扶頌》‘優賢颺歷’。《國三老袁良碑》‘優賢之寵’，皆用《今文尚書》。”梓案：孫氏歷引《魏都賦》、《魏志·管寧傳》、《唐扶頌》、《袁良碑》之文，證明本篇“腹腎腸歷”應爲“優賢揚歷”之訛，極是。可見以上各文作者所見的《尚書》，還都是兩漢的《今文尚書》，不是我們如今所見的今行《尚書》。其

謂"賢"似"腎"，"腸"似"揚"，"歷"字屬上讀，皆合；惟謂"心腹"二字似"優"，則尚可商。我以爲此處有兩個可能的讀法：其一，於"心"字讀斷，認"腹"爲"優"字之形訛；其二，於"腹"字讀斷，讀如"今予其敷心腹"，"優"字可能訛奪，蓋《盤庚》篇訛奪固甚也。我今從第一讀法，讀爲"今予其敷心，優賢揚歷，告爾百姓於朕志"。茲逐字詮釋如下："予"，《漢石經》作"我"；"其"，《經傳釋詞》："猶將也。""敷"，《小爾雅·廣詁》："布也。""布"有開示義，即今"布告""公布"的"布"，這裏的"敷"即"公布"。《左傳》宣十二年"敢布腹心"與此語同義。"優"，《說文》："饒也。""饒"，《廣雅·釋詁》："益也。"又："多也。"故"優"又有"多于"義，即本篇"多于前功"的"多于"。"賢"，《儀禮·鄉射禮》："若右勝則曰右賢於左，若左勝則曰左賢於右。"是"賢"有"勝"義，故"賢于"即"勝于"。是"優賢"兩字實同，皆有"彼善于此"之義；連文並書，則所以加重比較的語氣。"揚"，《說文》："飛舉也，从手昜聲。'敭'，古文。"梓案：字亦作"颺"，見《唐扶頌》。《說文》："風所飛揚也。"故"揚歷"兩字連文有今語"鳥瞰"義，亦即"周覽"、"周歷"義。上引左思《魏都賦》所謂"優賢著於揚歷"乃上承"篇章畢攬"之文，意即周覽之後顯出它的優勝來。在這裏似有周覽了各處地勢而以此爲優勝的意思，大概盤庚用以解釋他所選定的目的地並非泛泛然隨便選定，而是周覽許多地方，看得此處爲最優越而選定的，故下文即緊接着說"告爾百姓于朕志"。"志"即中篇所謂"若射之有志"的"志"，義即"靶子"，也即"射之的"，也即遷居的目的地。

③"罔"通"亡"，通"無"，不也。"罪"，加罪，責也。

④ “協比”，即《毛詩·小雅·正月》“洽比其鄰”的“洽比”，
《左傳》僖二十三年和襄二十九年引此詩都作“協比”。
“協”即《論語·子路》“君子和而不同”的“同”；“比”即
《論語·爲政》“君子周而不比”的“比”。“同”、“比”皆非
君子之所爲，故何晏《集解》引孔曰：“阿黨爲比。”而朱熹
《集注》則釋“同”爲“阿比”。總之都有植黨營私的意味。
“讒”通“儳”，即《曲禮》“毋儳言”的“儳”，鄭注：“儳，
暫也，非類雜。”故“儳言”即今語説些不相干的話。

[經文]

　　古我先王將多于前功①，適于山②，用降我凶德③，
嘉績于朕邦④。今我民用蕩析離居⑤，罔有定極⑥。爾謂
朕⑦：‘曷震動萬民以遷⑧？’肆上帝將復我高祖之德⑨，
亂越我家⑩，朕及篤敬恭承民命⑪，用永地于新邑。

[詮釋]

① “將”，《毛詩·小雅·無將大車》箋：“猶扶進也。”“多”，
《説文》：“从重夕。夕者相繹也，故爲多。”段注：“相繹
者，相引於無窮也。抽絲曰繹。”“將多”者，猶言紬繹前
人功業而發展於無窮。

② “適于山”，謂遷往山地。即中篇“感鮮”之地。梓案：“適
于山”，舊注多以爲盤庚此次自耿遷於偃師，而偃師則有
東成皋、南轘轅、西降谷之山險，故曰“適于山”。此説
不可通者有二：（一）經文明説“古我先王……適於山”，
非盤庚自謂；（二）偃師之三亳，乃指《立政》篇“三亳阪
尹”之“三亳”，而非此次所遷之亳。此次所遷亳乃景亳，
即《竹書》盤庚自奄遷於北蒙的蒙薄，也即所謂北亳者也。

其地有景山，景亳即以之得名。地本平原而隆起較高，與中篇的"慼鮮"亦合。

③　"用"，《經傳釋詞》："詞之以也。""降"，同"㸯"，《廣韻·釋詁》："減也。""凶"，《釋言》："咎也。""咎"，《左傳》莊二十一年"其亦將有咎"《注》："災殃也。""德"，吳汝綸曰："五德謂五運，是德猶運也。""凶德"是古人習語，猶今語惡運。

④　"嘉"，《漢石經》作"綏"。"綏"通"妥"。"妥"，《釋詁》："安止也。"又："安坐也。""止""坐"皆有定義，是"妥"即安定。"績"，《釋詁》："業也。"又："功也。""綏績"即安定功業也，"業績"連文，今尚用。

⑤　"用"，《經傳釋詞》："詞之由也。""用""由"一聲之轉。"由"通"猶"。"蕩"通"盪"，《説文》："滌器也。"有沖刷義。"析"，《説文》："破木也。""蕩析"意即新居被沖刷而破壞。

⑥　"極"，《廣雅·釋詁》："已也。""已"，《一切經音義》引《廣雅》："止也。""罔有定極"，猶言"靡所厎止"，即"靡所止居"，就是説没有定居的地方。

⑦　《漢石經》"謂"作"惠"，"震"作"柢"。"惠"，《釋詁》："愛也。"又："順也。"這裏應訓"順"。

⑧　《漢石經》"震"作"柢"。"柢"，孫星衍、劉逢禄皆以爲"祗"字，我以爲此乃"柢"字的異寫。但"柢"義爲木根，於此無解，疑是"抵"字的假借。《史記·司馬相如傳》載相如《封禪書》"犧雙觡共抵之獸"，《文選》"抵"作"柢"。《説文》"抵"，擠也；"擠"，排也；"推"，排也。段玉裁曰："自'推'至'摧'六篆同義。"所謂六篆，即"推"、"排"、"抮"、"擠"、"抵"、"摧"，是"抵"即"推"、"柢

動”即“推動”。

⑨ “肆”，《釋詁》：“今也。”“復”，回復。“德”，認識。

⑩ “亂”，周谷城《古史零證》由字形上訓“亂”爲“結合”爲
“親近”，甚新而確，用於此處完合。“越”，於。

⑪ “及”，即中篇“悔身何及”之“及”，爲“急”之同音字，解
詳中篇詮釋。“恭”，敦煌唐寫本作“龔”，同“供”，義即
雙手捧物。“承”，孫《疏》：“同‘抍’，《說文》：‘上舉
也。’”梓案：“抍”，自上舉之；“承”，自下托之，義皆取
拯人於水。

[經文]

　　肆予沖人非廢厥謀①。弔由靈各②。非敢違卜，用宏
茲賁③。

[詮釋]

① “肆”，《釋詁》：“故也。”“沖人”，經籍中，帝王年幼往
往自稱“沖人”，猶言“我小子”；《後漢書・沖帝紀》注：
“幼小在位曰沖。”這一稱謂，盤庚即因自己年少而自謙
稱，鄭玄乃以上篇爲盤庚爲臣時事，顯與事實不符，宜
《疏》之斥爲“專輒謬妄”。

② “弔”係“叔”字的形訛。“叔”，金文多作“𣁽”、“𣁽”等形，
與小篆“𣁽”（弔）極形似。“弔”既爲“叔”的形訛，所以和
“俶”“淑”都通用。經籍中“不弔”一詞頗習見，都作“不
善”講，實即和另一習見語“不淑”是二而一的。蓋“俶”，
《說文》：“善也，从人叔聲；《詩》曰：‘令終有俶。’一曰
始也。”段注引《詩・大田》“俶載南畝”《傳》：“俶，始
也。”梓案：“淑”“俶”二字經傳中往往互用，不訓“善”，

即訓"弗"。此處"弗"訓"始"。"靈"，江聲《集注音疏》："《禮記·禮運》云'麐鳳龜龍謂之四靈'；《周易·頤》初九云'舍爾靈龜'，是龜爲靈物。此文'弗由靈'之下即云'非敢違卜'，卜必用龜，故解靈爲龜靈也。"梓案：此解極是，遠勝其他望文生義的强解。但我以爲江《疏》似尚未達一間，"各"應屬上讀爲"弗由靈各"。"各"於此與"格"通。蓋"格"原取聲於"各"，故可假爲"各"。"格"，《説文》："木長皃。"段注："引伸之，長必有所至，故《釋詁》曰：格，至也……此接於彼曰至，彼接於此則曰來；鄭注《大學》：'格，來也。'"其實經籍中凡"精誠所至"的"至"，往往用"格"。例如《尚書·堯典》之"格於藝祖"、"格思"，訓詁上雖《尚書》訓"至"，《毛詩》訓"來"，但同屬於精誠之所達，實有"感而遂通"之義，故"格"之通解實應爲"感"，況"格""感"原屬雙聲，例固可通。後世"感格"一詞，實由此出。上引《西伯戡黎》中的"格人元龜"，舊注往往訓爲"正人與元龜"，義實未圓，我以爲應訓爲"感人的元龜"。就此語中的"格"字，實有"啓示"或"默示"之義，"格人元龜"，譯作今語，實即謂"啓示人的大龜"。這裏"弗由靈各"，應即"始由靈格"，譯作今語，即謂"當初原是得到靈龜的啓示的"。此語正針對上篇中卜稽曰其如台"一語而發。

③ 章炳麟《古文尚書拾遺》："《釋魚》：'龜三足賁。'此以'賁'爲龜之大名，猶後世言蓍蔡。……'宏'，《説文》云'屋深響也'；又云'弘，屋響也'……是'宏'有響應之義。《繫辭》云'君子將有爲也，將有行也，問焉而以言，其受命也如響'，字即'響'。虞翻曰：'同聲相應故如響也。'此言用應兹龜，義正如此。"梓案：章氏此釋最確切

不移，遠勝舊注之釋"賁"爲"美"爲"奔"。"宏"照《説文》原義，頗有今語"回聲"或"反映"義，故可釋爲響應。

[經文]

嗚呼，邦伯、師、長、百執事之人①，尚皆隱哉②！予其懋簡相爾③。

[詮釋]

① "邦伯"，《説文》："伯，長也。""邦伯"，即邦之首長。梓案："邦""國"二字，舊注皆互訓，我以爲此種互訓皆後起義，非兩字之本義，尤非三代時之原始義。"邦"音義皆同於"封"，即部落；"國"之音義同於"邑"，則部民聚居之地，即今所謂居民點。詳拙著《封邑邦國方辨》(見《歷史研究》一九五六年第二期)。邦伯，即當時加入殷部落聯盟的部落首長，也即經籍中的羣后、傳記中的諸侯。殷人謂"邦"爲"方"，故邦伯亦即方伯。"師長"，《偽傳》："衆長，公卿也。"《疏》："衆官之長，故爲三公六卿也。"似皆不免望文生義。"師"與"長"實同爲官名。《周禮·大司徒》下有鄉師、州長、比長、閭師、縣師等官，而且都是親民之官，故人民可向之呼籲。盤庚要他們用旂旗召集人民上王庭來進行説服，應該就是這些親民之官。"有衆"或"衆"即是邦伯、師、長、百執事之人的總稱，這裏"綏爰有衆"的誥語中逕直稱"有衆"爲邦伯、師長、百執事之人，實即上篇"格女衆"的"衆"。近人有訓"衆"爲奴隸者殊誣。倘殷代社會果爲奴隸社會的話，那末"有衆"或"衆"，正是包括大小奴隸主之泛稱，如何會是奴隸？

② “隱”，《漢石經》作“乘”。“乘”，孫《疏》引《周禮·槀人》
“乘其事”鄭司農注“乘，計也”、《宰夫》“乘其財用之出
入”鄭注“乘猶計也”兩話來解釋，並云：“言當計度也，
亦猶之隱度也。”“隱”，《釋言》：“占也。”郭注：“隱，
度。”《疏》：“古者視兆，以知吉凶也，必先隱度，故曰
‘隱占也’。”由上引，可知字原作“乘”，後人認爲“乘”與
卜不相關，故妄改爲“隱”以符占卜之義。其實盤庚的卜
兆，羣臣並未與聞，無從視兆以占吉凶，否則不至遽行傳
達人民的呼籲於盤庚。故此處只須從《漢石經》作“乘”。
“乘”在這裏是應作籌度解的。“籌度”一詞，在現代的意
義上來講實即規劃或計劃。“尚皆乘哉”，意即鼓勵大家
來定定興建的計劃，所以即繼以“予其懋簡相爾”。

③ “懋”同“勖”，解見上“懋建大命”語詮釋。“簡”，《禮
記·王制》“有旨無簡不聽”鄭注：“簡，誠也。有其意無
其誠者不論以爲罪。”察此以“意”“旨”與“誠”對立起來的
說法，“誠”似指事實。“相”，《釋詁》：“道也。”“道”通
“導”，郭注：“皆謂教導之。”樣案：即今語“領導”。

[經文]

念敬我衆①，朕不肩好貨②，敢恭生生鞠人③，謀人
之保居④，叙欽⑤。今我既羞告爾于朕志⑥，若否⑦，罔
有弗欽。無總于貨寶⑧，生生自庸⑨。式敷民德⑩，永肩
一心⑪。”

[詮釋]

① “念”通“諗”。“諗”，《說文》：“深諫也。《春秋傳》曰：
‘辛伯諗周桓公。’”段注：“諗，深諫者，言人之所不能言

也。”“敬”通“儆”，“儆”“警”古今字。“念敬”，猶言“直言警告”。

② “肩”，敢也，與下“敢”對文。

③ “恭”同“供”，即今語配備。“生生”即生產。“鞠”，《方言》：“養也，韓鄭之間曰鞠。”梓案：由上下文觀之，應於“鞠人”讀斷。

④ “保”，《毛詩·山有樞》傳：“安也。”

⑤ “叙”，次第也。“欽”同“廞”。解見上篇“罔有弗欽”詮釋。

⑥ “羞”，進也。“志”即目的。

⑦ “若”，順也。

⑧ “總”，《說文》：“聚束也。”猶言“凝聚”，即今語“集中”。

⑨ “庸”，《周禮·夏官·司勳》：“民功曰庸。”

⑩ “式”，《釋詁》：“用也。”“民德”即人民的認識。

⑪ “肩”，《釋詁》：“克也。”猶言能也。

盤庚下譯文

盤庚已遷往新邑，把居住的地方奠定下來，安排好公私住所，然後告於羣臣道：

“衆位不要一味取悦於人民，出一把力來完成建設大業的使命罷！”

“如今我向你們吐露心腹之言。我曾經遍覽了許多地方，而後才選定新居。我現將所選定的地方告訴你們。我不怪罪你們，你們也不要羣起對我不高興，不要成羣結黨和我説些不相干的話。”

“過去我先王要在前人功業的基礎上作進一步的發展，總是遷往高地上去，以便減少惡運，從而使我邦有定居的業績。如今

我邦人民的居所又遭水沖刷而破毀，因之沒有安身之所了。你們
能聽我的，何不動員人民從我遷移呢？如今上天恢復了對我祖先
的認識，對我家又很親信了，我所以急於要將遭受水災的人民拯
救出來，永久安集他們在新邑。”

“所以我小子並非廢棄卜稽所得謀而不用，當初原也是由靈
龜所啓示。正因不敢違背占卜，才以此來響應靈龜。”

“啊呵！邦伯們、師們、長們以及一切執行事務的人們，你
們還是規劃出一個興建計劃來罷，我將在實際進行中來領導
你們。

最後我向衆位直言奉告。我不敢好貨，我只是配備了一切生
産事業所必需的來養活人民，企圖使人民能安居樂業。我將次第
興辦起來。如今我進一步把我們的目標告訴衆位，不管順手不順
手，沒有不興辦的。願大家不必把心思集中在財貨上，各自打算
在生産上建功，用以提高人民對生活的認識，永遠能和我一
條心。”

康誥篇詮譯

前　言

《書序》："成王既伐管叔、蔡叔，以殷餘民封康叔，作《康誥》、《酒誥》、《梓材》。"

《史記·周本紀》："初，管、蔡畔周，周公討之，三年而畢定，故初作《大誥》，次作《微子之命》，次《歸禾》，次《嘉禾》，次《康誥》、《酒誥》、《梓材》。"

《衛康叔世家》："周公旦以成王命興師伐殷，殺武庚禄父、管叔，放蔡叔，以武庚殷餘民封康叔爲衛君，居河淇之間故商墟。周公旦懼康叔齒少，乃申告康叔曰：'必求殷之賢人、君子、長者，問其先殷所以興、所以亡，而務愛民；告以紂所以亡者，以淫於酒；酒之失，婦人是用，故紂之亂自此始。'爲《梓材》示君子可法則，故謂之《康誥》、《酒誥》、《梓材》以命之。"

由《書序》看，《康誥》、《酒誥》、《梓材》三篇，都是成王告康叔的話；由《史記》、《周本紀》和《衛康叔世家》看，三篇都是周公告康叔的話；而《衛康叔世家》還簡略地述及三篇的內容。但照這三篇經文看，從《康誥》開頭的"王若曰"起到《梓材》開頭的"王曰封"止，都只有成王告康叔的話。照《衛康叔世家》所簡述的三篇內容看，雖各有各的內容，不像《盤庚》的上、中、下三篇只說了遷殷一事，但照上引的敘述看，卻也都有關於封康叔於衛一事。

　　綜合了以上所引資料，我們似可以肯定兩點：

　　（1）三篇都是成王或周公代成王説的話；

　　（2）都是周封康叔於衛時所説的話。

　　這樣的肯定，是不是就合乎事實了呢？我看未必，理由是：

　　（一）試讀《康誥》中"王若曰"以下的文字，一則曰："孟侯，朕其弟，小子封。"再則曰："乃寡兄勖，肆女小子封在兹東土。"此外或曰"封"，或曰"小子封"，或曰"女封"，或曰"汝惟小子"，這樣的稱呼，單在《康誥》一篇中就有十多處，能説這是成王對康叔的稱呼嗎？我們在任何一種古代史料中，都只知道康叔是武王、周公的胞弟，而成王則是武王之子。康叔儘管齒少，比成王總要大；照《逸周書・克殷篇》記載武王入朝歌時事道："周公把大鉞，召公把小鉞，以夾王，泰顛、閎夭皆執輕呂以奏王……毛伯鄭奉明水，衛叔傅禮，召公奭者贊采，師尚父牽牲……乃命召公釋箕子之囚，命畢公、衛叔出百姓之囚。"這裏衛叔，應即是康叔封。在這樣的大事中，康叔已和召公一樣身兼兩役了，齒雖小也小不到哪裏去；況且他還是成王的胞叔父，成王能這樣直呼其名，而且還要"小子"地直呼他嗎？《洛誥》中，成王對周公一例稱之爲"公"，而自稱爲"小子"，同樣的胞叔父，又一何其尊、一何其卑呢？有人以爲康叔雖爲叔父，臣也；成王雖爲胞姪，君也，故有此稱。但《顧命》中，康王稱召公、芮伯等爲一二伯父，而自稱"予末小子"，召公、芮伯等皆臣也，康王君也，且皆非胞叔姪，又何以尊於康叔？再《文侯之命》中，平王稱晉文侯也稱"父義和"；此後，《左傳》中天子對同姓諸侯也一例稱"伯父"，對異姓諸侯一例稱"舅父"，也都是君對臣的稱呼，何嘗因君臣關係，便自尊自大一至於此呢？況且即使爲王了也好，年齡少了也好，總也沒有對叔父自稱"寡兄"，而稱叔父爲"朕其弟"的道理。也有訓詁家以爲這是周公代成王作的誥，所以稱康叔爲"朕其弟"，而自稱"寡兄"。周誥中有不少的誥都是周公代成王作的，如《大誥》、《召誥》、《多士》、《多方》都是，但都作成王口氣，而從不作周公自己的口氣，《康誥》何以獨異？再說以上所說的話，姑且都撇開不說，周公也不應自稱寡兄。這寡兄又指誰呢？自稱嗎？周公沒有派康叔"在茲東土"的權，這口氣非武王不可。指武王嗎？這是一種對外人的謙稱，無論周公是否能代人謙稱，即能謙稱，也不能對自己的胞弟代胞兄謙稱。這就難怪朱熹師弟要認爲此篇是武王告康叔之辭，才對這些稱呼說得通，而且還只能是武王自己告康叔，決不能說是周公代武王或成王告康叔的話。肯定這篇誥辭爲成王或周公代成王所作，都說不通。

　　（二）那末，這三篇誥辭是不是同在封康叔於衛時所作呢？我看也不是。朱熹師弟肯定《康誥》爲武王說的話，可是把《酒誥》也說成是武王的話，就不對了。《揚子法言·問神》："昔之說《書》者序以百，而《酒誥》之篇俄空焉，今亡夫。""俄"即"俄頃"的"俄"，猶言忽也。"亡"即亡失的"亡"。《法言》這兩句話的意思，就是說："從前說《尚書》的人有序百篇，但《酒誥》的書序一篇忽然不見了，現在已是亡失了吧。"《漢書·藝文志》也說："劉向以中古文較歐陽、大、小夏侯三家經文，《酒誥》脫簡一。"兩兩相較，似乎《藝文志》所謂脫簡，很可能也就是《法言》所謂"俄空"之篇的《書》序。蓋《藝文志》作者班固原自說明是根據向、歆父子的著作而寫的，揚子與劉歆爲同時，揚子得知其空，可見《酒誥》原是有序的，正唯俄空了，才會像今行《尚書》那樣，與《康誥》同一序，其證一。《酒誥》開頭的"王若曰"，照陸德明《釋文》所引馬融本，明著"成王若曰"之文，可見唐初本《酒誥》篇開頭還作"成王若曰"的。不但如此，《釋文》還引馬《注》曰："言'成王'者，未聞也。俗儒以爲成王骨節始成，故曰成王；或曰，以成王

少成二聖之功，生號曰成王，没因以爲謚。衛宏、賈逵以爲戒康
叔以慎酒，成就人之道也，故曰成。"此三者我無取焉。我以爲後
録《書》者加之，未敢專從，故曰未聞也。由馬氏之説觀之，我覺
得有三點可以理解：

①起碼，此篇首句，直到馬融時還原作"成王若曰"，今行
《尚書》之作"王若曰"，是後人據馬注之説删去"成"字的；②成
王一詞，似乎在《酒誥》篇中還是首次出現，所以俗儒乃至衛、賈
二大儒，都還在猜謎似地紛紛解釋；③《酒誥》開頭，緊接着"成
王若曰"之下，即有"明大命于妹邦"語，後文也還有"妹土嗣爾股
肱"語，其中"妹邦"、"妹土"兩辭也可供我們一條綫索。孔《疏》
"妹"與《毛詩·鄘風·桑中》篇中之"沬"，一也。故妹爲地名，
"紂所都朝歌以北"者，殷紂之所都也。朝歌近沬邑之南，故云
"以北"。《水經注·淇水下》云："其水南流，東屈，逕朝歌城
南。《晉書·地道記》曰：'本沬邑也。'《詩》云：'爰采唐矣，沬
之鄉矣。'殷王武丁始遷居之，爲殷都也。"據上引疏，則此所謂沬
邦，即《詩》之沬鄉，也即朝歌，是殷都。同上引《水經注》："有
糟丘、酒池之事焉。"《酒誥》一篇之所由作，當在是矣。這就可據
以肯定此篇爲成王封康叔於衛時所作的誥了。

考武王之時，作爲殷舊都的衛，周邦已把它封紂子武侯庚，
並命管叔、蔡叔監武庚的所在了，自不能再以之封康叔。封康叔
於衛，必待武庚等亡後，乃可行。故《康誥》既爲武王之辭，即不
可能爲封衛之時説的話。封康叔於衛時説的話，只有《酒誥》才説
得上，憑據就在有"妹邦"、"妹土"等地名的兩句經文。只這便是
我認《康誥》和《酒誥》兩篇爲同一人、同一時説的話的理由，也是
否定蔡《傳》把《酒誥》也解爲武王所作的誥辭的理由。

[書序]

　　成王既伐管叔、蔡叔①，以殷餘民封康叔②，作《康誥》、《酒誥》、《梓材》③。

[詮釋]

　　① 管叔，武王之弟，周公之兄，名鮮。《史記·管蔡世家》：“武王同母兄弟十人，其長子曰伯邑考，次曰武王發，次曰管叔鮮，次曰周公旦，次曰蔡叔度，次曰曹叔振鐸，次曰成叔武，次曰霍叔處，次曰康叔封，次曰冉季載。”

　　② 武王死，子成王嗣位，年幼，由周公攝行政事，當國。管叔、蔡叔時監紂子武庚於殷，忽疑周公有自爲之心，遂流言於國，説周公有不利於成王之心。殷的與國奄君蒲姑因勸武庚乘勢畔周，並誘管、蔡兩叔同舉畔旗。周公奉成王命，興師伐之，殺武庚、管叔，而放蔡叔，殷再亡。成王乃遷殷奄之畔民於伊洛流域，而以餘民封康叔於殷墟，是爲衛國。

　　③ 照《書序》與《史記》，這三篇誥辭都是封康叔爲衛君時所作。照《康誥》、《酒誥》的經文看，《康誥》是武王派康叔留察東土時的誥辭，《酒誥》則確爲成王封康叔爲衛君時的誥辭。《梓材》照伏生《大傳》的説法，似乎是周公教其子伯禽時的誥辭，但全書已亡，今《梓材》文似乎是從《康誥》中輯出少數語句拼湊而成，以代替原亡之篇的，其理由則於《酒誥》及《梓材》兩篇的前言中詳之。

[經文]

　　惟三月哉生魄，周公初基作新大邑於東國洛。四方民大和會——侯、甸、男邦、采、衛百工、播民和見士于周。周公咸勤，乃洪大誥治①。

[詮釋]

① 以上四十八字不是《康誥》的篇首，而是《多方》的篇首，
　故移於彼。

　　這段話講的是周公打算代成王作誥事，説話的對象當
然是侯、甸、男、采、衛五服諸侯的百工和移民，這和康
叔有何相干？將這段文字冠於三篇之首，可説是牛頭不對
馬嘴。

　　正因此，北宋時蘇東坡就首先提出疑問，以爲這四十
八字應該是《洛誥》的篇首，而不應該放在這三篇之首。
南宋理學家朱熹師弟的講學，儘管和蘇氏不同道，但對蘇
氏這一看法，卻無條件地接受了。蘇氏這一説法，初看原
很像，但一按其實，仍無無問題。因《洛誥》是營洛已成
後，周公和成王商量利用洛邑鞏固周政權之事，這四十八
字講的，卻是周公打算作洛時的事，同時説話的對象又各
不相干。所以照蘇氏的安排，還是馬嘴不對牛頭，故清儒
譏其淺妄。

　　南宋末的金履祥，本是一位朱派的理學家，卻不以蘇
説爲然，而以爲應是《梓材》篇的緣起，其説詳他所著的
《通鑑前編》。清儒俞曲園樾從其説。其實《梓材》講的只
是明德慎罰，即使照金的意思，也是君子可法則的道理，
並無一字涉及作洛事。我另有論《梓材》篇的文字，這裏
就不贅述了。

　　清末與俞樾同時而稍後的古文辭作家吳汝綸摯甫氏又
另有一個看法，以爲這是《大誥》篇篇末之文。我通讀了
《大誥》篇全文，覺得它只説明了一點，就是從龜卜上看
起來，武庚、管、蔡之畔，不可不討罰，用意似只在解釋

友邦君臣的疑慮，也並無一語涉及作洛，并且也無一語是慰勞人的話，所以也和這四十八字沒交涉。

我認爲這四十八字，應該是《多方》篇篇首之文，理由如下：這四十八字中最和本文緊緊連接的一句，是"乃洪大誥治"語，以上都是"洪大誥治"的緣由。《僞傳》訓"洪"爲"大"，豈不成爲"大大誥治"？斯之謂不辭；釋此語爲"因大封命大誥以治道"，斯之謂增字解經，況"大封命"三字亦不辭。鄭玄訓洪爲"代"，那末"洪大誥治"可釋爲"代大誥治"，這勝於《僞孔》多矣。釋此爲"代大誥治"，恰好就和《多方》篇本文首句"周公曰王若曰"緊相連接，而無俞氏闞蘇説爲"文不相屬"之病了。此其一。

《多方》篇本文"周公曰王若曰"之下，又緊接以"猷告爾四國多方，惟爾殷侯尹民"。殷侯尹民者，殷之諸侯所治之民也，這不正是侯、甸、男、采、衛的百工和播民嗎？説話的對象也正相符合。此其二。

此下緊接着的一段話，從"我惟大降爾命，爾罔不知……簡畀殷命尹爾多方"，歷數了周之代殷和當初殷之代夏，沒有什麼兩樣，而歸咎殷紂之無道與夏桀同，藉以釋殷民之不平。而且這以下還再三説明"要囚之，至於再，至於三"而後加以罰殛，以明周邦之寬大而歸結於"非我有周秉德不康寧"，這正有合於"咸勤"的一面。此其三。

在這段聲明下，又獎勵殷民的"克勤乃事"，不但許殷民可在洛邑"畋爾田"，還許以"大介賚"將"迪簡在王廷"和"有服在大僚"，這又是"咸勤"的另一面，合起來，就顯得這篇誥辭，已做盡了慰勞的工作了。此其四。

此外，在《多方》這篇誥辭中，所謂"義民"，即四十

八字中的"播民"，"多士"即四十八字中的"百工"，尤其
是"爾奔走臣我監五祀"一語，連時間也指説得明白具體
了。更説明這事正是承《大傳》所謂"三年踐奄"之後舉辦
的大事。因爲照《史記·封禪書》，武王克商後二年即死，
第三年即成王嗣位、周公攝政的第一年，加上"周公攝政
三年踐奄"，不正是第五年嗎？不正是周公可"初基作洛"
和成王可"來自奄"的一年嗎？凡此種種，幾乎無一不合
轍。此其五。

　　這裏也許還有"經學必專守舊"的先生們會説：是篇
篇首本已有"惟五月丁亥，王來自奄，至於宗周"十三字
可以作爲《多方》這篇誥辭的緣起了，再要加上這四十八
字，不太重牀疊屋了嗎？況且這十三字中，説成王已直歸
宗周了，而四十八字中的周公卻正在洛邑。一在宗周，一
在洛邑，周公怎麽能代成王作誥呢？我疑這四十八字原緊
接在那十三字之下，而作如下的叙述：

　　　　惟五月丁亥，王來自奄。惟三月哉生魄，周公初
　　基作新大邑於東國洛。四方民大和會——侯、甸、
　　男、采、衛百工播民和見士於周。周公咸勤，乃洪大
　　誥治。

　　這樣不比今行《多方》文"惟五月丁亥，王來自奄，至
於宗周。周公曰，王若曰"交待得明白嗎？照今行《多方》
文，上面説明的是王，而緊接着的下文，卻忽然接上一個
周公，所以更覺得突兀了。況且四十八字中，説三月初周
公才開始打算作洛，至於"四方民大和會"而見士於周，
正是三月初以後的事。他們見士於周兩個月後，成王到來
了，周公以爲這應該是個讓成王露一露臉的大好機會，和
《洛誥》的要成王主持宗祭同樣的用意，所以乘機代成王

作此誥辭。至於宗周的問題,《正義》倒已引了《禮記·祭統》篇所載孔悝那"即於宗周"之文,以爲洛邑也在宗周早就解決了。大概宗周一名是統指整個周邦而言,這時周公既還是初基作洛,洛邑尚未營成,故尚未有成周之名,那末宗周自也可用以指洛邑。這也並没有不合轍的地方。

[經文]

王若曰①:"孟侯②,朕其弟③,小子封④。惟乃丕顯考文王⑤,克明德慎罰⑥,不敢侮鰥寡⑦,庸庸祗祗威威顯民⑧,用肇造我區夏⑨,越我一二邦⑩,以修我西土⑪。惟時怙⑫,冒聞於上帝⑬。帝休⑭,天乃大命文王殪戎殷⑮,誕受厥命⑯,越厥邦厥民。惟時叙⑰,乃寡兄勖⑱,肆汝小子封在茲東土⑲。"

[詮釋]

① 此"王若曰"與《盤庚》同,係《史記》追記其要的話。

② "孟",《説文》:"長也。""孟侯"當然即諸侯之長。伏生《大傳·略説》:"天子太子年十八曰孟侯。孟侯者,於四方諸侯來朝,迎於郊者,問其所不知也——問之人民之所好惡,土地所生美珍怪異、山川之所有無,及父在時皆知之。"據此,孟侯之職正在使周知四國之故以輔天子耳目之所不及,通常蓋都由天子的太子擔任,故《大傳》云然。武王克商後,大約因成王年未及十八,所以叫少弟康叔擔任而使之居東方近周之地,以爲周王的耳目。這只要細讀《康誥》、《梓材》兩篇文字,即可見之。不然,武王封弟很多,如曹叔、毛叔、霍叔等不一而足,都未嘗有誥,獨對康叔有此斤斤告誡,一似有一僅次於自己的職責的模

樣，這似乎和這孟侯的職責有關。再者《酒誥》題下《僞傳》"康叔監殷民"《正義》云："以《梓材》云'若兹監'，故云'康叔監民也'。鄭以爲連屬之監，則爲牧而言。然康叔時實爲牧。"棨案：《周禮》："太宰之職，乃施典於邦國而建其牧，立大監。"大司馬之職云："建牧立監以維邦國。"大司馬賈疏云："二百一十國以爲州，州有牧，使維持諸侯。又一國立一監以監察一國，上下相維，故云以維邦國也。"是監與牧職權實相類，特所監之國有多少耳。《禮記·王制》："千里之外設方伯，五國以爲屬，屬有長；十國以爲連，連有帥；三十國以爲卒，卒有正；二百一十國以爲州，州有伯。"方伯即牧，蓋包括州伯、卒正、連帥、屬長而言，故云康叔時實爲牧，實即指其爲連屬之監也。這就不像管、蔡那樣只監一個武庚了。我疑此篇實乃武王命康叔爲連屬之監，以監東土諸國時的誥辭，故曰"在兹東土"，又曰"弘于天，若德，裕乃身不廢在王命"，且稱之曰"諸侯之長"。所謂"孟侯"也者，亦正不必泥於《大傳》之說之必爲天子太子也。

③"朕"，《釋詁》："我也。""其"，《經傳釋詞》："猶之也。""朕其弟"，即我之弟也。

④"小子"，指其年齡之幼小也。

⑤"丕"，《釋詁》："大也。""顯"，《釋詁》："見也。"顯與隱爲對文，實即顯示也。"丕顯"，大大顯示於世，爲世所共知。"考"，父也。

⑥"克"，能也。"明"，猶今語明確、瞭解。"德"，朱熹注《論語·爲政》"爲政以德"語："德也者，得也，行道而有得於心也。"我一向本此訓"德"爲對"道"的認識。"慎"，《說文》："謹也。"即今語"小心"。《國語·周語》："德之

守也。”所謂小心，所謂謹慎，就是要堅守對於道的認識，一切依於正確的認識而行事，不是一步不敢行的小心謹慎也。所以明德的人，對於一言一行沒有無原則的，而況要責人行善。自己沒有正確的認識，如何責人呢？“罰”，《説文》：“辠之小者，从刀从詈。未以刀有所賊，但持刀罵詈則應罰。”梓案：明德慎罰是一事不是兩事，是《康誥》、《梓材》兩篇言辭的綱領。

⑦ “侮”，《廣雅·釋詁三》：“輕也。”“鰥寡”，老而無妻曰鰥，老而無夫曰寡。這裏用以指代一切無依靠的人。

⑧ “庸庸祗祗威威”，這句似乎相當費解。《春秋左氏傳》宣十五年，晉大夫羊舌職曾引用過：“《周書》所謂庸庸祗祗者，謂此物也夫！士伯庸中行伯，君信之，亦庸士伯，此之謂明德矣。”杜注：“《周書·康誥》：庸，用也；祗，敬也；物，事也。言文王能用可用，敬可敬。”這不但解了“庸庸祗祗”，也具體地解了明德。但這裏還有“威威”兩字未可解。案：歷來訓詁家都以“畏”字訓“威”字，這兩字古原可通作，當然可互訓，但我以爲在這裏倒可不必兜圈子，只作“威可威”講便得，意即該用威刑的便用威刑，即慎罰也。蓋必認識明確，才能“庸庸祗祗威威”，故曰“明德慎罰”是一事而非兩事也。“顯民”的“顯”和上文“丕顯”的“顯”，同一顯示於人的意思，説文王能以“用可用，敬可敬，威可威”的明確認識，顯示於人民也。

⑨ “肇”，《釋詁》：“始也。”“造”，《春秋左氏傳》成十三年：“則是我有大造於西也。”杜注：“成也。”猶今讀“造就”也。“區夏”，《僞傳》：“區域諸夏。”

⑩ “越”，與也，及也。

⑪ “修”，《説文》：“飾也。”段注：“巾部曰：‘飾者，㕚

也。'又部曰：'叔者，拭也。'"二篆爲轉注。"飾"，即今拭字，拂拭之則發其光彩，故引伸爲文飾。周之文化，自遠不如殷，故克殷而取其文化以粉飾西土，也自可發其光彩，況周固舊邦，"修"字，又可理解爲拂拭舊物而使之一新之義。《詩·大雅·文王》"周雖舊邦，其命維新"，和這裏的"以修我西土"具有同樣的意義。

⑫　"惟"，以也。"時"，《釋詁》："是也。""怙"，于省吾《尚書新證》：即古，即故。《盂鼎》："古天翼臨子。"《師𢍰𣪘》："古亡承於先王。""古"即"故"。從心，乃晚周之變體字，如《陳侯因資錞》"唯作雒"；《春秋左氏傳》僖八年"宋襄公兹父"，《公羊》作"慈父"，故"惟時怙"，實即"以是故"。

⑬　"冒"，王鳴盛《尚書後案》："《說文》冃部：冒也。二月萬物冒地而出。"《說文》曰部"冒"下云："冢而前也。"《釋名·釋天》："卯，冒也，載冒土而出也。"綜合以上這些資料，"冒"顯然有蒙着頭面而上冲，或前冲的意義。样案：《君奭》篇也有"乃惟時昭文王迪見，冒聞于上帝"語，是"冒聞"亦當時成語。前此訓詁家盡有將此兩字分屬上下讀者，顯係錯誤。

⑭　"休"，蔭也。

⑮　"大"，語辭，無義。"殪"，《說文》"死也"；引伸爲壹發矢而死，見《詩·小雅·吉日》"殪此大兕"；由此再引伸爲"殺"、"滅"、"絕"等義。"戎"，《禮記·中庸》"壹戎衣"鄭注："兵也。""衣"讀如"殷"，聲之譌也。"戎殷"，猶言好用兵之殷邦，此與今從甲骨文字中考出之殷紂之好戰合。此"殪戎殷"，即謂消滅好戰之殷邦也。

⑯　"誕"，語辭，無義。"厥"，其，指殷。"誕受厥命"，謂

受命於天滅殷。

⑰ “叙”通“緒”。“緒”，《説文》：“絲耑也。”“絲耑”，即
“絲頭”，故“緒”有頭義。“頭緒”一詞，即以同義連文而
成。“惟時叙”，意即“以這樣的一個開頭”。

⑱ “勖”，《説文》：“勉也。”猶今語“努力”。“乃寡兄勖”
者，實承上文而言，謂以有文王這樣好的開端，作爲你寡德之
兄的我，自不能不接一把力。

⑲ “肆”，《釋詁》：“故也。”“在”，《釋詁》：“察也。”“東
土”，歷來訓詁家都以爲是殷邦舊地，我覺未必然。蓋武
王克商後，已將殷地封紂子武庚，而使管、蔡二叔去監視
了，何必更派康叔去監察呢？所以這“東土”，似還只是
針對着上文的西土，概指函谷關以東中原之地而言。再
者，考《史記・衛康叔世家》，謂“管叔、蔡叔疑周公，乃
與武庚、禄父作亂，欲攻成周”云云，據《大傳》，當管、
蔡亂時，周尚未城成周，《索隱》乃謂“其時周公相成王，
營洛邑”，顯與《書・大傳》不合。不過這以前，據《逸周
書・度邑篇》及《史記・周本紀》，武王已早有營洛之圖，
當自己有意西歸時，似不能不考慮到東土之未必鞏固，勢
不能不留一人居其地以便監視東方，大約即在此時已派康
叔爲連屬之監，以總監東方各邦諸侯了，所以説“在兹東
土”。管、蔡欲爲亂，勢亦有可能首欲攻其地，藉塞周
師，兼已脅康叔爲己助。《後漢書・蘇竟傳》載竟之言曰：
“夫周公之善康叔，以不從管、蔡之亂也。”竟這一説法，
他處未見，大概漢時資料保存得較多，竟或有所據，我本
素疑當管、蔡、武庚密圖作亂時，周公在鎬京，正在武王
新死、由己攝政當國的時候，東西兩地甚遠，且倡亂者即
自己寄以耳目的胞兄，何便能及時發覺而發兵，而且很容

易地就撲滅了這亂事？是則殆由當初使康叔居洛時的預籌，到此發生作用了。

［經文］

　　王曰：“嗚呼，封，汝念哉！今民將在①！祗遹乃文考紹聞衣德言②。往敷求於殷先哲王③，用保乂民④。汝丕遠惟商耇成人宅心知訓⑤，別求聞由古先哲王用康保民⑥。弘於天若德裕乃身不廢在王命⑦。”

［詮釋］

①“將”，于《新證》：“朱駿聲謂將通戕。按《周易·豐卦釋文》引鄭注：‘戕，傷也。’傷即‘文王視民如傷’之意。”“在”“哉”古通。“在”、“哉”在金文中往往寫作“才”，文作“十”；只就《班簋》一器看，“十𠂤宗周”，郭沫若《兩周金文辭大系》釋作“在宗周”，故“今民將在”應讀如“今民傷哉”。此一解亦見于《新證》。“傷”，《國語·晉語》“枯且有傷”韋注：“傷，病也。”“今民傷哉”，猶言今民病矣。

②“祗”，《釋詁》：“敬也。”“遹”，《釋詁》：“述也。”“紹”，《説文》：“繼也，一曰緊糾也。”這裏用《説文》的“緊糾”義，猶今語總結。“衣”，古通“殷”，《禮記·中庸》“壹戎衣而有天下”，即這裏上文的“殪戎殷”可證。“乃文考紹聞衣德言”者，猶言“你祖文王總結所聞殷德盛衰的言論”也。《史記·衛康叔世家》所謂“問其殷所以興、所以亡”即此意。惟然，故下文即緊接以“敷求殷先哲王”云云，舊解都不免支離。

③“敷”，普遍。“求”，求證。

④“用”，以也。“保”，《説文》：“養也。”“乂”，《釋詁》：

“治也。”“保乂”，謂養而治之也。

⑤ “丕”，語辭，無義。“惟”，念也。“耉”，《釋詁》：“老也。”“耉成人”，老成人也。“宅”，古通“度”，“宅心”，揣度其心。“訓”，前人之言可以爲法者，即今語“教訓”。

⑥ “別”，猶今語“另外”。“由”通“繇”，於也。“古先哲王”，鄭玄云：“虞、夏也。”蓋指殷代以前的先哲王，如堯、舜、禹也。

⑦ 梓案：《荀子‧富國篇》引此文作“弘覆乎天若德”，弘、宏通作，皆可訓“大”；“宏”實有覆義，故“弘”亦與“弘覆”同。“於”，《經傳釋詞》猶“乎”也，又猶“如”也。“弘覆乎天若德”者，“弘覆如天若德”也。“天若”，俞《平議》在《召誥》“面稽天若”語下訓“天若”爲“天道”，是“大覆如天道”也。“德”，《説文》：“升也。”段注：“升”當作“登”。而“德”訓“登”者，《春秋公羊傳》（隱五年傳）：“公曷爲遠而觀魚，登來之也。”何休注：“‘登’讀言‘得來’，齊人語也。齊人名求得爲‘得來’，作‘登來’者，其言大而急，由口授也。”蓋由聲音關係，得可讀如登，亦可訓登，故“德”可訓“升”也。“弘覆於天若德”者，“能大覆育如天道之上升”也。“裕”，于《新證》：“隸古定本《康誥》‘裕’作‘𧝓’……《洛誥》、《多方》‘裕’亦作‘𧝓’。‘𧝓’讀‘欲’。”“裕乃身，不廢在王命”，意即“欲汝身，不廢在王命”也。梓案：于氏讀“裕”爲“欲”，是也；訓“於”爲“在”則非，至釋“不廢在王命”尤非。“在”訓“察”，“於”訓“如”，已見上。“命”，應從《荀子》作“庭”。“弘於天若德，裕乃身不廢在王命”者，謂“你應弘覆如天道之上升，欲你不廢察王庭”也。“王庭”，似指殷王庭言，意謂康叔之使命，應無所不監視，如天之無所不

覆蓋，即使另有監的殷舊邦，也應該要監察。

[經文]

　　王曰：“嗚呼，小子封，恫瘝乃身①，敬哉②！天畏棐忱③，民情大可見，小人難保④！往盡乃心，無康好逸豫⑤，乃其乂民⑥。我聞曰：‘怨不在大，亦不在小，惠不惠⑦，懋不懋⑧。’已⑨！汝惟小子⑩，乃服惟弘⑪。王應保殷民⑫，亦惟助王宅天命⑬，作新民⑭。”

[詮釋]

①　“恫”，《釋言》：“痛也。”“瘝”，《釋詁》：“病也。”“瘝”亦作“矜”。案：經文瘝、矜二字互用。按“瘝”，字書無此字，往往假“鰥”爲之。“鰥”，《釋詁》：“病也。”但此處若僅以“病”訓，則“恫瘝乃身”只是説你病痛而己，則鄭玄所謂“刑罰及己爲痛病”，殊不可解。竊疑此字當“矜”爲正。《詩·小雅·鴻雁》“爰及矜人”毛傳：“憐也。”“恫矜”，“痛憐”也，如此方合文辭義。

②　“敬”，《説文》：“肅也。”按此字从“苟”，“肅”即“不苟”義，易以今語，當爲“嚴肅”、“鄭重”、“認真”等義。

③　“畏”通“威”，“天畏”即天威。“棐”通“匪”。“忱”通“諶”，信也。

④　“保”，即今語保育。

⑤　“康”讀如“亢”，有偏激義；“康好”即偏好。“逸”，安逸。“豫”，《説文》：“樂也。”

⑥　“乃”，然後。“其”，庶幾。“乂”，治也。

⑦　“惠”，順。

⑧　“懋”，勉。

⑨ "已"，同"嘻"。

⑩ "惟"，雖，

⑪ "惟"，是。

⑫ "應"同膺，《楚辭·天問》"屈何膺之"王注："受也。"

⑬ "亦"，《春秋公羊傳》昭十七年"北辰亦爲大辰"何注："亦者，兩相須之意。""惟"，《説文》："凡思也。""宅"通"度"，揣度也，即今語"體會"。

⑭ "作新民"，朱熹《大學章句》"作新民"《注》："鼓之舞之之謂作，言振起其自新之民也。"梓案："作新民"，猶言"與民更始"，語意與今語"改造"之意相近。

[經文]

王曰："嗚呼，封，敬明乃罰①！人有小罪，非眚②，乃惟終③，自作不典，式爾④，有厥罪小，乃不可不殺。乃有大罪，非終，乃惟眚災⑤，適爾既道極厥辜⑥，時乃不可殺⑦。"

[詮釋]

① "敬"，鄭重；"敬明"，鄭重地辨明。下面正、反兩段即用以辨明者也。"乃"，汝也。

② "眚"，同"省"，即《論語·學而》"吾日三省吾身"之省，自檢而覺悟之意。

③ "終"，即《舜典》"怙終賊刑"之"終"，有"終焉之志"之意。"惟"疑當作"怙"，"惟終"即"怙終"，即有所持以終其身之意。

④ "式"，王符《潛夫論·述赦》引用此文，"式"作"戒"。"戒"，備也。《孟子·公孫丑下》"辭曰聞戒"《注》："有

戒備不虞之心也。”

⑤ “乃”,《經傳釋詞》:“若也。”“眚災”,王符《潛夫論·述
赦》篇引用此文:“乃有大罪,匪終,乃惟眚哉?”蓋漢時
《尚書》如此。“災”疑後之傳錄者因聲訛而誤。“哉”通
“在”,見上“今民將在”下詮釋。“在”,察也,見上“在
茲東土”下詮釋。“眚”,見上,同“省”,省察連文,故
“乃惟眚災”,即“乃惟省察”也。

⑥ “適爾”,猶言適然;“適然”者,有時而然也,見《鬼谷
子·本經陰符》“事有適然”《注》:“有時而然。”即“偶然”
也。“道”,《論語·學而》“道千乘之國”包注:“治也。”
“極”,《禮記·大學》“是故君子無所不用其極”鄭注:
“猶盡也。”“辜”,《潛夫論》作“罪”,義同。故“道極厥
辜”者,謂治盡其罪也。

⑦ “時”,是也。“乃”,則也,《潛夫論》作“亦”,亦通。

[經文]

　　王曰:“嗚呼!封。有叙時,乃大明服①,惟民其勑
懋和②。若有疾③,惟民其畢棄咎④;若保赤子,惟民其
康乂。非汝封刑人殺人⑤,無或刑人殺人⑥;非汝封又曰
劓刵人⑦,無或劓刵人。”

[詮釋]

① 《春秋左氏傳》(僖二十三年)、《荀子·富國篇》引此文時,
都作“乃大明服”句,可見《僞傳》之“有叙”讀斷,“時”字
屬下讀者非,應將“時”字屬上讀作“有叙時”句。顧《尚
書》“時”字例訓“是”字,“有叙時”有些不辭。俞《平議》
曰:“'有叙時',文義難明,上文曰:'越厥邦厥民,惟

時叙。'下文曰：'乃汝盡遜曰時叙。'疑此文亦當作'有時叙'而誤倒之。'有時叙'，有是次叙也。"梓案：俞説是，惟解"有時叙"仍沿舊解作"有是次叙"則有所未達。就我的體會看，"叙"仍當訓"緒"，作頭緒解；所謂"有時叙"，乃是有頭緒；繭有了頭，才能引絲；而所謂"時叙"，則上文那"小罪不自省而怙終者要殺；大罪能自省而不怙終者可不殺"之原則也。此句意義，謂有了上面那個原則，遵循它來處理一切事務，就可大分大明了。

② "惟"，乃也；"乃"，然後也。"勑"，《説文》："勞也。""懋"，《説文》："勉也。""惟民其勑懋和"，《荀子·富國篇》引此文作"惟民其力懋和"。勞、力義同。《説文》"勑"字下段注："此當勞來也，淺人刪一字耳。《孟子》曰'勞之來之'、《詩序》曰'宣王能勞來，還定安集'之來，皆勑之省。"然則，"惟民其勑懋和"者，謂"然後人民庶幾盡力來嚮應"也。

③ "若有疾"，《荀子》作"而有疾"，楊倞屬上讀，釋爲"和調而疾速"，我以爲未是。"而"，《毛詩·齊風·猗嗟》"頎而長號"《疏》："與'若'義並通。"然則"而有疾"，即"若有疾"。按本文文法，應該與下文"若保赤子"語爲同樣句法，故"若有疾"不能解作"和調而疾速"，應解爲"好像有病"。

④ "畢"，《釋詁》："盡也。""棄"，《楚辭·離騷》"不撫壯而棄穢兮"《注》："去也。""咎"，《説文》："災也。"

⑤ "刑"，《説文》："剄也。""剄"，《説文》："刑也。"段注：剄，斷頭，刑之至重者也。"殺"，指一切致人於死之刑罰。故刑、殺同指死刑而言。

⑥ "或"，"域"本字，古通作"有"；"九域"亦作九有。"或"

又有不定義，故“或人”和“有人”同指爲不定之人。這裏
的“或”，即“或人”，即指康叔以外的任何人。

⑦ “又曰”二字，吳汝綸《尚書故》以爲是涉下而衍。其説以
爲“此經廿三字一簡，自此至‘又曰要囚’適廿三字，故誤
衍也”。“劓”，割鼻。“刵”，截耳。“劓刵”皆指輕刑，
即漢時的肉刑。

[經文]

王曰：“外事①，汝陳時臬②，司師茲殷罰有倫③。”
又曰：“要囚④，服念五六日至於旬時⑤，丕蔽要囚⑥。”

[詮釋]

① “外事”，江《音疏》：“外事，聽獄之事也。聽獄在外朝，
故曰外事。”外朝者，《疏》引《周禮・秋官・司寇・朝士》
曰：“朝士掌建邦外朝之法：左九棘，孤卿大夫位焉，羣
士在其後；右九棘，公、侯、伯、子、男位焉，羣吏在其
後；而三槐，三公位焉，州長衆庶在其後。左嘉石，平罷
民焉；右肺石，達窮民焉。”

② “臬”，《説文》：“射準的也。”引伸爲凡法度之稱。“陳”，
陳列，宣佈。

③ “司”，于《新證》：“《僞傳》以‘司’字屬下句，非是。王
静安謂古‘司’‘事’通用；《詩・小雅》‘擇三有事’；《毛
公鼎》云‘雩三有嗣’。按王説是也。《揚簋》‘衆辭工事’，
又一器‘事’作‘司’，可資佐證。”梓案：“司”通“事”，是
也，蓋與下文“汝陳時臬，事罰蔽殷彝”同一句法；因“臬
事”一名不辭，而此所謂“事”，則固上文所謂外事也。
“倫”即“侖”；“侖”，《説文》亼部下云：“思也。”段注：

"思猶䚡也。凡人之思，必依其理；'倫'、'論'字皆以'侖'會意。"梓案：故"倫"通"侖"；《詩·小雅·正月》"有倫有脊"鄭箋："倫，道也。"《莊子·繕性》："道，理也。"故"司師茲殷罰有倫"，謂凡事只要師法殷之罰則，即自有理絡可循，即《荀子》所謂"刑名從商"也。

④"要"，本義爲簿書。《周禮·天官·宰夫》下云："歲終則令羣吏正歲會，月終則正月要，旬終則令正日成。"《注》："歲計曰會，月計曰要，日計曰成。"在此所指是關於獄訟的簿書。同書《秋官·士師》下云："歲終則令正要會。"此要會，當然指有關獄訟的簿書了。"要囚"之意，謂取囚所犯之罪，比附於已規之刑罰而斷其宜，那就猶今之判決囚犯了。同書同官《鄉士》下云："辯其獄訟異，其死刑之罪而要之。"鄭注："辯異謂殊其文書也；要之，爲其罪法之要辭，如今劾矣。"《疏》："劾，實也，謂棄虛從實、收取要辭爲定。"是"要"實猶判決；"要囚"，則判決囚犯也。

⑤"服"，即《毛詩·關雎》"寤寐思服"的"服"。《莊子·田子方》："吾服女也甚忘，女服吾也亦甚忘。"郭象注："服，思存之謂也。"是"服"也者，思而存於心不敢忘也。"念"，《說文》："常思也。"是念與服同義；"服念"，猶念念不忘矣。"旬"，十日。"時"，《說文》："四時也。"段注："春、夏、秋、冬之稱。"是"時"即今所謂季度。《周禮·秋官》："鄉士……辯其獄訟，異其死刑之罪而要之，旬而職聽於朝……遂士……二旬而職聽於朝，縣士……三旬而職聽於朝……方士……三月而職聽於朝。"朝即外朝。《周禮·鄉士》疏："容其自反覆，恐囚虛承其罪，十日不飜，即是其實，然後向於外朝，對象更詢，乃與之罪。"這都是"慎罰"的意思。

⑥“蔽”，《爾雅·廣言》：“斷也。”

[經文]

　　王曰：“汝陳時臬，事罰蔽殷彝①，用其義刑義殺②，勿庸以次汝封③。乃汝盡遜曰時叙④，惟曰未有遜事⑤。已⑥！汝惟小子⑦，未其有若汝封之心⑧。朕心朕德惟乃知⑨。”

[詮釋]

①“彝”，本義是宗廟中常用的祭器，日常生活相互間的約束，大概都識在這種祭器上。《左傳》中晉趙鞅鑄刑鼎，蓋其遺風。因此，“彝”字又引伸而有日常生活規律的意義。“事罰蔽殷彝”，意即外事的處罰，就用殷人日常生活來判斷。

②“義”的本字是誼；誼即宜。“義刑義殺”，謂其人之罪已宜於刑、宜於殺了。

③“庸”通“用”，足利本古原作“用”。“次”，《秦誓》中：“王次於河朔。”《僞傳》：“止也。”這裏的“次”，是“止”的引伸義。蓋“止”，本是就舍之意，故引伸爲“就”。《荀子》引此文作“勿庸以即”，故可以斷定這“次”只“就”義。“就”即遷就也。

④“乃”，若也。“遜”，《説文》：“遁也。”按“遁”與“循”同从“盾”得聲，段玉裁以爲古音同“循”；王筠以爲古“遁”同“循”。“循”，《説文》釋爲“行順也”。然則“遜”在這裏訓“循”，訓“順”。“曰”，《釋詁》：“於也。”“乃汝盡遜曰時叙”者，謂若是你儘量按着我所指示的這一原則辦事。

⑤“惟”，但也。“曰”，以爲也，詳見《大誥》詮釋。“遜

事"，即按端緒之事。"惟曰未有遜事"者，意即但還要以
爲沒有順着這一端緒。梓案：《荀子·致仕篇》引此文作
"義刑義殺，勿庸以即汝，惟曰未有順事"；《宥坐篇》引
此亦作"義刑義殺，勿庸以即汝，予惟曰未有順事"。兩
文所引，除多一"予"外，完全相同。持以與此篇經文相
較，則除於"即"字下少"汝封"二字外，又於此語下奪去
"乃汝盡遜曰時叙"一語。其實，《荀子》引此文與經文並
未有異——"即"即"次"，所奪去之一語，則不過加強下
一句之語氣耳。至此章文字之意義，則《荀子》中卻已點
出了，即所謂"言先教也"。本此意以解此章文字，其意
是："你得事先宣佈聽斷的標準，凡事要憑着殷人的日常
生活規律去處理，用它那義刑義殺的規定，該刑的才刑，
該殺的才殺，不可遷就你封的心意。若是你已儘量順着我
所指示你的那個原則辦事，但是心理上總還以爲沒有順着
那個原則。"這就是《荀子》所謂"言先教也"，蓋謂儘管順
着我指示的原則去辦，也還得懷着一顆不可不教而誅
的心。

⑥ "已"，《經傳釋詞》："歎詞也。"《漢書·翟義傳》作"熙"，
　今語作"嘻"，凡皆取其聲也。

⑦ "惟"，雖也。

⑧ "其"，之也。

⑨ "德"，認識也。"乃"，汝也。此言你雖是個小孩子，但
　現在還沒有一個人能像你這樣以我之用心爲心，我對此等
　事的認識，只有你才知道。此心即上文的"乃汝盡遜曰時
　叙，惟曰未有遜事"之用心也。

［經文］

凡民自得罪^①，寇攘姦宄^②，殺越人于貨^③，暋不畏死^④，罔弗憝^⑤。王曰：封，元惡大憝。

［詮釋］

① "自得罪"，吳汝綸曰："《荀子》以得罪爲服罪，得猶服也。言朕心朕德，重先教民，汝知教民，如此，則凡民自服罪矣。今以此句爲章首，非也。"梓案：吳氏以此句乃承上文"朕心朕德"爲言；段玉裁《古文尚書撰異》亦如是斷章。我則以爲江聲氏以"不待教而誅"釋"自得罪"爲長。蓋以上所言，完全"慎罰"之意，以"先教"爲"慎罰"，是真慎罰。自此語起，則言及亦有可不待教而誅之罪人，故謂之"自得罪"。下文謂"寇攘姦宄"、"元惡大憝"等語，就是說明"自得罪"的實例，所以"凡民自得罪"一語，正所以起下文而爲之章首矣。

② "寇"，搶劫。"攘"，盜竊或掠奪。"姦宄"，《國語·魯語》莒太子僕殺紀公章，記里革之言曰："竊寶爲軌，用軌之財者爲姦。""軌"通"宄"。

③ "越"，蹶也，即仆之也。"于"，《詩·豳風·七月》"一之日于貉"鄭箋："于貉，謂取狐狸皮也。""晝爾于茅"鄭箋："女當晝日往取茅歸。"故"于"有"取"義。

④ "暋"，《釋詁》："强也。"

⑤ "憝"，《説文》："怨也。"

梓案：此數語，在語序上似乎有些顛倒錯亂。通觀周誥各篇文字，這裏似乎應作："王曰：'封，元惡大憝，寇攘姦宄，殺越人于貨，暋不畏死，凡民罔弗憝，自得罪。'"這可參之孫《疏》而知之，其大意是："王說：'封，還有那首惡而招致大怨的人，那些對他人明搶暗偷、作姦犯科、殺人取貨、頑強不怕死的人，一般人對之是無不有怨恨的，自然可以加之以罪。'"這便是《孟子》所謂"不待教而誅者也"了。要是照現行本這樣的語序，"元惡大憝"四字不但不成話，還很易引誤會，誤會爲領起下文那不孝不友之罪的章首了。

[經文]

　　矧惟不孝不友①：子弗祗服厥父事②，大傷厥考心；于父不能字厥子③，乃疾厥子④；於弟弗念天顯⑤，乃弗克恭厥兄⑥；兄亦不念鞠子哀⑦，大不友于弟。惟弔茲不於我政人得罪⑧，天惟與我民彝大泯亂⑨，曰乃其速由文王作罰⑩，刑茲無赦，不率大戞⑪。

[詮釋]

　　①"矧"，《經傳釋詞》："猶亦也。""猶又也。"惟王氏引此文爲"亦"義的例證，似未安。我以爲此可以證"又"義，因這裏是另起一意的發端詞，不與上文的"元惡大憝"相干。"惟"，猶有也，亦見《經傳釋詞》。"矧惟"即又有，或還有也。孫《疏》以"王曰封元惡大憝"語與"矧惟"以下文連成一章，似非。因這裏的"矧惟"是另起一意的發語詞，下文也還有"矧維外庶子訓人"一段，用這一詞來引起，再下文還有用"亦"字引起一章，似都應認爲另引一意，所以我這裏把"不率大戞"之語也連入本章，而不作下一章的首句。這裏一連三章，我都認爲用"矧"或"亦"來引起的。

　　②"祗"，《釋詁》："敬也。""服"，《說文》："治也。"意即今語服務。"厥"，其也。

③ "于"，《經傳釋詞》："猶爲也。""字"，愛也。

④ "疾"，憎惡也。

⑤ "顯"，孫《疏》引《釋詁》文"代也"訓這裏的"顯"。"天顯"，即天然有代父之道。

⑥ "恭"，《釋詁》："敬也。"兄友弟恭，歷來都用以形容兄弟間相處的準則。

⑦ "鞠"，《詩·小雅·蓼莪》："母兮鞠我。"鄭箋："鞠，養也。""哀"同上詩："哀哀父母，生我劬勞。""鞠子哀"，就是爲人子者，對於父母生育子女應具有同情。

⑧ "惟"，有也。"弔"，"迚"本字。"迚"，《説文》："至也。""惟弔兹"即"有至此"。"政"通"正"。"正"，《釋詁》："長也。""政人"，即所以正人，有糾正他人之權責者，即必爲一部分之長官，與下文訓人之外庶子，所謂正人者同。"得罪"，服罪也。

⑨ "惟"，以也。

⑩ "由"，用也。孫《疏》曾以"召"訓"速"、"尤"訓"由"，似矣。但與下"速由兹義率殺"語不可通。

⑪ "率"，《釋詁》："循也。""憂"，《釋言》："禮也。"實即常規也。

　　梓案：此章文字，惟"惟弔兹"以下較爲費解。兹本我所體會到的語意約述如下："有不孝不友至此者，不到我邦政人之官那裏去服罪，上天以其適足滅亂我民的彝倫，應該連用文王所作的罰則，殺之不赦，這是不必拘守常規的。"

[經文]

　　矧惟外庶子訓人①，惟厥正人②，越小臣諸節③，乃別播敷造④；民大譽⑤，弗念弗庸⑥，瘝厥君⑦。時乃引惡⑧，惟朕憝。已⑨，汝乃其速由茲義率殺⑩。

[詮釋]

①　"矧惟"，同上，還有也。"外庶子"，對"内小臣"言。"庶子"，《禮記·燕義》云："古者，周天子之官有庶子官。庶子官職諸侯、卿、大夫、士之庶子之卒，掌其戒令，與其教治，別其等，正其位……使之脩德學道，春合諸學，秋合諸射，以考其藝而進退之。""訓人"，舊皆訓"師長"，我覺得庶子之職，本在教諸侯、卿、大夫、士之庶子，實已師長矣，"訓人"而再釋爲師長，不重複了嗎？所以這裏的"訓人"，是非另有其人，只是説明庶子的職務。所謂"外庶子訓人"，只是説"庶子在外訓人"。

②　"惟厥正人"，"惟"，是也；"厥"，其人；"其"，將也。"惟厥正人"者，是將糾正他人之行也。

③　"小臣"，《周禮·夏官》太僕之屬官有小臣，其職"掌王之小命，詔相王之小法儀……"。是小臣乃爲王傳達不關重要的命令的人。命令雖小，但出之於王，必須有節以爲憑信，惟其小故稱諸節。"越小臣諸節"，蓋越逾小臣傳命之節，而別播造也。

④　"播"、"敷"義同音近，似必有一衍，或前人以"敷"訓"播"，而傳録者誤入正文歟？"造"，蔡《傳》訓爲"別布教條"，嫌無據；孫《疏》與劉《集解》皆以《漢書·王尊傳》晉灼注所謂歐陽《尚書》有造獄事當之，理或然歟？果爾，此處必有奪字。

⑤　"民大譽"，劉《集解》引莊云："'民'下疑脱'有'字。"是莊讀此爲"民有大譽"。其實"譽"亦可作動詞，《墨子·經上》："明美也。""民大譽"，謂民大稱美也。

⑥　"念"，《説文》："常思也。""庸"，用也。

⑦ “瘵”，《釋詁》：“病也。”

⑧ “時”，是也。“引”，《文選·粟賦》：“既遷既引。”薛綜
　注：“致也。”意即“招致”。

⑨ “已”，歎詞，同今語“嘻”。

⑩ “乃”，汝也。“其”，庶幾也。“由”，用也。

　　梓案：此段文字，從來解者極不一致，特參酌各說而釋
之如下。大意謂：“還有爲庶子官的在外教訓人，是將正人
之不正者的，乃不顧小臣所用以傳王命之節，另行散佈杜造
之法；人民有所稱美，又從不想到而不用，這是歸怨於君；
其人皆我所深惡。嘻！像這樣的人，你也儘可趕快按這原則
殺了他。”

[經文]

　　亦惟君惟長①，不能厥家人越厥小臣、外正②，惟威
惟虐③，大放王命④，乃非德用乂⑤。汝亦罔不克敬典⑥，
乃由裕民⑦；惟文王之敬忌⑧，乃裕民。曰我惟有及⑨，
則予一人以懌⑩。

[詮釋]

① “亦”，猶“刕”也。“惟”，有也。

② “不能”，不相能也。《易·屯卦》大象：“天造草昧，宜建
　侯而不寧。”《釋文》：“鄭讀‘而’曰‘能’，‘能’猶安也。”
　這裏的“能”，也有“安”義。《春秋左氏傳》文十六年：
　“不能其大夫至于君祖母以及國人。”同上昭元年：“伯曰
　闕伯，季曰實沈，居於曠林，不相能也。”“不能”、“不相
　能”即“不安”、“不相安”也。“厥”，其也。

③ “惟”，是也。“惟威惟虐”猶云“是威是虐”。

④ "放"，通"方"，即《堯典》"方命圮族"之"方"。《史記·五帝本紀》作"負命毁族"，《正義》："負音佩，違也。"是"負"即"背"，故此文"大放王命"猶言"大背王命"。

⑤ "德用"一語，屢見本篇及《梓材》，如本篇的"丕則敏德用"、《梓材》篇的"肆王惟德厎"。故"德用"一詞，似是當時成語，意即謂"用德治"。

⑥ "敬典"，"典"的本義爲典册，引伸爲可則可法的典型。"敬"，鄭重不苟也。"敬典"，意即"典型所在，鄭重而不苟也"。

⑦ "裕"，《廣雅·釋詁三》："實也。"

⑧ "惟"，《説文》："凡思也。""忌"，《禮記·中庸》："無所忌憚也。"《釋文》："畏也。"故"敬忌"猶言敬畏。敬畏，慎罰之至也。

⑨ "曰"，以爲也。"及"，小篆作"⿺辶又"，从又从人，《説文》："逮也。"段注："及前人也。"今語即"趕上前人"。

⑩ "懌"，《説文·新附》："悦也。"義謂心下釋然，猶今語"放心"或"開心"。"予一人以懌"，《荀子·君道篇》引作"惟文王敬忌，一人以懌"。江《音疏》徑認爲餘文由僞孔者所增。殊不知《荀子》之引此文，用意在"用賢"，此文講的是"慎罰"，江氏竟將經文改從《荀子》，似非。況且此文"予一人"正是武王自稱，去"予"字，則此一人又是指誰呢？

　　梓案：此章大意是："也有爲君爲長的人，與其家人及其小臣、外正不能相安，一味作威作虐，大大違背了王命，就不必用德治，而可用刑治。好在你對可法則的典型，是無有不鄭重其事的，這就可用以寬容人民；要想到文王所以祇祇威威，用意也只是在寬容人民。你只要能趕上前人，我就放心了。”

[經文]

　　王曰：“封，爽惟民迪吉康①。我時其惟殷先哲王德用康乂民作求②。矧今民罔迪不適③；不迪，則罔政在厥邦。”

[詮釋]

　　①“爽”，《方言》：“䦂、梗、爽，猛也。晉魏之間曰䦂，韓趙之間曰梗，齊晉曰爽。”“猛”本取聲“孟”。“孟”，《釋詁》：“勉也。”“惟”，《說文》：“凡思也。”“迪”，道也，亦導也。“吉康”，安樂也。

　　②“時”，《荀子·王制》：“故養長時，則六畜育；殺生時，則草木殖；政令時，則百姓一，賢良服。”楊注：“謂有常。”我們由《荀子》此文，體會到“時”，不僅是“有常”義，兼有“時時”、“以時”、“及時”等意義。在本文中，就有“時時”、“不時”之意在。“作求”，自《僞傳》以來，訓詁家皆泥於《詩·大雅·文王》“興德作求”這一語而釋“求”爲“終”、“成”、“等”、“匹”等義。其實在這裏儘不必拘泥。“作”本有“營”義，“作求”即“營求”。蓋此本承上文“別求”、“敷求”而言也。

　　③“適”，《說文》：“之也。……宋魯語。”“罔政在厥邦”，意即在其國中無政可言。

[經文]

　　王曰：“封，予惟不可不監①！告汝德之說于罰之行。今惟民不靜②，未戾厥心③，迪屢未同④。爽惟天其罰殛我⑤。我其不怨⑥，惟厥罪無在大，亦無在多，矧曰其尚顯聞於天⑦。"

[詮釋]

①"惟"，思也。"監"，監視或監察之意。又"察"，"在"也，也即"在茲東土"的"在"，也即"不廢在王庭"的"在"。"予惟不可不監"，正是"命康叔爲連屬之監"一事的注腳。

②"惟"，思也。"静"，通"靖"，安也。

③"戻"，《廣雅·釋詁四》："定也。"

④"迪"，導也。"屢"，《釋言》："亟也。"郭注："亦數也。"梓案：數應讀如朔，意即不止一次也。"同"，《易·同人·釋文》："和同也。"《國語·周語》"有神降於莘"章："其惠足以同其民人。"韋注："猶一也。"

⑤"爽"，猛也。"惟"，思也。"其"，將也。"殛"，《釋言》："誅也。""爽惟天其罰殛我"者，意即"猛想到上天將責誅我"。

⑥"其"，將也。

⑦"尚"，上也。

[經文]

王曰："嗚呼，封，敬哉①！無作怨，勿用非謀非彝蔽時忱②。丕則敏德用③，康乃心④，顧乃德⑤，遠乃猷⑥，裕乃以民寧⑦，不汝瑕殄⑧。"

[詮釋]

①"敬"，鄭重，不苟。

②"非謀"，不正確的考慮。"非彝"，不合常規的行事。

"蔽"通"敝"，敗也。"忱"通"諶"，信也。

③ "丕"，語詞，無義，故"丕則"即"則"也。"敏"，勉也。
見《禮記·中庸》："人道敏政，地道敏樹。"

④ 鄭《注》："康"通"漮"，虛也。

⑤ "顧"，《説文》："還視也。"引伸爲反省。

⑥ "猷"，《釋言》："圖也"。

⑦ "裕"，通"欲"。"以"，使也。

⑧ "瑕"同"遐"，遠也。"殄"，絶也。

[經文]

　王曰："嗚呼！肆汝小子封①。惟命不于常②，汝念
哉！無我殄享③，明乃服命④，高乃聽⑤，用康乂民。"

　王若曰："往哉！封。勿替敬典⑥，聽朕告，汝乃以
殷民世享⑦。"

[詮釋]

① "肆"，《釋詁》："故也。"

② "于"，是也。"常"，《老子》："是謂襲常。"《注》："不易
也。"不易，即不變易也。

③ "殄"，絶也。"享"，字本作"亯"，《説文》："獻也，从
高省曰，象進孰物形。"意即由下高舉孰物以獻。這裏專
指諸侯在天子祭宗廟時奉獻祭物以助祭的禮節，當與《洛
誥》參看。自蔡《傳》以來，都以"享國"訓"享"，未是。
《僞傳》於"殄"字讀斷，"享"字屬下讀，尤非。

④ "明"，通"孟"。"孟"，《釋詁》："勉也。""服命"，清儒
類以《周禮》的"七服"、"七命"爲訓，其實這裏所指只是
"所服的使命"而已。

⑤ "高"，《廣雅・釋詁一》："敬也。""高乃聽"，猶言鄭重所聞於文王。梓案：以上是常釋。不過我覺得讀若"高乃德用康乂民"，似與經義或更有合。因"聽"篆與"德"篆兩形極相似，稍有漶漫即易渾，而義亦相近，"德"得於心，"聽"則得於耳，故此語或當爲"高乃德用康乂民"，意即鄭重你的德用去治民，亦未可知。

⑥ "替"，《釋詁》："止也。"《釋言》："廢也。""敬典"見上。

⑦ "以"，使也。

康誥篇譯文

　　周武王大要是這樣説："諸侯之長，我年輕的封弟，你那顯赫一世的父親文王，因有明確的認識，又不隨便責罰人，連世上最無依靠的苦人，如鰥夫、寡婦之類，也不敢任意看輕，有能力可任用的就任用，有德望可敬禮的就敬禮，有罪過應責罰的就責罰。有這樣明確的認識，因而能在中夏整個區域和我西土一二邦中，創建了這偉大的事業，使我這西土舊邦，也發出新的光芒。因此，他的名聲上達天聽。上帝對他老人家很賞識，就降一個大使命給他，命他去滅那好戰的殷邦，並命他統治這個邦和人民。你父王既有這良好的開端，作爲你的認識不足的兄長我，當然不能不接着加把勁，來完成這使命，所以讓你這年輕的小兄弟，也擔負起了監察東土諸邦的責任。"

　　武王接着説："啊呵，封弟，你得想着，如今人民已經大受創傷了！你得認真追述你父王總結殷德盛衰的言論，去普遍求證殷邦那些賢明君主的行事，用來治理人民。你還要再求前代商邑中那些老成人的言論，用心體會他們的教訓，另外，求得殷代以前如唐、虞、夏諸邦中賢明君主的行事以爲經驗，用來治理人民，使他們很安樂。你要像上天那樣無所不照臨，按照你對上天的認識，使你自身也博大到無所不察，哪怕我已設有對殷邦舊王庭的監督，你也不可放鬆監察的責任。"

武王又説："啊呵，年輕的封弟，人民既受創傷，你就得把他們的苦痛看成自身的苦痛。你得鄭重看待這種情況！單靠上天給我邦的威命是不夠的。人民的情緒最現實，你要知道保育人民的工作是不容易做的。你盡心竭力去負起治民的責任來罷，不可貪圖安逸。這樣你才庶幾可以治民。我聽到古人説過：'民怨不在大，也不在小。我們對不順心的人要使之順心；對不努力的人要使之努力。'嘻！你雖年輕，你的任務是重大的。爲王的受了使命來保育殷邦人民，你得想着如何協助他，實現上天所給的使命，一新人民的精神面貌。"

武王又説："啊呵！封弟，你對責罰人的事，須執行得鄭重而明確。可能有人犯了小小的罪，不知自行檢點，終身怙惡不改，這是故犯。這樣的人所犯的罪過雖小，你不可不殺。倘有犯的罪行雖大些，可並非執迷不悟，還能自行檢點，這是偶犯，既已按罪處分了，你便不要殺他。"

武王接着又説："啊呵！有我上面指示你的那個原則，並運用到一切責罰的執行上去，就可明白無誤，人民庶可勉力來響應我們。這就好像有毛病的人，他們自己能盡行摒去一切殃咎；又好像撫養嬰孩，他們自己能康健而無病痛。不是你封弟自己斷人頭或處死人，不是另外的任何人來斷人頭或處死人；不是你封弟自己割人鼻、截人耳，不是另外的任何人來割人鼻、截人耳。"

武王説："關於這種在外聽斷獄訟的事，你得先把聽斷標準宣佈出去。這類事要沿着殷人的規定，而且要有一定的程序。"又説："你要判決一個囚犯，就得把這事放在心上，不妨經過五天、六天，乃至十天到整個一個季度審慎考慮，纔可對這囚犯予以判決。"

武王説：“你事先宣佈聽斷的標準後，凡事還得要按着殷人日常生活來處理，用它那義刑義殺的規定，該斷頭的才斷頭，該處死的才處死，不可遷就你封的心意。你儘管完全順着我所指示你的那個原則辦事了，但心上總還以爲没有順着那個原則。嘻！你雖還是小孩子，但現在還没有一個人能像你這樣以我之用心爲心，我對此等事的認識，也只有你才知道。”

大凡有人已犯了罪，便索性明搶暗偷、作姦犯科、殺人越貨、無所不爲，以致人人痛恨。王説：“封弟，這是大兇大惡了，不必説。還有一些人，對父母不孝順，對兄弟不友愛，例如兒子不好好爲父親服務，大大創傷了父親的心；也有爲人父者，不能愛養兒子，反而憎惡兒子；爲人弟的不顧天倫，不敬禮兄長；爲人兄的，不顧念父母養子的劬苦，不友愛他的弟弟。這樣的人，官長們往往不及察覺而未受處罰，但上天以爲適足滅亂我民的彝倫，於此，就要趕快用文王所定的罰則，加刑於他們，不可赦免。這是不必拘守常規的。還有那些做庶子官的人在外教訓人，這是想正人之不正者，不顧内小臣持節傳達的王命節，另行散佈他那一套杜造的教條，人民所稱美的，卻又從不想也不去做，這是要他的君上結怨於民，其人也爲我所深惡。嘻！像這樣的人，你也儘可趕快按這原則殺了他。此外也有些爲君爲長的人，因和他的家人婦子及小臣、外正不相安，便威虐是用，大大地違背了王命，對這些人，也就不必用德治了。好在你對可法則的典型是無有不鄭重遵守的，這也就可用以緩和人民；要想到文王所以祗祗威威，也無非用以寬容人民。你只要能趕上前人，我就放心了。”

武王説：“封弟，你要想到導民於安樂。我們應當借鑑殷邦那些賢明的先王，如何用明確的認識使民安樂。況且人民没有人開導在前，是不會前進的；不去開導，則邦中也就没有政治了。”

武王説：“封弟，我想各諸侯之邦不可不去監視，所以我將怎樣具有明確認識的道理和慎於刑罰的的道理告訴你。現在人民尚未安靖，民心也没有定下來，屢次予以開導，也未能和我們一心一德。想到此，我感覺上天可能要責罰我了。不過，我也不怨天。我想罪過不在大，也不在多，好在一切都會上達天聽的。”

武王説：“啊呵！封弟，不要馬虎！不要給我結怨，不要有不正確的考慮，不要有不合常規的行動，以免敗壞我們的信譽。因此，就得努力運用你那明確的認識，你要謙虚，要反省你的認識，你的打算要放長遠。只要你使人民得到安寧，那末，人民自不會遠遠地隔絶你。”

武王説：“啊呵，你這年輕的封弟，要知道天命不是長久不變的，你要想到這一點。不要使我邦斷絶了諸邦助祭的貢獻，努力執行你的使命，要牢記先王的遺訓，用以安治殷。”

武王最後説：“去罷！封弟，你能借鑑典型的好習慣不要丢掉，聽我告訴你的話，你才能使殷人世世代代來貢獻助祭的貢品。”

梓材篇詮譯

前　言

　　《史記·衛康叔世家》："爲《梓材》示君子可法則。"《正義》："若梓人爲材，君子觀爲法則也。"我覺得都不够明白，按之今傳《梓材》文，似乎也没有這種意義。宋金履祥《尚書表注》："《梓材》，伏生今文作周公教伯禽之書，孔安國古文作成王誥康叔之書。王介甫、吳才老、朱子、蔡氏皆疑之。吳才老斷自'王啟監'以下似《洛誥》文；蔡氏斷自'今王惟曰'以下爲人臣告君之辭。"金氏自己則將《康誥》篇首自"惟三月哉生魄……乃洪大誥治"四十八字，合之今傳《梓材》文，以爲《召誥》所謂"周公乃朝用書，命庶殷、侯、甸、男邦伯"語中周公用書命侯、甸、男邦伯之文，而以《多士》篇爲命庶殷之書。樣案：據《四庫全書提要》謂今傳伏生《大傳》揚州四卷本與《書錄解題》合，較爲可信。可見伏生之書，南宋時尚有傳本，陳振孫尚及見。查陳氏已是南宋理宗時人，與金履祥約略同時，金氏也應見到伏生書，所以逕説《梓材》在伏生今文，爲周公教伯禽之書。顧何以反而比較相信《僞孔》，認此篇爲周公以成王命誥人書，而不信伏生周公教伯禽之説，是什麽道理呢？清人孫星衍在已不見伏生書傳本之世，卻又引伏生今文説爲今《梓材》解題，其言曰："《大傳》云：'伯禽與康叔見周公，三見而三笞，康叔有駭色，謂伯禽曰："有商子者，賢人也，與子見之。"乃見商子而問焉。商子曰："南山之陽有木焉，名曰橋，二三子往觀之。"見橋實高高然而上，反以告商子。商子曰："橋者，父道也。南山之陰有木焉，名曰杅（與梓同），二三子復往觀焉。"見杅實晉晉然而循，反以告商子。商子曰："杅者，子道也。"二三子明日見周公，入門而趨，升堂而跪。周公迎拂其首，勞而食之曰："爾安見君子乎?"二子以實對。周公曰："君子哉! 商子也。"'"此事亦見《說苑·建本》篇、《論衡·譴告》篇。《大傳》所云，即史公說示康叔可法則者，與經義絕不同，或今古文異說，附存之。案孫引《大傳》文與後來陳壽祺所輯《大傳》文的兩則，都大同小異，陳輯的根據，一爲《世說新語》注，一爲《文選》注。其實這一傳說，固不僅見陳輯、孫引、《說苑》與《論衡》，也見於《太平御覽》引《周書》。其文曰："周公三撻伯禽。往見商子。商子曰：'南山有橋，父道也；北山有梓，子道也，盍往觀之?'而伯禽往視橋梓。明日朝，伯禽俯而趨，周公迎而撫之曰：'汝安見君子哉?'"此《周書》當是《逸周書》。於此可見此說在漢時流傳之普遍。今結合《史記》、《大傳》、《逸周書》與金履祥之言，這喬梓之說，倒似乎真是《梓材》原文，起碼也是原《梓材》文的經義。但按之今傳《梓材》篇，卻一點不相干，真如孫星衍所謂"與經義絕不同"。今古文雖有異說，應該只限於讀法、解釋上，不應該截然成了兩件事。我認爲《梓材》原文在孔安國古文《尚書》出現前早已亡佚，《僞孔》者雜取他文，以補其闕，而成今傳《梓材》篇文。金氏之信《僞孔》，大概只就今《梓材》文而尋出作僞根源的。

其實前乎《表注》而出世的蔡《傳》，其後案中原已揭發出此一公案了。其言曰："此篇文多不類。自'今王惟曰'以下，若人臣進戒之言辭。……反覆參考與周公、召公進戒之言，若出一口。意者，此篇得於簡編斷爛之中，文既不全，而進戒爛簡有'用明德’之語，編書者以與‘罔屬殺人’等意合；又武王之誥有曰‘王啓監’云者，而進戒之書亦有曰‘若茲監’云者，遂以爲文意相屬，編次其後。”蔡氏這一猜測，雖已揭出其作僞的痕跡，但遠不如金氏的明確而具體。那末金氏的猜測是否就對頭了呢？我看也未必然。金氏以爲今《梓材》文，《僞孔》者纂取之文，是《召誥》中所謂周公用書命侯、甸、男邦伯之文，與今庶殷的《多士》爲姊妹篇。要知道它是否對頭，還得考之於《召誥》。查《召誥》是召公先周公相宅於洛後所作的誥，而所謂“周公乃朝用書，命庶殷侯、甸、男邦伯”之語，乃敘述周公後召公至洛時所作的誥。作誥前是述“庶殷攻位於洛汭”，作誥後是“庶殷丕作”，可見周公作誥的對象，只是庶殷，而所以作誥，爲的是作洛，這不很明白嗎？我們看一看今《梓材》文，有一語涉及作洛的嗎？有一語像是對所謂庶殷講的話嗎？那末，和《召誥》的記載怎麽聯繫得起來呢？

　　以上所論述，我們似可肯定以下三件事：①《梓材》原文早已亡佚。②今《梓材》文是雜取他文湊成篇的。③蔡氏、金氏雖已見到，但他們都於現行《尚書》之外，尋求這些雜纂資料的來源，蔡氏甚而似乎還承認《梓材》原文有部分存在，以爲只有“今王惟曰”以下才是雜湊上去的，所以他們都認爲開頭那句“王曰封”的“封”字是衍文（清末的俞樾尚信此說）。其實，誠如蔡氏所說，這些資料是“得於簡編斷爛之中”，那就只能有脫字，而不可能有衍字了，所以蔡氏、金氏似乎都沒有猜對。那末，今《梓材》文的這些爛簡究竟從哪裏來的呢？我懷疑《僞孔》者作僞傳時，是取材於《康誥》篇的。何以見得呢？這也只消取今《康誥》、《梓材》兩篇文字對照着通讀一下便可見。《康誥》篇全篇主旨是“明德慎罰”，今傳《梓材》文的“今王既勤用明德”和“肆王惟德用，和懌先後迷民”，不正承《康誥》的“明德”而言嗎？“予罔屬殺人”，不正承《康誥》的“慎罰”而言的嗎？還有更具體的，《梓材》的“王啓監”、

"監罔攸辟"，不正承《康誥》的"在茲東土"和"予惟不可不監"而申言之嗎？《梓材》的"厥亂爲民"和"厥命曷以引養引恬"，不正承《康誥》的"民情大可見"和"惟民其康乂"等語而言之嗎？《梓材》的"至於敬寡，至於屬婦，合由以容"，不正承《康誥》的"不敢侮鰥寡"和"恫瘝乃身"等語而言嗎？《梓材》的"以厥庶民暨厥臣達大家，以厥臣達王，惟邦君"、"懷爲夾，庶邦享作"和"庶邦丕享"等語，不正承《康誥》的"無我殄享"、"汝乃以殷民世享"和"庶邦丕享"等語而言嗎？兩兩對照，不但用意一貫，連用詞用字也一氣貫通，這才真是"如出一口"了。我不但有這樣的看法，并且曾經將今《康誥》和今《梓材》兩篇文字仍編纂成一篇，試圖恢復原狀，覺得仍可通讀，成爲一篇武王命康叔爲連屬之監（見上《康誥》篇中"孟侯"一辭的詮文）的措辭。我在詮譯《梓材》文後，將試綴的全文和譯文附在後面。

[經文]

　　王曰："封，以厥庶民暨厥臣達大家①，以厥臣達王，惟邦君②。汝若恒③。

[詮釋]

　　①"以"，使也。"厥"，其也。"暨"，《一切經音義》引《字林》："及也。""臣"似有古奴隸的意味。"大家"，即《孟子》"爲政不難，不得罪於巨室"的巨室，大概就是世祿之家，亦即《史記》的世家。"大"、"世"古互訓。古諸侯謂之有國，卿大夫謂之有家。大家、世家，即世祿之卿大夫，如魯三桓、鄭七穆之類是。案："臣"字的通義，只是供人役使的人，所以《說文解字》："臣，牽也，事君也，象屈服之形。""臣"義既事君，必有其所事的對象

"君"。所以"君""臣"是對待的兩個字，"君"只是領導的上級，"臣"只是被領導的下級，不對待起來看，他們的身份是無從定奪的。這裏的上"厥臣"，是庶人之臣，所以有奴隸之義；下"厥臣"是邦君（即諸侯）之臣，所以是卿大夫。"達"，通也。謂通其情愫。

② "惟"，是也。"惟"舊注有作"與"字解，而用以並聯"王"與"邦君"，恐非。在這裏，以厥庶民暨厥臣達大家是一事，在厥臣（即大家）達王是又一事，兩事平列，做這兩事的是邦君。

③ "恒"，常也；"若"，順也。此句舊注往往屬下"越曰"讀，亦非。蓋謂邦君做這兩事是其常，猶云你得按其常道而監察之，故云"汝若恒"。

[經文]

越曰我有師師①，司徒、司馬、司空，尹旅曰②：予罔厲殺人③。亦厥君先敬勞④，肆徂厥敬勞⑤；肆往姦宄殺人歷、人宥⑥，肆亦見厥君事戕敗人宥⑦。

[詮釋]

① "曰"，莊存與云是衍文。蓋"越"、"粵"、"曰"古皆通用，或有以"曰"旁注"越"字下，故衍為正文。上"師"，長也；下"師"，衆也。"師師"，猶言長衆之人。下之司徒、司馬、司空，皆長衆者。

② "尹"，《説文解字》："治也，从又，握事者也。""旅"亦衆也。"尹旅"謂治衆。

③ "厲"，《逸周書》："殺戮無辜曰厲。"

④ "敬勞"是"敬而後勞其民"的縮語，謂必慎重其事，而後

勞役其民，猶言不任意勞役人民。

⑤ "肆"，《釋詁》："故也。""徂"，《釋詁》："往也。"案吳汝綸云："徂"、"祖"同，祖法也。此處"肆徂"極易與下文之"肆往"作同樣解釋，其實，"肆徂"下有一"厥"，"厥"，其也，故吳改釋爲"祖"。我意此"徂"字應有"行"義，《詩‧大雅‧桑柔》"云徂何往"鄭箋："徂，行也。國家爲政，行此輕蔑民之資用，是天不養我也，我從兵役無有止息時，今復云行，當何之往也。"此"行"字即有從而往之意，不能單純釋爲"云往何往"也。

⑥ "肆"，《釋詁》："今也。""肆往"，猶言自今以往。"姦宄"即不法，義同於厲。"人歷"即"人鬲"，解見《酒誥》"獻臣"詮文。"人宥"，古文"侑"皆作"宥"，其字原作"娊"，那末"人宥"即"人娊"。最近考古學家王懿榮後裔王福重將家藏刻辭甲骨捐獻國家，其二號卜骨刻辭有"其有羌十人"字樣，三號卜骨刻辭有"巫羌寧風"字樣。釋者陳邦懷初步鑒定認爲對研究商代社會制度有價值。其釋前者以爲"有羌"應讀"侑羌"；後者"巫羌"應讀"宥羌"，語例頗與"人宥"相類。"人宥"究竟是怎樣一種人呢？吳汝綸釋"宥"爲"娊"，更據《說文解字》釋爲"人偶"，以爲"人偶"即人類，似非。根據上引卜骨刻辭，似乎"人宥"與"人歷"同爲俘虜，"人歷"即在梏械(械手足的刑具)中，尚待鞠訊的俘虜；"人宥"，則已遭寬釋而使作樂侑食的俘虜，其實就是奴隸了。有時亦令其作樂侑神享，那就成了巫了。

⑦ 肆，《詩‧周頌‧昊天有成命》"肆其清之"毛傳："固也。""事"，《史記‧靳歙傳》"坐事國人過律"《索隱》引劉氏云："役使也。""戕"，殘也。"敗"，毀也。

[經文]

　　王啓監厥亂爲民①，曰無胥戕②，無胥虐，至於敬寡③，至於屬婦④，合由以容⑤。王其效⑥，邦君越御事，厥命曷以引養引恬⑦。自古王若兹，監罔攸辟⑧。

[詮釋]

①　“王”，此王非確有所指，只是泛指爲王之道。“啓”字本作“启”，《説文解字》：“開也。”案此：“启”與“肇”同義，實亦訓始開，因而故時“启”、“肇”同用。《詩·魯頌·閟》“大啓爾宇”的“啓”，與《酒誥》的“肇國在西土”的“肇”，即同義同用的一例。在此“始開”義即“始置”，實即和《周禮·大宰》“建其牧立其監”和《大司馬》“建牧立監”的“立”完全相同。“亂”，《釋詁》：“治也。”

②　“曰”，《經傳釋詞》：“猶爲也；謂之也。”

③　劉逢禄《尚書今古文集解》：“汪喜孫云：《吕刑》‘哀敬折獄’，《大傳》作‘哀矜折獄’，此‘敬’亦‘矜’字，‘矜寡’即‘鰥寡’；《堯典》‘有鰥’，《史記》作‘矜’；《詩·桃夭》序‘鰥民’，《疏》：‘或作矜。’古‘鰥’、‘矜’同音通用。”然則“敬寡”即“鰥寡”。

④　“屬婦”，《説文解字》女部“嬲”字下云：“婦人妊身也，从女芻聲。”《周書》曰：“至於嬲婦。”是屬婦古文作“嬲婦”，猶今語孕婦。

⑤　“合”，《易·乾卦》“保合大和”的“合”，意謂保育而會合之，猶言和洽，用以包容他們。

⑥　“王”，猶言凡爲王者。“其”，《經傳釋詞》：“猶之也。”“效”，責其效也。

⑦　“厥命”，其使命所在也。“曷”，何也。“以”，用也。

“引”，牽而至也。“養”，有所養也。“恬”，《説文解
字》：“安也。”

⑧“辟”，《説文解字》同“僻”，《廣韻》：“誤也。”

[經文]

惟曰若稽田①，既勤敷菑②，惟其陳修爲厥疆畎③；
若作室家，既勤垣墉，惟其塗墍茨④；若作梓材⑤，既勤
樸斲⑥，惟其塗丹雘⑦。

[詮釋]

①“稽”，舊注都訓“考”，訓“計”。看下文如“敷菑”、“陳
修爲厥疆畎”，都無考計義，且與“作室家”、“作梓材”義
不相稱。疑“稽”當作“穧”。《廣雅·釋地》：“種也。”《玉
篇》亦有此字，訓種麥，義亦同。《集韻》以爲字或從
“禾”，是其字亦作“穧”，與“稽”形極近，或者因之致
訛歟？

②“敷”，布也，指布種。“菑”，《説文解字》：“才耕田
也。”《釋地》：“田一歲曰菑。”

③“陳”，《詩·小雅·谷風之什·信南山》“維高甸之”，
《周禮·稍人》注引“維禹敶之”，“敶”是“陳”的或字，是
“陳”即“甸”，亦即“畇”，即治田。“修”有整理義。
“疆”，田界。“畎”是“く”的篆文，古文从“田川”。《説
文解字》“六畎爲一畮”，蓋即田中畦旁小水流也。

④“塗”，古作“斁”，亦作“厵”。“墍”，《説文解字》：“仰
塗也。”“涂”即“塗”。“茨”，《説文解字》：“以茅葦蓋
屋也。”

⑤“梓材”，梓，木工，乃治木材以成器用的人，故梓材也

即治木材。

⑥ "樸"同"朴"，《說文解字》："木皮也。""斲"，削也。

⑦ "丹"，《說文解字》："巴越之赤石也。""臒"，《說文解字》："善丹也。"段注："按《南山經》曰：'羅山，其下多丹臒。''侖者之山，其下多青臒。'然則凡采色之善者皆稱臒。"蓋古時取石之有色者研於水以塗。此處"丹臒"，用今語譯之，可説是紅漆了。

　　梓案：這是三個譬喻，但每個都有層次：種田，先敷菑而後爲疆畎；作室，先築垣墉而後塗白堊，蓋屋頂；梓材，先削去木皮而後塗丹臒。

[經文]

　　今王惟曰①：先王既勤用明德②，懷爲夾③，庶邦享作④，兄弟方來⑤；亦既用明德，后式典集⑥，庶邦丕享。

[詮釋]

① "惟曰"，只有説。

② "勤"，勞也，苦也，意即辛勤。

③ "懷"本"褱"字，藏物衣下，故《說文解字》曰："俠也。"蓋藏物衣下，與持人於腋下同，故通"夾"。"夾"，《說文解字》："持也，从大，俠二人。"故"褱""夾"實相通。"夾"亦訓"輔"，是引伸義，腋下俠有兩人，當然可以自輔。

④ "作"通"胙"。"享"，獻也。"享作"，獻胙也。

⑤ "方"，《說文解字》："併船也。"一説"方""邦"古通。

⑥ 這一句話，本來費解得很，自古及今，解者紛紛，我覺得愈解愈糊塗，似只有今人于省吾最得其解，我這裏就用他

的解釋。他說：“‘后’乃‘司’之反文。《堯典》：‘汝后稷’即‘汝司稷’。《爾雅·釋言》：‘式，用也。’《釋詁》：‘典，常也。’《詩·小雅·小旻》‘是用不集’《傳》：‘集，就也。’‘后式典集’承上‘亦既用明德’，言‘司用常就’也。‘司’，語辭，《毛公鼎》‘司余小子弗及’，司亦語詞。‘是用不集’與‘司式典集’意有倒正，而文例一也。”

[經文]

皇天既付中國民越厥疆土於先王，肆王惟德用①，和懌先後迷民②，用懌先王受命③。已，若茲監④，惟曰欲至於萬年，惟王子子孫孫永保民。”

[詮釋]

① “肆”，《釋詁》：“今也。”“德用”，即上文之“用明德”。

② “懌”，《釋詁》：“服也。”“迷”，《釋言》：“惑也。”“迷民”，猶言迷入歧途的人民。

③ “懌”，當作“斁”，《說文解字》：“解也，厭也，一曰終也。”此當作“終”解。

④ “若茲監”，舊解皆釋“若茲”爲“如此”，似未合誥辭語氣；“若”當訓“順”，這也是《尚書》的習慣用法。“若茲監”，猶言順着這道理去監視。

梓材篇譯文

武王説：“封弟，使庶民及其臣能通其情愫於卿大夫，使卿大夫能通其情愫於王，這是邦君的事。這原是常情，你得順着這常情監察他們。

講到我們自己，也有的是各種各樣的長官，如司徒、司馬、司空之類，他們管理眾人時，是這樣說的：我們是不會無故殺人的。所以如此，是由於我們的上級率先不隨意勞役人民，所以我們跟着這樣做。自今以往，有不法分子殺害在鞠訊中的俘虜和已得到赦免的俘虜，也無非由於他們效法其上級過分役使，而殘毀得到赦免的俘虜的緣故。

凡爲王的所以要立監，其意無非欲化民。監的責任在監視諸邦不得互相殘殺、互相淩虐；甚至於對鰥夫寡婦乃至孕婦等無告之人，也都得和洽他們，視他們如同一家人。所以爲王的對邦君及其辦事的人，要責成他們想法引導人民，使人民有所養、有所安。從古以來，爲王的無不如此。我把監察庶邦的責任交給你，你不可有所違誤。

有如種田，既已勤勞地播了種子，到新墾闢的土田中去，總得加把力整理田畝，劃定田界，開好溝甽；又如造房子，既已花了勞動力築好高高低低的牆壁在前，總得想着塗上白堊，屋頂上還得蓋上茅草；又如做木工，既已花了勞動力斲削了樹皮在前，總得想着塗上一層紅的顏色。

所以，我這爲王的也只有説，我們的先王，既已很辛勤地運用他對治國之道的明確認識，把那些可月來夾輔自己的勢力都拉到懷抱中來，許多邦國都已獻上助祭的胙肉，連他們的兄弟之邦也聯翩而至了。於此可見，我邦能運用明確的認識，才有這樣的成就，而使眾邦都來助祭。

上天既把中國人民及其疆土交付給我們的先王，如今爲王的也只有加上一把力，運用明確的認識去和洽先後迷入歧途的人民，使他們心悦誠服，以此來完成先王所接受下來的使命。

嘻！你要照着這樣的認識去視察邦君們！我沒有別的意思，但願能使他們在一萬年以後，還能爲爲王的長此保育着人民。”

附：康誥、梓材合編

合編經文

王若曰："孟侯，朕其弟，小子封。惟乃丕顯考文王，克明德慎罰，不敢侮鰥寡，庸庸祇祇威威顯民，用肇造我區夏，越我一二邦，以修我西土。惟時怙，冒聞於上帝。帝休，天乃大命文王殪戎殷，誕受厥命，越厥邦厥民。惟時叙，乃寡兄勖，肆汝小子封在兹東土。"（《康誥》）

王曰："封，予惟不可不監！告汝德之説于罰之行。（《康誥》）

王啓監厥亂爲民，曰無胥戕，無胥虐，至於敬寡，至於屬婦，合由以容。王其效，邦君越御事，厥命曷以引養引恬。自古王若兹，監罔攸辟。（《梓材》）

今惟民不静，未戾厥心，迪屢未同。矧今民罔迪不適，不迪，則罔政在厥邦。"（《康誥》）

王曰："封，爽惟民迪吉康。我時其惟殷先哲王德用康乂民作求。"（《康誥》）

王曰："嗚呼，封，汝念哉！今民將在！祇遹乃文考紹聞衣德言。往敷求於殷先哲王，用保乂民。汝丕遠惟商耇成人宅心知訓，別求聞由古先哲王用康保民。弘於天若德裕乃身不廢在王命。"（《康誥》）

王曰："嗚呼，小子封，恫瘝乃身，敬哉！天畏棐忱，民情大可見，小人難保！往盡乃心，無康好逸豫，乃其乂民。我聞曰：'怨不在大，亦不在小，惠不惠，懋不懋。'（《康誥》）已！汝惟小子，未其有若汝封之心。朕心朕德惟乃知。"（《康誥》）

王曰："嗚呼，封，敬哉！無作怨，勿用非謀非彝蔽時忱。丕則敏德用，康乃心，顧乃德，遠乃猷，裕乃以民寧，不汝瑕殄。"（《康誥》）

王曰："嗚呼，封，敬明乃罰！人有小罪，非眚，乃惟終，自作不典，式爾，有厥罪小，乃不可不殺。乃有大罪，非終，乃惟眚災，適爾既道極厥辜，時乃不可殺。"（《康誥》）

王曰："外事，汝陳時臬，司師茲殷罰有倫。惟厥罪無在大，亦無在多。"又曰："要囚，服念五六日至於旬時，丕蔽要囚。"（《康誥》）

凡民自得罪，寇攘姦宄，殺越人于貨，暋不畏死，罔弗憝。王曰：封，無惡大憝。矧惟不孝不友：子弗祗服厥父事，大傷厥考心；于父不能字厥子，乃疾厥子；於弟弗念天顯，弗克恭厥兄；兄亦不念鞠子哀，大不友于弟。惟弔茲不於我政人得罪，天惟與我民彝大泯亂，曰乃其速由文王作罰，刑茲無赦，不率大戛。（《康誥》）

矧惟外庶子訓人，惟厥正人，越小臣諸節，乃別播敷造；民大譽，弗念弗庸，瘝厥君。時乃引惡，惟朕憝。已，汝乃其速由茲義率殺。非汝封刑人殺人，無或刑人殺人；非汝封又曰劓刵人，無或劓刵人。"（《康誥》）

王曰："封，以厥庶民暨厥臣達大家，以厥臣達王，惟邦君。汝若恒。越曰我有師師，司徒、司馬、司空，尹旅曰：予罔厲殺人。亦厥君先敬勞，肆徂厥敬勞；肆往姦宄殺人歷、人宥，肆亦見厥君事戕敗人宥。（《梓材》）

亦惟君惟長，不能厥家人越厥小臣、外正，惟威惟虐，大放王命，乃非德用乂。"（《康誥》）

王曰："汝陳時臬，事罰蔽殷彝，用其義刑義殺，勿庸以次汝封。乃汝盡遜曰時叙，惟曰未有遜事。"（《康誥》）

王曰，“嗚呼！封。有敘時，乃大明服，惟民其勑懋和。若有疾，惟民其畢棄咎；若保赤子，惟民其康乂。(《康誥》)

汝亦罔不克敬典，乃由裕民；惟文王之敬忌，乃裕民。曰我惟有及，則予一人以懌。(《康誥》)

皇天既付中國民越厥疆土於先王，肆王惟德用，和懌先後迷民，用懌先王受命。(《梓材》)

爽惟天其罰殛我。我其不怨，䚷曰其尚顯聞於天。”(《康誥》)

今王惟曰：先王既勤用明德，懷爲夾，庶邦享作，兄弟方來；亦既用明德，后式典集，庶邦丕享。(《梓材》)

惟曰若稽田，既勤敷菑，惟其陳修爲厥疆畎；若作室家，既勤垣墉，惟其塗墍茨；若作梓材，既勤樸斲，惟其塗丹雘。(《梓材》)

王曰：“嗚呼！肆汝小子封。惟命不于常，汝念哉！無我殄享，明乃服命，高乃聽，用康乂民。(《康誥》)

已！汝惟小子，乃服惟弘。王應保殷民，亦惟助王宅天命，作新民。(《康誥》)

已！若茲監，惟曰欲至於萬年，惟王子子孫孫永保民。”(《梓材》)

王若曰：“往哉！封。勿替敬典，聽朕告，汝乃以殷民世享。”(《康誥》)

合編譯文

武王這樣説：“諸侯之長，我年輕的封弟。你那顯赫一世的父親文王，因有明確的認識，又不輕易責罰人，連世上最無依靠的苦人，如鰥夫、寡婦之類，也不敢隨意看輕，有能力可用的就任用，有德望可敬的就致敬，有罪應責罰的就責罰，有這樣明確的認識，因而能在中夏區域和我西土一二邦中創建大業，使我這西土焦邦也發出新的光芒。因此他的名聲上達天聽，上帝大爲讚賞，就降下很大的使命給他，命他去滅那好戰的殷邦，並命他統治殷邦的土地和人民。你父王既有這良好的開端，作爲你這認識不够的兄長我，就不能不努力完成這使命，所以讓你这年輕的小兄弟，也擔負起了監視東土地方的責任。”

武王又説，“封弟，我想這東土地方，不可不有人監視。所以我將怎樣具有明確認識的道理和怎樣謹慎執行刑罰的道理告訴你。

爲王的所以要設置監視人，作用原在於化民成俗。就是説，要叫東土人民不得互相殘殺，不得互相凌虐；即使是鰥夫、寡婦乃至要臨盆的孕婦，都得讓他們相處得很和好，如同一家人。所以爲王的對於諸邦首長及邦中辦事人員，要責成他們，命他們想辦法，使每個人都能有所養、有所安。從古以來，爲王的都是這樣。我把監察的責任交給你，你不可有所違誤。

你要知道，如今人民還没有安居樂業，因而他們的心也没能安定下來，所以屢次開導他們，也還没有得到嚮應。要知道，如今的人民，只要有人領導，没有不跟着走的。不去領導他們，在各邦中也就没有政治可言了。”

武王又説：“封弟，你總得想法把人民領導到安樂的境地上去。我一直在想着殷邦從前那些明君，如何用明確的認識去營求人民的治安。”

武王又説：“啊呵！封弟，現在人民已經病困了呀！你得惦記着他們。你還得緊記住你父文王總結的殷德盛衰的言論，用它去普遍求證於殷先哲王的行事，借鑑以保安人民。你還得再求前代商邑中老成人的言論，用心揣度而吸取其教訓，並普遍求證於從他們那裏聽到的古代先哲王如堯、舜、禹的行事，借鑑來使人

民安樂。總之，你要像上天那樣無所不覆，也無所不照，哪怕我
另設有監視殷王庭的人員，你也不可廢棄你那監視的責任。"

　　武王又說："啊呵！年輕的封弟，你要把人民的病困看得如
同自身的病困一樣，你得正視這一點！單憑上天給我邦的成命是
不够的。最現實的是人民的情況。要知道保育人民，使他們安
樂，不是一件容易做的工作。去罷，盡心竭力負起你的責任吧。
不可貪圖安逸，纔可以治民。我聽人說過，民怨不在大小，只須
使不順心的人順心，使不肯努力的人努力。嘻！你雖年輕，但現
在還没有一個人能像你這樣以我之用心爲心，我對事理的認識，
也只有你知道得最清楚。"

　　武王又說："啊呵！封弟，你得認真聽着！不可結怨於人民，
不可有不正確的考慮和不正常的行動，以免破壞我們的信譽。因
此，就得努力運用你那明確的認識，虛心接受一切，時時省察你
自己的認識，作長遠的打算。只要你能使人民安定下來，人民自
不會和你遠遠地隔絕。"

　　武王又說："啊呵！封弟，你對責罰人的事，須執行得嚴肅
而明確。可能有人犯了小小的罪過，但不知自行檢點，終身怙惡
不改，這是故犯。這種人犯的罪過雖小，却不可不殺。倘有犯的
罪雖大，但非執迷不悟，還能自行省察，這只能算是偶犯，既已
按罪處分了，便不要殺他。"

　　武王又說："關於這類在外聽斷獄訟的事，你要把聽斷的標
準預先宣佈出去。這類事最好要沿用殷人的規定，並要按照一定
的程序辦事。不論人家犯的罪有多大，你要判決一個罪囚，總得
把這事放在心上，不妨考慮上五天、六天甚至十天或整個季度，
纔可對這罪囚予以判決。

　　大凡有人已犯了罪，便索性明搶暗偷、作姦犯科、殺人越
貨、無所不爲，以致人人痛恨。王說：封弟，這是大兇大惡了，

不必説。還有一些人，對父母不孝順，對兄弟不友愛，例如兒子不好好爲父親服務，大大創傷了父親的心；父親不撫養兒子，反而一味憎惡兒子；爲人弟的不顧天倫，不禮敬兄長；爲人兄的，不顧念父母鞠子的劬勞，不友愛弟弟。像這樣的人，官長們往往不及覺察而未受處罰，但天理人倫却被泯滅而汩亂了。於此，你得趕快執行文王所制訂的罰則，加刑於他們，不可赦免。這是不必拘守常規的。

還有那些庶子官在外教訓人，这是想正人之不正者，不顧内小臣持節傳達的指示，另外散佈自行杜撰的教條，人民所稱譽的，既不想也不去做，而把過失盡歸於君，這種人爲我所深惡。嘻！這樣的人，你也得本着這個原則，治他的罪而殺了他。不是封弟你自己刑人殺人，不是另外有人來刑人殺人，不是封弟你自己割人鼻、截人耳，不是另外有人來割人鼻、截人耳。"

武王又説："封弟，能使庶民及其臣的真實情形讓卿大夫等世禄之家瞭解，能使卿大夫等世禄之家的真實情況讓王瞭解，這是各邦邦君們的事。這原是常情，你得順着這常情監察他們。我們也有各種長官，如司徒、司馬、司空之類，他們管理衆人時是這樣説的：我們是不會無故殺人的。這是由於我們的上級率先不任意勞役人民，所以我們也跟着這樣做。自今以後，有不法分子殺死尚待鞫訊中的俘虜和已得到赦免的俘虜，不問可知，是由於他們效法其上級過分役使而殘毀已赦俘虜的緣故，如今也不乏爲邦君或爲長官的人，因和他的家人婦子及小臣、外正不相安，一味用威刑虐殺，這便大大違背了王命，你也不必採用德化的辦法對付他們。"

武王又説："當你宣佈了聽斷的標準後，凡事還得按着殷人的日常行事來處理，用它那義刑義殺的規定，該用刑的才用刑，該殺戮的才殺戮，不可遷就你封的心意。你儘管完全順着我所指示你的那個原則辦事了，但心上總以爲没有順着那個原則。"

武王又説："啊呵！有我上面所指示的原則，你引伸着用，那認識就會大大明確，人民自能努力響應我們。好像有急病的人，服此良藥，罪咎自可盡袪；好像保抱孩提，得此温暖，自可平安長大。

好在你也不會不嚴肅對待我上面的指示的，你就用以啓迪人民罷。要想到文王那一份明德慎罰的敬畏精神，原是用以啓迪人民的。你只要能趕上父王的行事，那我就放心了。

上天既把中國人民及其疆土交付給我先王，今王只有運用明確的認識去和洽先後迷入歧途的人民，使他們心悦誠服，用以完成先王所接受下來的使命。

想到此，我感覺上天或將要責罰我。不過，我也不會怨它，好在一切都會很明顯地上聞於天的。

現在，我這爲王的只有這樣説，我們先王既然已很辛勤地運用他那明確的認識，把那些可用來夾輔自己的力量都拉到懷抱中來了，許多邦國都已獻上助祭的胙肉，連他們的兄弟之邦也聯翩而至了。於此可見，只有我邦能運用明確的認識，才會有這樣的成就，而使衆邦都來助祭。

這有如種田，既已勤勞地播了種子，到新墾的田中去，就要整理田畝，劃定田界，開好溝畎；又如造房子，既花了勞力，砌好了高高低低的牆壁，就得把它粉白，并且架上屋頂；又如做木工，既花了勞力，斲削了木皮，就得塗上顔色。"

武王又説："啊呵！年輕的封弟，你得想到天命原是無常的，要時刻惦記着，不可中斷了衆邦對我們助祭的貢獻。努力執行你的使命，要牢記先王的遺訓，用以安治殷民。

嘻！你雖年輕，你的工作是重大的。爲王的受了使命來保育殷民，你得想法協助他，實現上天所給的使命，一新殷民的面貌和精神。

　　嘻！你要按着這樣的使命去視察邦君們。我沒有別的意思，但願能使他們世世代代傳至一萬年，還能爲我保育着人民。"

　　武王最後說："去罷！封弟，能借鑑典型的好習慣不要丢掉，要經常記取我的話，你才能使殷土諸邦人民世世代代來助祭。"

君奭篇詮譯

前　　言

《書序》："召公爲保，周公爲師，相成王爲左右。召公不說，周公作《君奭》。"

《史記·燕召公世家》："其在成王時，召公爲三公，自陝以西，召公主之；自陝以東，周公主之。成王既幼，周公攝政，當國踐阼，召公疑之，作《君奭》。"東漢馬融解釋此事，以爲是"召公以周公既攝政致太平，功配文武，不宜復列在臣位，故不說"[①]。鄭玄注《書序》也沿用師說："周公既攝王政，不宜復列於臣職，故不說。"[②]由馬、鄭兩大師對此事的解釋看，按之《書序》和《史記》的敘述，此事只當周、召二公夾輔成王時。召公覺得周公既以武王母弟的地位，因成王年幼攝行王政了，便大可仿殷人兄終弟及的成例，正式嗣王位，爲什麼還要和自己等同而列於臣位呢？這是漢人的解釋，不很明白嗎？只因唐以後人對"不說"二字的理會不同，以致生出許多紛歧的解釋來。首先引人入歧途的是唐初孔穎達等所撰的《正義》。它說："召公以周公嘗攝王之政，今復在臣位，其意不說。周公陳己意以告召公，史敘其事，作《君奭》之篇也。案經，周公之言皆說己留在王朝之意，則召公不說周公之留也。故鄭、王皆云周公既攝王政，不宜復列於臣職，故不說。"驟看，好像是根據馬、鄭之說而稍稍加以闡發的，但一則已改"不説"爲"其意不説"，再則又改"不宜復列臣職"爲"不説周公之留也"，這就不是闡發，而是曲解了。因爲"説"的本義，按之《説文解字》是"説，釋也"；而"釋"義爲"解也"，故"不説"只是"不解"，別無他義。司馬遷譯爲"疑之"，本極正確，經一改爲"其意不説"，豈不成了"其意不解"了嗎？這話怎麼講呢？"意"者，照《説文解字》的解釋，是"志也，從心，察言而知意也"，可見，"意"已是有定形的心理現象，不能再作不解或疑之講，他們所用的不是"説"的本義，而是"説"的引伸義，猶言"不樂意"，或"不滿"了。正因此，所以下文才有"不説周公之留也"的斷語，似乎竟想排除周公獨攬大權了。由這一曲解，所以李賢注《後漢書·申屠剛傳》"近則召公不説"語，便作進一步的曲解，解作"言周公既還政成王，宜其自退，今復爲相，故不悦也"。這已是唐人的説法了。到了宋代，朱熹答復門人包揚問召公不説之意，更以意爲之説道："召公不悦，只是小序恁地説，裏面却無此意。這只是召公要去後，周公留他。"却又更進一步曲解《書序》了。朱熹弟子蔡沈沿用此意，於所撰的《書集傳》篇首，更演其義道"召公自以爲盛滿難居，欲避權位，退老厥邑"云云，和孔《疏》適得其反。我們試拿朱、蔡的説法和馬、鄭的説法一對照，馬、鄭所説，本是召公不解周公在攝政後，何以還退臣職？朱、蔡竟説成召公要退休，周公作《君奭》一篇挽留他了。相去何可以道里計哉？同一"召公不説"四個字，而一經注疏家的解釋，竟會相距如此之遠，真可説是奇觀。原其所以轉輾訛傳，完全由於唐的孔、李等那"召公不説周公之留也"而來，但這一曲解，却也未嘗没有蛛絲馬迹可追索。這種奇觀，倒叫我聯想到《笑林廣記》中三個近視眼，瞎猜"土地堂"三字匾額的笑話了。其實，唐以後所以會這樣轉輾訛傳，還不僅僅誤在用"説"的引伸義，而尤在於去古較遠，殷人兄終弟及的成例，早已影響模糊，但憑一己主觀去解

釋之故。要知這時候，殷剛覆滅，周初得其主位，殷人那一成
例，不但召公知道，便是管、蔡等也未嘗不知道。不過召公只是
不解周公既攝政，何以還退居臣位；管、蔡等就認爲周公"將不
利於孺子"了。申屠剛的對策中，所以把"召公不説"和"四國流
言"對舉起來③，無非因他們對周公此舉有同一的看法而抱不同
的態度罷了。在周公，對這事的處理，却自有他的打算。他有見
於"殷自仲丁以來廢嫡而更立諸弟子，弟子或爭相代立"④，甚非
新爲其主之周所宜行，所以特仿太甲時的伊尹和武丁時的甘盤等
成例，於成王年幼時，暫以冢宰攝代王政，而不以武王母弟的資
格至嗣王位。這是召公所由不解，管、蔡所以流言的由來。我覺
得《書序》和《史記》的叙述，倘從馬、鄭的説法，不但使這篇《君
奭》爲什麼做可以得到比較正確的解釋，而且還可藉以解決這篇
文獻是什麼時候的産物這一問題。因爲照孔、李、朱、蔡四家的
説法，就只能肯定它是周公歸政成王之後的産物，書中就會有不
少的矛盾；必照馬、鄭的説法，定它爲成王嗣位初年的産物，才
能順理成章地通讀下去。

　　宋代有兩位歷史家，倒已從這篇文獻産生的年代上，解決了
這一問題，我覺得比那些尋行摘句的注疏家和架空設想的理學
家，究竟來得高明。這兩位歷史家，一是撰《皇王大紀》的胡宏，
一是撰《通鑑前編》的金履祥。胡宏説："周公不見和於成王，所
以敢居外者，恃召公爲保耳。不然，周公可離成王左右乎？故
《君奭》之作，在元年而不在亂臣之後也。"⑤胡宏之説，還有點想
當然耳。金履祥却從本篇文字來考定了，他説："按《君奭》之書，
子王子謂⑥當成王初年。今考書中言意，率已可見其事。辭之明
證有七：《書》之稱武王爲寧王者，惟《大誥》、《君奭》爲然。《大
誥》既初年之書，或其時既議謚未定，或尚存初謚，或兼稱二謚，
其後始定一謚爲武王耳，故其後諸書止稱武王，而《君奭》獨稱寧

王，是《君奭》與《大誥》均爲初年之書，其證一也；高宗之相，莫著於傅説，而此書獨舉甘盤，蓋初政之相也。成湯之伊尹，佐湯取天下，而太甲初年政出伊尹。若伊陟、臣扈、巫咸、巫賢、甘盤諸賢，皆以世德摠聽嗣王之初政，遂保有商歷年之盛，蓋周公引以爲周、召之比，故言不及於傅説，其證二也；至曰'沖子'；曰'小子同未在位'；曰'亂明我新造邦'；曰'在遜（原文作讓）後人於丕時'；曰'亦罔不能厥初'，此皆初年之證，故今從胡氏，繫於元年之下。"⑦

梓案：本篇下文也曾稱武王，比與《大誥》之寧王，自指文王，詳見下詮釋。故金氏的第一證也不足據。但其餘六證，固皆已確鑿無疑。尤其是證二，正足以説明周公是時的本意，正沿着太甲時伊尹和武丁時甘盤的成例，成王是時因正在所謂"亮陰三年不言，百官總已以聽於冢宰"的時候。即此正是所以釋召公不解的疑團的。本此，我所以把這篇《君奭》提上來，列爲周公的第一誥。

[注釋]

① 見《史記·燕召公世家》"君奭不説周公"語《集解》引。

② 見《尚書·君奭》疏引。

③ 見《後漢書·申屠剛傳》。

④ 見《史記·殷本紀》。

⑤ 見金履祥《通鑑前編》卷七引。

⑥ 指金履祥師王柏。

⑦ 見《通鑑前編》卷上。

[書序]

召公爲保，周公爲師，相成王爲左右。召公不説，周公作《君奭》。

　　梓案：奭，召公名。《史記・燕召公世家》：“如公奭與
周同姓，姓姬氏。”《白虎通・王者不臣》篇：“召公，文王
子。”《詩・甘棠》疏引皇甫謐：“文王庶子。”《史記集解》引譙
周曰：“周之支族，食邑於召，謂之召公。”王充《論衡・氣
壽》篇：“邵公，周公之兄也，至康王之時，尚爲太保，出入
百有餘歲矣。”又：“傳稱老子二百餘歲，邵公百八十。”由以
上所有資料看，當然以司馬遷和王充的資料爲最早，譙周的
資料爲最晚。此外，還可加上《穀梁傳》的一個旁證：“燕，
周之分子也。”我們似可肯定召公奭爲周的一個宗室，以行輩
論是文王的從子；以年輩論，是周公之兄，總之，是周邦的
一個宗臣。據《史記索隱》，召公的封地召，是周王畿內的采
地，尚未成國，故武王滅紂，更封召公於北燕。長子受封於
燕，次子留周室代爲召公。這和周公封魯，而次子君陳代爲
周公同。周、召二公，終西周時，始終是夾輔周王的重臣，
周宣王初年，由周、召二公共和行政，即由此。

[經文]

　　周公若曰[1]：“君奭，弗弔[2]，天降喪于殷[3]，殷既
墜厥命[4]。我有周既受，我不敢知曰厥基永孚[5]，于
休[6]。若天棐忱[7]，我亦不敢知曰其終，出于不祥[8]。

[詮釋]

　　①“若曰”，猶今語“大要是說”，解詳《盤庚上》。
　　②“弔”係“叔”的形訛。“叔”通“淑”、“俶”，在此訓“善”。
　　　　“弗弔”，即不善，也即不祥，也即不幸。解詳《盤庚下》
　　　　“弔由靈各”語詮釋。

③ "喪"，亡。

④ "墜"，于省吾《尚書新證》："墜，金文作'述'。《盂鼎》：
'我聞殷述命。''述''墜'古同聲。'乃其墜命'之'墜'（見
本篇下文），《魏石經》古文正作'述'。《召誥》'今時既墜
厥命'，《酒誥》'今惟殷墜厥命'，語例同。"梓案："墜"，
《廣雅·釋詁》二："失也。""墜命"，失去天命。"天命"
指上天所賦予的使命。

⑤ "知"，見得真切。"曰"，《廣雅·釋詁》："言也。"
"厥"，其。"基"，始。"孚"，《說文解字》："𤓯，古文
孚，从禾。禾，古文保。"

⑥ "休"同"庥"，《釋言》與"庇"同釋"廕"，有福廕、福
庇義。

⑦ "棐"，孫詒讓以爲"匪"的或字。"忱"通"諶"，並引《詩》
"其命匪諶"爲證，是也。"若天棐忱"，猶言倘若天命無
常，不足信恃。下文"天難諶"，《漢書·王莽傳》引《君
奭》文作"天應棐諶"，也是一證。《僞傳》、蔡《傳》都釋
"棐忱"爲"輔忱"，非。

⑧ "終"與"基"爲對文。"祥"同"永"，解見《盤庚中》"崇降
弗祥"詮釋。

[經文]

嗚呼！君已曰時我①，我亦不敢寧于上帝命②，弗永
遠念天威③，越我民罔尤違④，惟人。

[詮釋]

① "時"，有。見《逸周書·皇門》"惟時及胥學於非夷"孔
晁解。

②“寧”，安，安享。

③“威”，《廣雅·釋言》：“德也。”《書·吕刑》：“德威
　惟畏。”

④“越”，於也。“尤”，同“訧”，怨尤。“違”，違背。

[經文]

　　在我嗣事子孫大弗克恭上下[①]，遏佚前人光[②]。在家
不知命不易[③]，天難諶[④]，乃亡墜命[⑤]，弗克經歷嗣前人
恭明德[⑥]。

[詮釋]

①“在”，《僞傳》釋作“惟衆人共存在”，是屬上讀作“惟人
　在”。蔡《傳》以後都於“人”絶句，“在”屬下讀，是也。
　通《君奭》篇，“在”字這樣用法有九處，蓋語例。“嗣事子
　孫”，《僞傳》作“後嗣子孫”，複，當照《漢書》引作“嗣事
　子孫”，於此蓋指成王。“大”，初也；《禮記·文王世子》
　“大昕鼓徵，所以警衆也”疏：《正義》曰：“經云：‘大
　昕’，昕，明也，恐是盛明之時，故云‘早昧爽’之前。凡
　物以初爲大，以末爲小。……”“恭”本作“共”，衛包改。
　“上下”承上，指天和民。

②“遏”，止。“佚”，忽視。“光”，榮寵。

③“在家不知”四字，《僞傳》釋爲周公自稱：其後，“嗣子孫
　若大不能恭承天地，絶失先王光大之道，我老在家則不得
　知”。是在家不知者，是嗣子不能恭承上下之事，故不得
　不留朝輔佐。蔡《傳》則釋爲：“今召公乃忘前日之言，翻
　然求去，使在我後嗣子孫，不能敬天敬民，驕慢肆侈，遏
　絶佚墜文武光顯，可謂在家而不和乎？”這兩種説法，在

家的人雖不同，而所不知者則同，是四字都屬上讀。吳汝
綸的《尚書讀本》則將此四字拆開，以"在家"屬上讀，以
"不知"屬下讀，所不知此是下文的"命之不易"。這三個
説法，照我的理解，《僞傳》的説法，確是唐人理論的根
源，因爲它首先肯定周公留在臣位，爲的是若退老在家，
他就不能知道嗣子的弗克恭上下，和馬、鄭的説法就不同
了，所以《正義》引伸爲"召公不説周公之留"的説法；李
賢又引伸爲"周公既還政成王，宜其自退"的説法。蔡
《傳》"召公欲避權位，退老厥邑"的説法，確是宋人對這
事的理解，也就是"召公要去，周公留他"的説法。這兩
説，我都不贊成。因爲照《僞傳》，非把"在家不知"四字
屬上讀不可，但這一來，下文"命不易"三字就不成句，
也就不成話，於是，就非於"命"字上加一"天"字不可。
可是加上後"天命不易"和底下那一句"天難諶"又有什麽
兩樣呢？不太重複了嗎？至於吳汝綸的解釋，我雖然相當
贊成，可是他把"在家不知"四字拆開，分屬上下讀，而
説成"絶失文武光烈於其家"，照常理説，文武的光烈，
既滅殷而繼殷爲其主，決不可能由嗣子絶失於其家，這句
話還是不可解。我認爲"在家"二字，還得拉下來屬下讀，
讀作"在家不知命不易，天難諶"，倒還可以説成"成王年
幼，只過着家庭生活，不知道這使命是不容易完成的，單
靠天的福廕也難靠得住"，和上下都可通讀了。

④ "諶"，一作"忱"，"天難諶"即上文的"若天棐忱"，也即
天命難以信恃。

⑤ "乃"，《經傳釋詞》："猶寧也。""寧"、"乃"雙聲。"亡"，
無。

⑥ "經歷"，經驗。"恭"，即共。"德"，朱熹《論語集注》：

“行道而有得於心也。”“明德”，意即明白的認識。

[經文]

在今予小子旦^①，非克有正^②，迪惟前人光施于我沖子^③。又曰天不可信^④，我道惟寧王德延^⑤，天不庸釋于文王受命^⑥。”

[詮釋]

① “在”，這和上文“在我嗣事子孫”，同爲本篇語例。《僞傳》等屬上讀，作“惟人在”，非。

② “正”，《管子·法法》：“正也者，所以正定萬物之命也；……故正者，所以止過而逮不及也。”“定萬物之命”，即天所賦予的使命。正定萬物之命，謂用恰到好處的政治，以完成天所賦予的使命，正對上文“不知命不易”和“乃亡墜命”而言。又曰：“過與不及也，皆非正也。”正定萬物之命，亦有不正而使之正的意義，即今語所謂糾正。

③ “迪”，迪、弟雙聲；“弟”，但也。“惟”，《經傳釋詞》：“是也。”“迪惟”即只是。“施”同“迆”，《廣韻》：“連接也。”實有延及義。“延及”即影響。

④ “又”，同“有”。“又曰”有“有如”的語氣。

⑤ “道”，《魏石經》作“迪”，是“道惟”和上文的“迪惟”爲同一語例。“寧王”，寧、文二字篆文形相似，極易混，“寧”當是“文”之形訛，故“寧王”即“文王”，證之下文“文王受命”，尤信。“延”，延長。

⑥ “不庸”，庸也。庸，用也。“釋”通“懌”。“不庸釋于文王受命”，與《梓材》中的“用懌先王受命”，實同一語例。“懌”通“繹”，《詩·頍弁》“庶幾説懌”，《釋文》本作

"繹"。《詩·板》"辭之懌矣",《説苑》引作"辭之繹矣",
是其證。"繹",《説文解字》:"抽絲也。"抽絲必引其緒,
"用繹"謂就端緒而引長絲身。在這裏,意謂文王已受的
使命引長下去。

[經文]

公曰:"君奭,我聞在昔成湯既受命,時則有若伊尹
格于皇天①。在太甲時,則有若保衡②;在太戊時,則有
若伊陟、臣扈格于上帝③,巫咸乂王家④。在祖乙時,則
有若巫賢;在武丁時,則有若甘盤⑤;率惟兹有陳⑥,保
乂有殷,故殷禮陟配天⑦,多歷年所⑧。

[詮釋]

① "格",感應或啓示,解詳《盤庚》下"弔由靈谷"語詮釋。

② "保衡",即伊尹。《古文尚書·伊訓序》:"成湯既没,太
甲元年,伊尹作《伊訓》,肆命徂后。"篇首:"惟元祀十有
二月乙丑,伊尹祠於先王,奉嗣王祇見厥祖,侯甸羣后咸
在,百官總己以聽冢宰。伊尹乃明言烈祖之成德以訓于
王。"又《太甲》上篇首"惟嗣王不惠於阿衡,伊尹作書曰"
云云。故云保衡即伊尹。俞樾《羣經平議》以爲"阿""保"
一也。梓案:保有保抱義;衡,平也;平,治也,故"保
衡"意即保抱而治,也即百官以聽於冢宰。這和當時周公
的地位最符合。

③ "伊陟",伊尹子。臣扈之名,惟見此篇和《書序》。《書
序》:"湯既勝夏,欲遷其社,不可,作《夏社》、《疑至》、
《臣扈》。"《僞傳》:"言夏社不可遷之義,《疑至》及《臣
扈》三篇皆亡。"《正義》:"疑至與臣扈相類,當是二臣名

也，蓋亦言其不可遷之意。"照《書序》、《僞傳》、《正義》
的説法，"疑至"與"臣扈"是書名還是臣名，都還未有定
論，而書又已亡無可考，《正義》也只説"當是二臣名，蓋
亦言其不可遷之意"，也還是疑似的口氣。此篇臣扈下
《正義》引此，便説："湯初有臣扈已爲大臣矣，不得至今
仍在，與伊尹之子同時立功，蓋二人名同，或兩字一誤
也。案《春秋》范武子光輔五君，或臣扈事湯而又事太戊
也。"雖也還是作疑似的語氣，但已斷定臣扈是臣名而非
書名。而且也未斷定湯時臣扈，與太戊時臣扈不一定是二
人同名。金履祥雖也疑爲二人同名，但同時也疑《書序》
之誤，當以經言爲主。自蔡《傳》肯定爲二人同名後，清
孫星衍的《尚書今古文注疏》、吳汝綸的《尚書讀本》遂本
此肯定其爲二人，惟江聲的《尚書集注音疏》則從《正義》
作疑似之辭。

　　梓案：以上各説仍以金履祥説爲可取信。臣扈之爲臣
名，此篇已可證實，其人似也可本此肯定其爲太戊時人。
《書序》所云，當是只知有《臣扈》書一篇，而未見其書，
所以未加詳考而誤入《夏社》之下。至上帝與皇天只是一
事，不足深解。

④"巫咸乂王家"一語最不可解。巫咸，王引之《經義述聞》
據《白虎通・姓名》篇"殷於臣民亦得以生日名子"之例，
以爲今文作巫戊，以"咸"非干支名也，是或然。但這尚
有不可解。所不可解者，乃上既有"則有若伊陟、臣扈格
于上帝"語，何以不將巫咸與陟、扈平列，而抽出巫咸獨
説他"乂王家"？似乎"格于上帝"的功績，不與巫咸相干。
正因此，《僞傳》便以爲咸"功不得至天"；蔡《傳》便以爲
"咸之爲治，功在王室，精微之蘊，猶有愧於二臣"。這

真是望文生義的解釋！其實，其人名咸也好，名戊也好，其子名巫賢，其世爲巫職，且因以爲氏，應可確信。巫之職爲何？不正是奉神祇的嗎？格天之功，而不與巫相干，這是什麼邏輯呢？《史記·殷本紀》：“帝太戊立，伊陟爲相，亳有祥桑穀共生於朝，一暮大拱。帝太戊懼，問伊陟。伊陟曰：‘臣聞妖不勝德。帝之政其有闕歟？帝其修德。’太戊從之，而祥桑枯死而去。伊陟贊訝巫咸，巫咸治王家有成。”案“贊”《僞傳》雖訓爲告，但“贊”的本義原有佐助之意，則弭此祥的人還是以咸爲主，否則祥已去，陟又何必告咸？照此説來，太戊格天之助，還是以巫咸爲主，至少也不能説與咸無干。巫上疑有脱字，據《史記》“巫咸治王家有成，作《咸艾》，作《太戊》”。

⑤ “甘盤”，《僞傳》：“高宗即位，甘盤佐之，後有傅説。”《正義》：“《説命》篇高宗云：‘台小子舊學於甘盤，既乃遁於荒野。’高宗未立之前，已有甘盤，免喪不言，乃求傅説，明其即位之初有甘盤佐之，甘盤卒後有傅説。……不言傅説者，周公意所不言，未知其故。”梓案：甘盤，當即甲骨文中常見的師般。周公所以不舉傅説，而獨舉甘盤，金履祥以爲：“甘盤初年之師保，傅説乃後進之賢相，此章當成王初年勉留公之辭，以歷舉世德託孤之相，是以及甘盤，而不及傅説耳。”這樣的説法，似矣而未盡。《古文尚書·説命》上篇首説：“王宅憂亮陰三祀，既免喪，其惟弗言。”《論語·憲問》也有“子張曰：‘高宗諒陰，三年不言，何謂也？’子曰：‘何必高宗，古之人皆然。君薨，百官總己以聽於冢宰三年’”。由孔子的話，我們可以理會到《伊訓》所謂“伊尹祀於先王……百官總己以聽於冢宰”云云，也是太甲在諒陰期中事。再推開去説，太戊

時的伊陟，祖乙時的巫賢，也都應曾在太戊、祖乙宅憂亮
陰時攝過王政的，武丁亮陰時攝政的就是甘盤了。可知自
伊尹到甘盤等六位賢臣，都因在新王即位初攝過王政，故
周公引以自比，告訴召公自己只是攝政，不是真的即王
位，藉以袪召公之疑，並不是以此留召公。不然，殷的賢
臣，他未舉出的成湯太甲時還有仲虺、咎單，太戊時還有
原，武丁時還有祖己，又豈僅傅説？

⑥ "陳"，《國語·齊語》韋注："示也。"《齊語》管仲曰："今
夫工羣萃而州處……相語以事，相亦以巧，相陳以功，少
而習焉，其心安焉，不見異物而遷焉。……今夫商羣萃而
州處……相語以利，相示以賴，相陳以知。……""陳"與
"示"在此是同義字，而有顯示、表示義，亦有貢獻義。

⑦ "禮"，祀禮。"陟"，《竹書紀年》凡帝王終都書"陟"。
"配天"，即祭天時同時也祭自己的祖宗，與之配合，例
如《孝經》所謂"周人宗祀文王於明堂以配上帝"。

⑧ "所"，次所，即歲次之所，指星次。歲星行一次謂之一
年，故年也叫做歲。"多歷年所"，言多經歷星次。

[經文]

　　天惟純佑命①，則商實②，百姓王人罔不秉德明
恤③，小臣屏侯甸④，矧咸奔走⑤，惟茲惟德稱⑥，用乂
厥辟⑦，故一人有事于四方，若卜筮罔不是孚⑧。"

[詮釋]

① "惟"，乃也。"純"，本義為絲不雜，《説文》："絲也。"
《漢書·梅福傳》："一色成體謂之純，白黑雜合謂之駁。"
由是引伸為壹、為專、為篤。"佑"即"右"，助也。

②“商”，合《君奭》全文，對殷邦，只稱殷或有殷，不應忽稱“商”，此字必有誤。案：“商”疑本作“賞”。商、賞，金文二字形極似，易混。《費誓》“我商賚汝”，不辭，應作“我賞賚汝”方合，蓋即誤“賞”爲“商”。此“商實”，即償其功實，即償殷賢臣之功實。

③“百姓”，百官。“王人”，王臣。江聲《尚書集注音疏》：“百姓，異姓之臣；王人，王之族人，同姓之臣也。”“秉”，執有，執持。“德”，認識。“明”，勉也。“恤”，憂，憂慮。

④“小臣”，江聲以爲臣之微者。梓案：甲骨文也常見有小臣這一官，朱芳圃《甲骨學商史編》以爲“有掌車馬者，有奉祭祀者”。《楚辭‧天問》有“成湯東巡，有莘爰極，何乞彼小臣而吉妃是得”語，王逸注：“小臣，謂伊尹也。”武丁時有小臣古、從、中等，祖甲時有小臣俫。是商時，實有此一官名，而非泛指臣之微者。“屏”，《僞傳》、孫《疏》皆釋爲藩屏，但《魏石經》“屏”作“𡵉”，實即“並”字，吳汝綸訓爲“及”，是也。

⑤“矧”，即《說文》之“𥄹”：“況詞也。”段注以爲“況”當作“兄”。“兄”，《桑柔傳》：“兄，滋也。”故“矧”即增益之詞。“咸”，《周禮‧春官‧簭人》疏：“咸，猶僉也，謂簭衆心歡不也者，謂國有營建之事，恐衆心不歡，故簭之也。”是“咸”、“僉”都有衆義。“奔走”，《詩‧大雅‧緜》“予曰有奔走”《箋》：“喻德宣譽曰奔走。”

⑥“惟”，上“惟”，以；下“惟”，有。“德稱”即稱其德，謂對伊尹等人有適當的認識。

⑦“乂”，相。“辟”，君。

⑧“罔”，無。“孚”，信。

［經文］

　　公曰："君奭，天壽平格①，保乂有殷，有殷嗣天滅威②。今汝永念，則有固命③，厥亂明我新造邦④。"

［詮釋］

①　"壽"，《説文》："久也。""平"同"抨"，使。"格"即上文"格于皇天"之"格"，猶言格天之賢臣。吴汝綸《尚書讀本》將下文之"保"屬上讀，作"格保"，引《召誥》"天迪格保"爲例，並以爲周人語例，如同篇上文之"子保"，《毛詩》稱神爲"神保"，《楚辭》稱巫爲"靈保"，是也。但下句"保乂有殷"在本篇即有語例，似此處當作格保，疑誤脱一"保"字。

②　"嗣"，金文亦作"銅"，《伯農鼎》"銅乃祖考侯於甄"，言"嗣乃祖考"也。因同取聲於"台"，故亦通"怡"通"怠"，怠即厭，亦即斁，《伯康段》"夙夜無銅"，則言"夙夜無厭"也。此處"嗣天"，不作"承天"解，實即"厭天"，也即怠棄天命，猶言厭棄湯以來所受於天的使命。

③　"固命"，于省吾《尚書新證》："固、故，古通。……'故命'，謂先王所受命。"梓案：此即《詩·大雅》之定命、成命。

④　"亂"，金文作"亂"，字形極像"率"，故此二字在金文中極易混，注疏家也常釋爲"率"。"率"，語詞，語氣類"用"，見《經傳釋詞》。"明"，勉也。"明"讀同"萌"，古"萌"、"孟"通用，"孟津"亦作"萌津"是其證。"孟"，《釋詁》訓勉。"新造邦"即新克商之周邦，即此也足證此篇作於成王初年。因武王克商後二年便死，這時周的統治尚未鞏固，故云"新造"。《頌鼎》"監嗣新廒"，"廒""造"古今

字，是"新造"，亦周人之成語。見于省吾《尚書新證》。清今文家莊存與云："今文無'明我新造邦'五字，'厥亂'下直接下文'勸'字。"

[經文]

公曰："君奭，在昔上帝割申勸寧王之德①，其集大命于厥躬。惟文王尚克修和我有夏②，亦惟有若虢叔③，有若閎夭④，有若散宜生，有若泰顛，有若南宮括。"

[詮釋]

①"割申"，莊存與云："今文無'公曰……割申'十字。"梓案：此蓋因《禮記·緇衣》引《君奭》文而鄭《注》以爲"周田觀"三字今博士讀爲"厥亂勸"云云，故有此疑，此未免過於篤信漢人，乃至割裂經文以遷就之，是之謂墨守。"在昔上帝割申勸寧王之德"語，《禮記·緇衣》引作"昔在上帝周田觀文王之德"，自鄭《注》以爲"古文割申勸"近似之，"割"之爲言"蓋"也，自漢至近人，幾皆從之，我以爲此却應從《緇衣》讀，惟"田"則爲"由"之訛。我所以如是讀，是從上下文讀出來的，並非首從漢人。案："周"金文作"周"，見《格伯簋》。《師害簋》"害"作"周"，而"割"、"害"古通作，故"周"、"害"二字形似，極易混。"勸"與"觀"都從"雚"得聲，則形聲兩混了。惟"田"則確無義，《管子·立政》："由田之事也。"王念孫以爲"由"即"田"字之誤。蓋此二字以形體論，相差極微，自亦易混。本此看法，此語確應作"周由觀文王之德"。"周"有周匝義，《禮記·檀弓》"四者皆周"鄭玄注："周，匝也。"周匝，即今語周到。"由"，《論語》"觀其所由"，何晏《集

解》：“經也。”“周由觀”，意謂從各方面而作周到的觀察；“周由觀文王之德”，即謂對文王之德，從各個方面作周到的觀察。這才和下句“其集大命於厥躬”語氣緊相銜接。倘照歷來的解釋，解作“蓋申勸文王之德”，即不知所云了。

② “惟”，雖也，見《經傳釋詞》。“尚”，于省吾《尚書新證》：“尚讀常，《陳侯午敦》‘永爲典尚’，即永爲典常也。”“修”，《國語·魯語》“吾冀而朝夕修我”韋注：“敬也。”“敬”即今語認真。“修和”，即認真和好。“有夏”語例與“有殷”、“有周”同，此處泛指中夏諸侯。

③ “惟”，以也，見《經傳釋詞》。“虢叔”，據僖五年《左傳》：“虢仲，虢叔，王季之穆也。”是其人爲文王之兄弟行，單舉虢叔，或虢仲已先死。

④ “有若閎夭……”，《國語·晉語》：“咨於二虢，度於閎夭，謀於南宮。”又《尚書大傳》“文王以閎夭、太公望、南宮括、散宜生爲四友”，見《玉海·官制》引。又：“散宜生、南宮括、閎夭三子相與學訟於太公，四子遂見西伯於羑里。”見《毛詩·文王》序。《史記·周本紀》：“伯夷、叔齊在孤竹，聞西伯善養老，盍往歸之，太顚、閎夭、散宜生、鬻子、辛甲大夫之徒，皆往歸之。”是這些人在當時都是輔佐文王的老成碩望。

　　梓案：這段文字，從伏生《大傳》以來，都把散宜生他們用名馬、美女獻予紂王來解釋，我却用和輯諸侯的方式來代替，是否對，還希望讀者賜予批評。

[經文]

　　又曰①：“無能往來②，茲迪彝教③，文王蔑德降于國人④。亦惟純佑秉德，迪知天威，乃惟時昭文王迪見⑤，冒聞于上帝⑥，惟時受有殷命⑦。

[詮釋]

① "又曰"，有如。

② "往來"，包括"疏附"、"先後"、"奔走"、"禦侮"等行動。此四者的行動，都有正反兩方面，故括以"往來"二字。此四者詳《詩·大雅·文王之什·緜》文，鄭《箋》及《正義》均有引此篇的解釋。

③ 吳汝綸《尚書讀本》："茲，勉也。迪，導也。言假若此五臣者，不能爲文王奔走勉導其常教。""彞"，常。"教"，教導。

④ "蔑"，蔡《傳》："無也。"

⑤ "昭"，于省吾曰："王引之謂昭讀如《釋詁》'詔亮左右'之詔。""昭"，金文作"邵"或"召"。《毛公鼎》"仰邵皇天"，《師害簋》"以召其辟"，"邵"、"召"均輔助之義。"乃惟時"，三字連讀；"惟"，以也。"見"，孫星衍謂："猶顯也。"

⑥ "冒"，按王引之說法，"冒"字屬上句讀，非是。"冒聞于上帝"乃成語，詳《康誥》。"冒聞"，王鳴盛《尚書後案》："冒聞者，《說文》丣部云：'丣，冒也，二月萬物冒地而出。'"又《說文》曰部"冒"下云："冒，冢而前也。"《釋名·釋天》："卯，冒也，載冒土而出也。"故"冒"有上進義，"冒聞"即上干天聽之意。

⑦ "惟時受有殷命"，向來都讀作"……有殷命哉"。案：此應於"命"字讀斷，而將"哉"屬下讀。

[經文]

　　哉武王①，惟兹四人尚迪有禄②。後暨武王誕將天威③，咸劉厥敵④，惟兹四人，昭武王惟冒丕單稱德⑤。

[詮釋]

①　"哉"，哉字向來都屬上讀，作"惟時受有殷命哉"，我覺得這裏無用"哉"字的必要，經文無此辭費的句法。就通篇的章法看，此"哉"應讀"在"，屬下讀，而作"在武王"。上文從"在我嗣事子孫"起，有"在今小子旦"、"在昔成湯"、"在太甲"、"在太戊"、"在祖乙"、"在武丁"、"在昔上帝割申勸寧王之德"，下文又有"今在予小子旦"，上下九個"在"字，一氣呵成，都用同樣的句法，不應獨於"武王"之上不用"在"字連接。況在金文中，"在"字、"哉"字都往往寫作"才"字即"十"，從《班簋》一器看，"十𤔲"，郭沫若《兩周金文辭大系》釋作"在宗周"，而在同銘中"𢎥十顯"則釋作"允哉顯"，是"在"、"哉"，"才"古字自可通作。本此，我認爲將這"哉"下讀作"在"，使上、下文都較可通讀。

②　"惟兹四人尚迪有禄"，孫星衍《尚書今古文注疏》於此語疏得很好，他說："至武王時，惟此四人尚猶有禄也。……《周書·克殷解》有泰顛、閎夭，又有南宮忽、南宮伯達，無散宜生，忽與括聲相近，蓋一人也。《史記·周本紀》武王克紂祭社時，散宜生、太顛、閎夭皆執劍以衛。又言命南宮括散鹿臺之財，發鉅橋之粟。……則惟虢叔未有見。……《論語》曰：武王曰'予有亂臣十人'，馬氏《注》數閎夭、散宜生、太顛、南宮括皆列其中，亦無虢叔。"是所謂"兹四人"者，是閎夭、太顛、散宜生、南宮括。

“迪”，即由，通“猶”。“有禄”，與“無禄”對稱，《左傳》成十三年載晉呂相絶秦云：“無禄，文公即世。”“無禄”，《釋詁》：“無禄，死也。”“無禄”既是死，“有禄”自即是生。

③ “暨”，通“泊”，及也。“誕”，大也。“將”，奉也。

④ “劉”，《逸周書・世俘解》：“咸劉商王紂。”孔晁注：“魁也。”“咸劉”當亦周人成語。

⑤ “單”，同“殫”。“殫”，《釋詁》：“盡也。”猶今語完成。“稱”，副也。

[經文]

　　今在予小子旦，若游大川①，予往暨汝奭②，其濟③。小子同未在位④，誕無我責收⑤，罔勗不及。耇造德不降我⑥，則鳴烏不聞⑦，矧曰其有能格⑧。”

[詮釋]

① “若游大川”，猶言“如臨深淵”，極言自己的兢兢業業。

② “予往暨汝”，猶言予及汝偕往。

③ “其”，庶幾也，見《經傳釋詞》。“濟”，渡過。“其濟”，庶幾能渡過這大川。

④ “小子”，指成王。“同未在位”，言雖在位，和未在位一樣。若將此詁放在歸政成王之後，不自相矛盾了嗎？

⑤ “誕無我責收”，俞樾《羣經平議》：“收當屬上讀，收者，成也。《周易・井》上九‘井收勿幕’王弼注：‘井功大成，在此爻矣，故曰井收。’是收有成義。此承‘小子同未在位’而言。言成王幼沖，雖已即政，與未在位同。若無我責求其收成，則無以勗勉其所不及也。”梓案：“收”即收

成之收，故有“成”義。《後漢書・明帝紀》：“昔歲五穀登衍，今茲麷麥善收。”善收，即好收成。責收即責成。

⑥ “耇”，老。“造”，成。“耇造”即老成。“降”，《國語・魯語》“民和而後神降之福”韋注：“下也。”民，神之主也，故民和，神乃降福。“耇造德不降我”，言老成人不降我以德也。

⑦ “鳴鳥”，《釋文》：“一本作鳴鳳。”馬融説：“鳴鳥，謂鳳皇也。”《國語・周語》“周之興也，鸑鷟鳴於岐山”韋注：“王君云：‘鸑鷟，鸞鳳之別名也。’《詩》云：‘鳳凰鳴矣，於彼高崗。’其在岐山之舊乎！”《論語・子罕》：“鳳鳥不至，河不出圖，吾已矣夫！”

⑧ “格”，感應或啓示。即如“伊尹之以成湯格於皇天”、“伊陟、臣扈之以太戊格於上帝”。

［經文］

　公曰：“嗚呼！君①，肆其監于茲②，我受命無疆③，惟休亦大維艱④。告君乃猷⑤，裕我不以後人迷⑥。”

［詮釋］

① “君”，讀斷，即君奭。

② “肆”，《釋詁》：“今也。”“監”，《方言》十二：“察也。”“監茲”，“茲監”，周人成語。“茲”謂上所陳殷賢臣六人及周賢臣四人的明效大驗。

③ 言我周所受的使命是無窮盡的。

④ 言雖靠上天給我邦的福蔭，但也很艱苦。

⑤ “乃”，即今語“你”。“猷”，謀，今語打算。

⑥ “裕”，于省吾根據金文語例，釋爲“欲”，是也。“以”，

《春秋》之義，能東西之曰"以"，僖二七六年《左傳》："凡師能左右之曰以。"是"東西之"、"左右之"，都有驅使之義。"迷"，疑惑。

　　梓案：這一段正是周公自述作《君奭》的緣起，我們須仔細讀之。

[經文]

　　公曰："前人敷乃心①，乃悉命汝②，作汝民極③，曰汝明勖偶王在④。亶乘茲大命⑤，惟文王德丕承無疆之恤⑥。"

[詮釋]

① "前人"，武王。
② "汝"，吳汝綸以爲兼指召公和自己，也通。
③ "極"，屋棟。棟爲屋頂正中的橫木，在屋的最高處，也爲全屋結構所繫，故引伸爲一國中統治者最高的地位，《洪範》所謂"皇極"，即此義。
④ "勖"，《説文釋字》："勉也。""偶"，孫星衍云："偶通耦。"是也。但引《廣雅·釋詁》"耦，侑也"却未的。"耦"只是《論語》"長沮、桀溺耦而耕"之耦，爲二人共耕之義。"在"通"哉"，解見上。此字歷來都屬下讀，作"在亶"，細味之，實不辭。"汝明勖偶王在"，意即"你兩人勉力共輔王吧"。
⑤ "亶"，《釋詁》："誠也。""乘"，《顏氏家訓·音辭篇》、劉昌宗《周官音》，讀"乘"若"承"，此似直作"承"字用。"承"，《説文解字》："奉也，受也。"
⑥ "丕"，語辭，無義。"承"，《儀禮·少牢饋食禮》"承致

多福無疆於汝孝孫"與此同一語例。"承"，《儀禮》鄭玄注："猶傳也。""之"，《經傳釋詞》："是也。"

[經文]

公曰："君，告汝，朕允保奭①，其汝克敬②，以予監于殷喪大③，否肆念我天威④。

[詮釋]

①"允"，歷來都訓"誠"，殊迂曲，恐未是。按《魏石經·無逸》篇之"允若時"之"允"作"𠂤"，照古文字形明明是"兄"字，疑此允亦兄之譌。就上引王充《論衡·氣壽》篇文，原說召公是周公之兄，則此"允"似也應作"兄"，用以稱召公。"朕允保奭"意即"我兄太保奭"也。

②"其"，《經傳釋詞》："庶幾也。""敬"，即儆，也即警。解見《盤庚》中"永敬大恤"語詮釋。

③"以"，使。"殷喪大"，即《多士》的"旻天大降喪於殷"、"降若茲大喪"。"大喪"、"喪大"爲同一語例。

④"否肆"，與《無逸》"否則厥心違怨"、"否則厥口詛咒"之"否則"爲同一語例。故"否肆"亦即"否則"。《魏石經·無逸》"否則"作"不則"。《經傳釋詞》："《玉篇》曰：'不，詞也。'經傳所用，或作'丕'，或作'否'，其實一也。""否則"即"則"，"否肆"即"肆"。

[經文]

予不允惟若茲誥①，予惟曰，襄我二人②。汝有合哉言曰③，在時二人。天休茲至④，惟時二人弗戡⑤，其汝克敬德⑥，明我俊民在⑦，讓後人于丕時⑧。

[詮釋]

① “允”亦“兄”之訛。《白虎通・德篇・三綱六紀》：“兄者，況也。”“況”，《國語・晉語》“衆況厚之”《注》：“益也。”又《釋名・釋親屬》：“兄，荒也；荒，大也。”“兄”又通“皇”，《無逸》“毋皇曰”，《漢石經》作“毋兄曰”，可證。“皇”，《説文解字》：“大也。”“不兄”即“兄”也。“兄”，益而大之也。故“不允”即“不兄”，猶今語“誇大”或“强調”。“惟”，思也。

② “惟”，《經傳釋詞》：“獨也。”“襄”，《詩・鄭風・大叔于田》“兩服上襄”《箋》：“襄，駕也。”即“驤”。

③ “有”通“又”。“合”，宣二年《左傳》“既合而來奔”杜注：“合，答也。”“哉”疑“我”的形訛。《洛誥》“公無困哉”，孫星衍《尚書今古文注疏》歷引《漢書・元后傳》、《杜欽傳》，《後漢書・祭祀志》劉昭注引《東觀書》章帝賜東平王蒼書，《逸周書・祭公解》等皆引作“公無困我”，因以爲“哉”與“我”形相近，字之誤也。

④ “天休”，即上天的福廕。“兹”，益。

⑤ “戡”，通“堪”，即勝任。

⑥ “敬”，通“儆”。“德”，有得於心，即今語認識。

⑦ “明”，明揚，即今語推薦。“俊民”，人才。“在”，通“哉”，説見上。

⑧ “讓”，于省吾以爲即“襄”字，“襄”有“助”義。又定十五年《左傳》“不克襄事”杜注：“成也。”是“襄”有助成義。“丕”，大也。“丕時”，盛世。

[經文]

　　嗚呼！篤棐時二人①，我式克至于今日休②。我咸成文王功于不怠③，丕冒海隅出日④，罔不率俾⑤。"

[詮釋]

① "篤"，誠。"棐"，《說文解字》："輔也。""時"，有也。
解見上。

② "式"，用。"休"，安。

③ "咸"，同。"不怠"，即"不厭"，亦即無厭、無極也。

④ "丕"，語辭，無疑。"冒"，覆被。

⑤ "俾"，《釋詁》："從也"。

[經文]

公曰："君，予不惠①，若兹多誥，予惟用閔于天越
民②。"公曰："嗚呼！君，惟乃知③，民德亦罔不能厥初，
惟其終④。祗若兹，往，敬用治⑤。"

[詮釋]

① "惠"通"慧"，"不惠"即不慧，猶言不敏。

② "閔"，悲傷。"越"，《釋詁》："於也。"

③ "惟乃知"，猶言只有你知道。

④ "德"，認識。"罔"，無。"厥"，其。

⑤ "敬"，認真。"用治"即爲治，猶今語行使職權。

君奭篇譯文

[書序]

召公爲太保，周公爲太師，左右輔佐成王。召公不高興，周
公著《尹奭》。

[正文]

周公大要是這樣說："君奭，不幸上天降下喪亡的命運於殷

邦，殷邦已失去了上天所賦予它的使命。這使命現已由周邦接受下來了。我不敢肯定説，有這樣的開端便會永遠保有這份福蔭。倘天命真的無常，我也不敢逕説最終必不能永保。唉！君以爲有我，我又何敢安於上帝給我的使命，而不遠念天威的可畏和人民的怨尤與違背呢？這就全靠要有人了。

在我周邦子孫初承大業的時候，未能上對天、下對民都好好盡職，使前人所受於上天的榮寵無光；加上嗣子年輕，只有一點家庭中的生活經驗，不懂得要完成這樣的大事業並不容易。單靠上天的榮寵，哪裏成呢？你説能不至於荒失這一使命嗎？荒失了這一使命，就不可能有這種經歷，使他在對上天和下民應盡的責任上能繼承前人的明確認識。

就我小子旦來講，也不能把嗣子的工作恰如其分地做好，只能將前人所受於上天的榮寵延長下去，影響這孩子罷了。如天命真靠不住，我也只能將文王對使命的認識傳達給他，或許上天能延長文王所受的使命。”

周公説：“君奭，我聽説從前殷王成湯接受了上天的使命，那時就有伊尹這樣的人能使他感格上蒼。在太甲的時候就有保衡，在太戊的時候就有伊陟、臣扈，這樣的人能感格上帝，幫着巫咸，治好了殷王家。後來在祖乙時就有巫賢，在武丁時就有甘盤。像這些有貢獻的人物，都能幫着殷王治好殷邦。所以殷邦在祭祀上天的時候，能用他們的祖先去合祭，能保有這許多年。

上天一意助成這些殷賢臣的使命，對他們幫助殷王治殷的功勞也給予補償，使殷邦所有異姓、同姓的羣臣，也都有明確的認識，而努力互相存恤。此外，又使小臣和侯服、甸服中那些喻德宣譽之人，也有相當的認識，他們得以輔佐殷王，所以當時每派人到四方去，都能像卜筮那樣可以信賴。”

周公又説：“君奭，上天派遣能格天的賢臣輔佐殷邦爲時已很久了，而殷邦自行怠棄天命，滅絕了自己的威德。如今你能深深地想到這一點，那我周邦原有的文王受於天的使命，庶幾可用來勉勵我們這新造的周邦。"

周公又説："君奭，在從前，上帝曾從各個方面周詳地觀察文王對天命的認識，將這很大的使命付給他。文王與中夏諸侯和好了，因有虢叔、閎夭、散宜生、泰顛、南宮括那樣一些人輔佐他。如這些人不能經常輔導文王，文王未必有明確的認識顯示給國人。正因他們一心一意幫助文王掌握對天命的認識，明白了天威在我，然後文王能以此而有所表現以上干天聽，從而接受了原在殷邦的使命。

武王時，閎夭、泰顛、散宜生、南宮括四人尚健在，所以武王奉行天威，盡尅强敵，也正因有這四人輔佐，進而完成了文王的德業。

今天輪到我小子旦，我正懍懍然好像在大江中游泳，心中毫無把握。我想只有和你一同前進，或者可望渡過去。因爲今王年齡還小，雖已登王位，和不在王位沒有兩樣，要是沒有我督責他，就無法勉勵他彌補不足。倘若你這樣的老成典型也不將你的認識來協助我，那末岐山靈鳳也會反舌無聲，還能説得上像伊尹他們那樣感格上天嗎？"

又説："唉！君奭，如今請你將我上面説的話細細地考慮一下。我周邦所受的使命非常遠大，雖有上天的廕庇，但也很艱巨。我已將我的苦心告訴你了，總要使我的行事不讓後人有所誤會才好。"

又説："先王已掏出他的心，毫無保留地命令你我，要你我做人民的核心人物：'你們勉力共輔王室罷！'我們既接受了這樣重大的使命，那末如何繼承文王對天命的認識，就必須有長遠的考慮。"

　　周公又説："君奭，我告訴你，我的兄長太保奭，期望你能時常提醒着我，使我借鑑殷邦所以喪亡，隨時想着天威的可畏。我深刻地懷念着先王這個遺命，我只能説，這副重擔已壓在我二人的肩上了。你曾答應我道，就在我兩人身上吧。可是上天給我周邦的福廕正有增無已，單我兩人還未必能勝任，更望你對此有清醒的認識，選拔一些人才，方可望助成我周邦的盛世。唉！有我兩人踏踏實實地輔佐周邦，周邦總算能有今天這樣平安的日子。我們還得共同完成文王留下來的功業於無窮，要使它能覆被及於海邊日出的所在，到處無不率從。"

　　周公又説："君奭，我不敏，順着武王遺命，話講得太多了。不爲別的，只因我悲天憫人才這樣。"又説："唉！君奭，只有你才能知道，開始時，人民對此沒有不認識的，還要看最後的結局怎麼樣。就這樣吧，你去好好完成使命罷！"

大誥篇詮譯

[書序]

武王崩，三監及淮夷叛①。周公相成王②，將黜殷③，作《大誥》。

[詮譯]

① 三監，《偽傳》以爲指管叔、蔡叔與武庚。鄭《注》卻於管、蔡之外加一個霍叔而不數武庚。鄭《注》本見《書序》疏所引。今通全書看，例如《微子之命》、《康誥》等篇的序文，也都提及此事，但都只提管、蔡二叔，而未涉及所謂霍叔。徵之其他古籍亦然。例如《春秋左氏傳》定公四年，有"管、蔡啓商，惎間王室，王於是乎殺管叔而蔡蔡叔"之文；襄二十一年有"管、蔡爲戮，周公右王"之文；《淮南子·氾論訓》有"周公平夷狄之亂，誅管、蔡之罪"之文，都未涉及有所謂霍叔其人，這和《史記》、《書序》都符合。直至《後漢書·蘇竟傳》述竟語，也還只是說"周公之善康叔，以不從管、蔡之亂也"。於是，可見從先秦到兩漢，述此事只作管、蔡二叔而不及霍叔；其唯一例外，則爲《商君書·賞刑》篇有曰："周公旦殺管叔，流霍叔。"卻又不及蔡叔，殆亦傳異辭耳。其爲二叔而非三叔，似已無可致疑。惟《逸周書·作雒解》曰："武王克殷，乃立王子禄父俾守商祀，建管叔于東，建蔡叔、霍叔于殷，俾監

殷臣。"但同篇後文叙及降解三監時，却又只説到"王子禄父北奔，管叔經而卒，乃囚蔡叔於郭淩"。王子禄父即武庚，仍未及霍叔。故傳注於此事，似以《僞孔傳》爲可信。淮夷，《僞孔傳》指爲徐、奄之屬。我的理解，以爲淮夷專指奄而不及徐。於何徵之？仍徵之於經文與《書序》。《成王政》序曰："成王東伐淮夷，遂踐奄。"而《費誓》經文，則有"徂兹淮夷，徐戎並興"云云。"並興"云者，同時並起之謂也。倘淮夷而可兼指奄，即不得云"淮夷徐戎並興"，只須云"淮夷作亂"足矣。可知"淮夷"自淮夷，徐戎自徐戎，不相涉也。此《成王政》序所由叙成王伐淮夷，只踐奄而不及徐也。

② "相"，輔佐也。

③ "黜"，《僞傳》：絶也。

梓案：《史記·周本紀》云："成王少，周初定天下，周公恐諸侯叛周，公乃攝行政當國。管叔、蔡叔羣弟疑周公，與武庚作亂叛周。周公奉成王命，伐誅武庚、管叔，放蔡叔……"又《魯周公世家》云："武王既崩，成王少，在襁褓之中。周公恐天下聞武王崩而畔，周乃踐阼代成王攝行政當國。管叔及其羣弟流言於國曰：'周公將不利於成王。'……管、蔡、武庚等果率淮夷而反。周公乃奉成王命興師東伐，作《大誥》。"又伏生《大傳》云："武王死，成王幼，周公盛養成王，使召公奭爲傅。周公身居位，聽天下爲政。管叔疑周公，而流言於國曰：'公將不利於王。'奄君薄姑謂禄父曰：'武王既死矣，今王尚幼矣，周公見疑矣，此百世之一時也，請舉事。'然後禄父及三監叛。"準以上所引，作這篇《大誥》的緣起，是有如下一種背景，就是武王克商後兩年便死了，其子成王年齡還小，照當時成例，新君即位，應由冢宰攝政三年(見《論語・子張》)，其時，一些幫助武王創業的老功臣如虢叔、閎夭、太顛、散宜生、南宮适一類人都已不在人世（見《君奭》篇），老臣中尚存者，只有太公望、召公奭、管叔鮮和周公旦等人。就這尚存的四人論，年齡以周公旦爲最小，但太公非周之宗親；召公雖係宗親，亦非文、武的嫡系，且其時正思引退；管叔遠監武庚於東土，故攝政之責，就不能不由周公旦來擔當起來(見《史記・魯周公世家》)。周公既攝政，覺得這副重擔由他一人來挑，事不易爲，首先就把正思引退的召公，死拉住不放，將保傅成王的重任付託了他，只這就是《君奭篇》之所由作，也就是終兩周之世，周、召二公之後一直夾輔着周王室之所由來。不意其時另一位遠在東土的老人管叔鮮，却對周公旦的舉動起了疑心，疑他有撇開成王而自爲的野心；其他弟兄也不免有和管叔同樣的想法。這就是《金縢》篇和《史記》所謂“管叔及羣弟流言於國”了。本篇行文所謂“西土人亦不静”、“民不静亦惟在王宫、邦君室”、“惟大艱人誕鄰胥伐於厥室”等語也都由此而來。在這同時，又聽得奄邦首領薄姑正慫恿武庚舉事圖恢復，這就是本篇經文所謂“越兹蠢殷小腆，誕敢紀其叙”、“知我國有疵”、“曰子復反鄙我周邦”等語之所由來。當時這新造的局面發展到如此地步，周公旦就不免更焦急，覺得這在東土燃燒起來的一點火種，非先行撲滅不可，而撲滅這一點火種，又非先把周邦內部和友邦冢君及其臣下團結起來不可。這就是本篇經文中所謂“予惟以爾庶邦于伐殷逋播臣”、“肆予大化誘我友邦君”、“肆朕誕以爾東征”等語之所由來。試看本篇經文，一則曰“予惟小子，若涉淵水，予惟往求朕攸濟敷賁”，再則曰“肆予沖人永思艱”，“予造天役，遺大投艱於朕身。越予沖人，不卬自恤”，三則曰“朕言艱日思”，措

辭是何等憂勤惕厲。乃宋人輔廣（朱熹弟子，與蔡沈交深，
下引語見蔡沈《書集傳》引）却説：“《大誥》一篇不可曉。周
公在當時，外則有武庚、管、蔡之叛，内則有成王之疑，周
室方岌岌然，他作此書，決不是備禮苟且爲之，必欲以此聳
動天下也。而今《大誥》大意不過説周家辛苦做得這事業在
此，我後人不可不有以成就之而已；其後又却專歸在卜上。
其意思緩而不切，殊不可曉。”不知何所見而云然？

[經文]

王若曰：

梓案：“王若曰”一語，在《尚書》中頗爲習見，我在《盤
庚》篇已詮釋過，這裏原可不再贅重。但這裏的“王若曰”，
却有《僞孔傳》和鄭《注》兩個不同的解釋，易使後世讀者有莫
衷一是之感，故特加辨析如下。

鄭《注》見《疏》引，略謂：“王，周公也。周公居攝，命
大事則權稱王。”《僞孔傳》則以爲此處之“王”，乃“周公稱成
王命順大道以誥天下”。那末這“王若曰”的“王”，究竟是指
成王，還是指周公，似不可以不辨。孔《疏》也從而論之曰：
“惟名與器不可假人，周公自稱爲‘王’，則是不爲臣矣。大
聖作則，豈爲是乎？”其旨原在申《僞傳》而黜鄭《注》。其爲
説，在封建社會很嚴重的尊王意識下已幾成定論。果已成爲
定論，出入原不甚大，本可不必再辭費。但傳至清代，因
《僞孔傳》之作僞，已被揭露無遺，經生們遂一意申鄭而力主
周公攝政稱王之説；清人錢塘在《溉亭述古録》中，還特撰
《周公攝政稱王考》一文，專論其事，其言亦似甚辨。兹撮其
説如下：

公之攝政，恒也；稱王，非恒也。……“王”者有大

事則攝，平時固攝政之冢宰也。……大事稱"王"，故會明堂，則天子負斧依南面立；子視成王，故致政之言曰："復子明辟。"是作洛之年猶攝王也。命大事則稱"王"，《康誥》、《酒誥》、《梓材》之"王若曰"是已。將致政則稱"周公"，《召誥》之"太保先周公相宅"、《洛誥》之"周公拜手稽首"是已。……凡公攝政七年，稱"王"者三而已，皆係天下之安危：征武庚（指本篇）、命微子（指《微子之命》）、封康叔（指《康誥》）是已。……然則攝政必稱王邪？非也。舜、禹不稱帝，堯、舜在也；伊尹、共和不稱王，臣攝君也；魯隱、宋穆則稱公，兄攝弟也。周公之於成王，以父子始，以君臣終。爲父子，則有時稱王；爲君臣，並不復攝矣。此公於攝位中處其變，而獨得其正也，即康成之所謂權也。

康成之解，本無事實可根據，而錢氏僞以史跡實之，遂不免與事實有抵觸，而一切論據遂因之無一不似是而非。茲伸吾說如下：錢氏所引的《禮記·明堂位》（《漢書·王莽傳》作《明堂記》）、《康誥》、《洛誥》以及魯隱公事，都經過王莽歪曲以掩飾其篡奪漢室陰謀的資料，故其論點往往因之矛盾牴牾，不可能依以爲論據。《禮記·明堂位》開頭就說："昔者，周公朝諸侯於明堂之位，天子負斧依南鄉而立；三公，中階之前，北面東上……此周公明堂之位也。明堂也者，明諸侯之尊卑也。昔殷紂亂天下，脯鬼侯以饗諸侯，是以周公相武王以伐紂。武王崩，成王幼弱，周公踐天子之位以治天下；六年朝諸侯於明堂，制禮作樂，頒度量而天下大服；七年，致政於成王。"《禮記》就此篇文字全文看，此下所述，除成王以周公功大賜以天子之禮樂一事外，餘皆述夏、商、周三代天子之制度，不唯不專述明堂位，並不專述周初事，可見此文之以"明堂位"名篇，只因首述周初明堂位之制，而暫以此名之耳。錢氏所以引此以爲證者，蓋因其有"周公踐天子之位以治天下"一語而已。不知與《禮記》此段文字大同小異者，尚有《逸周書·明堂解》一文可以參證。《逸周書》倒是專記載周朝明堂位之制度的，其述及周公攝政之一段之文則曰："既克紂六年而武王崩，成王嗣，幼弱，未能踐天子之位，周公攝政君天下，弭亂六年而天下大治。"特以此與《禮記》之文兩兩相較，稍有文字修養的人，即可明辨其孰爲原始、孰爲後出。再證明《逸周書·王會解》中與此兩段相類似的記載，那就更可明顯地説明《禮記》此文之不足據。其文曰："天子南面立……唐叔、荀叔、周公在左，太公望在右……旁天子而立於堂上……。"這裏，不是明明白白點出周公的自有其位次，是在天子之左，旁天子而立的，何嘗踐天子之位呢？踐天子之位且非事實，何況稱用天子之名號呢？此其一。他説"作洛之年，周公猶稱王"，而所舉的例證，則是《洛誥》之文，曰"朕復子明辟"。其實這句話，究應作何解，古人還人各其説，姑暫置不論。若就作洛之年來説，只能説是在作《洛誥》之前，因《洛誥》的經文所述及的，只是周公教成王如何運用洛邑，明是作洛之後的事了。前乎此，最可無異議的，應該是《召誥》，而在《召誥》中區別成王、周公，却實最明顯。一開頭便是"王朝步自周，則至於豐，惟太保先周公相宅"，王自王，周公自周公，叙述得很分明；後文召公錫周公幣時，又曰"旅王若公"，也是王自王、周公自周公。這王是誰呢？難道可以附會到周公身上去嗎？又《康誥》篇首那四十八字中，明説是"周公初基作新大邑於東國洛"，後文又曰"周公咸勤"，這正是在作洛過程中的叙述，亦都稱周公，如何可説作洛之年就稱王呢？此其二。他説：

"攝政稱王，亦殷法，故弟繼兄則遂爲王。"攝政與繼兄能混
爲一談嗎？繼兄即位當然遂爲王，這與攝兄子之政有何相干
呢？伊尹不是在太甲初年攝過政嗎？何嘗稱過王？周公雖然
是武王之弟，果依殷法，自可繼兄遂爲王；既依法爲王，那
就不必稱攝政，管、蔡等也不可能疑他不利於孺子。既稱攝
政了，那就只能和伊尹事同一例，不得稱王。這纔可見得攝
政稱王，殷人固無此法，又何能假用以靖殷逆而使之莫敢動
呢？此其三。他又說，周公攝政只三次稱王，其一即本篇；
餘則爲《康誥》、《酒誥》、《梓材》和《微子之命》。這便是他
所謂"命大事則稱王"的例證了。其實，《康誥》是武王命康叔
爲連屬之監時作的誥，我已於《康誥》詮譯篇首論證過，這裏
不再贅；《酒誥》開首，馬本原作"成王若曰"，於周公也不相
干，我當於《酒誥》詮譯中去論證；《梓材》篇合行本已非原
文，我也將於《梓材》篇中去論證；《微子之命》則更是僞古
文，尤不足據，至於魯隱、宋穆之事更擬不於倫，可置勿
論。總之，錢氏之說都是非理之理，不能成立。本此，我以
爲本篇的"王若曰"，正不必爲了申鄭紬僞而强爲之說，說成
這"王"是指周公而言。周公在當時只是一個攝政的冢宰，平
時原可即用自己的名義處理一切庶政，遇大事，尤其像本篇
作的誥，是對友邦冢君作的，自稱王命以行，如斯而已矣。
若然，援"不以人廢言"之例，仍以《僞傳》之說爲正。

[經文]

　　"猷大誥爾多邦越爾御事①。弗弔天降割于我家不少
延②。洪維我沖人嗣無疆大歷服③，弗造哲迪民康④，矧
曰其有能格知天命⑤。已⑥！予惟小子⑦，若涉淵水⑧，
予惟往求朕攸濟敷賁⑨，敷前人受命⑩，玆不忘大功⑪。"

[詮釋]

① "猷大誥爾多邦越爾御事",《釋文》云：馬本作"大誥繇爾多邦"；《正義》云："鄭、王本'猷'在'誥'下。"是馬、鄭、王三本都相同。《正義》又云："《漢書》：'王莽攝位，東郡太守翟義叛莽，莽依此作《大誥》。'其書亦'道'在'誥'下。此本'猷'在'大'上，言'以道誥眾國'。於文爲便。"

梓案：《正義》所引《漢書》，係《漢書·翟方進傳》，莽誥亦即載此傳中。其文首句作"大誥道諸侯王"。於文便不便，也着實還可商榷，因爲誥道連文作同義聯緜字，經典中似無此語例。但由此，可知莽誥所取以模仿的《尚書》，此語"猷"在"誥"下，也是與馬、鄭、王本相同的。正因此，王引之的《經傳釋詞》覺得誥道連文讀起來也不怎樣便；照《僞傳》讀法，又覺得"以道誥眾國"又不免增字解經，故在繇、由、猷條下，即以文義不順爲理由，乃引《爾雅·釋詁》"繇，於也"之訓，改訓"猷"爲"於"，以爲"大告猷爾多邦"者，大告於爾多邦也。照常理講，馬、鄭本皆東漢定本，王本也還是魏本；莽誥所依據以模仿者，更應是西漢時的定本，此三本比之來歷未明的《僞傳》本，把"猷"字安在"大"上的章句，總應該可依據些。但我通讀了《尚書·周書》全文，却有一個和前人不同的看法，以爲照《僞傳》那"猷告爾多邦"的讀法，也不能一口就斷定它是錯誤，因爲後面《多士》篇中還有"猷告爾多士"語；《多方》篇首也還有"猷告爾四國多方"語；而那兩篇的《釋文》和《正義》又都未引據馬、鄭、王各本提出不同的句法來。照王引之的解釋，在本文，文義固順了，倘移到《多士》、《多方》兩篇中，文義可又不怎麼順了。能釋“猷告爾多士”爲“於告爾多士”嗎？能釋“猷告爾四國多方”爲“於告爾四國多方”嗎？我覺得“猷告”“猷大誥”也可能當時有此語例。馬、鄭、王皆治古文者，何以獨改此文而不改《多士》、《多方》呢？像這樣的改動，我疑他們可能受有莽誥的影響。蓋莽的這類文告，很可能出於劉歆的手筆，而歆在東漢學術上的權威着實不小，東漢學者拾歆之餘緒以成家的人爲數也不在少；尤其治古文經之賈、馬諸君子，能不受劉歆的影響嗎？本此，我以爲依據莽誥，不如依據經文而讀此語爲“猷大誥爾多邦”。至於解釋，我以爲應用《廣雅·釋詁》四“由、以，用也”之訓。“猷大誥爾多邦”者，“用大誥爾多邦”也，這和《多士》篇“用告商王士”也同語例。實則“猷告”、“猷大誥”、“用告”、“用大告”，殆皆當時語例。或曰，《莊子·齊物論》曰“用也者，通也”，然則“用告”者，通告也，亦通。我以爲《僞傳》之誤，在訓“猷”爲“道”，而不在將“猷”字提在“大”字之上。“越”，及也。“御事”，執事也。本此，我釋此語如下：“猷大誥爾多邦越爾御事”者，“現通告爾衆邦邦伯及於爾百執事”也。

② “弗弔天降割于我家不少延”，照《僞傳》的解釋，説是“周道不至，故天下凶害於我家不少，凶害延大，惟累我幼童人”。根據這樣解釋，經文的讀法，就應該連下“延洪惟我沖人”六字，讀作“弗弔，天降割於我家不少，延洪，惟我沖人”。我對這樣讀法不贊同，以爲應該讀作“弗弔天，降割于我家不少延。洪惟我沖人”。“洪惟我沖人”五字，則應屬下，與“嗣無疆大歷服”六字連讀成一句，此處則於“延”字讀斷。理由如下：“弗弔”二字作一句讀，在經典中無此語例，此二字往往與“昊天”二字連綴成文，

例如"昊天不弔"，或"不弔昊天"；例如《春秋左氏傳》哀十六年"夏四月乙丑孔丘卒，哀公誄之曰：'昊天不弔，不憗遺一老'"，與此類似的語法，則在《毛詩·小雅·節南山》篇中有"昊天不傭"、"昊天不平"等語，義與相類，其所以換字，都爲了叶韻；在同一詩篇中，不但換字，而且還變換句法，如："不弔昊天，不宜空我師。""不弔昊天，亂靡有定。"在《尚書·多士》篇中，也有"弗弔昊天，大降喪於殷"。"昊天"、"旻天"也可省作"天"，如《君奭》篇有"弗弔天降喪於殷"語。由此看來，"弗弔天"、"弗弔昊天"、"不弔昊天"亦皆同時語例。就詮釋來講，《僞傳》釋"弔"爲"至"；《小雅·節南山》"不弔昊天"，毛傳亦釋爲"至"，鄭箋云："至猶善也。"我覺此轉輾遞訓，亦嫌迂曲。其實"弔"之訓"至"者，讀都歷切，後世以"逽"字當之。"弔"之訓"善"者，乃"叔"字之形訛，"弗弔"猶言"不叔"也，詳《盤庚下》"弔由靈各"語詮釋。惟在彼"叔"通"俶"，在此則"叔"通"淑"。"俶"、"淑"、"叔"古互通，"淑"，《釋詁》"善"也，故"弔"有"善"義。《毛詩·陳風·東門之池》："彼美淑姬。"《釋文》"淑"作"叔"，故"不淑"即"不叔"，以形近而訛作"不弔"。但"弔"固自有本義，則《說文解字》所謂"問終"者是也。"問終"者有憐恤意，《春秋左氏傳》襄公十四年"有君不弔"杜注："恤也。"故"不弔"猶言"不恤"。此文之"弗弔"，我意正是"弔"的本義，即後文"不卬自恤"之"恤"。"不恤"者，謂不憐恤也。"弗弔天"，猶言不憐恤人的上天也。蓋成王新遭武王之喪，乃今又遇三監淮夷之亂，故有不蒙上天憐恤爲言。若《費誓》之"無敢不弔"之"弔"，方可訓"善"。"降"，《說文》："下也。"即自上而下之意。

"割"，馬本作"害"，是也，於此有困難意，即後文屢屢
提及的"大艱"或"艱大"也。"弗弔天降割于我家不少延"，
應從馬本讀作"弗少延"爲句。"延"，《釋詁》："長也。"
《春秋左氏傳》成十三年"君亦悔過之延"杜注即用此義，
故"延"有"延長"義，亦有"延緩"義，在此文爲延緩義。
"弗少延"，猶言不稍假時日也。故"弗弔天降割于我家不
少延"者，猶言"不憐恤人的上天降下困難于我家，竟不
稍假時日"也。

③ "洪惟我沖人嗣無疆大歷服"，"洪惟"猶《多方》"洪惟圖
天之命"的"洪惟"，《經傳釋詞》云："'洪'，發聲也，解
者皆訓爲'大'，失之。"是也。吳汝綸《尚書故》連"延"字
讀，釋爲"降及我沖人"，亦非。蓋"降"雖有"洪"聲，
"延"亦"及"義，但如此，語應作"洪延"，不應作"延洪"
也。于省吾曰："凡《尚書》'洪'字，金文皆作'弘'，《毛
公鼎》'弘唯乃智'、'弘其唯王智'，二'弘'字與此'洪'
字用法同，皆語詞。"然則"洪惟"、"弘唯"亦周初語例如
此。"洪"是發聲；"惟"，念也。故"洪惟我沖人"者，念
我這年輕人也。"嗣無疆大歷服"語，與《毛詩·大雅·下
武》"昭哉嗣服"語法同，"嗣服"蓋亦周初語例如此。"無
疆大歷"四字，只是加於"服"字的形容詞而已。"服"，事
也，詳見《盤庚》上"先王有服"語詮釋。大事即意味着事
業。"無疆"意即"無限"或"無窮"，"無疆大"即"無窮大"
或"無限大"意。"歷"通"曆"，即僞古文《大禹謨》"天之
歷數在汝躬"語中所謂"歷數"之簡稱，《正義》爲"天歷運
之數"，義等於天命。"無疆大歷服"，猶言無限大的天命
所在之事業。故"洪惟我沖人嗣無疆大歷服"者，"念我這
年輕人現正繼承一種天命所在無限大的事業"。

④ "弗造哲迪民康"，《僞傳》釋"弗造哲迪民康"語爲"不能爲智道以安人"，蔡《傳》釋爲"弗能造民哲，以導民於安康"，皆未的。莽仿此作誥曰："予未遭其明哲能導民於安。"是西漢本，"造"蓋作"遭"，自此以後，都以"遭"釋"造"，蓋"造""遭"古通作。《呂刑》"兩造具備"，《史記》一本作"遭"，故羣相沿習。其實，是時周公以大聖相成王，且太公、召公咸健在，不能説是"不遭明哲"。梓意此處應是作成王自謙的口吻，不能自造於明哲也。"造"仍應讀如字。蔡《傳》訓釋庶幾近是。"迪"，《釋詁》："道也。""康"，《釋詁》："安也。""弗造哲迪民康"者，不能自有明哲的造詣，以導人民於安康也。

⑤ "矧"，《説文》作"弞"，"况詞也。从矢，引省聲。俗作矧"。梓案：《尚書》多用"弞"字，今本皆用"矧"字。"曰"，《論語・子路》"始有曰苟合矣"皇疏："猶云也。""其"，《經傳釋詞》："猶將也。""有"，《經傳釋詞》："猶或也。""格"，感也，詳見《盤庚》"弔由靈谷"語詮釋。"矧曰其有能格知天命"者，猶言"怎説得上能感知上天所降下的使命"。

⑥ "已"，莽誥作"熙"，亦即今語"嘻"。《春秋左氏傳》定八年"從者曰：嘻！速駕，公斂陽在"杜注："嘻，懼聲。"

⑦ "惟"，莽誥仿此作"我念孺子"，是訓"惟"爲"念"。按莽誥非釋經之文，只是剽竊經文以爲掩飾，故可如是説。這裏經文乃是周公假成王命作的誥，應作成王口吻，不能如此説，故惟應從《經傳釋詞》訓"乃"。

⑧ "涉"，《説文》："徒行厲水也。"《爾雅・釋水》："以衣涉水爲厲。"故"涉"義乃不及解衣而徒行水中也。"淵"，《説文》："回水也。"即今所謂漩渦。"若涉淵水"者，謂不及

解衣而徒行漩渦之中，猶言墮入漩渦中，喻艱險也。

⑨ "往"，《釋名・釋言語》："眰也，歸眰於彼也，故其言之
叩頭以指遠也。"故"往"有"盼往"或"向往"義。"攸"，
《釋言》："所也。""濟"，《春秋題辭》曰："濟之爲言齊
也；齊者，度也。""攸濟"，可渡之所也。《僞傳》釋爲"所
以濟渡"，是也，而未的。蓋所以濟渡，易理解爲濟渡之
方，在這裏的解釋，則實爲可登彼岸之所在，故上言
"往"，而下言"敷賁"。"敷"，經典往往通"附"、"傅"，
近迫之也，著也。"賁"同"奔"。應劭《風俗通》卷二宋均
令虎渡江條云："謹按《尚書》'……虎賁三千人'擒紂於牧
野，言猛怒如虎之奔赴也。"然則"敷賁"者猶言"奔赴"矣。
"敷"、"傅"、"赴"聲同古通作也。故"已！予惟小子，
若涉淵水，予惟往求朕攸濟敷賁"者，猶言"嘻！我是小
孩子，如今好像墮入漩渦之中，惟有覓得一可著岸之所而
奔赴之"也。

⑩ "敷"，與上一"敷"字不同義，乃《舜典》中"敷奏以言"的
"敷"。"敷奏以言"，《史記・五帝本紀》作"徧告以言"，
《漢書・文帝紀》引作"敷納以言"。"前人"即後文"前寧
人"的省文，或竟是轉輾傳鈔而落去"寧"字，實即指文王
而言。"敷前人受命"者，猶言"以先人文王所受於上天的
使命徧告你們"也。

⑪ "兹"，《經傳釋詞》："猶斯也……承上起下之詞，猶今人
言致令如此也。""忘"同"亡"，失也。"兹不忘大功"者，
猶言"不致亡失文王的大功業"也。

[經文]

"予不敢閉于天降威①，用寧王遺我大寶龜紹天明②，

即命曰③，有大艱于西土④，西土人亦不静⑤。越兹蠢殷小腆⑥，誕敢紀其叙⑦，天降威，知我國有疵⑧，民不康，曰予復反鄙我周邦⑨，今蠢今翼⑩。"

[詮釋]

① "予不敢閉于天降威"，清人往往好通過莽誥讀《大誥》，而且還亦步亦趨地解釋《大誥》，我素來就懷疑何至於要通過此仿製的贋品去讀此等重要的文獻呢？他仿製自别有仿製的用意，决不能與原文意義相符。上文我在解"予惟小子"語中的"惟"字時，已覺得不能照他的解釋去解，而改"念"訓爲"乃"訓，並已説昹我改訓的理由了。這裏，又另有一句，非但解不能照它解，並句讀也不可能依照它。這便是此處正要加以解釋的"予不敢閉于天降威"一句。莽誥的"予豈敢自比於前人乎"那一句，即將此句和上句"敷前人受命兹不忘大功"語混起來仿製的。乃清儒竟以爲這真是西漢人的經文説如此，陳喬樅即據以收入《今文尚書經説考》。我以爲此適足淆惑後世讀者之理解力。此外，治《尚書》者對於此語，也人各其讀，且讀各其説，迄今似尚莫衷一是。從前《僞傳》、蔡《傳》都將下一語中的"用"字屬上讀，讀作"予不敢閉于天降威用"。後來清儒朱彬、俞樾歷引下文的"天降威，知我國有疵"和《酒誥》的"天降威我民用大亂喪德"等語，證明"天降威"爲當時語例如此，是也。孫《疏》則於"閉"字讀斷；洪頤煊且因之改"于"字爲"乎"字，以附會其説。我看這也似乎由於誤信莽誥所致。多數雖於"威"字讀斷，但又釋"閉"爲"閉塞"或"閉絶"。這連上下文讀起來，文義上也説不上順暢，故一概不可從。我以爲此語並不怎樣費解，不知解者何故紛紛予以種種不同之曲説也。我今試釋如

下：“閉”，《史記·趙世家》“主父開之”《索隱》：“開，謂開門而納之。俗本亦作‘聞’者，非也。譙周及孔衍皆作‘閉之’，‘閉’謂藏也。”是“閉”有掩藏義。“于”，古通“迂”。《論語·子路》篇：“子之迂也。”《釋文》“迂”作“于”。“迂”，《説文》：“避也。”“威”，《老子》“民不畏威”《注》：“害也。”是“天降威”者，即天降害，也即上文的“天降割于我家”也。故“予不敢閉于天降威”者，猶言“我對上天所降下的困難，不敢掩藏，也不敢迴避”也。

② “用寧王遺我大寶龜紹天明”，“用”，《僞傳》以降，舊皆屬上，讀若“威用”連文，清儒始正其讀；朱彬更歷引後文之“寧王惟卜用”、“矧亦惟卜用”以證“用”字之屬下讀。蓋“用”小篆作“用”，於文從卜、中，故許慎云：“可施行也。”意謂卜中，乃可施行。且《説文》用部在九十五，其上九十四爲卜部，其下九十六爲爻部，率以類相從之義，用之本義，實專用於卜，其用爲常語者，實其引伸義。“寧王”，鄭《注》以下多解爲“能安天下之王”，故文王、武王均可稱爲“寧王”，實似是而非。其依附莽誥釋此語爲“用寧王室”，尤見莽誥之別有用心。惟清末吳大澂之《説文古籀補》以“寧”爲“文”字之訛，最得真解，説已詳引於《君奭篇》“我道惟寧王德延”語詮釋，故“寧王”只是“文王”。“紹”，自《僞傳》以下都釋爲“繼”或“述”，皆未切，應是卻的假借字，《説文》：“卻，卜問也。”卜問方可云用寶龜。“明”，即古文《太甲》上篇“顧諟天之明命”的“明命”也，即下文“即命曰”的“命”。“明命”猶言明示也。故“用寧王遺我大寶龜紹天明”者，即“用文王留給的我大寶龜，由占卜中向上天要個明白的啓示”也。

③ “即”，《釋詁》注：“猶今也。”“命”，《釋詁》：“告也。”自

天言之，即啓示也。

④ "大"，重大，即嚴重之意。"艱"，《說文》："土難治也，从堇艮聲。"段注："引伸之，凡難理之事皆曰'艱'。按許書無'墾'字，疑古'艱'字即今'墾'字。"梓案：此一疑疑得有理，因堇本義爲黏土，黏土難耕故難治。《方言》："墾，力也。"難治之事必費力，故今言遇困難之事，也往往謂爲費力或費事，猶今常語的"困難"。故"有大艱于西土"者，猶言"在西土現有嚴重而又困難的任務須完成"也。

⑤ "靜"一作"靖"。《周本紀》"周宣王靜"，《漢書·古今人表》"靜"作"靖"，可知"靜""靖"古通作。"靖"，《詩·大雅·昊天有成命》"肆其靖之"毛傳："靖，和也。"故"西土人亦不靜"，猶言西土人內部已不相和輯也。這當然指管、蔡及羣弟與周公不和而言。

⑥ "越"，《釋詁》："于也。""茲"，《廣雅·釋言》："今也。""蠢"，《說文》："蟲動也。"此處舊於"蠢"字讀斷，讀作"越茲蠢"，解作西土人也不安靖，於是已蠢動起來。我覺得這樣讀法，不吻合經義。照這樣講，周公對三監之叛，似乎以管、蔡爲主敵，奄與武庚轉成附庸，與下文"于伐殷逋播臣"及"誕以爾東征"之文都不相應。我以爲"越茲蠢"三字應連下"殷小腆"三字一起讀，讀作"越茲蠢殷小腆"。這和僞古文《書·大禹謨》"蠢茲有苗"及《毛詩·小雅·采芑》"蠢爾荊蠻"皆同語例。"小腆"，鄭注："謂小國也。"孫《疏》："《說文》云：'腆，多也。'《左傳》謙詞多言'不腆'，故云'小國'。"梓案：《正義》引王注："腆，主也。殷小主，謂祿父也。"鄭、王兩注，我取王說。蓋"腆"从肉典聲，根據古時字有無偏旁可以通用之

例，“小腆”亦可讀作“小典”，“典”，主也。故“越兹蠢
殷小腆”者，猶言“於今蠢蠢欲動的殷邦小主”也。

⑦ “誕”，《尚書》中多作“大”義，或作發語詞，無義。但
“誕”本義是大，有言過其實義，故亦引爲“誕妄”義。我
覺此文之“誕”應訓“妄”。莽誥於此處仿作“嚴鄉侯信誕敢
犯祖亂宗之叙”，江聲曰：“莽擬此經作誥，惟此條特異。
蓋莽心懷姦詐，假託周公，實與周大相反。翟義、劉信爲
漢起義兵，與管、蔡、武庚之叛逆亦異。若謂敢紀其叙，
則是興復漢室，名正言順，不可誅矣，故變言‘犯祖亂宗
之叙’。”此見江《音疏》。陳喬樅《今文尚書經説考》即引江
氏此文，謂“今文《尚書》文字多與古文異，此經今文疑作
‘誕敢犯其叙’”。“犯”字與“紀”字形略相似，故莽誥云
然。梓案：江氏之説，雖不免有些正統觀念，但合情實；
陳氏則泥於今古文之成見，一味篤信莽誥，不惜改字解經
以遷就之，而又了無根據。莽誥之不足據以解經，此又其
一證。“紀”，《説文》：“絲別也。”段《注》本引《詩·棫
樸》正義改作“別絲也”，且云：“一絲必有其首，別之是
爲紀。衆絲皆得其首是爲統，統與紀，義互相足也。《禮
器》曰：‘衆之紀也，紀散而衆亂。’注曰：‘紀者，絲縷之
數有紀也。’此‘紀’之本義也，引伸爲凡經理之稱。”段氏
之所謂“經理”，由《禮器》注觀之，實今語“整理”。“叙”
與“序”音義皆同，故古典文獻中可以互用。“序”，《詩·
周頌·閔予小子》“繼序思不忘”《傳》：“緒也。”梓案：
“叙”、“序”、“緒”三字亦音義皆同，“叙”原作“緒”，以
與下文之“紀”相照應。“緒”，《説文》：“絲耑也。”段注：
“耑者，草木初生之題也，因爲凡首之稱。抽絲者，得緒
而可引，引申之，凡事皆有緒可纘。”蓋“緒”本義既爲絲

耑，則絲首、絲末皆可謂之絲耑，故亦有"餘"義。"緒餘"一詞，即以同義連文而成的聯緜字。惟其是緒餘，故"緒"又引伸而有"業"義，《毛詩·魯頌·閟宮》"纘禹之緒"，《釋文》："纘，繼也。"《傳》："緒，業也。""纘禹之緒"者，繼禹之餘業也。然則此文"誕敢紀其叙"者，猶言"妄想重整其已墜之業"也。

⑧ "疵"，《釋文》引馬注："瑕也。""瑕"，《廣雅·釋詁三》："裂也。"故"疵"字有"裂"義，"裂"即"裂縫"，也即所謂"釁隙"。故"知我國有疵"者，猶言知道我國有隙可乘也。

⑨ "曰予復反鄙我周邦"一語，解釋者至爲紛歧，而其所以紛歧的原因，似乎都在一個"曰"字和一個"鄙"字上。《僞傳》釋"鄙"爲"鄙易"；蔡《傳》釋"鄙"爲"鄙邑"之"鄙"；江《音疏》釋"鄙"爲"鄙傷"，要不外"卑下"或"偏僻"之義。果如此等説法，則此"曰"字下的話，究竟是誰説的呢？若説是殷小腆説的話，如何能稱"我周邦"？若説是周公代成王説的話，則何以解於"鄙我周邦"的口吻？自孫《疏》後，如陳喬樅之《今文尚書經説考》、俞樾之《羣經平議》、吳汝綸的《尚書故》又都據莽誥訓爲"祐"（莽誥作"右"）。但"鄙"字，字書中似無訓"祐"者，故其解釋都不免於牽强。這又是誤信莽誥所依據者爲今文《尚書》之所致。其實此訓江聲早在《集注音疏》中闢莽誥之妄説曰："翟義、劉信實繼漢室，不得謂其'鄙我漢國'，故變文言'天反復右我漢國'也。此莽窮於辭，誥故支吾其説，正竊此經之字，而意實乖異。此則不可擬以推求經義者也。"不已明白揭出莽誥之有意歪曲經文了嗎？而其關鍵正就在這個"鄙"字。我推究各家所以如此誤信莽誥，以爲真出於西漢時代的今文經，恐怕還是由於對這句古文經

求其解而不得所致，而所以不得其解，也還是由於無解於
"曰"、"鄙"二字所致。梓以爲此曰字下的話，實作殷小腆
的口吻，但非殷小腆當時真有此語，而是作誥者揣度其
有此意耳，故此"曰"字當訓"謂"，只是泛指其應有此説
法而已。"曰"字此種用法極多，兹舉數例於下：

《論語·八佾》："周人以栗，曰使民戰栗。"

《論語·憲問》："桓公殺公子糾，召忽死之，管
仲不死，曰未仁乎?"

上例兩個"曰"字，皇侃《義疏》皆訓"謂"，因前一例
是宰予之言，上已有"宰予曰"；下一例爲子路説的，上
也有"子路曰"，所以皇疏只用"謂"字訓"曰"，"謂"者，
"以爲"也。上一句的"謂"，是宰予揣度周人的意思而説
的話，"曰使民戰栗"者，"以爲可使民戰栗"也；後一例
是子路揣度孔子的意思而説的話，"曰未仁乎"者，猶言
"你以爲未仁嗎"。又如：

《尚書·洪範》："而康而色，曰予攸好德，汝則錫
之福。"

《僞傳》釋爲"汝當安汝顏色以謙下人；人曰'我所好
者德，汝則予之爵禄'。"這里泛指一切人講的話，不能作
領起直接引語用。又如：

《論語·子路》："子謂衛公子荆善居室，始有，
曰苟合矣；少有，曰苟完矣；富有，曰苟美矣。"

這裏上文雖已有個"謂"字領起，但下面這三個"曰"
字却仍不能作爲領起直接引語用，所以三個"曰"字下的
話，還不是公子荆自己的話，而只是孔子撮述公子荆的
話。此文的"曰"字就應如是觀。"鄙"，古本或只作"啚"，
我疑經文當本作"圖"，而殘爲"啚"，經轉輾傳鈔，後人

遂誤以爲"鄙"了。故"曰予復反鄙我周邦"者，猶言殷小
腆見天降害於我家，知我國有隙可乘，人民也不得安康，
"自以爲又可反轉來圖我周邦了"。

⑩ "今蠢今翼"，此語自《僞傳》以來，幾皆讀作"今蠢今翼
曰"，於"曰"字讀斷。我覺得這讀法也非是，應於"翼"字
讀斷，而將"曰"字屬下讀，蓋此上經文只説到殷小腆的
蠢動，"曰"字以下則已是周邦要去平亂的話了。此處的
"蠢"字，當然即是上文"蠢殷小腆"的"蠢"，而"翼"在俞
樾的《羣經平議》中，却以爲"今蠢""今翼"兩義相對，我
是贊成這一讀法的。其説曰："'翼'，本作'翌'，衞包所
改，説詳段氏《撰異》。《説文》蚰部：'蠢，蟲動也。'羽
部：'翊，飛貌。''翌'即'翊'之變體。'蠢'以蟲喻，
'翊'以鳥喻。'翊'又變文作'抍'；《文選·吳都賦》"趁
趨抍豫"李善注：'相隨驅逐衆多貌。'上文'越兹蠢'專以
武庚言；此文'今蠢今翼'，則見武庚蠢動，而淮夷從之。
'抍豫'，衆多也。"故"今蠢今翼"者，猶言"目今武庚已蠢
動了，淮夷的奄邦也附和着聯翩而起了"。

[經文]

　　"曰民獻有十夫予翼①，以于敉寧武圖功②，我有大
事休③，朕卜并吉④。肆予告我友邦君越尹氏、庶士御事
曰⑤：'予得吉卜，予惟以爾庶邦于伐殷逋播臣⑥。'"

[詮釋]

　　①"曰"，俞樾《羣經平議》："曰字屬下爲義；文七年《左
傳》'曰衞不睦'，襄二十六年《左傳》'曰其過此也'，昭
七年《左傳》'曰君以夫公孫段爲能任其事'，十六年《傳》

'日起請夫環'，並與此日字同其用。蓋《左氏》正因《尚書》有此文法而循用之耳。……枚《傳》（即《僞傳》）見'翌日'連文適與《金縢》篇同，遂讀'今翌日'爲句，誤矣。"梓案："日"者，文七年《左傳》杜注："往日。""日"字此一用法，亦往往見於《國語》。《晉語》"獻公伐驪戎"章"日君以驪姬爲夫人"韋注："日，昔日也。"《晉語》"反自稷桑"章"日吾固告君"韋注："日，往日也。"故"日"字屬下爲義，蓋先秦語例如此，俞説極是，但非必《左氏》摹仿《尚書》耳。至訓"日"爲"往日"或"昔日"，則魏、晉時人所習知之而習用之，不知《僞傳》者何以獨不知。"民獻"，舊解皆訓爲"民之賢者"，或因《大傳》此一處作"民儀"，而訓爲"民之可儀型者"。此皆泥於後人的舊訓，其實古經籍中無此訓，蓋古經籍中之"獻"字，原只有祭獻義。近人容庚之《金文編》則又逕以今人所認爲奴隸的"人鬲"，爲即此文的"民獻"，何其與舊解相懸一至於此？這似乎不能不詳加解釋。梓案："獻"，《説文》"宗廟犬名羹獻，犬肥者以獻之，從犬鬳聲"，段注："獻本祭祀，奉犬牲之稱，引伸凡薦進之偁。按《論語》鄭注曰：'獻猶賢也。''獻'得賢訓者，《周禮》注獻讀儀，是以伏生《尚書》'民儀有十夫'古文《尚書》作'民獻'；《咎繇謨》古文'萬邦黎獻'，漢孔宙碑、費鳳碑……皆用'黎儀'字，皆用伏生《尚書》也。"是"獻"字，漢人始讀爲"儀"而訓爲"賢"也。到"民獻"爲"人鬲"，則是形轉，而非如讀"獻"爲"儀"之爲聲轉也。據吳大澂《説文古籀補》卷十謂古文"獻"、"甗"爲一字。《伯貞甗》，容庚《金文編》卷十亦謂"獻"從犬，亦通"甗"。又按之《説文》，"甗"，鬲部："鬲或從瓦。"段注："《楚世家》楚武王曰：'居三代之傳，器吞三

翮六翼以高世主。'小司馬曰："'翮'亦作'甂'，同音
"歷"。三翮六翼謂九鼎，空足曰翮，翼即耳，事見《爾
雅》。'"按"翮"者，"甂"之假借字；"翼"者，"鈲"之假借
字。九鼎，空足者三，附耳於外者六也。《爾雅》曰："鼎
足謂之'鬲'，附耳於外謂之'鈲'。"由是觀之，是"翮"即
"甂"，亦即"鬲"。"甂"、"甗"形近似，故古亦通作；
《小盂鼎》中的"甗"，即逕作"鬲"，是其明證。據《說文
古籀補》及《金文編》，"甗""獻"古既可通作，"獻"亦自
可通作"鬲"，容庚逕以"人鬲"訓"民獻"，自有其文字學
上的根據，故我這裏也從容訓。不過，"人鬲"是不是逕
如今人解釋爲奴隸呢？我覺得這也似乎過於直捷了當一
點，故在這裏想更進一解。《說文》"鬲"的重文作"䰛"，
段注以爲"載於令甲、令乙之'鬲'字也"。另據《逸周書·
世俘篇》如下一段記載曰："武王遂征四方，凡憝國九十
有九國，馘䰛億有十萬七千七百七十有九，俘人三億萬有
二百三十，凡服國六百五十有二。"這段記載中文義都很
明白，只是"俘"之外，又有"馘䰛"一種，是什麼樣的人，
還似乎值得詮釋一下。按"馘"《說文》作"聝"，謂："軍
戰斷耳也。《春秋傳》曰：'以爲俘聝。'从耳或聲。""馘"
當是"聝"之或字，或者折耳爲"聝"、折首爲"馘"乎？照
《說文》引經，馘、聝連文，蓋亦猶《逸周書》之"馘""䰛"
連文了，是"馘""䰛"亦特種之俘，而"䰛"則亦"䰛"之異
文耳。更考之周金文，其記載戰事勝利之成果者，往往有
"折首執嘫"之文；如《于娶簋》、《兮甲盤》、《師晨簋》和
《虢季子白盤》等器銘文皆有之。《虢季子白盤》且還記載
有數字曰："折首五百，執嘫五十。"由這種記載看來，
"折首"應即《逸周書》中的"馘"；而由金文之以"折首執

嚻"連文並書看，"執嚻"似乎應是《逸周書》中的"厤"了。蓋"厤"亦可通"櫪"，而"櫪"亦叫"櫪槂"，據《尉繚子》稱"櫪槂"是"束人之指而訊囚之情者"，而"執嚻"則固即今行文中的"鞫訊"也。故綜合《逸周書》和周金文的記載來看，"厤"即俘虜中得留活口而待鞫訊的人，不很明白嗎？那末要怎樣的俘虜才得免於折首而留活口以待鞫訊呢？這又可於《小盂鼎》的銘文中窺其梗概。其文云："盂以□□伐鬼方，執嘼（酋）三人，隻（獲）聝四千八百□聝，孚（俘）人萬三千八十一人……盂或（又）……執嘼一人聝百卅七聝……盂拜［頴首□嘼進即］大廷。王令燓遘嘼燓即嘼遘卑故。"這段銘文完全就郭沫若《兩周金文辭大系》照錄，側注文字，皆郭所注。此銘文所應注意者，有"聝"，有"孚"，却沒有上引諸銘文中都有的"執嚻"之文；但有所謂"執嘼""遘嘼"。據郭氏的側注，以"遘"爲"嚻"，釋"嘼"爲"酋"，我因而理解到"執嚻"實即"執嘼"，凡稱"執嚻"者，實皆俘中之大小酋，留其活口以備鞫訊者也。此則由"燓遘嘼"和"燓即嘼遘卑故"之文而可知者，故其數也遠比"聝"爲少；以《小盂鼎》論，乃三與三千八百之比，或一與一百卅七之比；即以《虢季子白盤》論，也一與七三比。綜合上引的這些資料來看，那末所謂"人鬲"也者，即人魔，也即人厤，也即人櫪，也即金文中的"執嚻"，也即"嘼"，也即俘虜中的大小酋。至於是否即是奴隸，那却要看鞫訊的結果而定了。鞫訊之後，或竟仍折首，或允其贖取，或如《多方》篇中所謂賓其"有服在大僚"，或竟赦爲奴隸，都有可能，但當其尚是"人鬲"而有待其鞫訊時，便認之爲奴隸，即不免過於直截了當了。本文既明言"民獻有十夫于翼"了，這就可知武王克商時所

獲俘虜的大小酋，是在鞠訊之後而賚其“有服在大僚”的
“人鬲”了。那末像這樣的“民獻”，我們可以依慣例稱之
爲殷遺臣了，《酒誥》的“獻臣”當也是此等人。舊注泥於
“十夫”之文，以《論語》中所謂“亂臣十人”當之者，似非；
蓋彼文所指自是周固有之亂臣，此文所指，則是已賚其
“有服在大僚”的殷遺臣也。此文着此一語，周公蓋已於
所獲殷遺臣中訊得有戡定叛亂的把握，因取其人以自輔，
故曰“曰民獻有十夫予翼”也。

② “于”，《詩·周南·桃夭》“之子于歸”毛傳：“往也。”
“敉”，《説文》：“撫也，从攴米聲，《周書》曰：‘亦未克
敉公功。’讀若‘弭’。”山井鼎《七經孟子考》“敉”逕作
“撫”。“撫”，《禮記·曲禮上》“客跪撫席而辭”《疏》：
“謂以手案止之也。”“寧”，仍“文”之形訛。“圖功”，所
經營之功業。故“曰民獻有十夫予翼，以于敉寧武圖功”
者，猶言“我們往日所獲之俘虜中，有殷遺臣十人來輔佑
我，去撫定文王、武王所經營的事業”。

③ “大事”，戎事也，即指此次討叛言。《春秋左氏傳》成十
三年：“國之大事，在祀與戎。”故祭祀或用兵都可稱“大
事”。“休”，《國語·周語》“定王使單襄公聘於宋”章“以
承天休”韋注：“慶也。”“慶”，《説文》：“行賀人也。”可
賀之事必於其人有利，故“休”亦可訓有利。

④ “朕”，兆也；“朕卜”即卜兆。“并”，舊法多訓數卜皆吉，
我覺得此文不必如此説，“并”只是“又”也。“我有大事
休，朕卜并吉”者，猶言“我於戰事正已有利，卜又得吉
兆”。

⑤ “肆”，《釋詁》：“今也。”“尹”，《説文》：“治也，从又，
握事者也。”惟其掌握庶事，故通稱一切掌事務的長官爲

"尹"，經籍中時見有所謂"庶尹"、"百尹"等名詞，即指一切庶官之長言。《禮記·曲禮下》："天子之五官，曰司徒、司馬、司空、司士、司寇，典司五衆。"司徒等五官，即所謂庶尹；其所典司的五衆，即下文所謂庶士御事。"庶士御事"者，猶言衆士之執事者也。古者做什麼長官的人，往往即以官爲氏，如爲司徒者，即稱司徒氏，爲司馬者，即稱司馬氏；後代那些以司徒、司馬爲姓的人，即古時司徒氏、司馬氏的後代。仿此爲庶尹者，即可稱爲尹氏；今世固還有姓尹的人，當然也即古尹氏的後代。梓案：此文之友邦君，實即《盤庚》下篇的邦伯；尹氏，則《盤庚》下篇的師、長；庶士、御事，則《盤庚》下篇的百執事。邦伯、邦君，當然是諸候；尹氏例以卿大夫爲之；庶士當然屬於士的一個階層了。這是先秦時代所謂差等的通常現象。

⑥ "以"，《詩·載芟》"侯疆侯以"鄭箋："春秋之義，能東西之曰以。""于"，往也，見上詮釋。"遄"，《説文》："亡也。""亡"，《禮記·樂記》"而滅亡無日矣"疏："亡，叛也。""播"，《周禮·大司樂》"播之以八音"鄭注："故書'播'爲'藩'，杜子春云：'藩當爲播，讀如后稷播百穀之播。'"梓案："播""藩"本皆取音於"番"，"播"可書作"藩"，則"藩"自亦可寫作"播"。這樣，"遄播臣"者，當即"叛藩臣"也。舊解都作逃亡播遷之臣講，試思其人既已逃亡播遷了，一緹騎之刀足矣，又何庸以庶邦往征伐耶？恐非經義。故"肆予告我友邦君越尹氏、庶士御事曰：'予得吉卜，予惟以爾庶邦于伐殷遄播臣'"者，猶言："今我正告各友邦的邦君及你們的卿士道：'我於龜卜已得吉兆，我想率領各邦君臣往伐那殷邦叛逆的

藩臣。’”

[經文]

　　“爾庶邦君越庶士御事罔不反曰艱大①，民不静②，亦惟在王宮、邦君室③，越予小子考翼④，不可征。王害不違卜⑤？肆予沖人永思艱曰⑥，嗚呼！允蠢鰥寡⑦，哀哉⑧！予造天役⑨，遺大投艱於朕身⑩。越予沖人⑪，不卬自恤⑫。義爾邦君越爾多士尹氏御事綏予曰⑬，無毖於恤⑭，不可不成乃寧考圖功⑮。”

[詮釋]

　①“反”，《素問·刺志論》“反此者病”《注》：“不相合應也。”“曰”，與上文“曰予復反鄙我周邦”之“曰”同，亦泛指而有揣度其如下云云的口吻，尤非領起下文作爲直接引語，故上有“爾”而下有“予”。“反曰”云者，猶言“或者爾庶邦倒以爲”也。“艱大”，即上文有“大艱於西土”的“大艱”，只是説事情是困難而嚴重的。

　②“静”同“靖”，輯睦也。

　③“惟”，《經傳釋詞》：“有也。”

　④“越”同“曰”，猶謂也，即以爲也。舊解“越”爲“與”或“及”，則所有在王宮邦君之人，似皆不在“考翼”之内了，似與經旨不合。“考翼”一詞，在此誥中凡兩見，即此處和“厥考翼其肯曰”的“考翼”，自應予以同樣的解釋。《僞傳》於此處釋“考”爲“考疑”，釋“翼”爲“敬”，謂“敬成周道”，簡直不知所云；於後文却又釋“考”爲“父”；釋“翼”爲敬，謂“敬事創業”。於此，可見其中無的見。莽誥於此處仿作“於小子族父敬不可征”，將“考翼”一詞拆

開分釋，當然不可能用於後文，故後文於"厥考翼其肯曰"處，只能約舉其大意而囫圇吞棗地混過去了。鄭《注》則僅見於後文之"考翼"，以謂父所敬職者。蔡《傳》則前後皆訓爲"父所敬事之人"。江《音疏》則於此效莽誥，將"考翼"二字分釋，於後文則又取鄭《注》"父所敬職者"之訓，前後亦不一致。此外，清人亦大致宗鄭訓。我覺得他們都似過於泥守"翼"之"敬"訓，其實，本文上文已數用"翼"字，如"今翼"、"于翼"云云，我意亦應歸於一致，不必泥於"敬"訓。于省吾訓此"孝友"，但亦不可能施於後文。我以爲"考"不必轉注爲"孝"，"翼"則可轉注爲"友"，故"考翼"一詞盡可以"父執"釋之，則前後文都可通釋矣。

⑤　"害"通"曷"，何也，見《經傳釋詞》。"違"，《廣雅·釋詁二》："偝也。""偝"即今語"違背"。"爾庶邦君越庶士御事罔不及曰艱大，民不靜，亦惟在王宮、邦君室，越予小子考翼，不可征。王害不違卜"者，猶言"你各邦君臣可能無不以爲這事很困難而嚴重。西土人本來不和睦，連王宮和各邦君室中也不免。以爲這些人對於我小子都是父執，不可用兵去征伐。王何不違背一下卜兆呢？"

⑥　"永"，《漢書·董仲舒傳》、《鼂錯傳》集注："深也。"

⑦　"允"，《說文》："信也。""蠢"通"惷"，擾動也，亦亂也。莽誥仿作"誠動鰥寡"，此一讀法當可依。然則"允蠢鰥寡"者，猶云"真的動亂及於無告之人"。"鰥寡"蓋假以代表一切無告的人民。

⑧　"肆予沖人永思艱曰，嗚呼！允蠢鰥寡，哀哉"，猶言"所以我這年輕人也很深切地想到這一困難。啊呵！真的動亂起來擾及那些無告之民，豈不可哀呀"。

⑨“造”，與“遭”古通作，已詳見上“弗造哲”詮釋。“役”，《說文》：“戍戍邊也。”《廣雅·釋詁》：“使也。”合此兩義來看，“役”義較“使”爲重，有使服勞役之義。

⑩“遺”讀去聲，《詩·邶風·北門》“政事一埤遺我”毛傳：“加也。”“投”，《詩·大雅·抑》“投我以桃”鄭箋：“擲也。”“大”、“艱”即上文“有大艱于西土”與“艱大”一詞分述而成“遺大投艱”一語。故“大”與“艱”於此爲兩義相對之名詞，“大”義也只是“重大”或“重任”；《禮記·王制》“必察小大之比以成之”，鄭注：“小大，猶輕重也。”《論語·泰伯》：“任重而道遠。”足以說明這裏“大”字的意義。此語歷來的解釋頗爲紛歧，莽誥仿作“予遭天役遺大解難於予身”，語意殊不明確。《僞傳》釋爲“我周家爲天下役事遺我甚大，投此艱難於我身”也不易索解，釋“造”爲“爲”，則與莽誥不同；其引馬云“造，遺也”，也明係錯誤，以下文已有“遺”字，不應重牀疊屋至此。段玉裁以爲“遺”當係“遭”字之訛，理或然歟！蔡《傳》釋爲“我之所爲皆天之所役使，今日之事，天實以其甚大者遺於我之身，以其甚艱者投於我之身”。江《音疏》釋爲“第我遭天之役使，以重大艱難之使役於我身”。吳汝綸則釋爲“我遭此天事，實以大急難於我身”。以上諸解，惟蔡《傳》與江《音疏》能分貼“大”、“艱”兩義爲與上下文有照應，餘皆似以“大”字疏狀“艱”字；但蔡《傳》釋“造”爲“爲”，則與《僞傳》同。我看還似是以江《音疏》爲近是。茲據我的理解，釋“役”爲“使”、“造”爲“遭”、“遺”爲“加”、“大”爲“重”、“予造天役，遺大投艱於朕身”者，猶言“我遭受上天所役使，加我以重任，投我以困難”也。

⑪“越”，於也。

⑫ "卬"，《釋詁》："我也。""恤"，《國策·秦策》"不恤楚交"《注》："顧也。""越予沖人，不卬自恤"者，猶言"在我這年輕人，當然不能自顧了"也。

⑬ "義"，《僞傳》承上文而言，釋爲"不惟自憂而已，乃欲施義於汝衆國"，是釋"義"爲"施義"，實不合經文口吻。蔡《傳》則釋爲"以義言之"，似亦未合。其實，"義"是"儀"的本字，而"儀"在此文則爲《詩·大雅·蕩之什·烝民》"我儀圖之"的"儀"，《説文》："度也。"有揣度意。"義爾邦君……"云者，猶言"我固大任所在，不能自顧了，你們各邦君長，也總應該來勸慰我"也。這裏，"御事"兩字承其下，説明"御事"兩字非官階，是執事。"綏"，實《國語·齊語》"以勸綏謗言"中"勸綏"之"綏"，韋注："綏，止也。"我以爲"勸綏"的解釋是"勸慰"。

⑭ "毖"，《説文》："慎也。"《僞傳》訓"無毖於恤"爲"無勞於憂"，是又訓"毖"爲"勞"了。合此兩義來看，此處經文確有此兩義的口吻，故"無毖於恤"云者，猶言"不必小心謹慎地顧慮自己"也。

⑮ "不可不成乃寧考圖功"者，猶言"不可不完成你父考所經營的功業"也。

[經文]

　　"已①，予惟小子②，不敢替上帝命③。天休于寧王④，興我小邦周，寧王惟卜用⑤，克綏受兹命⑥。今天其相民⑦，矧亦惟卜用⑧。嗚呼！天明畏⑨，弼我丕丕基⑩。"

[詮釋]

　　①"已"，莽誥作"熙"，實即今之"嘻"字，皆一聲之轉。師

古注《漢書》釋爲"重歎而言"，蓋感歎詞之一也。

② "惟"，《經傳釋詞》："雖也。"

③ "替"，莽誥作"僭"。梓案：此字《僞傳》本作"普"，釋云"不敢廢天命"。據段玉裁《說文解字》讀曰：《隸續》載魏三體石經《左傳》，蘇望所摹刻者，錯出《尚書》遺字，如第三行以下云"大、儓、龜、粤、兹、截、翼、陜、虧、我、友、邦、君、庶、邦、亏、囍、大、可、征、鰥、哀"，三十三行以下云"寡、卬、自、于、卹、不、敢、朁、克、綏"，此皆《大誥》之文也。"朁"字，从曰兓聲，非从竝❹聲之字。《隸續》版本下體雖不从"曰"，恐轉摹失誤。初疑寫石經者誤以"朁"爲"普"，及考《漢書·翟義傳》"予不敢僭上帝命"，師古注彐："僭，不信也，言順天命而征討。"小顏之注多採前人音義，彼豈不見《尚書》作"普"？因說《漢書》者，舊訓如此而仍之。於是知今文《尚書》作"朁"，讀爲"僭"，故《漢書》作"僭"，《魏三體石經》蓋用今文也。上引具見段玉裁《古文尚書撰異》。可知這"替"字，《今文尚書》作朁，讀"僭"，其義則"不信"而非"廢"。這證之於篇末的"天命不僭"，此處確以作"替"爲是，應讀"僭"而訓不信也。然則"已！予惟小子，不敢替上帝命"云者，猶言"嘻！我雖是個小孩子，也不能不信上帝的明示"也。

④ "休"，同"庥"，《釋言》："蔭也。"《注》："今俗呼樹蔭爲庥。"引伸爲蔭庇。

⑤ "卜用"，即卜中，見上"用寧王遺我大寶龜"，蓋卜中乃可用也，猶言只是由於龜卜可用，才知承天庥也。

⑥ "綏"，《說文》："車中把也。"《子虛賦》郭璞注："綏所執以登車。"執綏以登車，可以安然上車。"克綏受兹命"者，

謂"能安然接受上天這樣的使命"也。然則，"天休于寧
王，興我小邦周，寧王惟卜用，克綏受茲命"者，猶言
"上天加福蔭於文王，振興我們這小小的周邦時，文王只
是卜中了才知道，所以能安然接受上天這樣的使命"也。

⑦ "相"，《呂刑》"今天相民"馬注："助也。""其"，有"庶
幾"之義，見《經傳釋詞》。

⑧ "剢"，《經傳釋詞》："又也。"在這裏有"仍"字之意。"今
天其相民，剢亦惟卜用"者，謂"如今上天庶幾將有助於
吾民，仍然也是只有卜中了才知道"。

⑨ "明畏"，"畏"通"威"，"明畏"即"明威"；"天明威"，猶
言"上天明示的威罰"。

⑩ "弼"，《説文》："輔也。""丕"，大也；"丕丕"，猶言大
大也。照江《音疏》對此語的解釋，說是"天之明威輔我以
大此大基也"，似乎以上一"大"字作動詞用，而下一"大"
字作形容詞，用以形容"基"字。此解自較新，但不能施
於《立政》篇的"以并受此丕丕基"語之"丕丕"，似不如仍
用舊解爲是，蓋"丕丕基"恐亦當時語例。莽誥於此乃仿
作爲"烏虖！天明威輔漢始而大大矣"，是訓"丕丕"爲"大
大"。"基"，由莽誥的擬作看，"始"似即所以訓"基"，
乃陳喬樅以此處之"基"訓"矣"，因而引《隸釋》中殘存的
《立政》篇"丕丕其"來證明此處之"基"，今文當作"其"，
而釋爲語已詞，以附會其訓"矣"之說。我覺莽誥實以
"始"訓"基"，而非以"矣"訓"基"，故此處之"基"，不必
改字，只是訓"基業"，則亦可施於《立政》篇之"以并受此
丕丕基"了。這樣，"嗚呼！天明畏，弼我丕丕基"，也就
是說："啊呵！上天明示我邦的災害，正所以輔助我邦這
大大的基業。"此蓋暗示以"多難興邦"之意，破"殷小腆，

知我國有疵”的幻想。

[經文]

王曰：“爾惟舊人①，爾丕克遠省②。爾知寧王若勤哉天閟③。毖我成功所④，予不敢不極卒寧王圖事⑤。肆予大化誘我友邦君⑥，天棐忱⑦，辭其考我民⑧，予曷其不于前寧人圖功攸終⑨？天亦惟用勤毖我民若有疾⑩，予曷敢不于前寧人攸受休畢⑪？”

[詮釋]

① “爾”，指友邦君。“惟”，《經傳釋詞》：“是也。”

② “丕”訓“大”。清儒自江聲以下，幾皆從莽誥訓作“不”，其實在這裏只是無義的語辭。“舊人”自即指各友邦君，以其皆爲文王、武王時的老朋友了，故云。“省”，《釋詁》：“察也。”“遠省”，謂察事及遠也。

③ “若”猶“若何”也，即今語“何等”。“勤”，《說文》：“勞也。”“哉”，古與“在”通，於金文中尤習見，已詳釋於《康誥》篇“今民將在”語詮釋。彼文“在”讀如“哉”，此文則“哉”讀如“在”。“在”，《釋詁》：“察也。”與上“省”字爲對文。梓案：舊皆於“哉”字讀斷，而釋爲“爾知文王若此勤哉”。我覺得和上、下文不連貫，而下句“閟”“毖”連文，又易使讀者誤會，故改爲於“閟”字讀斷，而釋“閟”爲“閟宮”。“閟宮”者，周人所奉女神（蠶神）姜嫄之神宮。《詩·魯頌·閟宮》：“閟宮有侐，實實枚枚，赫赫姜嫄，其德不回，上帝是依。”吾國古神話中，傳說姜嫄是黃帝的元妃，而這裏却說姜嫄依上帝而居，可知黃帝即是上帝了。居閟宮的女神，既然上帝是依，所以此處便“天”

“閟”並稱，這是很自然的邏輯。然則“爾惟舊人，爾丕克
遠省，爾知寧王若勤哉天閟”者，謂“爾各友邦君長，都
是父親時的老朋友，你們都是省察得長遠了，知道我祖文
王是何等勤於省視上帝和閟宮的先神后的”。

④　“毖”，《說文》：“慎也。”《詩·周頌·小毖》“予其懲而毖
後患”疏：“成王謂管、蔡誤己，以爲創艾，故慎彼在後，
恐更有患難。”故這“毖”字，不惟有“慎”義，且有警戒義，
故“戒慎”兩字，往往以同義而連文並書。“戒”則又有
“告”義，《儀禮·士冠禮》“主人戒賓”《注》：“告也。”
“所”，《禮記·哀公問》“求德當欲不以其所”《注》：“所，
道也。”故“毖我成功所”者，猶言“告我以成功之道”也。
必如是，下文緊接以“予不敢不極卒寧王圖事”，語意方
緊湊。

⑤　“極”同“亟”，急也。“卒”，《釋詁》：“終也。”“終”，
《春秋左氏傳》昭十三年“求終事也”杜注：“竟也。”卒、
終、竟三字皆有完成義，故“予不敢不極卒寧王圖事”者，
謂“我不敢不急於完成文王所經營的事業”也。

⑥　“肆”，《釋詁》：“故也。”“大”，在此作語詞，無義。
“化”，《說文》：“教行也。”教行而有所改變，猶今語“說
服”或“勸說”。“誘”同“羑”，《廣雅·釋言》：“致也。”致
者云其自至也。故“化誘”二字也同義連文作爲聯緜字，
其義有“勸導”意。“肆予大化誘我友邦君”者，其意即“故
我特來勸導各位友邦的君長”。

⑦　“天棐忱”，即《君奭》篇“若天棐忱”的省文，猶言“倘以
爲天不可相信”，解詳《君奭》篇詮釋。於此益可見此與
《君奭》篇爲同時所作的姊妹篇。

⑧　“辭”，于《新證》云“辭”本作“辤”，“辤”讀爲《湯誓》“非

台小子"之"台"，訓我。言天非信，我其考之於民也。《邾公牼鐘》"鑄辝龢鐘二鍺"，言"鑄我龢鐘二鍺"也，是也，故從之。"考"，舊解往往訓"累"或"托"，我覺未合經意。案《漢書·郊祀志》"考入海方士"《注》："核其虛實。""考"實有"考信"之意，蓋謂"苟以爲上天不可信，我將考信於我們的人民"。

⑨ "其"，《經傳釋詞》："將也。""曷"，何也。"其"讀如"嫄"，經傳中有時亦寫作"居"。"曷其"即"何其"或"何居"；《詩·魏風·園有桃》"子曰何其"毛傳："夫人謂我欲何爲乎？"是"何其"或"何居"即"何爲"。"前寧人"即前人文王。"攸"，《釋言》："所也。""終"，完成也。見上"卒"字詮釋。"予曷其不于前寧人圖功攸終"，猶言"對於前人文王所經營的功業我爲何不完成"。

⑩ "亦"，通"一"。"惟"，是也。"亦惟"，一是也，猶言"一直"。"用"，因也，由也。"勤"，勞也。"毖"，戒慎也。"天亦惟用勤毖我民若有疾"，猶言"上天一直是因勞於戒慎我民，看得人民如同有病"。這有"文王初民如傷"的口吻。

⑪ "休畢"，莽誥擬此作"休輔"，師古注《漢書》解作"休息而輔助之"，段氏《撰異》因之，以爲"畢"音近"弼"，故訓"輔"。嗣是之後，多訓"畢"爲"弼"。于《新證》則根據周金文而訓"畢"爲"殊異"之"異"，未嘗不持之有故、言之成理，但合之通篇的經旨似都未必有合。我細繹此句之義，覺得"攸受休"應連讀，意即前寧人所受於上天之休蔭，實即是上天所贈予的使命。"畢"則只須取《廣雅·釋詁》"竟也"之訓，與上"極卒寧王圖事"之"卒"，與"于前寧人圖功攸終"之"終"，皆互文見義，義只是"完成"。故

"予曷敢不于前寧人攸受休畢"，意即"對前人文王所受於
上天的使命我何敢不予以完成"。

[經文]

王曰："若昔朕其逝①，朕言艱日思②。若考作室③，
既厎法④，厥子乃弗肯堂⑤，矧弗肯構⑥，厥考翼其肯
曰⑦，予有後弗棄基⑧。厥父菑⑨，厥子乃弗肯播⑩，矧
弗肯獲⑪，厥考翼其肯曰予有後弗棄基⑫。肆予曷敢不越
卬敉寧王大命⑬？若兄考乃有友伐厥子⑭，民養其勸
弗救⑮？"

[詮釋]

① "若昔朕其逝"語，解者幾乎言人人殊，有類猜枚。《僞
傳》云："順古道，我其往東征矣。我所言國家之難備矣，
日思念之。"蔡《傳》云："若昔之欲往，我亦謂其事之難，
而日思之矣。"江《音疏》云："言順昔前王之事，則我其當
往征。征討之事，我亦曰難而日思之。"孫《疏》："我前夕
東征，所言作室菑田之不易，當日思之。"吳汝綸云：
"'其'猶'之'也；'逝'與'誓'同。前告庶邦以吉卜，是
昔之誓也。"這裏四釋，只有孫《疏》與下文銜接，但已覺
相當牽強；其餘似皆與下文毫無關涉，似不能有如此説話
法。我覺得最有關鍵性的一個字，未能解釋的切，不免遂
覺支離。此一字維何？"朕"字是也。他們都泥於"朕"字
的舊訓"我"，我以爲當從劉《集解》在《洛誥》中對"朕"字
的解釋。他引莊云："'朕'當作'佚'，古文'訓'。""昔
朕"者，古訓也。"若昔朕其逝"，意即"倘古訓將去而不
留的話"。

② "朕言"，訓言也。"朕言艱日思"，意即"訓言在遇困難之
　日還是可追思的"。所謂古訓也者，便是下引的幾個譬喻。

③ 這裏的"考"，當然是"父"。

④ "厎"，《釋詁》："定也。""法"，《管子·七法》："尺寸
　也，繩墨也，規矩也，衡石也，斗斛也，角量也，謂之
　法。"然則所謂法者，就是尺寸、繩墨，以至角量之類，
　概言之，即是今之圖樣也。"厎法"亦即"定好的圖樣"。

⑤ "厥"，其也。"堂"，俞樾《羣經平議》云："古之所謂
　'堂'者有二：其一爲前堂後室之堂；其一爲四方而高之
　堂。"《禮記·檀弓》："吾見封之若堂者矣。"鄭注曰："堂
　形四方而高。"此文之堂，即後一義也。《僞傳》以來，皆
　釋"堂"爲"堂基"，皆未想及此後一義也。

⑥ "矧"，況也，亦又也。"構"，《説文》："蓋也。""蓋"，
　即今語"蓋屋"。"矧肯構"語，《正義》謂定本作"矧弗肯
　構"、"矧弗肯獲"，皆有"弗"字。據《僞傳》所解，似皆
　無"弗"字。梓案：《僞傳》之删去"弗"，實泥於"矧"之
　"況"訓所致，實則經典之"矧"，並非作"況"字解，也有
　"又"義。"又"義在《康誥》中例最多，詳見《康誥》篇詮
　釋。"乃弗肯堂，矧弗肯構"者，謂"乃不肯堂，又弗肯
　構"也，故這裏照定本録定。"若考作室，既厎法，厥子
　乃弗肯堂，矧弗肯構"，猶言"若其父造房子，已將圖樣
　定好了，作爲其子，乃不肯把地基填起來，又不肯在地基
　上蓋起屋架子"。

⑦ "考翼"見"越予考翼"詮釋。"其"，《經傳釋詞》："猶寧
　也。"讀若"豈"，即今語"難道"。

⑧ "厥考翼其肯曰，予有後弗棄基"，猶言"其父輩的友人難
　道肯説一聲，我友的後人，能保其基業而不廢棄嗎"。這

大約當時所傳的古訓有此一則，所以周公代成王引以
自喻。

⑨ "菑"，《説文》："不耕田也。"《爾雅·釋地》："田一歲曰
菑。"是菑只是初墾或未墾的田，引伸爲開墾之義。

⑩ "播"，布種。

⑪ "獲"，收割。

⑫ "厥父菑，厥子乃弗肯播，矧弗肯獲，厥考翼其肯曰予有
後弗棄基"，其意即："若做父親的已把一塊土地開墾出
來了，作爲他的兒子，倒不肯去布種，又不肯去收穫，作
爲他父親的友人，難道肯説一聲，我友的後人，是不廢棄
其先人基業的人嗎?"

⑬ "肆"，故也。"越"，及也。"印"，《釋詁》："我也。"自
身也。"敉"，撫也。皆已見上引。"肆予曷敢不越印敉寧
王大命"，猶言"所以我又何敢不及身來完成我祖父文王
所受於上天的大使命呢"。

⑭ "兄考"，《僞傳》訓爲兄弟父子之家。古今無此語例。蔡
《傳》訓"兄考"爲"父兄"，也把"兄考"二字顛倒過來，未
免牽强。清人大抵從蔡《傳》者爲多，惟今人于省吾的《尚
書新證》從《漢石經》證明"兄考"即"皇考"，最得的解。
其説云："'兄'應讀作'皇'，《無逸》'無皇曰今日耽樂'、
'則皇自敬德'，《漢石經》'皇'均作'兄'，是古文'皇'，
今文作'兄'也。又《秦誓》'我皇多有之'，'皇'，《公羊》
引作'況'，'況''兄'古亦通。"然則，"兄考"即"皇考"。
此文固周公代成王作，通篇如"予小子"、"予沖人"等自
稱，也都作成王口吻，故此文之"兄考"指武王無疑。
"友"，《説文》作"𠬅"，謂同志爲𠬅。此二語莽誥擬作
"若祖宗乃有效湯武伐厥子，民長共勸弗救"，蓋誤認

“友”爲“乂”。此後釋者於此語，不據莽誥作“乂”，即據本義作友朋之友。作“友”於此不可解，故誤認爲“乂”而訓作“效”字。我意此“友”當是“有”的通假字，其義則通於“宥”，蓋“有”“宥”古通也。“宥”則是《梓材》篇所謂“人宥”之“宥”，其義則爲俘虜之將蒙赦宥者，説詳《梓材》“人宥”詮釋。“若兄考乃有友伐厥子”，意即“若皇考乃有將放釋之俘虜伐擊其子”。蒙赦宥之俘虜謂武庚，“厥子”謂成王。

⑮ “民養”，莽誥作“民長”，亦有訓作飼養之“養”者，此兩訓看似相反而實相成。蓋上古之世，爲民長上者，並不如後世之高高在上，如今語所謂“騎在人民頭上”，實際乃是孟子所謂“食於人”的勞心者，乃是人民推舉出來，爲人民辦理公共事務的人，如管祭祀的巫史、管水利的司丞之類。這種人既“食於人”，當然是人民所養，故曰民養。在後世，這類人憑藉權勢而逐漸騎在人民頭上來了，這就成爲民長了。“民養”於此當然指的是各友邦君和尹氏們了。“其”，《經傳釋詞》：“寧也。”“勸”，近人往往以爲是“觀”的通假字，《尚書》中確有其例，《君奭》篇的“割申勸寧王之德”語中的“割申勸”，《禮記·緇衣》即引作“周田觀”，其例也。但在此文中，我以爲不必改字解經。這裏所謂“民養其勸弗救”者，謂“民所養的人或爲民長上者，豈可空以好言相勸，而不相救嗎”。

[經文]

王曰：“嗚呼！肆哉爾庶邦君越爾御事[1]。爽邦由哲[2]，亦惟十人迪知上帝命[3]。越天棐忱[4]，爾時罔敢易法[5]。矧今天降戾於周邦[6]，惟大艱人誕鄰胥伐于厥室⑦，爾亦不知天命不易⑧。

[詮釋]

① "肆"，《釋詁》："今也。""哉"，此處仍通"在"，解已見上文"文王若勤哉"詮釋。"肆哉爾庶邦君越爾御事"，意即"今在爾各邦君長和執事們了"。

② "爽"，舊解都訓"明"或"貳"。"明"作"勉"解，固可。"爽"作"勉"解，是否可通，還得待考。"爽"固可訓"貳"，然此"貳"乃"貳三其德"之"貳"，故此訓似亦未安。《國語·周語》"有神降於莘"章"實有爽德"韋注："亡也。""爽邦"，亡國也。"由"，同"繇"，《釋詁》："於也。""於"，《經傳釋詞》猶"之"也。"於"與"之"同義，"諸""之"一聲之轉，"諸"訓爲"於"，故"之"亦訓爲"於"。《大戴禮·事父母》篇曰："養之內，不養于外，則是越之也；養之外，不養于內，則是疏之也。"是也。然則"爽邦由哲"者，實即"亡國之哲"也。

③ "惟"，《經傳釋詞》："有也。""迪"，《廣雅·釋言》："蹈也。""蹈"，《説文》："踐也。""十人"，舊解多以《論語》之"予有亂臣十人"之"十人"當之，竊以爲未是，此處還是以"民獻有十夫"之"十夫"，庶幾前後文有照應；況"予有亂臣十人"之事，是武王時事而非成王時事。在成王時，《君奭》篇已明説虢叔、閎夭、太顛、散宜生、南宮适等都已故世，亂臣十人中已去其半了，自不能再以彼十人當之矣。"迪知"，王引之《經義述聞》訓"用知"，未的，此蓋謂由實踐而知之也。故"爽邦由哲，亦惟十人迪知上帝命"，猶言"亡國之明哲，也有像民獻十夫那樣，能從實踐中得知上帝使命之所在"。

④ "越"，《釋詁》："於也。""天棐忱"，解見上"天棐忱辭其

考我民”語詮釋。

⑤“爾時”，彼時也。“易”，《禮記·樂記》“易慢之心入之矣”鄭注：“易，輕易也。”“法”，莽誥擬作“定”。“法”，《説文》廌部古文作“亼正”，與“定”之小篆“㝎”形極近似，故漢人誤認爲“法”，實爲“定”字。“定”於此蓋謂定命也，“法”字於此無解。“越天棐忱，爾時罔敢易法”者，意即“他們對於上天不信任，在那時，也不敢輕慢上天的定命”。

⑥“戾”之本義爲“曲”，爲“乖”，引伸義爲“定”，舊解多訓“戾”爲“定”，未是。《詩·小雅·甫田之什·頍弁序》“暴戾無親”毛傳：“逆也。”可見“戾”於此實有乖義。《賈子·道術》亦云：“合得密周謂之調，反調爲戾。”虐也，乖也，無親也，反調也，皆與“定”義相反，而與上文的“不康”、“不靖”之文正相照應。“天降戾於周邦”者，意即“上天降下乖戾之氣於周邦”也。

⑦“惟”，《經傳釋詞》：“有也。”“大艱人”謂醞釀此嚴重而困難的局面之人。“大”“艱”二字通貫全篇，是此誥之脈絡。“誕”，猶妄也。“鄰”，莽誥釋“誕鄰”爲“大逆”，自《僞傳》以下，則多訓爲“大近”，且皆以管、蔡大近於王室爲義。于《新證》引戴鈞衡訓“鄰”爲“比”，我以爲最近之。至于《新證》以爲古寫隸古定《尚書》“鄰”作“比”，與漢簡所引古《尚書》合。按“比”乃“以”之譌，漢隸“以”作“㕥”，形相似也。“誕以”乃古人語例，下文“肆朕誕以爾東征”可證。梓案：“鄰”之隸古定“厸”與“比”之小篆“匕匕”亦近似，且“鄰”本亦有“比”義，《詩·小雅·節南山之什·正月》云：“洽比其鄰。”其例證也。況管、蔡與武庚、淮夷原亦大有朋比爲姦之意。我意戴氏之訓爲最近是。

“胥”，相也。“伐”，擊也。“胥伐于厥室”，亦有“同室
操戈”之義。

⑧ “亦”通“壹”，《經義述聞》：“乃也。”“矧今天降戾於周
邦，惟大艱人誕鄰胥伐于厥室，爾亦不知天命不易”者，
意即“如今天正降下乖戾之氣於我周邦，那些製造嚴重困
難局面的人，朋比爲姦，正在同室操戈，你們不知道上天
的定命是不可輕慢的嗎”。劉《集解》於“艱”字讀斷，作
“矧今天降戾於周邦惟大艱”，亦通，惜下一語“人誕鄰胥
伐于厥室”之“人”字，似嫌太泛，故未從之。

[經文]

“予永念曰①，天惟喪殷②，若穡夫③，予曷敢不終
朕畝④，天亦惟休于前寧人⑤，予曷其極卜敢弗于從⑥，
率寧人有指疆土⑦。矧今卜并吉，肆朕誕以爾東征。天
命不僭，卜陳惟若兹。”

[詮釋]

① “永”，深也，長也。“念”，《説文》：“常思也。”“永念”，
意即經常深切想到。

② “惟”，語詞也，無義。“喪殷”，即《君奭》篇所謂“天降
喪于殷”也。

③ “穡夫”，即農夫。《春秋左氏傳》隱六年：“爲國家者，見
惡如農夫之務去草也。”於此可見，先秦人的意識中，政
治上以農夫自喻，是習慣了的；而譬喻的用意，卻在去
草。蓋草不去，穀物即生長不好，故農夫的工作播種、收
割外，經常就在去草，即耕耘之“耘”也。耕、耘二字並
重，意義即在於此。

④ "終"，《廣雅·釋詁》："盡也。""終朕畝"者，盡我的田畝也。所謂"盡"者，即盡去田畝中的草也。"予永念曰，天惟喪殷，若穡夫，予曷敢不終朕畝"者，猶言"我常常深切地想，是上天降下喪亡殷邦之命於我，我好像一個農夫，在派給我的田畝上，又哪敢不把惡草除乾净呢"！

⑤ "亦惟"，一是也，即一直。"休"同"庥"，蔭庇也。

⑥ "曷其"，何其、何爲也。"極"同"亟"，讀若"器"，《漢書·刑法志》"師旅亟動"《注》："屢也。""于"一作"卜"。莽誥擬作即寫成"予害其極卜，敢不'卜'從"。清人之篤信莽誥爲摹擬今文《尚書》者，皆從之，改"于"爲"卜"。但師古仍解作"敢不往從"，是仍從《僞傳》本作"敢弗于從"解也。梓案："于"字於此確無義，蓋從卜無所用其往來也，兹姑從"卜"。

⑦ "率"，《説文》："捕鳥畢也，象絲罔上，下其竿柄也。"《東京賦》之"悉率百禽"實用其本義，而薛綜注此賦，乃釋"率"爲"斂"。故"率"於此有一舉而收之義。"有"，《經傳釋詞》："語助也，一字不成詞，則加有以配之。"梓案：王氏釋此義時，引例至多，似皆用以配合名詞，其實也可配合動詞，如《盤庚》中篇"曷不暨朕幼孫有比"之"有比"，即其例也。"指"，《僞傳》釋爲指意，而師古釋莽誥，却以爲"指"通"旨"，訓"美"，清人多從之，似皆迂而不切。惟蔡《傳》釋爲"指定"爲較近是。梓案：《釋名·釋長幼》："耆，指也，不從力役，指事使人也。字亦讀如旨。"《詩·周頌·臣工之什·武》"耆定爾功"毛傳："音指，致也。"疏引王肅云："致定其大功。""致"古亦作"置"，《後漢書》尤習見之，故"耆定"即"致定"、"置定"，也即底定。故"有指疆土"者，即"底定之疆土"也。

"天亦惟休于前寧人，予曷其極卜敢弗于從，率寧人有指
疆土"者，意即"上天一直是庇蔭于我先人文王的，我何
敢屢卜而不從卜，努力把先人已底定的疆土都收回來呢"。

"陳"，《國語·齊語》"桓公自莒反於齊"章："相示
以巧，相陳以功。"韋注："陳，亦示也。""陳"與"示"互
文見義。"惟"，有也。"若茲"，如此也。"矧今卜并吉，
肆朕誕以爾東征，天命不僭，卜陳惟若茲"者，意即"何
況如今卜兆又吉利，故我要用各友邦之力，往東方征討叛
逆。天命是不會不可信的，龜卜的示兆確實如此"。

大誥篇譯文

[書序]

　　周武王死，管叔、蔡叔、武庚三監及淮夷背叛周邦。周公時
正輔佐成王，將滅絕殷邦，作這篇《大誥》，以告諸侯。

[正文]

　　成王大要是這樣説："現通告你衆邦君長以及各邦的百執事
們。不肯憐恤人的上天，降下了不小的災難於我家，竟不肯稍稍
假以時日。可憐我年輕人繼承了這樣無限大的使命，自己又沒有
明哲的造詣，能導民於安康之境，怎説得上能感知上天的使命
呢？嘻！我乃是個小孩子，如今好像墮入一個漩渦之中了。我惟
有覓得一個可以著岸之所而奔赴之，以先人文王所受於上天的使
命遍告大家，或不致亡失我祖文王的大功業。"

　　"對上天降於我家的威罰，我不敢掩藏，也不敢迴避。我只
用文王留給我的大寶龜，通過占卜，向上天要個明白的啟示。上
天在龜卜中降下啟示道：'現在你西周地方，確有個嚴重而困難
的局面，同時你們西周人自己也不和睦。'於是蠢蠢欲動的殷小
主，竟妄想重整其已墜之業。他見天降威罰於我邦，知道我邦有

隙可乘，人民也不怎麼安靜，以爲自己又可翻身來圖謀我周邦了。你們看，如今武庚和淮夷居然蠢蠢然翼翼然聯翩而起了。"

"誰知昔日殷遺臣中，已有十家人來附從我，我就可帶了他們去撫定我祖文王、我父武王所經營的功業了。所以戰事於我正有利，而龜卜又得吉兆。如今我可以正告各友邦的君長們，及各邦長官庶士之有執事的人們，我已得了吉利的卜兆，我想用一用你們的力量去征伐殷邦那叛逆的藩臣。或者你們各邦君長和庶士之有執事者，可能和我的看法正相反，以爲玆事體大而困難。人民不和睦的情形，王宮和各邦君家中也都不免有。而這些人對於我這年輕人又都是父執，是不可用兵征伐的。王何不違背一下卜兆呢？我年輕人也深想到這一困難，唉！真的要讓他們起來擾亂那些無告的人民，實是大可傷心的事。我受了上天的役使，把這一副困難的重擔加在我身上了，對我這年輕人，已沒有自顧的餘地了。你們各友邦君長及多士和長官之有執事者們，也應勸慰我：'你不可一味小心謹慎地只顧自己，你祖考文王所經營的功業，是不可不完成的。'"

"嘻！我雖是個小孩子，我是決不敢不服從上帝命令的。上天加福蔭於我祖文王，才把我們這小小的周邦振興起來。當初文王只是卜中了才安然接受這份使命。如今上天乃要幫助人民，當然也要卜中了纔可命令我去做。唉！要知道上天這樣明示威罰於我周邦，正是爲了助成我周邦這大大的基業。"

王說："你們都是我祖父、父親的老朋友了，你們可能看得長久些。你們是知道的，我祖父文王是何等勤勞於省視上天和閟宮的。他曾告我以成功之道，所以我不敢不急於完成文王所經營的事業。我勸告各位友邦君長，倘以爲上天還不可靠，那我們也可求證於我們的人民。對先人文王所經營的功業我爲何不去完成？上天一直小心地看顧我民，好像是病人必須愛護一樣，我又何敢不仰體天意，去完成先人文王所受於上天的使命?"

　　王又説:"倘若古訓將去而不留的話，在困難的日子裏，倒要想着它。譬如做父親的要造房子，圖樣都已定好了，作爲他的兒子，連地基都不肯填，又不肯在地基上蓋起屋架子，他的父執們難道肯説一聲，我的朋友的後人，倒是個不廢先人基業的人嗎? 若做父親的已經把一塊土地開墾出來了，作爲他的兒子，不肯去布種，又不去收穫，作爲他父執的人，難道肯説一聲，我友的後人，倒是個不廢先人基業的人嗎? 所以我又何敢不及時完成文王的大使命呢? 再説倘若已死的父親，有他生前所佔有的奴隸在打他的兒子，而作爲人民長上的人，難道可以只用好言相勸，而不去救護他的兒子嗎?"

　　王説:"唉! 這要看你們各邦的君臣了。亡國的明哲中，也還有十個人能從實踐中知道天命之所在。即使對上天不那麼信任，也不敢輕慢這一定命。如今上天已降下乖戾之氣於我周邦，那些製造嚴重困難局面之人，朋比爲奸，正在同室操戈。你們難道不知天命不可輕慢嗎?"

　　"我經常深切地想，是上天降下滅亡殷邦之命於我，我好像一個農夫，在派給我的田畝上，又何敢不把惡草除乾净呢? 上天一直是庇蔭先人文王的，我何敢屢乞靈於龜卜而不從卜兆，努力把先人所底定的疆土盡行收回來呢? 況今卜兆又吉，故我想和你們往東方去征討。天命是不會不可信的，卜兆所示確實如此。"

酒誥篇詮譯

前　言

　　此篇無書序，《史記·周本紀》叙及此篇時，也只説"次《康誥》、《酒誥》、《梓材》"，好像三篇只是一篇，此篇無書序，大概就因此。《揚子法言》："説《書》者《序》以百，而《酒誥》之篇俄空焉。"可見此篇書序，揚雄所見本已如此。但照我看，《康誥》和《梓材》可説是一篇，此篇自是另一人説的話，而且是另一時説的話，不能和《康誥》、《梓材》混爲一談。我在《康誥》篇首小引中曾説："《康誥》是武王命康叔爲連屬之監，監東土諸侯時的誥辭，《酒誥》才是成王封康叔於衛時的誥辭。"何以見得呢？我的理由有以下兩個：

　　（一）此篇開頭的"王若曰"一語，唐陸德明的《經典釋文》中説馬融本作"成王若曰"，並引馬《注》曰："言'成王'者，未聞也。俗儒以爲成王骨節始成，故曰成王；或曰以成王爲少成二聖之功，生號曰'成王'，没因爲謚；衛（宏）賈（逵）以爲戒成康叔以慎酒，成就人之道也，故曰'成'。此三者吾無取焉。吾以爲後録書者加之，未敢專從，故曰未聞也。"由馬融之説觀之，我覺得於此起碼有兩點可以理解：

　　（1）此語直到馬融時，一直是作"成王若曰"，是原文，今文是後人據馬説删改的。

（2）"成王"一名似在此篇中首次出現，所以俗儒乃至衛賈二大儒都還在猜謎似的解釋中。據這兩點，我們似可肯定它爲成王的話。

（二）此篇第二句"明大命于妹邦"，和後文"妹土嗣爾股肱"一句，其中"妹邦"和"妹土"兩個辭，也可提供我們一條綫索。這"妹邦"和"妹土"究竟是指的什麽？孔《疏》引《正義》曰"妹"與《毛詩·鄘風·桑中》之"沫鄉"一也，故"妹"爲地名。"紂所都朝歌以北"者，殷紂之所都也。朝歌近沫邑之南，故云"以北"。《水經注》淇水下云："其水南流，東屈，逕朝歌城南。《晉書·地道記》曰：'本沫邑也。'《詩》云：'爰采唐矣，沫之鄉矣。'殷王武乙始遷居之爲殷都也。"據上引，則妹邦，即沫鄉，也即朝歌，是殷都。據上引，妹邦即在殷都朝歌之北東郊外。《水經注》又云："有糟邱酒池之事焉。"這大概就是《酒誥》之所由作。按"妹"、"沫"亦作"坶"，亦作"牧"，《牧誓》之牧野一戰，正是商周兩邦最後決戰之地，在此戰中，周勝商敗，周人遂入朝歌，故其地即殷都之所在。蓋周封武庚時，已分其地爲三國，即邶、鄘、衛是也。當武王時，其地既已封武庚，且已分之爲三國，而使管、蔡各居其一，以監視武庚，自不可能再以之封康叔，故封康叔於衛時，必已在平定三監之後。這時，武王已去世，成王已嗣位，故成王之名在此篇中爲首次出現，且確如《史記·周本紀》所說，是周公代成王所作以告康叔之誥，不似《康誥》和《梓材》作武王的口氣了。這便是我將此篇抽出的理由，而也是我否定蔡《傳》把此篇也解作武王告康叔的證據。

[經文]

　　王若曰："明大命于妹邦①！乃穆考文王肇國在西土②，厥誥毖③，庶邦庶士越少正御事④。朝夕曰：'祀

茲酒⑤。'惟天降命，肇我民⑥，惟元祀⑦。天降威，我民
用大亂喪德⑧，亦罔非酒惟行⑨；越小大邦用喪，亦罔非
酒惟辜⑩。文王誥教小子⑪，有正、有事無彝酒⑫。越庶
國，飲惟祀德將無醉⑬。惟曰我民迪小子惟土物愛⑭，厥
心臧⑮。聰聽祖考之彝訓，越小大德⑯，小子惟一⑰。

[詮釋]

①　"明"，明示。"命"，使命。

②　"穆考文王"，當時宗廟中的位次，始祖中坐，自此以下，
　　左坐爲"昭"，右坐爲"穆"。可能當時周邦的宗廟中，能
　　以"實始剪商"的太王爲始祖，中坐；太王以下，子季歷
　　左坐爲昭，孫文王右坐爲穆，所以"穆考文王"。自此以
　　下，世次即以昭、穆標示，即昭之子爲穆，穆之子復爲
　　昭，準此論計。僖二十四年《左傳》："管、蔡、郕、霍、
　　魯、衛、毛、聃、郜、雍、曹、滕、畢、原、酆、郇，文
　　之昭也；邘、晉、應、韓，武之穆也。"正惟文王在宗廟
　　中的坐次爲穆，所以他的兒子都是昭；武王是文王之子，
　　當然也是文之昭，所以他的兒子一輩的邘、晉、應、韓就
　　叫武之穆。"肇"本字作"肁"，《說文解字》戶部："始開
　　也。"所以在這裏有"首創"或"首建"義。

③　"毖"，《說文解字》比部："慎也。""慎"即今語慎重、小
　　心。以往有釋"毖"爲"密"的，有釋爲"憂勞"的，都由
　　"慎"義生發出來。又有釋爲"告"的，我以爲這是由對《大
　　誥》"天閟毖我成功所"句法的誤解而來，以爲閟、毖同
　　義，不應連文重複，故釋爲"告"，來斡旋其說，但何以
　　解於此處的"厥誥毖"呢？豈不更是連文重複了嗎？我覺
　　得"毖"應釋作"戒"字，《毛詩·周頌·小毖》"予其懲而
　　毖後患"，是其證。"閟毖"，即密戒；"誥毖"，即誥戒。

《中庸》的"戒慎乎其所不睹"的"戒慎"，即這"毖"字全
義。《廣雅・釋詁》解"毖"爲敕，最合。"敕"，《説文解
字》："誠也。"

④ "庶邦"，一般友邦。"庶士"，士之爲言事也，即一般辦
事的人。"越"，以及。"少正"，正之副，"正"本訓官長，
而"少正"，即長官之副。"御事"，"御"，治也；"御
事"，即一般治事的人。上面的庶士，指庶邦中的士；
"御事"，指己邦之士。

⑤ "祀"，祭祀。《周禮・秋官・萍氏》"幾酒"疏引此語，作
"惟祀兹酒"。"兹"，《經傳釋詞》："猶斯也。"且即引此
語爲例；且更引昭七年《左傳》"三命兹益共"語，以爲佐
證。案：汪説甚是。"斯"字辭氣，本與則同，兹、則亦
雙聲。"祀兹酒"，猶言惟祭祀則用酒。這和下文的"飲惟
祀"爲同一語吻。

⑥ "肇"，由始開義引伸爲"啓"；啓，啓迪也，今語開導。

⑦ "元祀"，即元年。此語意爲本上天降下使命，開導人民，
是在文王元年。

⑧ "亂"，惑亂，即今語糊塗。"喪"，《説文解字》哭部：
"亡也。"即失去義。"德"，正確的認識。此語意謂上天所
以降罰於人民，無非因我民糊塗而失去了正確的認識。

⑨ "行"，《周禮・夏官・司爟》"掌行火之政令"鄭玄注：
"行，猶用也。"用酒饗客，也稱行酒。語意謂"也無非惟
酒是用"。俞樾《羣經平議》以"行"爲"衍"之訛，義爲
"愆"，以和下文"罔非酒惟辜"爲對文，説也可並存。

⑩ "辜"，《説文解字》："辠也。""亦罔非酒惟辜"，意即也
無非惟酒是犯。但"辜"也通"故"，此義也可並存。

⑪ "小子"，這"小子"，乃成王自稱，與下文的"我民迪小

子"的"小子"，義有別。

⑫ "無彝酒"，《韓非子·説林上》："紹績昧醉寐而亡其裘。宋君曰：'醉足以亡裘乎？'對曰：'桀以醉亡天下；而《康誥》曰無彝酒者，彝酒，常酒也。常酒者，天子失天下，匹夫失其身。'"紹績昧此言，正可以釋此一語。天子，有政者；匹夫，有事者；即謂有政者、有事者都不可常用酒。《周禮·秋官·萍氏》"謹酒"，鄭玄引此語，"正"作"政"。梓案：此語出《酒誥》，《韓非子》引作《康誥》，似有誤。

⑬ "將"，《儀禮·聘禮》"我將我享"鄭箋："將，猶奉也。"

⑭ "迪"，啓迪。"土物"，孫星衍《尚書今古文注疏》："土所生之物，謂黍稷。"

⑮ "臧"，《廣雅·釋詁》："厚也。"語意謂只要我民開導年輕子弟，教他們寶愛農作物，則其存心自然厚實。

⑯ "越"，《釋詁》："于也。""小大德"，對大事、小事的認識。

⑰ "惟一"，專一。

[經文]

妹土①，嗣爾股肱②，純其藝黍稷③，奔走事厥考厥長④；肇牽車牛遠服賈⑤，用考養厥父母⑥。厥父母慶⑦，自洗腆致用酒⑧。

[詮釋]

① "妹土"，指妹邦人民。

② "嗣"，通"詒"，《毛詩·鄭風·子衿》"子寧不嗣音"，《韓詩》作"子寧不詒音"。"詒"與"貽"通，遺也，寄也。

此皆見《正義》引。案：此與《堯典》"舜讓於德弗嗣"，今文作"舜讓於德不怡"同一例。"妹土，嗣爾股肱"，猶言"妹邦人民，是你當寄以股肱之任的"。

③ "純"，本有不雜義，亦即專一。"純其藝黍稷"，義即令妹土之人專一於藝黍稷也，即上文的"惟土物愛"。

④ "奔走"，供使令也，猶今語服務。"考"，老，祖考。"長"，長上。案自《僞傳》以下，幾盡釋"厥考""厥長"爲父兄，似未盡的。果爾，何以別於下文的"父母"和上文的"奔走"？《釋文》釋長爲百官諸侯之長，義較圓，故從之，改釋爲長上。考義只是老，非必是父。蓋古時視祭祀爲大事，故"考"尤在"長"之上。

⑤ "肇"從"戶"，義爲始開，見《説文解字》，引伸爲凡始義。

⑥ "用"，以也。清儒自江聲以下，都根據《白虎通德論》引文，將此"用"字屬上句讀，讀若賈用。我覺似迂執。細讀《白虎通德論·商賈篇》文，似亦不必定讀爲"賈用"連文，故改屬下讀。

⑦ "慶"，義當爲"一人有慶"的"有慶"。

⑧ "腆"，《説文解字》："設膳腆。腆，多也。"蓋謂設盛饌。"自洗腆致用酒"，意謂藝黍稷所得，當惟正常之供奉，以事祖考與長上；遠服賈所得，則可以爲父母之奉養。爲奉養時，可自行洗滌碗盞，盛設厚饌，使父母用酒。

[經文]

　　庶士有正越庶伯、君子①，其爾典聽朕教。爾大克羞耇惟君②，爾乃飲食醉飽。丕維曰③，爾克永觀省④，作稽中德⑤。爾尚克羞饋祀⑥，爾乃自介用逸⑦。茲乃允惟王正事之臣⑧，茲亦惟天若元德⑨，永不忘在王家⑩。"

[詮釋]

① “士”，《白虎通德論·爵篇》：“士者事也，任事之稱也。”“庶士”，即一切任事之人。“有”，語詞，無義。“正”者，政也。“有正”，即一切秉政之人。“越”，與也。“伯”，長也。“庶伯”，即一切封國之長，也即《盤庚》下篇的邦伯。“君子”，《白虎通德論·號篇》：“君之爲言羣也；子者，丈夫之通稱也。……何以言知其通稱也？以天子至於民。”這猶言一切爲羣衆辦事之人。

② “大”，語辭，無義。“克”，《説文解字》“肩也”段注：“肩謂任，任事以肩。”引伸爲勝任，故《釋言》：“能也。”“羞”，同“饈”，《説文解字》：“進獻也。從羊、醜，羊所進也。”古以羊爲美味，獻羊，即獻美饌。“耇”，老。“羞耇”猶今語養老或敬老。“惟”，《經傳釋詞》：“以也。”引《盤庚》“亦惟女故以丕從厥志”及《詩·鄭風·狡童》“惟子之故”爲例證，詞氣實同，讀去聲之爲。

③ “丕”，語辭，無義。“惟”，《經傳釋詞》：“有也。”引本篇“我聞惟曰”、“我聞亦惟曰”爲例證。案此語之“惟曰”，同此語吻。

④ “觀”，往外看。“省”，内自省。

⑤ “作”，爲。“稽”，止。“中”，讀去聲，《春秋》定公元年《左傳》“未嘗不中吾志”杜注：“合也。”“德”，認識正確。

⑥ “尚”，通“常”。“饋”，《説文解字》：“餉也。”凡餉送熟食，都叫“饋”。據此，“饋”和“羞”實同義字，故常爲連文。《儀禮·既夕》“燕養饋羞”，饋、羞連文，這裏的“羞饋祀”，則羞饋連文。

⑦ “自”，《經傳釋詞》：“苟也。”“介”，《春秋》文六年《左傳》“介人之寵”杜注：“因也。”案此“因”有“依”義。“逸”

同"佚"，訓"樂"，也訓"放"，於此有不受制義。"自介
用逸"，猶言"苟依以自逸"。

⑧ "正事"，即有政、有事。

⑨ "惟"，《經傳釋詞》："猶爲也。""天"，自然。"若"，《釋
詁》："順也。""天若"，即順乎自然。"元德"，《淮南子》
"執元德於心"《注》："元，天也。""元德"，即天德，即
順乎自然的認識。

⑩ "在"，察也。見《康誥》詮釋。

[經文]

　　王曰："封，我西土棐徂邦君、御事、小子①，尚克
用文王教②，不腆于酒③，故我至于今克受殷之命。"

[詮釋]

① "棐"，'匪'，見《康誥》"天畏棐忱"詮譯。"匪"，同
"彼"，《毛詩·小雅·甫田之什·桑扈》"彼交匪敖"，
《左傳》引作"匪交匪敖"，是其例。"徂"，亦通作"且"，
存也。猶言"我西土棐徂邦君"，"那存在我西土的邦君"。

② "尚"，常。"用"，由也；由，從也。

③ "腆"，多也，厚也。也通作"淟"，濁也，沒也。"腆于
酒"，義同下文的"湎于酒"，即沈沒於酒。

[經文]

　　王曰："封，我聞惟曰，在昔殷先哲王迪畏天顯小
民①，經德秉哲②，自成湯咸至于帝乙③，成王畏相④。
惟御事厥棐有恭⑤，不敢自暇自逸，矧曰其敢崇飲⑥?"

[詮釋]

① “迪”，同“由”。“畏”，恐懼，但是《禮記·中庸》“恐懼乎其所不聞”的恐懼，有警惕義。“天顯”即天之明命，是當時的成語。

② “經”，《易》“上經”《釋文》：“經者，由也。”“德”，對道的認識。“秉”，《説文解字》：“禾束也，从又持禾。”故引伸爲執持義。“哲”，《説文解字》：“知也。”在這裏作“所知”言。

③ “咸”，《莊子·天運》“其有機緘而不得已邪”之“緘”，一本作“咸”，引也。

④ “成王”，成其王天下之功。“相”，舊皆訓爲輔相，惟于省吾《尚書新證》爲最得經旨。于云：“《説文》：‘省視也。’相、省義同，古通。”這裏“畏相”二字，實是恐懼自省義，照舊説，義便紛歧了。

⑤ “惟”，雖也。“御事”，即執事。“棐”，《説文解字》：“俌也。”“俌”，即輔佐之“輔”。“有”，《經傳釋詞》：“爲也。”“恭”，《説文解字》：“肅也。”

⑥ “崇”，《廣雅·釋詁三》：“聚也。”

[經文]

　　“越在外服侯、甸、男、衛邦伯①，越在内服百僚、庶尹、惟亞、惟服、宗工越百姓里居②，罔敢湎于酒。不惟不敢，亦不暇，惟助成王德③，顯越尹人祇辟④。”

[詮釋]

① “越在”，及於也。“服”，本作“畐”，《説文解字》：“治也。”“外服”，謂治事於外者。侯服、甸服、男服、衛服，

都是外服。詳見《康誥》篇首詮釋。

② "内服"，對上"外服"言，即治事於内者。"僚"，同
"寮"，同官爲寮，即同在一處治事之人，故也有官署義。
"百僚"，即各種官署。"尹"，正也；正，長也。"庶尹"，
即各種官署的長官。"亞"，次也。"惟亞"，即各官署的
次官。"惟服"，即各署的辦事員。"宗工"，向來都作首
官解，我想倘爲首官，不應列於"惟亞惟服"之下，似應
是宗廟中的事務官。"百姓里居"向來都解作"百官致仕家
居者"，可從。

③ "助成王德"，當是各以職事助成王者的認識。

④ "越"，于也。"尹人祗辟"，舊解爲"治民敬法"。

[經文]

"我聞亦惟曰，在今後嗣王酣身厥命①，罔顯于民
祗②，保越怨不易③。誕惟厥縱淫泆于非彝④，用燕喪威
儀⑤，民罔不盡傷⑥，心惟荒于酒⑦，不惟自息乃逸⑧，
厥心疾很，不克畏死。辜在商邑越殷⑨，國滅無罹⑩。弗
惟德馨香祀登聞于天⑪，誕惟民怨庶羣自酒腥聞在上⑫，
故天降喪于殷，罔愛于殷，惟逸⑬天非虐，惟民自
速辜⑭。"

[詮釋]

① "後嗣王"，指紂。"酣"，《説文解字》"酒樂也"段注：
"酒樂者，因酒而樂。"在這裏"酣身"猶言以酒樂身。
"厥"，通"蹶"，亦作"蹷"，《荀子·成相》"國乃蹷"楊倞
注："顛覆也。"

② "顯"，《説文解字》"頭明飾也"段注："引伸爲凡明之

稱。”按：“㬎”，《説文解字》：“从日中視絲，古文以爲
‘顯’字。”日中視絲，無微不顯，此“顯”之本字，後乃假
“顯”爲“㬎”，所以説“古文以爲顯字”。“祇”，于省吾
《尚書新證》：“《魏三體石經·君奭》‘祇若兹’，‘祇’作
‘𡜌’，郭沫若證以《𨟻彝》‘𡜌敬禑祀’，爲‘祇敬禑祀’是
也。……按‘𡜌’即‘𡧩’，‘𡧩’與‘災’通，博士題字‘𡧩’
作‘甾’。觀其衍變之由，則𡧩可讀爲災，亦可假爲祇
也。”梓案：《易·復卦》初九“無祇悔”，《釋文》引鄭玄
云：“祇，病也。”玩《易》爻文所謂“無祇悔”也正是無
災悔。

③ “越”，于也。“易”，改易。

④ “誕”，語助，無義。“厥縱”，吴汝綸謂“厥縱”連文，義
爲蹶亂。按“蹶”，《毛詩·大雅·綿》：“文王蹶厥生。”毛
傳：“蹶，動也。”故蹶亂即動亂，俞樾亦訓“厥”爲“蹶”。
“泆”，通“佚”，謂放佚。

⑤ “燕”，伏生《大傳》“已侍於賓奠然後燕私”鄭注：“燕私
者何也？祭已而與族人飲也。”是燕私即私燕。

⑥ “盡”，《説文解字》：“傷痛也。”

⑦ “心”，舊皆屬上讀，作“民罔不盡傷心”。既云“盡傷”，
自是心理現象，不煩復以“心”字，我覺得以屬下讀爲順，
“心惟荒腆于酒”，猶言“一心想迷亂地沈湎於酒”。

⑧ “惟”，思惟。“息”，止也。“乃”，其也。“逸”，通
“佚”，過也，放也。

⑨ “辜”，于省吾訓爲“故”，是也。但似非語詞之“故”，而
是《莊子·齊物論》“故昭氏之鼓琴也”的“故”，義訓此。
“商邑”，即殷之首都，《白虎通德論·京師》：“夏曰夏
邑，殷曰商邑，周曰京師。”是以首都曰商邑，以整個邦

言曰殷。"越"，及於也。"殷"，舊注都於"國"字讀斷爲
句，未的，以當時尚稱邦而未稱國，"國"實與"邑"同義。

⑩ "國"，《說文解字》"邦也"段注："邦、國互訓，深言之
也"；《周禮》注："大曰邦，小曰國，邦之所居，亦曰
國。"同書邑部"邦"字下段注："古者城郭所在曰國，曰
邑，而不曰邦。"故此"國滅無罹"，乃邑滅而非邦滅，
"殷"、"國"不可能連文，故將"國"屬下讀。"滅"，亦不
訓毀滅，而訓淪没。"罹"、"離"通。《毛詩‧王風‧兔
爰》"雉離於罦"，《漢書》注引作"雉罹於罦"。《易‧離
卦》象曰："離，麗也。"王弼注："麗，猶著也。""著"，
即附着。

⑪ "弗惟"，不有。"馨"，《說文解字》："香之遠聞也。"
"登"，《說文解字》："上車也。"引伸爲凡上升之稱。

⑫ "誕惟"，與上句"弗惟"爲對文。"自"，用也。"在"，
於也。

⑬ "惟"，《經傳釋詞》："猶以也。"

⑭ "速"，《易‧需卦》上六："有不速之客三人來。"孔疏：
"速，召也。"

[經文]

　　王曰："封，予不惟若兹多誥①。古人有言曰，人無
于水監②，當于民監。今惟殷墜厥命，我其可不大監撫
于時③。"

[詮釋]

① 此語舊注都只作"我不爲"或"我不有如此多言"解，我覺
　　得在用竹簡的時候，不應有這樣的話。"惟"應訓作"思

惟"。"若"，順也，本《尚書》中所習用。"兹"，此。意
謂"我不想順着這些多説了"。

② "監"，通"鑑"。

③ "大"，語詞，無義。"撫"，《説文解字》："安也，一曰
循也。""撫于時"，謂"循於此"。

[經文]

"予惟曰①，汝劼毖殷獻臣②，侯、甸、男、衛③，
矧太史友、内史友、越獻臣、百宗工④，矧惟爾士——
服休、服采⑤，矧惟若疇——圻父薄違、農父若保、宏
父定辟⑥，矧汝，剛制于酒⑦。"

[詮釋]

① "予惟曰"，意即"我只想這樣説"。

② "劼"，《説文解字》："慎也。""毖"，戒也。見上文"厥誥
毖"詮釋。"劼毖"，猶言慎戒。"獻臣"，舊注都作殷賢臣
解，似未的。其臣既賢，難道也會染上紂的惡習，而須予
以慎戒嗎？案："獻"，《説文解字》："宗廟犬名羹獻，犬
肥者以獻之，从犬鬳聲。"段注："獻本祭祀奉犬牲之稱，
引伸之爲凡薦進之稱。"容庚《金文編》犬部："獻从犬，亦
通作'鬳'。"見《子邦父鬳》。吳大澂《説文古籀補》卷十亦
謂："古文獻、鬳爲一字。《伯貞鬳》。"《説文解字》鬲部：
"䰜，鬲或从瓦。"獻、鬳形近，古亦通作，《小盂鼎》的
"鬳"便徑作"鬲"，而獻、鬳古原爲一字，故《金文編》鬲
部，容亦云："鬲，矢作《丁公簋》'鬲百人'，'人鬲'，
即《書·大誥》'民獻有十夫'之'民獻'。"此"獻臣"當即
《洛誥》"其太惇典殷獻民"的"獻民"，也即《大浩》的"民

獻"，當然也即金文《丁公簋》之"人鬲"。"人鬲"究竟是甚等樣人呢？今人多將它解釋爲奴隸，我覺也未的。按之《說文解字》鬲部下云"鬲，漢令'鬲'，从瓦厤聲"，段注："謂載於令甲、令乙之鬲字也。"是"鬲"字亦作歷。《逸周書·世俘》云："武王遂征四方，凡憝國九十有九國，馘歷億有十萬七千七百七十有九，俘人三億有二百三十，凡服國六百五十有二。"此"歷"當即"歷"之異文。可注意的，"馘"、"歷"連文而又有別於俘。考之周金文，記戰爭勝利之成果，往往說是"折首執訊"，此見於《不娶簋》、《兮甲盤》和《師晨段》，而如《虢季子血盤》還記有"折首五百，執訊五十"之文。"馘"是被折首者，那末，"歷"當是被執訊的人了。"執訊"即今文"鞫訊"，那末，"歷"，即是俘虜中留活口、待鞫訊者了。怎樣的俘虜才免於折首，而可留活口待鞫訊呢？這可從《小盂鼎》中約略窺見一些。《小盂鼎》："盂以□□伐鬼方，執嘼（酋）三人，隻馘（馘）四千八百口二馘，孚（俘）人萬三千八十一人……羊廿八羊。盂或又……執嘼（酋）一人，馘（馘）百卅七馘……盂拜［頴首□嘼進即］大廷。五令燮遹嘼，燮即嘼遹卒故。"這段文字是錄自郭沫若的《兩周金文辭大系》的。郭氏釋嘼爲"酋"，釋遹爲"訊"，大可通讀。他所以釋嘼爲酋，是因"嘼"列"馘"和"俘"之上，而且人數遠少於"馘"、"俘"；所以釋遹爲"訊"，雖未明言，大概是由"即嘼遹卒故"一語中體會得來。在這一段銘文中可注意者有馘，有俘，但不似《兮甲盤》等有執訊，而有"執嘼""遹嘼"之文，再參之《虢季子盤》執訊之數也只折首十之一。本此諸因，我體會到凡稱"執訊"者盡是俘中之酋。由《逸周書》"馘歷"連文和金文中"折首執訊"連文更體會得"執訊"即是"歷"，

即是"歷"，也即是"人鬲"。再按之音讀"訊"，屬震韻，"讞"屬銳韻，古音同在第十二部，而義亦相同。本此諸證，"獻臣"即民獻，即人鬲，即俘中之酋，後人不明文字演變的經過，故釋爲賢臣，其實和《多士篇》的"殷頑民"同是一類的人，即和《康誥篇》首的"播民"、《大誥》中的"逋播臣"，和今文《大誥》的"民儀"、《多方》的"義民"，也通是這一類人，一言以蔽之，爲周所俘虜的殷遺民罷了。當然，待鞫訊之後，或殺，或降爲奴隸，或如《多方》中所謂"有服在大僚"都有可能。這因"獻"本取聲於"鬳"。"鬳"，《説文解字》段注："牛建切，十四部。……然獻尊即犧尊，車轙亦作鑶。歌、无古通，魚、歌古又通，'虍'聲即魚歌之合也。"梓案："虍"音呼虞韻，古音第五部；"建"，顧韻，古音第十四部；古云"儀"本"義"的後起字，"義"取聲於"我"，古音與歌同在十七部，而今音則轉爲與鬲同屬支韻，段云"古十七部之字多轉入於支韻中"，即謂此。於此，可見從"虍"從"我"之字，古音皆可通轉，那末，歌韻之"播"，元韻之"頑"、"儀"、"義"，支韻之"鬲"，顧韻之"獻"、"鬳"都可通可轉了。我以爲播民、頑民、義民、獻民、民獻、民儀、人鬲和這裏的獻臣，都同是一類人，即殷遺民，根據就在此。那末，"殷獻臣"逐可釋爲"殷遺民"了。

③ "侯、甸、男、衛"下於文應存"獻臣"二字，不著，想是省文。

④ "矧"，在這裏有"還有"義。"太史友"、"内史友"，全《尚書》文中最難索解者爲此語，其難索解，並不在這六個字的字面上，而難在這六字的地位上。前乎此"殷獻臣侯甸男衛"都是上文所謂外服；後乎此如所謂"爾士"的

“服休”、“服采”及所謂“若疇”的“圻父”、“農父”、“宏父”，又都是上文所謂内服。上文明明是外服、内服對舉，而此六字却似乎處於外服、内服之間的一些人，更且在上文列舉外服、内服時，這些人却又不曾列入。這些人在當時究處於一種什麼地位呢？從先秦的歷史記載上看來，這種史官的地位很爲特殊，似乎比一切所謂内服的官都有較强的獨立性。據《左傳》和《説苑》所載，晉國炙手可熱的當權者趙盾、趙鞅，可以爲所欲爲，而對史官董狐、周舍終於奈何他們不得，齊崔杼可以弑君，也奈何太史不得。照《吕氏春秋》的記載（見《先識篇》），夏太史終古見桀惑亂，可以載了圖法奔商，商内史向摯見紂迷亂，可以載其圖法奔周，好像邦家的興亡，不與他們相干，只要保存得圖法，他們的責任就完成了。照太史公《史記·自序》看起來，好像司馬遷他家積祖以來——從顓頊時重黎以後，便世世代代掌管史事，直到周宣王時的程伯休甫，才失其守而爲司馬氏，但司馬氏也還是世典周史。漢武帝時，也曾設太史公一職，據説位在丞相之上，以遷父談當其任。位在丞相之上，豈不要僅次於皇帝了嗎？在《周禮》中，這種掌管史事的官，有六個名目，即太史、小史、内史、外史、左史、右史，其中以太史和内史爲最重要，所以這裏只提這兩個。這裏不但太史、内史兩官來得突兀，還有“友”字也同樣突兀。“友”，清儒江聲釋爲“又”，孫星衍釋爲“右”，吴汝綸釋爲“輩”，也無非因這字在此顯得突兀一點，所以從而爲之辭。其實“友”字照《説文解字》的説法，只是兩手相交（“ナ”是手，“又”也是手），異體作“𦫫”，竟是兩手相併，所以釋爲“同志爲友”，所以還是蔡沈《書集傳》釋爲“汝之所友”來得自然而穩妥。

⑤ “士”，舊注都訓士爲事，其實這裏的士，只是卿、大夫、士的士，是任事的人。“服休”、“服采”，就指任事之人講。“服”，即今語服務。“休”，《説文解字》：“息止也，從人依木。”“采”，《説文解字》：“將取也。從爪從木。”“休”“采”，就是或休息，或有所動作。“服休”，就是在邦君休息時服務的人；“服采”，就是在邦君有所動作時服務的人。

⑥ “若疇”，鄭注訓“順疇”，《僞傳》訓爲“順疇咨”，蔡《傳》訓爲“爾之疇匹”。于省吾《尚書新證》並以爲非，其説曰：“以官言則曰‘三卿’、‘三公’、‘三正’，以年歲言，則曰‘三壽’。《詩·閟宮》‘三壽作朋’，《宗周鐘》‘參壽唯利’，晉《姜鼎》‘三壽是利’。‘若疇’之‘疇’，《釋文》本作壽，‘若壽’者，‘若’猶乃也，‘壽’即三壽之簡稱。‘矧惟若壽’者，亦惟汝之三壽也。”又曰：“王荆公讀爲矧惟若疇句、圻父薄違句、農父若保句、宏父定辟句是也。”于説皆是，當從之。這因那時還没有多少前人的經驗可憑藉，凡能把公衆事情辦得好，而能勝任重要職務的，不能不單憑一己的經驗來做，所以比較重要的任務，必須由壽者（老人）爲之。所謂三壽，即是下文的圻父、農父、宏父，所以這“疇”即壽，竟是老者。至於讀斷“若疇”爲句，舊注中惟蔡《傳》爲然，而吳汝綸《尚書讀本》從之。至“圻父”、“農父”、“宏父”，《僞傳》以司馬、司徒、司空釋之，後之注疏家殊無異説。“圻”，通“畿”，《周禮·職方氏》“王畿”，《逸周書·職方》作“王圻”。“畿”，《毛詩·商頌·玄鳥》“邦畿千里”《傳》：“疆也。”《周禮·大司馬》“九畿”鄭注：“猶限也。”“疆”和“限”即

一邦的境界。"圻父"，猶言保衛國境的父老。"薄"，于省吾以爲"薄"本應作《虢季子盤》"愽伐"之愽，《不嬰簋》作"𢧵"。"薄違"猶言討伐叛逆。由此言之，釋"圻父"爲司馬自確當，《周禮》大司馬之職原有規定"以九畿之籍施邦國之政"的明文。所以"圻父"猶言保衛國境的父老。本此，"農父"猶言掌農事的父老。"若"，順也，順、訓互通。"保"，保抱。以訓以保，非司徒而何？"宏"，《説文解字》："屋深也。"使屋深廣的父老，當然是司空。"定辟"，舊注不外釋爲定法，或定疆界，都不免望文生義，即于省吾《新證》亦只謂與"若保"連稱，而以《詩》"天保定爾"證之，也嫌附會；此則當從吳汝綸之説爲是。吳的《尚書讀本》："定，營室也；辟，東壁也。二星在水位，司空象之。"梓案：二星皆見《爾雅・釋天》，文曰："營室謂之定，娵嘴之口，營室東壁也。"郝懿行《義疏》引《詩・鄘風》"定之方中"鄭箋："定星昏中而正四方，於是可以營制宮室，故謂之營室。定星昏中而正，謂小雪時，其體與東壁連，正四方。"是"定壁"相連成文，正是可以營制宮室之時，此正司空之事。

⑦ "剛"，《説文解字》："疆斷也。""制"，《廣雅・釋詁四》："禁也。"

[經文]

　　"厥或誥曰①，羣飲，汝勿佚②，盡執拘以歸于周，予其殺④。又惟殷之迪諸臣惟工⑤，乃湎于酒，勿庸殺之，姑惟教之。有斯明享⑥，乃不用我教辭，惟我一人，弗恤勿蠲⑦，乃事時同于殺⑧。"

［詮釋］

① “厥”，其。“或”，有。“厥或”，即其有。

② “佚”，同“失”。

③ “抲”，《説文解字》：“抲撝也。《周書》曰：‘盡執抲。’”此可見，“抲”字讀斷。“抲”，《僞傳》本作“拘”，徵之《説文》，可證其爲“抲”之訛。《説文繫傳》：“抲撝也。《周書》曰：‘盡執抲獻。’”證之《説文解字》，明此“獻”字衍，應如大徐本讀作“盡執抲”。“執”應是“鞠”的形訛。鞠撝無義。于省吾《尚書新證》：“拘疑即《虢季子盤》、《兮甲盤》之‘𤲹’，左從口，似拘而訛也。近人釋爲《詩》‘執訊’之‘訊’，義則是而形未符。孫詒讓釋爲絢，亦以其形似也。按其字應作‘𤲹’，當是‘訊’的正字。”梓案：于説是，證以小徐本，“鞠訊”自是連文。由上觀之，“執抲”實即“鞠訊”，“盡執抲”即“盡鞠訊”，而“獻”則衍字。

④ “予其殺”，王應麟《困學紀聞》引張無隱説，以爲自“羣飲”至此句，爲告者之辭，以語氣論，極合情理，當從之。如是，則“其”應訓“之”，讀作“予之殺”。予訓給。

⑤ “迪”，啓迪。“殷之迪諸臣惟工”，猶言“殷邦之啓迪諸臣與工”也。

⑥ “享”，舊注都作“享國”、“享祀”講，用在這裏，殊嫌費解，似皆不如吳汝綸之訓“享”爲“敦”。“享”字作“亯”，《説文解字》：“獻也。从高省，曰象執物形。”重文作“䣋”，則此“享”字所從出。“敦”字形作“𩓞”，从攴𦎧聲，蓋隸變也。古籍中略去偏旁而讀是常事，故“享”可通“敦”；“敦”，《説文解字》：“怒也，詆也，一曰誰何也。”是“敦”固有責問義，故吳訓此“明享”爲“明教”，由上下文

讀之，惟此訓可通。

⑦“恤”，顧恤。“蠲”，吳汝綸訓“赦”。

⑧吳云：“事，治也；事時者，治此罪也。”猶言治其罪，同於殺。

[經文]

　　王曰：“封，汝典聽朕毖①，勿辯乃司民湎于酒②。”

[詮釋]

①“典”，經常。“毖”，教戒。

②“辯”，《廣雅·釋詁》：“使也。”“司民”，孫疏“司民之人”，不如從吳汝綸釋爲“汝所主民”。

　　梓案：此篇真乃封康叔於衛時，周公傳達成王的話，告康叔的口氣，所有篇中的“王曰”，都應讀作“王若曰”，就是說：“王大要是這樣講。”何以見得？這只須看“王曰”下，往往有個“封”字，便可知。要是成王告康叔的誥，不應該直呼其名。又按：《揚子法言·問神》：“惜乎！《書序》之不如《易》也。曰，彼數也，可數焉故也。如《書序》，雖孔子亦末如之何矣。昔之説《書》者序以百，而《酒誥》之篇俄空焉。”宋王應麟《困學紀聞》曰：“愚按《酒誥》，古今文皆有之，豈揚子未之見歟？《藝文志》云：‘劉向以中古文授歐陽、大小夏候三家經文，《酒誥》脱簡一。’而《大傳》引《酒誥》曰：‘王曰，封，惟曰若圭璧。’今無此句，豈即脱簡歟？”王氏於此，不免失言。清閻若璩已力辨其非是，以爲“此自雄校《書》時，《酒誥》全亡，與劉向時《酒誥》僅脱一簡不同。一簡者，一行也。……詳余《尚書古文疏證》”。王氏失矣，閻氏亦未爲得，故江聲、孫星衍皆仍引王説以補《酒誥》。其後劉逢禄也以王説爲非是，但其説則以爲：「脱簡者，乃古文有而今文無。劉向既以中古文校今文了，見有脱簡，即應補入。'圭璧'之句，想是伏生別得逸文所無，其俄空非脱簡之謂，不可以'圭璧'句當之，蓋揚雄據別本以爲《酒誥》亡耳。」我覺得自王至劉之説，都不免嚮壁立言，因揚雄原説的是《酒誥》篇的書序，而不是《酒誥》篇本身，所以一則曰「惜乎《書序》，之不如《易》也」，再則曰「如《書序》雖孔子亦末如之何矣」，三則曰「昔之説《書》者序以百，而《酒誥》之篇俄空焉」。他明明是説《書序》不如《易》，明明是説序以百而《酒誥》之篇俄空，是其所謂俄空者是《酒誥》篇的序，而不是《酒誥》篇本文。惟其是序，所以只是一簡。由胡胐明之説，一簡即一行，《酒誥》一行二十五字。《酒誥》序雖已亡，不知多少字，但參之其他書序，絕少在二十五字以上的。既在二十五字以下，自然只一行，當然只脱一簡，正文自當另簡了。是俄空者，正是劉向所説的「《酒誥》脱簡一」，文甚明白，又何必多所揣測？正惟《酒誥序》在揚雄時已俄空了，所以《酒誥》與《康誥》的區別，雖秦漢人也不知道。古籍中引《酒誥》往往誤作《康誥》，即由於此，上引《韓非子·説林》就是一個顯例。正因此，漢三家今文經也就將《酒誥》和《康誥》編在一起了，以爲同是成王封康叔於衛時的誥辭，後人自更無從辨別。使《酒誥序》猶存，應無此誤。

酒誥篇譯文

成王大要是這樣説：「對妹邦人民要明示以我們偉大的使命！你那穆考文王，在西土開國以來，其告誡各友邦的百執事以及各長官的副貳和一切事務人員，朝朝暮暮都只是説：'只有祭祀才可用酒。'至於上天降大使命於他，叫他開導人民，那是到受命的元年了。上天降威，只是對那些糊塗得喪失了認識的人，無非因他們惟酒是用；便是那些大大小小的邦國所以喪亡，也無非因其首長好酒所致。所以父王告戒我小子時也只是説，有政有事的人不可經常飲酒；即對於諸邦首長，也只能祭祀後燕饗他們時才可飲酒，進酒時也得有明確的認識，不可飲至於醉。你看我們的人民在開導年輕子弟時，總是教他們實愛農作物，所以年輕子弟存心都很厚實，處處能聽從父祖們的教訓，不論事的大小，認識都能明確而一致。妹土人民是你所寄以股肱任務的人，你要使他們能專心種植黍稷，保證正常供奉他們的祖先和長上，然後才可牽了牛車到遠方去經商，歸來奉養父母。當父母有慶典時，才可自行洗滌碗盞，盛設肴饌，用酒致慶。你自己身邊那些有政有事的人，以及各邦中的首長，和邦中一切爲羣衆辦事的人，庶幾也要能經常聽從我的教言：只要你們能爲君王敬老養老，你們就可酒醉飯飽。古語説：只要你能長此外觀内省，或作或止都合於正確的認識，你就能饗燕祭祀，而你們自己也可依此得到快樂。只有這樣，才可做君王身邊有政有事之臣。這也是順其自然依此而應具有的認識，還要永不忘記依此視察那些爲王家辦事的人。”

成王這樣説：“封，存在於我西土的邦君、御事和我小子都能聽從文王的教訓，不沈没在酒裏，所以我邦至今能接受從前在殷邦手裏的使命。”

成王這樣説：“封，我聽見有人説過，從前殷邦那些賢知的先王，由於對上天顯示給他們的使命和一般人民對他們的期望，無不心存警惕，所以總是通過對事物的感性認識，及時升華到理性認識。從成湯以下一直到帝乙，都以此成就了王天下的大業，仍時時警惕着自行省察。即使是輔佐他們執行政事的人，也都能一絲不苟地做事，從不敢偷閒享樂，哪里還敢羣聚飲酒呢？王者這種警惕自省的作風，也影響到那些在邦外服務的人，如侯、甸、男、衛各服中的邦君，也影響了在邦內服務的各官署中正副長官乃至事務人員、宗廟中的職工和致仕家居的百姓，都不敢好酒貪杯。不是不敢，實也無暇，因爲他們都在一心一意助成王者對事物的認識，致力於理民守法的工作。我也聽見有人說起，那最後嗣位的殷王，因一味好酒貪杯而隕越了自己的使命，對人民的困難，他熟視無覩，安於人民的怨恨而不知改，一味胡作非爲，過他那荒淫無度的生活，甚至爲了私人燕飲而喪盡了禮儀。因此，人民對他沒有一個不痛心疾首，也一心迷亂地沈湎在酒裏，不想到自檢，存心也乖戾，連死也不怕。這種風氣首先形成在商邑，以漸及於整個殷邦，商邑也爲之淪没而無所附麗。沒有一點好的氣氛升聞於天，只有民怨沸騰，羣聚飲酒，一股腥穢之氣上聞，所以上天特爲降下喪亡的命運於殷邦，對殷邦無所眷顧，無非由於它過於放縱。這不是上天虐待殷人，乃是殷人自己招來這份罪過。”

成王這樣說：“封，我不想順着這些方面多說了。古人有這樣的話：‘人不必在水中照見自己的容顏，而應到人民中去照見自己的作風。’如今想到殷邦這樣隕越了上天給它的使命，我就不能不循着它的覆轍來照見自己。”

“我想就這樣說罷：你得慎重告誡殷邦的遺民和侯、甸、男、衛等服中的遺民，還有你應和他們做朋友的太史氏、內史氏以及他們那裏的遺民和在宗廟中工作的人員，還有爲你自己燕息時或工作時服務的士人們，還有那些你所應當尊敬的老經驗，如討伐叛逆的圻父、訓育人民的農父和營造宮室的宏父，還有你自己，都應當嚴禁用酒。”

“倘或有人來告訴你，有人在羣聚飲酒，你不可失察，盡行鞫訊了，送到宗周去，治以死罪。你要想到這是由殷邦的倡導，臣工們才這樣沉湎於酒。你不必隨便殺戮，姑且教訓他們。倘有了這樣明白的督責，還有不聽從我們教訓的，我們也就顧恤不了他們，而不饒恕他們了，可援死刑的例治他們的罪。"

　　成王這樣說："封，你得經常聽我的教戒，不可讓你所管轄的人民沉湎於酒。"

多方篇詮譯

［書序］

成王歸自奄^①，在宗周^②，誥庶邦，作《多方》。

［詮釋］

① “奄”，照《春秋左氏傳》定公四年傳所載，奄即春秋時魯
國地，今山東曲阜即其地。殷本商舊都，盤庚即自此遷
出，其後始輾轉遷至今安陽。據《書大傳》：“管叔、蔡叔
疑周公，奄君薄姑謂禄父曰：‘武王既死矣，今王尚幼，
周公見疑矣，此百世一時也，請舉事。’然後禄父及三監
叛矣。”然則，武庚之叛，奄君實爲其謀主。克殷之後，
當然須繼以踐奄。所謂“踐”者，據《書大傳》之釋，謂“殺
其身，執其家，潴其宫”也，實即“殘”字之通假，《史記》
即作“殘”。

② “宗周”，據《詩·小雅·正月》“赫赫宗周”毛傳：“宗周，
鎬京也。”《詩·小雅·雨無正》“周宗既滅”鄭箋：“周宗，
鎬京也。”《正義》云：“周宗，宗周也，皆言周爲天下所
宗。”但本篇經文開首云“維五月丁亥，王來自奄，至于宗
周”云，似成王尚未到達目的地的口吻，宗周在此似不指
鎬京言。按《禮記·祭統》引《孔悝鼎銘》“即宫於宗周”鄭
注即以爲“周既去鎬京，猶名王城爲宗周也”。於此，可
見宗周不必定指鎬京，鄭也還有點泥。《洛誥》云：“我乃

卜澗水東、瀍水西，惟洛食；我又卜瀍水東，亦惟洛
食。"於此可証當時周公在營洛時，原經營了兩處，皆得
吉卜，遂一并爲之築城：一以居九鼎，立宗廟——這便是
澗水東、瀍水西的一處，即平王東遷後所居，故名王城，
《孔悝鼎銘》所謂宗周，鄭《注》以爲即指此而言；一以居
殷遺——這便是瀍水東的一處，後爲戰國時東周君所居，
向來稱成周者指此。至於宗周者，因爲天下所宗而得此
稱，固不必定指鎬京或王城，凡周邦直轄之地，都可稱宗
周，蓋天下所宗者，固周而非鎬或洛，而所謂周者，固指
周邦全境言，亦非專指鎬京與洛邑；故其後孔悝銘鼎時，
即稱王城爲宗周矣。經文所謂"至于宗周"云者，謂已到
達了周邦所轄境內，實即説成王已到了洛邑也。不然，此
時洛邑尚未營成，不僅王城之稱尚未有，即成周亦未築
也。然而洛地之爲周邦東方重鎮，則在武王時早已定
下了。

　　梓案：武王之定洛地爲東方重鎮，見於《逸周書·度
邑篇》，茲將其文中有關於此事者，節録如下，文曰：
"維王克殷……升汾之阜以望商邑。……王至於周，具明
不寢。王小子御告叔旦，叔旦亟奔即王曰：'久憂勞問，
害不寢？'曰：'安，予告汝。'"此下一則曰："嗚呼！予憂
茲難，近飽於恤，辰是不室。我未定天保，何寢能欲。"
再則曰："旦，予克致天之明命，定天保，依天室。"三則
曰："嗚呼！旦，我圖夷茲殷，其維依天室……自洛汭延
于伊汭，居陽無固，其有夏之居。我南望過于三塗，我北
望過于有嶽丕，顧瞻過于河，宛瞻于伊洛，無遠天室。"
於此，可見周邦營洛之圖，是由武王欲依天室、定天保、
依天室而定下來的政策，是經過武王南望三塗、北望嶽

鄙、顧瞻有河、宛瞻伊洛而定下來的意圖。後來成王使召公營洛，所以必如武王之意。《史記》：周公因與聞武王營洛的意圖，以居九鼎時，所謂"此天下之中，四方入貢道里均"。《史記》的話，不過說得好聽點，而實際上還是因周邦太偏於西土，不便於控制東方的意圖。後來武庚、管、蔡等叛亂，首先就想到攻洺，可見洛邑地方的重要性，這就是成王誥庶邦，必在洛邑之一個理由。

又案：《偽傳》釋此，以為周公歸政之明年，淮夷奄又叛，魯征淮夷作《費誓》；王親征奄，滅其國，還至鎬京。後之讀《尚書》者，幾皆遵其說，弗敢違。清初毛奇齡（即撰《古文尚書冤辭》者）且變本加厲而有所謂"周公伐奄有三"之說，說見毛著《經問》及《經問補》。《偽傳》之謬說，清後期之今文學家魏源已辭而闢之，以為與《書序》、《書大傳》、《史記》、《逸周書》皆不符，說極是。說詳魏所著《書古微》。《偽傳》此釋，與《書大傳》就很顯然有抵觸。《書大傳》已明說"周公攝政，一年救亂，二年克殷，三年踐奄，四年建侯衛，五年營成周，六年制禮作樂，七年致政成王"，紀年固自分明，明說踐奄之事在三年。若如《偽傳》之說，至早當在八年，蓋周公七年始歸政也。況奄倘未見殘，四年建侯衛時，又何能因商奄之民封伯禽於魯（見《左傳》定四年）？踐奄之後，成王已將奄君遷於蒲姑（見《書序》）了，豈奄君自蒲姑歸奄，據以又叛乎？何以羣書皆不載？況《費誓》中，伯禽所征者，乃並興之淮夷、徐戎，未嘗指奄也。即使奄或為淮夷中之一部落，又安知淮夷中除奄外，別無其他部落乎？此《偽傳》增事解經，所以無有是處，而《書大傳》"周公攝政，三年踐奄"之說，可認為不刊之典也。

　　又案：《逸周書·作雒篇》云：“武王克殷，乃立王子禄父，俾守商祀，建管叔于東，建蔡叔、霍叔于殷，俾監殷臣。……周公立，相天子，三叔及殷東徐、奄及熊盈以略。周公、召公内弭父兄，外撫諸侯。元年夏六月葬武王於畢。二年又作師旅，臨衛政殷，殷大震潰……凡所征熊盈族十有七國，俘維九邑；俘殷獻民遷于九畢。俾康叔宇于殷，俾中旄父宇于東，周公敬念于後曰：‘予畏同室克追，俾中天下。’及將致政，乃作大邑成周于土中，城方千七百二十丈，郛方七百里，南繫于洛水，北因于郟山，以爲天下大湊。”《逸周書》這段記載，很足以補《尚書》之闕文，因他已爲我們説明成王如武王之意，命召公營洛之前，曾因擊潰殷及奄等熊盈之族十有七國，而盡俘其民於九邑；又俘殷民以獻於宗廟，後又遷於九畢；周公營洛時，就利用得自殷奄等國俘虜的勞動力，築了王城、成周兩大邑。如何利用這些勞動力，照我的看法，盡在這《多方》篇的誥辭中；而叙述這役的緣起，却在《康誥》篇篇首之四十八字。其文曰：

　　　　惟三月哉生魄，周公初基作新大邑於東國洛。四方民大和會——侯、甸、男邦、采、衛百工、播民和見士于周。周公咸勤，乃洪大誥治。

　　這四十八字的意思，就是説：“三月初，月球開始成形的那一天，周公開始打算在東方重鎮洛邑地方，建立一大城邑，各邦臣民響應這一打算，來個大集會——所有的侯服、甸服、男服、采服、衛服各邦民的百工和移民，都響應這一打算，而爲周邦來工作。周公一一加以慰勞之後，然後代成王作此誥，勉勵大家一番。”

　　梓案：所謂各邦臣民者，實即《逸周書》所謂“俘維九邑"及遷於九畢的殷、奄等各邦的俘虜。所謂商奄遺民，參考《逸周書》即可見，不必多説。只是《古文尚書》將這四十八字安在《康誥》篇篇首，有些不倫不類。試思這段話講的是周公作洛的打算，而講話的對象又是各邦的臣民，這和康叔有何相干？這可説牛頭不對馬嘴。正因此，北宋時的蘇軾就首先提出疑問，以爲這四十八字應該是《洛誥》的篇首而錯簡在此。南宋的理學家朱熹、蔡沈師弟儘管和蘇氏不同，但對蘇氏這一看法，却無條件承受了。蘇氏這一看法，初看好像是對的，但按之經文，却又大有問題。別的不説，這裏講的明明白白是周公初基作洛，説話的對象又是侯、甸、男、采、衛的百工與播民，而《洛誥》經文所説的，却是營洛既成後的事，而説話又是成王、周公兩人一來一往的對話，初無與於各邦的百工和播民。按蘇氏的看法，也還是馬嘴不對牛頭，故清儒亦嘗斥其淺妄。南宋末，有一位史學家金履祥，本是朱派的理學家，而兼承吕東萊浙東學派史學之傳，對此事，却不襲朱、蔡師弟之説，而以爲是《梓材》篇首之文，説詳金著《通鑑前編》。清代乾嘉學派後勁俞樾從其説。其實此説也似是而非。細按《梓材》篇現行經文，全篇的説話對象還是康叔；所説的也只是"明德慎罰"，和《康誥》一鼻孔出氣。即使照金氏所疑，也只是説個"君子可法則"的道理，並無一字涉及作洛。這我別有論證《梓材》篇的文字，在《梓材》篇的詮釋前面的前言中，這裏不再贅述。清末和俞樾同時而稍後的古文辭大家吳汝綸，又另提出一個看法，以爲這是《大誥》篇末之文。這一説我初看也很相信，因爲撇開僞古文不算，照二十八篇的順序，《大誥》之後，果緊接以《康誥》。果能成立，那末這四十八字還不好算錯簡，只是讀《尚書》時屬上屬下之分而已。讀了《大誥》篇全文之後，覺得《大誥》所說的，只是爲了完成文王的功業，爲了人民的安寧，認爲武庚、管、蔡之叛亂，無論如何，都不可不平定；而特別強調了龜卜之得吉兆，用意只在説服友邦君臣的疑慮，與作洛也絲毫無關，並沒有一言半語慰勞士民的口吻，所以《大誥》篇和這四十八字還是沒交涉。總之，這四十八字之謎，從蘇軾到吳汝綸，猜了前後八百年，我今用經文核對一下，覺得都沒有猜對。我猜這四十八字應該是《多方》篇首之文，理由大致如下：

1. 今行《多方》經文篇首是“惟五月丁亥，王來自奄，至于宗周”。講的只是成王的行踪，無一字涉及周公，而下文緊接着的，却是“周公曰，王若曰”，語氣上有點銜接不上，中間似乎尚有脱文。這四十八字中開首既講了周公初基作洛，末後又説“周公咸勤，乃洪大誥治”；而所謂洪大誥治者，照鄭玄的解釋又正是代大誥治，下接以“周公曰，王若曰”，不正可天衣無縫了嗎？

2. 今《多方》篇經文，在“周公曰，王若曰”之下，又緊接以“猷告爾四國多方，惟爾殷侯尹民”。“殷侯”者，據江《音疏》引《詩·鄭風·溱洧》“殷其盈矣”毛傳：“殷，衆也。”“殷侯”者，衆諸侯也。“尹”，《説文》：“治也。”“尹民”者，治民也。“殷侯尹民”，衆諸侯治下之民也，這正是四國多方之民，也即侯、甸、男、采、衞的臣民，正是這篇説話的對象，那末説話的對象也符合了。

3. 此下緊接着的一大段話，從“我惟大降爾命，爾罔不知”，到“簡畀殷命，尹爾多方”，歷數了周王代殷，與當初殷之代夏，初無二致，而同歸咎於夏桀、殷紂之無

道，藉以解釋衆邦臣民之不平，而且下文還再説明"要囚
之至于再至于三"，而後加以罰殛，以明周邦之寬大，而
歸結於非"周秉德不康寧"，這也正有合於"咸勤"口吻的
一面。

4. 在一大段如上聲明之下，又對多方萬民之"克勤乃
事"予以獎勵，不但許以"自時洛邑尚永力畋爾田"，而且
還許以"大介賚爾，迪簡在王庭"和"有服在大僚"等語，
這又有合於"咸勤"口吻的另一面。

合以上所述，很覺得這篇誥辭與《康誥》篇首那四十
八字，所述的事與説話的對象，幾乎無一不符合，而有合
於周公咸勤的口吻。此外在此篇誥辭中的"萬民"，即四
十八字中的"播民"，"多士"即四十八字中的"百工"，這
都可於詮釋中闡發其義；尤其篇中"爾罔不奔走臣我監五
祀"一語，連時間也指得明白的了——説明這事正承《大
傳》所謂"三年踐奄"之後所舉辦的一件大事——作洛。因
照《史記·封禪書》説，武王克商後二年即死，第三年即
周成王嗣位、周公攝政之元年，加上"三年踐奄"的時間，
不正是第五年嗎？不正是周公可以初基作洛，和成王可以
來自奄的一年嗎？凡此種種，這兩份史料幾乎無一不
合轍。

這裏也許還有"經學必專舊"（皮錫瑞語）的先生們會
和我抬槓説，此篇篇首已有"惟五月丁亥，王來自奄，至
于宗周"十三字可以作爲《多方》篇首的緣起了，再要加上
這四十八字，不太重牀疊屋了嗎？這我上文已説過，這十
三字只説了成王的行程，與下文的"周公曰"缺少銜接，
似有敓字數語，有了這四十八字加入去，正可以把它銜接
起來，而且這篇爲什麼做，也可以説明緣起了。我以爲應

如下安排：

> 惟三月哉生魄，周公初基作新大邑於東國洛。四方民大和會——侯、甸、男邦、采、衛百工、播民和見士於周。周公咸勤，乃洪大誥治。惟五月丁亥，王來自奄，至于宗周。

這樣作誥的緣起有了，接上下文，“周公曰，王若曰”文義也順了。

[經文]

惟三月哉生魄①，周公初基作新大邑於東國洛②。四方民大和會——侯、甸、男邦、采、衛百工、播民和見士於周③。周公咸勤④，乃洪大誥治⑤。惟五月丁亥，王來自奄，至于宗周。

[詮釋]

① “惟”，《經傳釋詞》：“發語詞也。”無義。“哉生魄”，向來就有兩個說法：一是《禮記·鄉飲酒義》的說法，它是解主人“三讓而後升”那句話的，說是“讓之三也，象月之三日而成魄也”。許氏《說文》從其說，“魄”作“霸”：“月始生霸然也，承大月二日，承小月三日。《周書》曰：‘哉生霸。’”段注曰“霸”、“魄”雙聲；又曰：“《康誥》、《顧命》文。”這是以月之初二或初三（皆指農曆）日爲“哉生魄”。“哉”，《釋詁》：“始也。”二是《漢書·律曆志》引劉歆《三統曆》的說法：“死霸，朔也；生霸，望也。”因之，向來解釋《尚書》此語者，也有兩說：《釋文》引馬云：“魄，胐也，謂月三日始生兆胐，名曰魄。”這和《說文》一樣都用的是《禮記·鄉飲酒義》的說法。《僞孔傳》則釋爲

"始生魄，月十六日明消而魄生"。這明用的是《三統曆》的說法。這兩說誰對誰不對，我們這裏不可能用三言兩語來解決。王國維有《生霸死霸考》，收入《觀堂集林》中，可取以參看。

② "基"，《釋詁》："謀也。""國"，《説文》："邦也。"段注："大曰邦，小曰國，邦之所居亦曰國。"故國與邑同義。"邑"，《説文》："國也。"段注："古國邑通稱。"《白虎通》："夏曰夏邑，殷曰商邑，周曰京師。《尚書》曰'率割夏邑'，謂桀也；'在商邑'，謂殷也。"這裏的"東國"的"國"，並非一個與周對立的什麽國家，只是函谷關以東的大邑，所以説是"作大邑於東國洛"。洛，即未來的洛邑。當洛邑建成後，實包括兩個城：其一用以居九鼎，名郟鄏，後來因平王東遷居此，因又名王城，在今河南省洛陽縣城西北五里；又其一用以居殷遺民，在洛陽縣縣城東北二十里，名曰成周，對於王城亦稱下城，這正是作洛的原意。今洛陽縣城，蓋當初洛邑之一隅也。其地在函谷關之東，北負邙山，南臨澗洛，自今陝西省出函谷關東行，這是一個最衝要的地方，故周武王和周公計劃於此建大邑以鎮撫東土。

③ "四方"，方同邦，同封，在古初也是部落的沿境林。義詳《盤庚上》"底綏四方"詮釋。四方，猶言四境，即周邦四境外各方國諸侯，也即本篇之所謂多方，故其名與周邦爲對稱。《克鼎》"保辥周邦，眈尹四方"；《師訇簋》"臨保我有周雪四方民"，皆四方和周邦或有周對舉之例。"和"，《説文》："相應也。"於此爲響應義。"會"，《説文》："合也。"在這裏有集合義。"侯、甸、男、采、衛"，《周禮·夏官·職方氏》："方千里曰王畿，其外方五百里

曰侯服，又其外方五百里曰甸服，又其外方五百里曰男
服，又其外方五百里曰采服，又其外方五百里曰衛服。"
鄭注："服，服事天子也。"《疏》："言侯者，侯之言候，
爲王斥候；言甸者，甸之言田，爲王治田出稅；言男者，
男之言任也，爲王任其職理；采者，事也，爲王事民以供
上；言衛者，爲王衛禦。""百工"，即《盤庚下》之"百執
事"，也即《大誥》之"御事"。"播民"，即藩民，也即諸
候之邦中的庶民，也即本篇篇首的"殷侯尹民"。"見士"，
"見"讀如"現"，"士"通"事"。"見士"，謂現正任事於
周。金文凡"鄉士"之士皆作"事"；《玽鼎》"玽見事於
彭"；《匽侯鼎》"匽侯旨初見事於宗周"，是"見士"或"見
事"實周人語例。于《新證》云。

④　"咸"，《說文》："皆也，悉也。""皆"，《詩·周頌·臣工
之什·豐年》"降福孔皆"毛傳："徧也。"今語猶言一一。
"勤"，《詩·豳風·鴟鴞》"恩斯勤斯"之"勤"，致殷勤之
意，猶今語慰勞。

⑤　"洪"，《釋詁》作"鴻"，謂代也。鄭玄於此語中之"洪"，
亦訓代。"治"，理之也。《周禮·秋官·司約》："治神之
約爲上。"鄭注："理其相抵，冒上下之差也。"猶今語整齊
之也。

[經文]

　　周公曰，王若曰①："猷告爾四國多方②，惟爾殷侯
尹民③，我惟大降爾命④，爾罔不知⑤。洪惟圖天之命⑥，
弗永寅念於祀⑦。"

[詮釋]

　　①"周公曰，王若曰"，這是我在《盤庚》上篇"王若曰"詮釋

中第(1)種語氣代人傳語用的一個好例，所謂"周公曰，王若曰"云者，就是"周公說道，王大要這樣說"。

② "猷"通"繇"，通"由"，用也。釋詳《大誥》篇首"猷大誥爾多邦越爾御事"語詮釋。"猷告爾四國多方"即用告爾四國多方也。"四國"，謂管、蔡、商、奄，也即邶、鄘、衛、奄四國也。"多方"，謂庶邦也。四國其首逆，庶邦則皆從四國者也。

③ "惟"，發語詞，無義。"殷侯尹民"，俗解以殷諸侯釋"殷侯"，江《音疏》以爲似是而實非，說得很對。因爲上古時，只有諸侯之邦並立，而同奉一邦之后爲其主，從一共主則稱"王"。殷之亡，固王也而非侯；殷之已亡，則國且不國，何有王侯——武庚未定名號，且此時亦已亡，其時已無殷邦之存在，何來殷侯？若謂微子已封，則其民未遷，周之作洛並未征役於諸侯，宋氏當不致來參加作洛之勞動；且微子之封於宋，固公爵而非侯爵，應稱宋公而不稱殷侯。江《集注》以爲殷之言衆，衆侯猶諸侯也；《疏》且引《詩·鄭風·溱洧》"殷其盈矣"毛傳及《周禮》天官"陳其殷"鄭注以爲佐證，其訓極是，故"殷侯"實即諸侯。"尹"，《說文》："治也。""殷侯尹民"者，即諸侯所治之民也。

④ "降爾命"，即《多士》篇之"昔朕來自奄，予大降爾四國民命"也。《僞傳》釋此爲誅紂，恐非。江《集注音疏》與孫《疏》皆釋"命"爲教令也，未的。我以爲關鍵正在"命"字。此處之"命"，似應解作天命之"命"，若如舊注訓作教令，何以解於後文所謂"今我曷敢多誥，我維大降爾四國民命"？誥非教令而何所以"降爾命"，謂周邦誅紂後，自以受上天的使命而爲民主，對於"天命"來，於己極有利。

乃《多士》與《多方》一再言之，下文且承以“爾罔不知”，
大有強脅殷遺之口吻。

⑤　罔者，無也，“罔不知”者，無不知也。既爲之民，寧有
不知之理？

⑥　“洪維”，兩字成一詞，皆語詞無義，與《大誥》的“洪惟我
沖人”的“洪惟”同。“洪惟”，惟也，蓋當時語例。“圖”，
于《新證》云：“按此篇之‘圖’字，皆‘啚’之譌字。……
徐灝云：今古文書都鄙字作‘啚’，正是古習相傳之正字，
而俗吏誤讀爲‘圖’。”《大誥》“予復反鄙我周邦”，實即反
復圖我周邦。是圖譌爲啚，又改作鄙（鄙古作啚）。此文
啚譌圖，蓋經文之顛倒由來尚矣。《魏鄭文公碑》圖史之
圖作啚；《管子·七法篇》“審於地圖”，宋本圖作啚。《左
傳》昭十六傳“夫猶鄙我”《注》：“鄙，賤也。”……鄙賤，
猶言輕視。“圖天之命”言輕視天命也。

⑦　“寅”，應是夤之假借，凡《尚書》書夤皆爲寅。夤，《說
文》：“敬惕也。”此語意謂輕視天命，而不知時刻認真地
想着對上天之祭祀。

[經文]

　　“惟帝降格于夏①。有夏誕厥逸②，不肯慼言于民③，
乃大淫昏④，不克終日勸于帝之迪⑤，乃爾攸聞⑥。”

[詮釋]

①　“格”，《僞傳》、蔡《傳》皆訓爲譴告，江《音疏》、孫《疏》
皆訓爲升降，皆未的。我以爲“格”只是訓“感”，或啓示。
“惟帝降格于夏”，意即上天降靈感於夏邦。

②　“有夏”之“有”，《經傳釋詞》：“語助也。”“有夏”與《盤庚

上》"民不適有居"之"有居"同,《釋詞》所謂"一字不成詞,則加'有'字以配之"者是。"誕",自《僞傳》訓"誕"爲"大",後人皆從之,可謂大開方便之門;惟吳汝綸云:"誕讀爲延。"甚是。"誕厥逸",猶言耽其逸樂,不肯捨去也。

③ "慼"通"戚",慼,憂懼之意。"慼言",猶《盤庚上》之"慼出天言",皆殷周語例也。"不肯慼言于民",猶言上天降下災譴,有夏還耽於逸樂,不肯以憂懼之言告民。換句話說,就是不知關切人民的痛苦。

④ "淫",《大禹謨》:"罔淫于樂。"《正義》:"淫者,過度之意。""昏",《說文》:"日冥也。"引伸爲不明。"淫昏",即過度的不明。

⑤ "勸",《說文》:"勉也。""迪",馬本作"攸",蓋實作"由",一形訛,一音訛也。"由"通"繇",《釋詁》:"道也。""不克終日勸於帝之迪"者,猶言不能一日勸勉於上天之所啓示也。

⑥ "攸",《釋言》:"所也。""乃爾攸聞",猶言是你們所聽到過的。

[經文]

"厥圖帝之命①,不克開于民之麗②,乃大降罰崇亂③。有夏因甲于內亂④,不克靈承于旅⑤,罔丕惟進之恭⑥,洪舒于民⑦。亦惟有夏之民叨懫日欽劓割夏邑⑧。"

[詮釋]

① "圖帝之命",即承上文"洪惟圖天之命"語而言,"厥圖帝之命"者,猶言其鄙棄上帝之命也。

② “開”，江《音疏》云：“古闓字，從門從㢑，《書古文訓》作
闓，闓是闓譌爾。《書古文訓》乃僞孔本也，然則僞孔本作闓
矣；且其傳言‘不能開’，則其經文必非開字。《正義》作
開者，乃衛包奉敕改也。又《粊誓》(即《費誓》)‘東郊不
闓’，馬融本及《唐石經》初刻皆作闓；《匡謬正俗》及《書
古文訓》皆作闓；《正義》亦改作開。小顏以爲傳釋云，‘東
郊不開’不得徑讀闓爲開，据彼證此，則二文皆當作闓，其
作‘開’者非。”梓案：闓與開同義，於此則爲“網開一面”之
開焉。“麗”，通“離”，通“罹”。“離”本有附著義，蓋著
於羅網則謂之罹。“罹”亦有“羅”聲，故亦可通于“羅”。
然則“不克開于民之麗”者，亦謂“不能將對民之網羅開
放”也。

③ “崇”，《文選·東京賦》“進明德而崇業”薛注：“猶興
也。”“乃降罰崇亂”者，謂“上帝因其圖帝之命，故降下責
罰而興起亂事”也。

④ “甲”，通“狎”。“狎”，《說文》：“大可習也。”引伸爲凡
相習之稱；相習則相輕，故又可引伸爲相輕之義。“內
亂”，邦中人自相殘殺也。

⑤ “靈”，《廣雅·釋詁一》：“善也。”“承”，通“抍”，見《集
韻·類篇》，或作“拯”、“振”，有止義。故“承旅”猶言
“振旅”。《詩·小雅·南山之什·采芑》“振旅闐”鄭箋：
“振，猶止也；旅，衆也。《春秋傳》曰：‘出曰治兵，入
曰振旅。’”振旅者，整頓其衆，正所以止兵也。“靈承于
旅”，謂“善於整頓其衆”也。此採吳汝綸《尚書故》的
解釋。

⑥ “進”，孫《疏》引《漢書·高帝紀》“蕭何主進”師古注：
“進字本作賮。”梓案：賮亦作賮，在《孟子》中屢見之，指

送行的財物，引伸之，也作凡貨賄言。《文選·魏都賦》"襁負賮贄"李注引《蒼頡篇》："賮，財貨也。""恭"，通"共"，具也。"罔丕惟進之恭"，"丕"讀如不，"之"讀如是，即無不惟賮之共，也即無不惟財貨是具也。

⑦"洪"，大也，《釋詁》文。"舒"，本作"荼"。"荼"，《釋草》："苦菜。"引伸爲凡苦之稱。故"洪舒于民"者，大苦於民也。

⑧"叨"，《說文》食部："饕，貪也。"叨，俗饕。"憤"，《說文》引經作"𡊥"，至部"𡊥"下云："𡊥，忿戾也。……《周書》曰'有夏氏之民叨𡊥'，𡊥讀若摯。"此作憤，由讀音而來。"有夏之民叨憤"，照《說文》，似應作"有夏民之民饕𡊥"，謂有夏之民因之忿戾也。"欽"，欽欽也。欽欽，《釋訓》云："憂也。"《詩·秦風·晨風》云"憂心欽欽"，毛傳："思望之心欽欽然。"鄭箋："思望而憂之也。""日欽劓割夏邑"者，即"因忿而憂，日望有人來劓割夏邑"也。"劓"通"劂"，斷也。《僞傳》釋欽爲尊敬，固非；孫《疏》吳故讀"欽"爲厥，而將"日欽"屬上讀，尤未是；惟江《音疏》訓"欽"爲思望爲的解。

梓案："麗"，舊皆訓"附"，我覺嫌迂遠，故改訓"離"，通"罹"，通"羅"，則上文"開"字，方有着落，蓋"罹"義既着于網，則開者，猶網開一面之義。"靈承于旅"，舊皆訓"善承于衆"，意義很模糊籠統，我覺得吳汝綸的《尚書故》以"振旅"釋"承旅"爲現成而正確。他引《史記》"桀不務德而武，傷百姓，百姓弗堪"，故下承以"有夏之民日望劓割夏邑"，與《湯誓》之"有衆率怠弗協"與"時日曷喪，予及汝偕亡"等，遂若合符節矣。

[經文]

　　"天惟時求民主①，乃大降顯休命于成湯②，刑殄有夏③。惟天不畀純④，乃惟以爾多方之義民⑤，不克永于多享⑥。惟夏之恭多士⑦，大不克明保享于民⑧，乃胥惟虐于民⑨，至于百爲大不克開⑩。乃惟成湯克以爾多方簡代夏作民主⑪。"

[詮釋]

①　"惟"，《經傳釋詞》："以也。""時"，《釋詁》："是也。""夫惟時求民主"者，謂"上天以是爲民求主"也。

②　"顯"，《釋詁》："光也。"猶今語光榮。"休"，同"庥"，蔭也。故"顯休命"者，是一種由上天所庇蔭的光榮使命，簡言之，即寵命。

③　"刑"，《廣雅・釋詁》曰："治也。"《說苑》："懲惡而禁後者也。"即"治"的意思。"刑殄"者，謂治之以罪而絕滅之也。

④　"惟"，發語詞，無義。"畀"，《釋詁》："予也。""純"，本義爲純一不雜，引伸爲統一。舊解訓"大"，訓"美"，或訓"亂"，似皆未的。此文"惟天不畀純"者，猶言"上天不使之統一"也。

⑤　"乃惟"，猶今"只是"，與《康誥》的"乃惟眚災"、與本文下文"乃惟爾自速辜"的"乃惟"，語氣相類。"以"，《國策・秦策》"向欲以齊事王"《注》："猶使也。""義民"，即儀民，亦即民儀，亦即《大誥》"民獻有十夫"的"民獻"，即俘虜，也即遷於九畢之播民。

⑥　"不克永于多享"者，"不能此致功於夏邦"也。

⑦　"惟"，雖也，見《釋詞》。"恭"，隸古定作"龏"，通

"共",《説文》:"具也。"吴汝綸曰:"具多士,猶《論語》之言'具臣'。"

⑧ "明",勉也。"大",語詞,無義。"保",《國語·周語》"聖人保樂而愛財"韋注:"安也。"

⑨ "胥",《釋詁》:"皆也。""惟",《經傳釋詞》:"爲也。"

⑩ "百爲",凡百作爲也。"大",《詩·魯頌·泮水》"大賂南金"鄭箋:"廣也。"

⑪ "惟",《經傳釋詞》:"有也。""以",由也。"簡",《詩·邶風·簡兮》"簡兮簡兮"鄭箋:"簡,選擇也。"

[經文]

"慎厥麗,乃勸厥民。刑,用勸①。以至于帝乙②,罔不明德慎罰③,亦克用勸。要囚④,殄戮多罪,亦克用勸;開釋無辜,亦克用勸。今至于爾辟⑤,弗克以爾多方享天之命⑥,嗚呼!"

[詮釋]

① "慎厥麗,乃勸厥民。刑,用勸"。這十個字,有兩個讀法,一個是"慎厥麗,乃勸厥民。刑,用勸"。這是《僞傳》的讀法,而孫《疏》從之,而以孫《疏》之注解爲明晰;另一個是蔡《傳》的讀法,"慎厥麗乃勸,厥民刑用勸"。而江《音疏》從之。後者皆訓刑爲法,而釋其語爲"慎厥麗,以勸民行善,其民也儀型之用勉於善"也。前者則釋其語爲"慎厥麗於罪者,乃所以勸勉其民;刑罰其有罪者,亦用勸勉其民"也。這兩種讀法,我以前一讀法較和後文相連貫,惟兩者皆未把"麗"字解清楚。我意此文之"麗"字,由"不克開于民之麗"與"慎厥麗"兩語語法看,

都應作名詞解，決不可能如舊解之作"附着"或"思"去解，因爲附着和思都是動詞而非名詞。我意"麗"當爲"羅"之同聲通假，而所謂"羅"，即指桀荼毒人民之羅網，所謂法網者是也。蓋正因桀不務德而務傷百姓，百姓乃如觸網羅之不得自脱矣。所以這裏説成湯能慎設羅網，所以能勸勉其民自進於善；即偶用刑罰以責有罪之人，也正可以收勉人於善之效。我所以説這樣纔可以和下文相貫注者，是因下文所謂"殄戮多罪，亦克用勸；開釋無辜，亦克用勸"，也正是此意。

② "帝乙"，紂之父，殷代共二十八君，他已是第二十七位了。所謂"以至于帝乙"云者，意即自成湯以至於帝乙也。

③ "罔"，無也。"明"，勉也。"德"，對於治國之道的認識。"明德慎罰"，謂勉勵於對治國大道的認識，而慎重於責罰人。此語就是説殷邦自從成湯以至於帝乙，没有一個不明德慎罰，所以能勸人日進於善。

④ "要囚"，意即謂判決囚犯，已詳釋於《康誥》"要囚，服念五六日"語詮釋。

⑤ "爾辟"即爾主，或爾君，謂紂也。

⑥ "享"，本書《咸有一德》篇"克享天心，受天明命"《傳》："當也。"《正義》："德當神意，神乃享之，故以享爲當也。"

[經文]

王若曰："誥告爾多方①，非天庸釋有夏②，非天庸釋有殷，乃惟爾辟③，以爾多方大淫，圖天之命④，屑有辭⑤。乃惟有夏⑥，圖厥政⑦，不集于享⑧，天降時喪⑨，有邦間之⑩。乃惟爾商後王⑪，逸厥逸⑫，圖厥政，不蠲烝^⑬，天惟降時喪^⑭。"

[詮釋]

① "誥告"，蔡《傳》引夏氏曰："以誥辭告之也。"

② "庸釋"，自《僞傳》以來，都訓庸爲用，訓釋爲捨，惟吳
　汝綸訓庸爲易，爲少異耳。梓案："庸"，古文作𤰝，從
　甹從自，自知臭香所食也，見《說文》甹部。此庸字之本
　義也。自知臭香，就有所別擇，故不必改譯"有意"。

③ "爾辟"，指紂，釋見上。

④ "圖"作"啚"，釋"鄙"，釋見上。

⑤ "屑"，泆也。《多士》"淫泆有辭"，《釋文》引馬本作
　"屑"，云"過也"。梓案：《多方》、《多士》實姊妹篇，其
　中用語有不少如出一口，此作"屑有辭"，彼文作"淫泆有
　辭"，其下皆連"有辭"，尤顯。然則"屑"即"泆"無疑。
　馬云"過也"，殆亦可從。這裏上文亦責紂"大淫圖天之
　命"，意謂"乃是爾君紂，以爾多方對他惟命是從，就過
　於鄙棄天命，且居然形之於言語"。此指《西伯戡黎》中所
　謂"王曰，我生不有命在天"及人民言語"天曷不降威，大
　命不摯"等語而言。

⑥ "惟"，是也。

⑦ "圖"，"鄙"之訛。

⑧ "集"，《廣雅·釋詁》曰："成也。"

⑨ "時"，《釋詁》："是也。"

⑩ "有邦"，指各個諸侯。"間"，《釋詁》："代也。"此句意
　即謂"夏后氏鄙棄其政，其祭祀不爲上帝所享，上天於是
　降這喪亡之禍，而由另一諸侯代替他"。另一諸侯指殷湯。

⑪ "爾商後王"，指紂王。

⑫ "逸厥逸"上一"逸"字，《釋言》："過也。"下一"逸"字，

《廣雅・釋詁一》：“樂也。”《吕覽・重己》“足以逸身煖骸
而已矣”《注》：“安也。”故“逸厥逸”，即過習其所安
樂也。

⑬ “蠲”，《釋文》引馬《注》云：“明也。”“明”，《禮記・祭
統》“明，薦之而已矣”鄭注：“猶潔也。”“烝”，《釋文》引
馬注：“昇也。”故“不蠲烝”者，謂不潔已上升於天也。

⑭ “惟”，《經傳釋詞》：“乃也。”

[經文]

　　“惟聖罔念作狂，惟狂克念作聖①。天惟五年②，須
暇之子孫③，誕作民主④，罔可念聽。天惟求爾多方⑤，
大動以威⑥，開厥顧天⑦，惟爾多方⑧，罔堪顧之⑨。惟
我周王⑩，靈承于旅，克堪用德⑪，惟典神天⑫，天惟式
教我用休⑬，簡畀殷命⑭，尹爾多方⑮。”

[詮釋]

① “惟聖罔念作狂，惟狂克念作聖”，此二語與通篇文字不
協調，頗費解；意義上也没有必需，不知何故要道此兩
語。意義無他，惟謂聖與狂之間，所差者惟一念耳——聖
者要是不思念，即流於狂；狂者能思念即可成聖。用在這
裏，只是説明上天所以須假於夏殷之子孫的緣由。

② “惟”，《經傳釋詞》：“以也。”“五年”，舊注都解作武王
之事，以爲文王八年死，武王嗣位，但須至十三年始伐紂
滅之。我以爲這裏説的不是武王之事，而是成王自己的
事，所謂“五年”者，乃武王克商封武庚後，二年即死；
成王嗣位，周公攝政，三年踐奄，正五年。我這改釋有兩
個理由：其一，下文“須暇”，所以要推遲者，須其子孫

而非有所須於紂，故因從紂之喪亡算起，而不必追算至紂之未喪師以前；其二，此文已作於踐奄之後，故篇首即大書"王來自奄"，自武王逝世至踐奄三年，正是五年，就是説天之所須者，是武庚或其他有夏之後嗣也。

③　"須暇"，須，《儀禮・士昏禮》"某敢不敬須"鄭注："待也。""暇"，鄭本作"夏"，而釋爲"夏之言假"。梓案：此釋見《詩》箋疏。《詩・大雅・文王之什・皇矣》"惟此二國……上帝耆之"箋云："耆，老也。天須假此二國，養之至老……。"《正義》曰："須，待也，天以二國雖惡，猶待其改悔而聞暇優緩……。"所謂二國，《正義》引孫毓云："天觀衆國之政，求可以代殷之人，先察王者之後，故言商而及夏。"然則二國云者，即夏、商是也。此文可參此詩之箋疏讀之。由孫氏之説觀之，"夏"就不必借釋爲暇爲假，釋作有夏之"夏"言，可也；所謂"須夏"者，實即可視作"待夏"。如是，以釋此文，蓋尤合矣。這是因爲下文誥又曾提到"求爾多方"，亦與孫氏所謂"天觀衆國之政，求所以代殷之人，先察王者之後"也。

④　"誕"，疑當讀作"延"。"誕作民主"者，延其天命，使作民主也。

⑤　"惟"，乃也。"求"，《禮記・檀弓上》"瞿瞿如有求而弗得"《正義》："猶覓也。"

⑥　"動"，《高唐賦》"使人心動"李善注："驚也。"

⑦　"開"，本作"閞"，闢也。"顧"，鄭注："由視念也。"按"由"同"猶"。

⑧　"惟"，乃也。

⑨　"顧"，《詩・大雅・文王之什・皇矣》"乃眷西顧"之"顧"《正義》釋爲"迴首"，是其本義。

⑩ “惟”，獨也。

⑪ “克堪”，能勝也。

⑫ “惟”，以也。

⑬ “惟”，乃也。“式”，《釋言》：“用也。”“教”，《淮南子·主術訓》“而行不言之教”《注》：“令也。”“用”，由也。“休”，同“庥”，蔭也。

⑭ “簡”，選擇也。“畀”，予也。二釋已見上。

⑮ “尹”，治也，亦已見上。“惟我周王”以下，即謂“獨有我周王，善振其旅，而能用其明白的認識，以主神天，故天乃令我周得上天的蔭庇，由多方中選擇出來，予以殷邦原有的使命，治理你們衆邦”也。

[經文]

　　“今我曷敢多誥①，我惟大降爾四國民命②。爾曷不忱裕之于爾多方③？爾曷不夾介乂我周王享天之命④？今爾尚宅爾宅⑤，畋爾田⑥，爾曷不惠王熙天之命⑦？”

[詮釋]

① “曷”，即“害”，何也。“惟”，乃也。“誥”，《獨斷》：“教也。”

② “惟”，乃也。“降”，下授也。“命”，舊訓皆作“教令”言，此處仍作“天命”言。倘照舊訓，不知何以解於“曷敢多誥”？不能剛說完了“何敢多教”，緊接着就說大降下爾四國民以教令也。所以這裏和篇首及《多士》篇的“降爾命”，都只能作降授爾等以天命所在言。故“今我曷敢多誥，我惟大降爾四國民命”者，意即言“我何敢對你們多所誥戒，我乃是向爾四國人民慎重宣告天命之所在”也。

③ "忧"，同"尤"，"尤"讀與"猶"同。"裕"，《方言》：
"裕、猷，道也，東齊曰'裕'，或曰'猷'。"皆訓道也。
《廣雅·釋詁》三："裕，開也。"然則亦作開導講。"道"、
"導"，固通也。故"爾曷不忧裕之于爾多方"者，意即謂
"爾等何不開導各邦"也。

④ "夾介"，《僞傳》訓"夾"爲"近"，訓"介"爲"大"。"近"、
"大"連文不辭，俞樾已議之矣。蔡《傳》訓"夾"爲"夾輔"
之"夾"，"介"爲"賓介"之"介"，似矣，然"乂"又是何
義？按"乂"通"艾"，作動詞講，只有三義：①芟，②治，
③相。①②兩義於此皆不可通，只有③義可通，若照蔡
《傳》之訓，則重複甚矣。我疑"夾介"兩字乃"夽"之形
訛。"夽"，《説文》："大也。""夾介乂周王享天之命"者，
意即"大相周王享受天之使命"也。

⑤ "尚"，猶也。

⑥ "畋"，《説文》："平田也，从攴田。《周書》曰：'畋爾
田。'"即指《多士》與此文也。

⑦ "惠"，《釋詁》："順也。""熙"，《禮記·緇衣》"於緝熙敬
止"《注》："緝熙，皆明也。""熙天之命"者，即"明天命
之所在"也。

[經文]

"爾乃迪屢不静①，爾心未愛②，爾乃不大宅天命③，
爾乃屑播天命④，爾乃自作不典⑤，圖忱于正⑥。我惟時
其教告之⑦，我惟時其戰要囚之⑧，至于再，至于三。乃
有不用我降爾命⑨，我乃其大罰殛之⑩。非我有周秉德不
康寧⑪，乃惟爾自速辜⑫。"

[詮釋]

① “迪”，導也。“靜”，安也。

② “愛”，惠也，順也。

③ “宅”，安也。

④ “屑”，猶屑屑，不安也。“播”，播棄也。

⑤ “典”，法也。

⑥ “圖”，乃“鄙”之省。“圖忱于正”者，鄙棄誠信於長上也。

⑦ “惟”，以也。“時”，是也。“其”，乃也。

⑧ “戰”，于《新證》以爲“單”、“殫”、“戰”、“憚”古並通，是也。這裏，“戰”通“憚”；“憚”，不憚也。“要囚”，我意只是判決罪犯。

⑨ “乃”，《經傳釋詞》：“若也。”“用”，《説文》：“可施行也，從卜從中。”“降爾命”，是降授爾等以生命。“乃有不用我降爾命”，謂“若有不以我降授爾命爲未足者”。

⑩ “乃”，則也。“其”，將也。“罰”，責也。“殛”，《釋言》：“誅也。”一作“極”，義同。

⑪ “秉”，《説文》：“禾束也，從又持禾。”故引伸之爲凡執持之義。“康”，《釋詁》：“安也。”“寧”，《釋詁》：“靜也。”

⑫ “速”，《易·需》“有不速之客”《疏》：“召也。”

[經文]

王曰：“嗚呼！猷告爾有方多士①，暨殷多士。今爾奔走臣我監五祀②。越惟有胥伯小大多正③，爾罔不克臬④。”

[詮釋]

① "猷告爾"者，"用告爾"也。解詳篇首詮釋。

② "監"，與牧相類，解詳《康誥》篇"孟侯"詮釋。"五祀"，五年也。《爾雅·釋天》："夏曰歲，商曰祀，周曰年。"所謂五年者，謂武王克商封武庚後至商奄同叛周之間，約五年也。江《音疏》云："武王命三叔（是否三叔，篇首已有辨證）監殷，殷民皆臣服，於茲十年矣，言五祀者，本其未叛時言也。"吳汝綸《尚書故》云："五祀，滅武庚後五年也。"梓案：江、吳兩說，我覺都不無問題。照《尚書序》謂"惟十有一年武王伐殷"；《洪範》篇首云"惟十有三祀，王訪于箕子"；《金縢》篇云"既克商二年，王有疾弗豫"；《史記·封禪書》謂"武王克殷二年，天下未寧而崩"，綜上引諸記載，武王十一年伐殷，二年則正訪於箕子之十三祀也，據《金縢》所述，則武王是後遂有疾弗豫了。惟據《金縢》的敘述，此番有疾弗豫，經周公禱於三王（太王、王季、文王），許以身代，"王翼日乃瘳"。接下去，便武王既喪，似乎病瘳後仍不免一死。《史記》述此事，武王有瘳後，也只說了"後而崩"三字，雖曾交代，然而武王這一病竟也就死了。算他伐殷之年，便殺紂而立武庚，且立監以監之；越二年，即成王嗣位、周公攝政了。照《書大傳》所說，"周公攝政，一年救亂，二年克殷，三年踐奄"云云，二年加三年，不正五年嗎？絕對不可能有十年。至於吳氏以爲"滅武庚後"，則至是又不可能有五年了。如是說法，則與上文"天須夏五年"也合了。

③ "越"，《釋詁》："于也"。"惟"，是也。"胥"，《僞傳》訓相，蔡《傳》訓爲官名，江《音疏》、劉《集注》與于《新證》訓"縣役"，孫《疏》與吳《尚書故》皆從蔡《傳》作官名，可

謂極紛歧之能事，皆可商。竊意"胥"在此似與"須"、"需"通，亦與"輸"通，舊訓似皆涉"伯"字而誤，惟江、劉、于三氏未誤，但訓"胥"爲縣役則仍可商，蓋此處"胥"字似宜作動詞用也。"有"訓"又"，"胥"訓"輸"，"伯"則"賦"字之通假也。"伯"，《書大傳》作"賦"，其文云："古者十稅一。多于十稅一，謂之大桀、小桀；少于十稅一，謂之大貉、小貉；王者十一而稅，而頌聲作矣。故《書》曰：'越唯有胥賦小大多政。'"竊以爲此決應作"賦"而不作"伯"，這只看它從十一而稅說入便可知，況"伯"與"賦"古原可相通。于《新證》云："按'伯'本應作'員'或'賮'，從'白'、從'帛'一也。見《石鼓文》。"《師害簋》"淮夷縣我員晦臣"；《泆伯簋》"獻賮"，是"員"自當爲財賦之義。《大傳》作賦，義固無殊也。後又衍作"伯"，以其字之從"白"，音固未轉也。我所以講"賦"、"伯"可通，亦即以其音同也。"正"，《書大傳》作"政"，本已是通假字，其實此字應通作"征"。惟其作"正"，蓋因上"伯"字，於是"胥"亦從而爲官名矣。所謂"越惟有胥伯小大多正"，即"於是又輸賦小大多征"也，也即"於是又輸納賦稅小大各種征斂"也。

④　"臬"，法也，見《康誥》"汝陳時臬"詮釋。在此引伸爲奉法。

[經文]

"自作不和①，爾惟和哉，爾室不睦②；亦惟和哉，爾邑克明③。爾惟克勤乃事④，爾尚不忌于凶德⑤，亦則以穆穆在乃位⑥，克閱于乃邑謀介爾⑦。乃自時洛邑⑧，尚永力畋爾田⑨。天惟畀矜爾⑩。我有周惟其大介賚爾⑪，迪簡在王庭⑫，尚爾事⑬，有服在大僚⑭。”

[詮釋]

① “自”，《廣雅·釋詁》：“從也。”“作”，《泗作》僞傳：“興也。”《周禮·鄙師》“凡作民則，掌其戒令”鄭注：“作民，謂起役也。”“自作”者，謂“自從興起役作”也。“自作不和”者，謂“從周邦興起作洛之役時，四國之民不曾響應”也，故篇末以“時惟爾初，不克敬于和”承之，以與此文相照應也。舊注於此處都只以“自爲不和”解之，非。他們内部不和，於周邦固無與。

② “不”，讀作“丕”。“睦”，敬和也。梓案：此數語照舊訓置之此處，似覺過於突然，於上下文二義都不順，必訓“作”爲興役，“和”爲響應，釋爲自從我周興起這役時，就得不到你們響應，所以要鼓勵他們響應。不僅他們響應了，他們的家也應認真響應，他們的邑也應努力響應。這便與《康誥》篇首那四十八字中“和見士于周”也照應了。

③ “邑”，《釋名·釋州國》：“猶偊也。”邑，人聚會之稱也；偊，《莊子·天地》“偊偊乎耕而不顧”《釋文》引李注：“耕貌。”然則“邑”乃當初勞動人民聚居的地方。

④ “惟”，乃也。“勤”，《説文》：“勞也。”

⑤ “爾尚不忌于凶德”，《説文》作“爾尚不彗于凶德”。“彗”，忌也。“忌”，《説文》：“憎惡也。”“凶德”，不善之德也，指從畔言。“爾尚不彗于凶德”者，你們以往之不善，不爲上所憎惡也。

⑥ “則”，曾也。見於《經傳釋詞》。“以”、“因”聲近義通。“穆穆”，和美貌。《文選·非有先生論》“於是吳王穆然”注：“猶默靜思貌。”然則，“穆穆”亦可通“默默”，“穆穆在乃位”，蓋謂安安静静在本位上工作也。

⑦ "閲"，《管子·度地》"常以秋歲末之時閲其民"《注》：謂"省視"。"介"，舊注非訓"近"，即訓"善"，我以爲於此都未的，況"介"亦無善義。我謂"介"於此當訓爲《詩·小雅·小明》"介爾景福"之"介"，應如鄭箋訓"介"爲"助也"。下文之"畎爾田"與"大介賚爾"，皆所以"介爾景福"也。故"爾"亦應屬上讀，而讀爲"謀介爾"。

⑧ "乃"，爾也。"自"，在也。"時"，是也。

⑨ "尚"，庶幾也。"永"，久遠也。"力畎"即"力田"。

⑩ "惟"，乃也。"畀"，予也。"矜"，《方言》："哀也，齊魯之間曰矜，秦晉之間或曰矜，或曰悼。"

⑪ "惟"，《説文》："凡思也。""其"，《經傳釋詞》："將也。""大介"，疑字本作"夰"，大也。"賚"，《説文》："賜也。"

⑫ "迪"，《釋詁》："進也。""簡"，擇也。

⑬ "尚"，尊尚也。

⑭ "服"，職務。"僚"，官也。

[經文]

　　王曰："嗚呼！多士，爾不克勸忱我命①，爾亦則惟不克享②。凡民惟曰不享③，爾乃惟逸惟頗④，大遠王命⑤，則惟爾多方探天之威⑥，我則致天之罰，離逖爾土⑦。"

[詮釋]

① "勸"，《説文》："勉也。""忱"，《説文》："誠也。"引伸爲"信"。

② "則"，乃也。"惟"，是也。"享"，《曲禮下》："五官致

貢曰享。"

③ "凡民惟曰不享"，語與《洛誥》周公告成王語完全相同，恐錯簡於此。

④ "逸"，孫《疏》引《漢書注》臣瓚云："放也。""颇"，《廣雅·釋詁》："衺也。""惟逸惟颇"，既放且邪，義殆與《孟子》"放辟邪侈"同。

⑤ "遠"，《論語·顏淵》"不仁者遠矣"皇疏："去也。"所謂"爾不克勸忱我命，爾亦則惟不克享，爾乃惟逸惟颇，大遠王命"者，意即"爾不能堅信我乃天命所在，爾亦不肯效力，爾乃是放辟邪侈、遠離王命了"。

⑥ "則"，乃也。"多方"，非此文所述之多邦或庶邦也，乃多其方術之謂。"探"，《釋言》："試也。""威"，怒也。

⑦ "逖"，同"逷"，遠也。"離逖"，遠離也。

[經文]

　　王曰："我不惟多誥①，我惟祇告爾命②。"又曰："時惟爾初不克敬于和③，則無我怨。"

[詮釋]

① "惟"，凡思也。"惟"，獨也，猶言只是。

② "祇"，《釋詁》："敬也。"

③ "時"，是也。"惟"，以也。"初"，《釋詁》："始也。""敬"，不苟。

多方篇譯文

　　三月初，月球開始成形的那一天，周公開始打算在函谷關東洛水流域，建築一座新城邑。四方諸侯之邦的臣民，來一個大集

合——所有侯服、甸服、男服、采服、衞服的庶官和移民，都響
應周公這一打算，爲周邦來效力。周公一一加以慰勞，於是要代
成王作一番誥辭，來疏理一下上下相抵觸的情緒。五月丁亥日，
成王滅了奄歸來，到了周邦，周公便代成王作誥道：

我王大要是這樣説的："我告訴你們，邶、鄘、衞、奄四叛
國和衆邦諸侯所統治的人民，我是來向你們宣告天命之所在，諒
你們也不會不知道。你們向來輕視天命，所以長期不重視對上天
的祭祀。"

"當初，上天曾降下靈感於夏邦，可是夏邦的統治者一味貪
安作樂，不知關切人民，外加糊塗過了頭，不肯用哪怕一天的功
夫，去勉遵上天的啓示。這都是你們所聽到的了。他們輕視上帝
的教令，竟至不肯稍稍放鬆對人民的法網。於是上天便降下責備
來，在夏邦中製造了内亂。好不好整頓部衆去平息亂事，反而專
向部衆搜括財賦，大肆荼毒於人民。於是夏邦人民忿怒了，天天
在盼望着有人來割取夏邦的領土。這時候，上天也在爲人民尋覓
一個真正可以做人民之主的人，於是就降下光榮的使命於成湯，
以便征誅夏邦。同時，也不讓夏邦統一，使你們衆邦人民，不能
常此爲夏邦效勞。便是夏邦那些庶官，也不知珍惜各邦人民的效
力，一味肆虐人民，所作所爲，都讓人民無路可走。於是成湯就
被你們衆邦人民揀選出來，代替夏邦統治者做人民之主。"

"成湯對待人民能審慎地利用法網，所以人民也能日勸於善。
即使偶用刑罰，也可以勉人爲善。直到紂的父親帝乙爲止，沒有
一個不明於認識、慎於刑罰，所以能勸人民日進於善；即使他們
有時判決有罪的人而誅戮多人，也無非用以勸善；有時釋放無罪
的人，也能用以勸善。現在到了你們的統治者商紂，他就不使你
們衆邦人民得以安享天命了。唉！"

王大要是這樣説的："我告訴你衆邦人民。不是上天有意捨

棄夏邦，也不是上天有意捨棄殷邦，乃是你們的今王紂，使你們過於輕視天命，并且形之於言語。要知道，正惟夏邦當初的統治者輕視上天的使命，因而輕視政事，不能有效地使各邦人民爲他效力，所以上天就降下這喪亡之禍於他，而使另一邦君代替了他。現在乃是你們商朝的後代君王過於貪安逸、輕視政事，使他那不潔的氣氛上昇於天，所以天又降下這喪亡之禍於他。其實，聖、狂之間，原都只在一念之差，聖者不善思考，就流於狂；狂者善於思考，就可成爲聖，事在人爲。今紂流於狂了，天曾用五年的時間，等待商代統治者的子孫，想讓他繼續作人民之主，但其政事無可使上天顧念，無可使人民聽從。天才到你衆邦中尋求用兵威去震動他，啓示他能顧念天命，但你衆邦也沒有人能任受上天的眷顧。只有我周王能整頓自己的部衆以止亂，而且能用明白的認識，爲神天做主，所以上天蔭庇我周邦，把以前殷邦的使命交給我邦，來統治你衆邦。”

“現在我又何敢對你們衆邦多所誥戒，我只是向你們邶、鄘、衛、奄四國的人民，傳達一下上天使命之所在。你們何不將這意思去開導衆邦呢？你們何不好好地輔佐我周王，得以享受上天的使命呢？你們如今還得安居在你們的住宅中，照常平治你們的田畝，你們何不馴服我周王以明天命之所在呢？可是屢次開導你們，而你們還是不安靜。你們心裏還未服從受天使命的周王，你們還是不太安於天命，你們還輕棄天命，你們自行做了不法之事，背信棄義於長上。我惟有以此教告你們，我惟有以此定你們的罪乃至一而再、再而三。若再違背我所降示給你們的天命，我將要重重責罰和誅戮。這不是我周邦秉性不要安靜，而是你們在自己招致罪罰。”

王說：“唉！告訴你們衆位兵士，及殷邦兵士。到如今你們臣事我周之監國者已有五年了，輸納了大大小小的各種賦税，沒有一個不奉法的。但自從我周打算興起役作時，你們就不曾響應。你們要響應啊！你們家中人也應認真響應；你們要響應啊！你們聚居的地方都應勉力響應。你們只有努力做好這件事，你們以往所有那些不良影響，才不會爲上天所憎惡；因你們也曾安安靜靜地在本位上工作，上天簡閱了你們所聚居的地方，打算對你們有所佑助。你們在此洛邑，好好地平治你們的田畝，上天會予你們以矜憐，我周邦也將大大地賞賜你們，進薦你們在王庭中做事，并且要提高你們的工作，使你們在大機構中有職務。”

王曰：“唉！衆位兵士們，你們要是不能由衷相信我是天命所在，你們也就不肯爲我效力。凡人只要不肯效力，那就會放辟邪侈、違背王命，就無異於你們想盡方法來嘗試上天的威怒，那我也只好代表上天給你們責罰，使你們遠離鄉土。”

王説：“我不想多所告戒了，我祇是告訴你們以天命之所在。”他又説：“這都是你們開始時不認真響應我邦所致，不必怨我。”

召誥篇詮譯

前　言

　　《尚書》中這一篇《召誥》，向來都以爲和《洛誥》爲姊妹篇，我以爲這是僅僅從兩篇中所記的月日上去看；倘若就記述的史實及篇中所載言論上去看，我以爲和《多方》、《多士》兩篇似更密切。于省吾曰："此篇與《多方》、《多士》等詞意頗有雷同。"是也。細察這篇文字，《多方》之作，似係在周室作洛前動員殷俘之文；《多士》則爲在作洛時，勤恤庶殷執事之文；而此篇又爲作洛時，酬謝庶邦冢君錫幣之文。蓋同爲作洛，同用庶殷之勞動力，宜其有此也。

　　至此篇誥文的作者，一向都以爲是召公奭，而誥告的對象則爲成王。宋朱熹則以爲是召公通過周公向成王作的誥。今人于省吾則以爲是周公所作，而非召公，其說曰："自'周公曰'以下至末，均係周公誥戒庶殷及成王之詞。"其理由則曰："凡金文及經傳上言君王有所錫，下之'拜手稽首'皆指被錫者言。是篇兩言'拜手稽首'，舊皆以爲召公，豈有錫之者言拜稽，而被錫者反無拜、稽之理？……下之'旦曰其作大邑'，何以又稱周公之名耶？《周書》、《金縢》、《洛誥》、《君奭》、《立政》及此篇，'旦'字凡七見，皆周公自謂。凡成王稱周公多曰'公'，無直稱其名者，安有召公代王致錫而反稱周公之名者乎？且稱周公之名爲'旦'，則

應作‘旦其作大邑’，綴以曰字，謂非周公之所言可乎?"我以爲尤
其顯著者厥爲全文末一句，文曰："我非敢勤，惟恭奉幣用供王
能祈天永命。"此言周公代王受幣供爲王祈天永命之用也。受幣者
既爲周公，則此必周公之言無疑。但于氏以此爲周公誥殷誡王之
詞，及召公代王錫幣於周公云云，則非也。所謂誥殷誡王云者，
誥殷兼誡王乎? 抑以誥殷之詞再進於王乎? 況是時庶殷在洛，王
留鎬京，不可能同時作此誥也。文明云召公先周公相宅，且召公
以月之初四或初五到洛，周公則以月之十一日或十二日抵洛，是
周公後於召公者凡七日，則成王時尚留鎬京，微論書不言成王有
所錫，即有所錫，亦當使周公齎幣錫召公，決無轉使召公錫周公
之理。我以爲此幣乃庶邦冢君致周之貢幣，而非成王使召公錫周
公之幣也。況本文又明言"召公以庶邦冢君出，取幣乃復入"，此
非庶邦之供幣而何? 我以爲自"周公曰"以下之辭，乃周公受幣
後，通過召公，假王命答謝庶邦冢君及其御事之辭也。

[書序]

　　成王在豐①，欲宅洛邑②，使召公先相宅③，作《召
誥》。

[詮釋]

　　① 成王在豐，相傳周在武王時，已遷居鎬京，在武王之後的
　　　　成王，當然也應在鎬，序言成王在豐者何? 曰文王前，周
　　　　本在岐山，岐山在今陝西省岐山縣東北。文王滅崇有其
　　　　地，因遷居焉。以地在豐水之旁，因名之曰豐。文王死，
　　　　廟在焉。武王雖遷鎬，距豐只二十五里，僅一豐水之隔，
　　　　故遇大事，仍至豐廟以告於文王之靈，克商歸，即先至豐
　　　　告廟。成王此次作洛，據《史記》謂"如武王意"，故亦認

爲大事而至豐行告廟禮焉。且即於此以命周、召二公往洛經營其事，故云成王在豐，以明周、召二公也於豐受此使命也。

② 洛邑，在今河南省洛陽市西，當周作洛時，於此築有兩城：一即後來叫王城的，以居九鼎；一爲成周，對王城亦稱下城，以居殷遺。其地望《逸周書》以爲：“南繫洛水，北因郟山，爲天下之大湊。”蓋周自今郟西出函谷關，這是第一個西衝的地方。當時周邦所處，鎬實過於偏西，殷和與國，多在東方，周欲繼殷爲天下主，勢不能不東進，以便控制。作洛本武王遺謀，故《史記·周本紀》云“成王在豐，使召公復營洛邑，如武王之意”云。

③ 使召公先相宅，召公即《君奭》之君奭，故亦謂之召公奭。奭其名，食采於召，故曰召公。作洛本是武王在世時，和周公定謀之議，事見《逸周書·度邑篇》及《史記·周本紀》。至是成王欲遂成武王的意圖，故派周、召二公經營其事，而令召公先行云。

[經文]

　　惟二月既望①，越六日乙未②，王朝步自周③，則至于豐④。惟太保先周公相宅⑤。越若來三月⑥，惟丙午，朏⑦。越三日戊申⑧，太保朝至于洛，卜宅⑨。厥既得卜⑩，則經營⑪。越三日庚戌⑫，太保乃以庶殷攻位于洛汭⑬；越五日甲寅⑭，位成⑮。

[詮釋]

　　① “惟”，發語詞，無義。“望”，謂日、月可在天空相望，也即日光照於月球全部，自地球上望之可見滿月或月圓。

經常在農曆每月十五或十六日可以有此現象。

② “越”，踰也，歷也，過也。“乙未”，望後六日，即農曆之廿一或廿二日也。

③ “朝”，早晨。“周”，鎬京，謂之宗周。

④ “則”，即也。此述成王欲作洛，特從鎬京步至豐，向文王行告廟禮，且即於此命周、召二公也。

⑤ “太保”，召公奭也。“相”，視察也。“宅”，居處也。

⑥ “越”“若”皆語詞，無義，通作“曰若”、“粵若”，《經傳釋詞》以爲“及也”，亦只是從此文全句意義上體會得來，非其本義，如《堯典》之“曰若稽古帝堯”，即不可能以“及”義釋之。“來”，《釋詁》：“至也。”

⑦ “朏”，月始生也，農曆承大月爲月之初三，承小月爲月之初二日也。

⑧ “戊申”，前承小月爲初四，前承大月爲初五日也。

⑨ “卜宅”，殷周時遇大事皆卜而後行。“卜”，灼龜以問也。

⑩ “得卜”，即《大誥》之“得吉卜”。

⑪ “經營”，規度也。此述召公受命後，於三月初四、五到達洛邑，卜定居處（指築城之處）而加以規度也。

⑫ “庚戌”，即當時農曆三月初六或初七也。

⑬ “以”，使也。“庶殷”，殷的庶邦，包括君臣言。吳汝綸訓“殷”爲“眾”，似非，既有庶，則不復須有“殷”（眾）矣。“攻”，《廣雅·釋詁三》：“治也。”“位”，指治洛邑時，城、郭、宗廟、郊、社、朝、市的地位。上文所謂“經營”，即指規度此等之地位言。“洛汭”，“汭”，《説文》：“水相入也。”洛邑築在洛水與瀍水相入處，即《洛誥》所謂“我乃卜澗水東瀍水西，惟洛食；我又卜瀍水東，亦惟洛食”也，故此云洛汭。

⑭“甲寅”，即當時農曆三月初十或十一日也。

⑮“成”，《國語·吳語》“吳、晉爭長未成”韋注：“定也。”
　“位成”，即指上詮所謂城、郭、宗廟、郊、社、朝、市
　之地位規度已定，非謂這些建築之建成也。此章述召公經
　營洛邑之經過也。

[經文]

　　若翼日乙卯①，周公朝至于洛，則達觀于新邑營②。
越三日丁巳③，用牲于郊④，牛二。越翼日戊午⑤，乃社
于新邑⑥，牛一、羊一、豕一。越七日甲子⑦，周公乃朝
用書⑧，命庶殷、侯、甸、男邦伯⑨。厥既命殷，庶殷
丕作⑩。

[詮釋]

①“若”，語詞，無義。“翼”，通“翌”，《釋言》：“翌，明
　也。”“翼日”，明日也。“乙卯”，當年三月十一或十二
　日也。

②“則”，即也。“達”，《廣雅·釋詁一》：“通也。”“達觀”，
　通觀也，也即全盤視察也。“營”，《易·繫辭上傳》“四營
　而成易”《疏》：“謂經營。”“新邑營”，即上文召公在此新
　邑之所經營，即所謂營域也。此述周公繼召公至洛，達觀
　於新邑營也。

③“丁巳”，月之十三或十四日也。

④“郊”，祭天。

⑤“戊午”，月之十四或十五日也。

⑥“社”，祭地。此述周公在新邑，舉行郊社之禮也。

⑦“甲子”，月之廿日或廿一日也。

⑧"書"，舊大多釋爲《左傳》昭三十二年，晉士彌牟營成周時，效諸王官劉子屬役賦丈之役書。宋末金履祥以爲本文"朝用書"的"書"，即今《尚書·多士》篇之文。照《多士》篇首"惟三月，周公初于新邑洛用告商王士"之文看，三月之時日是對的；照《多士》後文"今朕大作邑于兹洛"之文，亦確是正在作洛時的話，金氏之説，宜爲可信。但《多士》篇之文字，却決非役書而只是誥辭，蓋役書所載，照《左傳》所説，乃是計丈數、揣高卑、度厚薄、仞溝洫、物土方、議遠邇、量事期、計徒庸、慮財用、書餱糧，《多士》篇寧有是乎？大約役書只是施工用的計劃書，無關宏旨，或不爲《尚書》所録乎？然則釋"書"爲役書者，似未必有合於經旨也。惟《多士》乃只是命殷多士之辭，而命侯、甸、男邦則另有辭，即本篇"嗚呼！皇天上帝改厥元子"以後至於篇末之文是也。

⑨"邦伯"，舊皆訓爲方伯，似非。"伯"，《説文》："長也。""邦伯"即一邦之長也，故即下文的庶邦冢君也。

⑩"丕"，《經傳釋詞》以爲是承上之詞，是也。語氣似與"則"、"即"、"乃"、"斯"等詞相近。"庶殷丕作"，"庶殷斯作"或"庶殷即作"也。"作"，起也。

[經文]

太保乃以庶邦冢君出①，取幣②，乃復入錫周公曰③："拜手稽首④，旅王若公⑤，誥告庶殷越自乃御事⑥。"

[詮釋]

①"以"，《經傳釋詞》："與也，及也。""庶邦冢君"，即侯、

甸、男等服中各邦的首長，即上文所謂邦伯者。“冢”，《釋詁》：“大也。”“冢君”即大君，指邦伯言。

② “幣”，本義爲“帛”，故从“巾”，見《説文》，即今之絲織品。但在此則不限於帛，包括玉、馬、皮、圭、璧、帛等之總稱，見《儀禮·士相見禮》疏，實即《周禮·天官》九貢之一的“幣貢”，以今語譯之，實即國際上用的禮品，大約是庶邦冢君致送於周邦的，此觀於“太保乃以庶邦冢君出，取幣”之文自明。

③ “錫”，《釋詁》：“賜也。”“賜”，經傳假作“錫”，金文假作“易”，皆取其聲也。“周公曰”，于省吾《尚書新證》：“‘乃復入錫周公曰’，按‘周公’二字，應有重文，後人誤脱，應作‘乃復入錫周公曰’，而讀作‘乃復入錫周公，周公曰’。凡金文定例重文決不複書，上下二句相毘連處有重複字，必以‘＝’代之。《毛公鼎》‘厥非先告父＝層＝舍命’，又‘毋敢龏＝橐＝迺救鰥寡’；《克鼎》：‘辟天＝子＝明悊。’此例不可勝舉。……敦煌隸古定本《盤庚》‘我先后綏乃＝祖＝乃＝父＝乃飴弃女’，可證《尚書》重文寫法與金文合。”

④ “拜手稽首”，此語上本有“敳”字，“敳”字即“敢”字。

⑤ “旅”，舊解非訓“陳”即訓“嘉”，雖皆有據，但用於此處苦無解。竊意此當訓“寄”。“旅王若公”者，言“寄王言於公”也。

⑥ “越自乃御事”，《詩·大雅·文王之什·思齊》“以御於家邦”箋引此文無“自”字，然則“越自乃御事”者，“越乃御事”也。此文正讀，似應作“乃復入錫周公，周公曰：‘敢拜手稽首，旅王若公，誥告庶殷越乃御事’”。也即是説：“……寄王於公，轉告殷庶邦及其百執事。”

[經文]

　　"嗚呼！皇天上帝改厥元子①，兹大國殷之命②。惟王受命③，無疆惟休④，亦無疆惟恤。嗚呼，曷其奈何弗敬⑤？天既遐終大邦殷之命⑥，兹殷多先哲王在天，越厥後王後民，兹服厥命⑦。厥終⑧，智藏瘝在⑨，夫知保抱携持厥婦子以哀籲天⑩，徂厥亡⑪，出執⑫。嗚呼！天亦哀于四方民，其眷命用懋王其疾敬德⑬。"

[詮釋]

　　① "元子"，首子也。鄭玄注："言首子者，凡人皆云天之子，天子爲之首爾。"故"元子"即天子也。

　　② "兹"，《僞傳》以來，皆訓"兹"爲"此"，則此句句義似未完。此大國殷之命，究竟怎樣解呢？吴汝綸曰："'兹'與'此'同，《說文》：'此止也。'"我以爲吴説頗可通讀，從之。梓案：此文稱殷邦，此曰"大國殷"。下文又曰"大殷邦"，尤可見其爲告庶殷之辭，而非告成王之辭。舊解皆認爲戒成王之辭，何也？

　　③ "惟"，發語詞，無義。

　　④ "惟"，是也。

　　⑤ "曷其奈何"，《僞傳》釋爲"何其奈何"，重牀疊屋甚矣。梓案："曷"字疑後人之傳録者所妄加。古文《尚書》"曷"多作"害"，"曷"乃後起字，妄加之迹尤顯，故此語竊以爲宜讀爲"其奈何弗敬"。"敬"，不苟也。《說文》："肅也。"我習用今語"認真"或"鄭重"釋"敬"。此數語大意謂："唉！上帝既改易了天子，你們大國殷的使命，就到此爲止了。繼殷接受上天使命的，是我周王，固然有無疆之慶，但也有無疆之憂，唉！怎麼能不鄭重其事呢？"

⑥ "遐"，遠也。"遐終大邦殷之命"，謂遠未結束大邦殷的使命也。

⑦ "服"，今語服務也。

⑧ "厥終"，其終也，即今語"其結果"。

⑨ "智"，通"知"。"知"，《釋詁》："匹也。"即今語配偶。"藏"，《呂覽·圜道》"殺乃藏"《注》："潛也。""瘝"，本字當作"鰥"，《禮記·王制》："老而無妻曰鰥。"但"鰥"也通作"矜"。《詩·小雅·魚藻之什·何草不黃》："何草不玄？何人不矜？哀我征夫，獨爲匪民。""矜"即"瘝"之通假字，可見行役在外的征夫，亦稱"鰥"。"智藏瘝在"，即謂有配偶的人都不見了，存在的只是一些逃亡在外的鰥夫。這和《牧誓》"乃惟四方之多罪逋逃，是崇是長，是信是使"有同樣的意義。

⑩ "夫"，《正義》曰："夫猶人人，言天下盡然也。""保抱携持"，"保"同"緥"，小兒衣也；"抱"同"襃"，懷也；"保抱"與《論語·子路》"襁負其子而至矣"的"襁負"同義；"携"，牽引也；"持"，扶助也。四字連文，猶今語抱着、背着、牽着也。"厥婦子"，其妻子也。於此可見孫《疏》之釋"夫知"之"知"爲"匹"，實非，蓋婦即夫之匹也。

⑪ "徂"，通"詛"。"亡"，喪亡。"徂厥亡"，即《西伯戡黎》中祖伊所謂"今我民罔弗欲喪"也。

⑫ "執"，《淮南子·主術訓》"人主之所以執下"《注》："制也。""出執"謂逃出其統治也。梓案："徂厥亡，出執"，歷來釋者都只作一句讀，所以解釋也就不免支離，我以爲此應作兩句讀，而於"亡"字讀斷，即詛咒其亡，以逃出其統治也。蓋是揣度殷民籲天之辭也。

⑬ "眷"，《説文》："顧也。《詩》：'乃眷西顧。'""用"，因

也。"懋"，勉也。"疾"，《吕覽·勸學》"聖人生於疾學"
《注》："趨也。""趨"，《論語·微子》"趨而避之"皇疏：
"疾走也。""其眷命用懋王其疾敬德"者，意即"上天眷顧
我周而予以使命，勉勵我周王速速認清上天的使命"。

[經文]

　　"相古先民有夏①，天迪從子保②，面稽天若③，今
時既墜厥命。今相有殷，天迪格保，面稽天若，今時既
墜厥命④。今沖子嗣，則無遺壽耉⑤，曰其稽我古人之
德⑥，矧曰其有能稽謀自天⑦。"

[詮釋]

　　①"相"，《説文》："省視也。"

　　②"迪"，《説文》："道也。""天迪"，天道也。"從"，《廣
雅·釋詁三》："就也。""子"，通"慈"。"子保"，慈保
也，《老子》曰："我有三寶，持而保之，一曰慈，二曰
儉，三曰不敢爲天下先。""慈"即持慈而保之，"慈保"連
文，或亦周時語例。

　　③"面稽天若"，古本"面"上有"禽"字，阮元校記曰："案
禽乃禽之譌，即古文'禹'字。"于《新證》訓"面"爲"偭"，
而認"面稽天若"爲指其衰世言之説就不無問題，而《僞
傳》謂指禹、湯言者則較爲有依據了。梓案："面"，鄭玄
注："猶迴向也。""稽"，《廣雅·釋詁二》："合也。""回
向而合"，即向天道也。

　　④"墜"，古作"隊"，《説文》："从高隊也。"《釋詁》："落
也。"引伸之，亦訓"失"。《左傳》襄十一年："俾失其民，
隊命亡民，踣其國家。"此"隊"字，與"失"、"亡"、"踣"

相互見義，故本文"墜厥命"，即"失其命"，猶言失去上天給它的使命。

⑤ "遺"，《説文》："亡也。"引伸爲棄置。"耇"，《釋詁》："老壽也。""壽耇"，於此指老成人。

⑥ "曰其"，於此也。"稽"，《廣雅·釋言》："考也。"《廣雅·釋詁》："問也。"

⑦ "矧"，益也。"有"，又也。"自"，《釋詁》注："由也。"亦即"於"也。

[經文]

嗚呼！有王雖小①，元子哉！其丕能諴于小民②。今休王不敢後③，用顧畏于民碞④。

[詮釋]

① "有王"之"有"，係語詞，無義，與"有夏"、"有殷"之"有"同。

② "丕"，舊訓爲"大"，未是；實亦無義的語詞。"其丕能諴于小民"者，即是"庶幾能諴于小民"也。"諴"，《説文》："和也。"《廣雅·釋詁四》："調也。"合此兩義言之，實即"協調"。

③ "今休"，舊訓"休"爲"休美"；"今休"謂致如今休美之政治。吳汝綸訓"休"爲休暇。"今休"爲"及今休暇"，皆於"休"字讀斷。惟于省吾以爲"今休"兩字應屬下讀，並引金文爲證。我以爲此應視此誥對何人所作而定其句讀。舊皆以此爲戒成王之辭，惟于亦然，則讀斷與否皆可通解。我則以爲此誥乃周公戒召公而答謝庶邦冢君錫幣之辭，則"今休"二字以于讀爲是。"休"亦應訓"慶幸"。所謂"今

休王不敢後”者，謂“今幸王不敢後”也。“後”，《說文》：
“遲也。”正對“疾敬德”之“疾”字而言。

④ “碞”，《說文》：“礦碞也，从石品，《周書》曰：‘畏于民
碞。’讀與‘巖’同。”“段注：“‘礦碞’猶上文之‘礦礑’，積
石高竣貌也。”孫《疏》釋此“碞”字較詳，茲錄其說如下：
“今之美王不敢後用天之眷顧，下畏於民情之險。江氏聲
云：《說文》引此文不連顧字，漢儒以顧字屬上讀，是也。
王應麟《困學紀聞》、《藝文志考》皆以《說文》‘喦，多言
也’爲此碞字，段玉裁駁之。案：‘喦’，《說文》讀與聶
同，緩讀則同碞，許氏訓以爲多言，或即碞字本義，亦未
可定。”梓案：由《康誥》“民情大可見，小人難保”的神情
體驗之，則此似應訓“民碞”爲民險。“險”，《說文》：
“阻難也。”固非必“險惡”或“危險”，只是說險阻難行而
已。其作“多言”解者，乃品部之“喦”而非石部之“碞”，
讀“聶”而不讀“巖”。觀許氏引此文於“喦”字下，而不引
之於“碞”字下，則訓“民碞”爲“民險”者是也。至以《說
文》所引爲“畏於民碞”，而遂斷定爲漢儒之讀，如是，則
似泯矣。《僞傳》從《說文》之讀者也，其釋文乃曰：“王不
敢後能用之士，必任之爲先。”江《音疏》則曰：“王其不能
後用顧念。”《僞傳》增字解經，江氏辭意不明，似都不可
從。其實《說文》引經，似未必足以據爲漢讀，例如本篇
的“其丕能誠于小民”，小徐本引作“不能誠于小民”，而
大徐本則引作“丕誠于小民”，兩者究當以何者爲正乎？
況漢人之讀法，未必即先秦簡策之真，似不能據以定其是
非，只能作爲參考。竊以爲仍當求之於文義。考“畏”、
“忌”互訓，而“顧忌”連文又爲後世所習用，似不能因《說
文》引經便將此兩字生生拆開，故“用顧”一詞仍以屬下讀

爲是，其語蓋謂"今幸王趨德不敢後，對於民情之難保有所顧忌"也。此正照上文之"懋王其疾敬德"而完成其語意。

[經文]

王來紹上帝①，自服于土中②，旦曰③：'其作大邑④，其自時配皇天⑤，毖祀于上下⑥；其自時中乂⑦，王厥有成命治民⑧。'"

[詮釋]

① "紹"，舊皆訓"繼"，以人王繼上帝，何以自解下文之"配皇天"及"毖祀于上下"，經文似不至有此矛盾。竊疑"紹"當作訃。"訃"，卜問也，謂王之來曾卜問於上帝也。

② "自"，鄭玄注："用也。""服"，鄭玄注："事也。""土中"，指伊洛一帶，當時以爲不似殷的偏東，也不似周之偏西，而得天下之中，《史記·周本紀》所謂"此天下之中，四方入貢道里均"也。

③ "旦曰"，全篇本皆周公之言，而此處忽插入"旦曰"二字者，蓋曰字非常語，而實有"以爲"之義者也。故"旦曰"者，"旦以爲"也，這正是周公的口吻。若認爲召公之言，則"旦曰"二字便費解矣。

④ "其"，庶幾也。

⑤ "時"，是也。"配"，配合也。

⑥ "毖"，齋戒之意，此古時舉行祭祀之前所必須做的準備工作也。

⑦ "乂"，《釋詁》："治也。"

⑧ "厥"，乃也。"成命"，定命也。這幾句話的意思，是說

“我周王之來，是卜問了上帝纔來，是爲了有事於這居天
下之中的地方。我以爲不如在這裏建築一座大城邑，庶幾
可以在此配合上天的使命，而祭告於上下神祇；也庶幾可
以於此居中而治，以便我周王執行其已定的使命來統治四
方之民”。

[經文]

　　“今休王先服殷御事①，比介于我有周御事②，節性
惟日其邁③，王敬作所④，不可不敬德⑤。我不可不監于
有夏⑥，亦不可不監于有殷。我不敢知曰有夏服天命惟
有歷年；我不敢知曰不其延⑦，惟不敬厥德⑧，乃早墜厥
命。我不敢知曰有殷受天命惟有歷年；我不敢知曰，不
其延，惟不敬厥德，乃早墜厥命。今王嗣受厥命⑨，我
亦惟茲二國命，嗣若功⑩。”

[詮釋]

　　①“服”，《説文》：“用也。”

　　②“介”，一本作“尒”，日本足利本作“迩”，山井鼎以爲
　　　“迩”即“邇”。《僞傳》“比介”解“比近”，恐經文作“比
　　　迩”。按足利本《尚書》“殷”上有“ナ”字，“ナ”即“有”字，
　　　然則此處首句應作“今休王先服有殷御事”也。此兩語謂
　　　“今幸我周王先用殷邦的執事比並我周邦的執事”也。

　　③“節性”二字，在全篇中頗顯得突出。自《僞傳》以來，解
　　　者都讀如字，而釋爲“節制其性”。本文全篇講的都是用
　　　天命説服殷的庶邦冢君而允使周王疾敬德，無一字道及情
　　　性，而這裏忽然插入“節性”二字，前無來龍，後無去脈，
　　　很有一些孤峰突起之感。我想古人雖樸素，不應有這樣説

話的邏輯。于省吾曰："'節性'舊讀如字，遂不可解。"誠哉其不可解也。所謂"節制其性"云者，舊解中和上下文聯繫得最好的要推孫《疏》，其解曰："言'王先治殷治事之臣，比近於我周治事之臣，節和其性，思日行之甚速'。勉之以疾敬德也。"其意若曰：是使殷周治事之臣，比肩從政，可以節和其性情，使適於用也。能有此理乎？似乎不無有些牽強。即如其說，又與上文的"疾敬德"何關？而下文却緊接着就把重點放在"敬德"之上了。其次，則爲吳汝綸的說法，以爲是"王肯先服殷之御事，使近如我周人，節適其性而日勉之"。釋"邁"爲"勉"已非，即通句讀之，亦不見如孫氏之釋之易於通解；況此處之"邁"，不惟訓"行"，而且訓"疾行"，《詩》之"日月其邁"其語例也。于省吾氏惟深覺此二字讀如字之不可解，故引王國維釋《康誥》"越小臣諸節"語之說而爲之辭曰："王靜安謂'節'爲'夷'之譌，吾則疑爲'人'之譌。金文'人'作'ᐣ'，夷狄之'夷'字作'ᐟ'，二字最易混雜。且《康誥》上言'外庶子、訓人、正人'皆官名，下言小臣不可勝數，故以'諸人'讀之。'性'、'姓'金文並作'生'；《辰盉》'替百生豚'，'百生'即'百姓'；《蔡姞彝》'彌䯧生'，劉心源謂即《詩》之'俾爾彌爾性'。然則'節性惟日其邁'者，即'人生惟日其邁'也。"衡之以舊解，此說較可通解，且與《詩》之"日月其邁"恰具同樣的語法，也含有同樣的意義。且不論全文講的是什麽，要皆不外乎人生，這就都無所扞格了，自不覺其突出。"性"之爲"生"，金文中固已不乏其例。"節"之譌"人"，無論以形以聲，似乎相懸甚遠；但"節"可通作"即"，而"即"、"皀"、"卩"古亦通作。"卩"篆作"ᐠ"，"人"篆作"ᐟ"，其形亦至易譌。于說固自有據，茲故從之。

④　"所"，《一切經音義》引《三蒼》曰："處也。"即常語中所謂"得所"、"失所"之"所"。

⑤　"可"，《説文》："肯也。""王敬作所，不可不敬德"者，謂"王已將有殷執事先爲之所了，自不可不鄭重其認識"也。此章大意，即"今幸我周王先使用殷邦的執事比並於周執事了，人生是過得很快的，我周王既使各位皆各得其所，此後也就不會對這一認識苟且從事"。

⑥　"監"應作"鑒"，或作"鑑"，即《詩》之"殷鑒不遠，在夏后之世"之"鑒"。

⑦　"不敢知"，一正言，一反言，前一是"不敢知"，後一"不敢"猶"敢"也。此等語例，爲經籍中所常見。"其"，之也。"不其延"，不之延也。

⑧　"惟"，是也，即常語中"正惟"的口吻。

⑨　"嗣"，繼也。"嗣受厥命"，繼殷而接受上天的使命。這正是對庶殷之言。

⑩　"惟"，《説文》："凡思也。"即今語"思惟"。

⑪　"若"，舊皆訓"順"，我以爲宜訓"汝"。"功"、"工"古通。"嗣若功"者，繼汝之工作也。

[經文]

　　"王乃初服①。嗚呼！若生子，罔不在厥初生。自貽哲命——今天其命哲，命吉凶，命歷年②。知今我初服宅新邑③，肆惟王其疾敬德④。王其德之，用祈天永命⑤，其惟王勿以小民淫用非彝⑥，亦敢殄戮用乂民⑦。"

[詮釋]

　　①　"王乃初服"，王充《論衡·率性》引此文作"今王初服厥

命”，語意較完整，當是漢時今文本。“王乃初服”，或僞造古文《尚書》者所竄改，或傳録者誤脱，均未可知。“服”，事也，即今常語服務。“服厥命”，意即爲上天的使命服務。

② “貽”，經傳多作“詒”，以字形講，當以“貽”爲正。“貽”，《説文》：“贈遺也。”引伸之，有齎予義。“自貽哲命”者，自貽其命也。“命”於此處，有賦予義。《小爾雅·廣言》：“予也。”故此所謂“命”有“定命”之義。“今天其命哲，命吉凶，命歷年”者，意即“如今認爲上天所賦予的定命智或愚、吉或凶、歷年之脩短，都有一定”。

③ “知”，《説文》：“詞也。”孫《疏》：“案《説文》矤亦詞也，俗矧字與知字形相近，或當爲‘矧今我服宅’。”梓案：上文已有“王乃初服”，此處不必重複，孫説是也。“初服宅新邑”，舊皆於“服”字讀斷，我以爲僅“初服”上已言及，此處“宅新邑”似屬上，讀若“知今我初服宅新邑”句。“服”，《説文》：“用也。”“知今我初服宅新邑”者，“矧今我初次用居新邑”也。這正可説明是時洛邑初築成，王雖未至，周的統治力固已達到了。

④ “其”，庶幾也。

⑤ “德”，此字向來都讀如字，惟讀法有不同耳。孔《疏》於“用”字讀斷；王引之依《僞傳》讀“王其德之用祈天永命”九字爲句，言王其以德祈天永命。于省吾氏皆非之，曰：“‘王其德之’四字爲句，‘德’乃‘省’之譌。……金文‘省’作‘’；《陳侯因資錞》‘合揚氒德’，‘德’作‘’。隸古定《尚書》‘德’作‘悳’，亦與‘省’字易相渾也。上句言‘惟王其疾敬德’，下言‘王其德之’則不詞矣；言‘王其省察之’，此固敬德之事也。”玆從其説，讀爲“王其省之，

用祈天永命"。意謂王庶幾會於此加以省察,用他正確的認識,向上天求福而永久保持其使命。

⑥ "其",殆也。"惟",惟有也。"其惟",殆惟有也。"以",因也;"勿以小民",不可因小民之力也。"淫",《毛詩·關雎》序"不淫其色"《疏》:"過也,過其度量謂之為淫。""彝",常也;"淫用非彝",即過度使用民力,而超越常規也。

⑦ "敢",不敢也,猶上文之以"不敢"為"敢"也。"殄戮",殺戮也。"乂",治也。此兩句謂"王庶幾省察自己的認識,勿因小民有力可使,而非法地過度使用,也不應用殺戮去治人民"。

[經文]

"若有功①,其惟王位在德元②,小民乃惟刑用于天下③,越王顯④。上下勤恤⑤,其曰⑥,我受天命,丕若有夏歷年⑦;式勿替有殷歷年⑧,欲王以小民受天永命⑨。"

[詮釋]

① "若",如也,苟也。"功",《釋詁》:"成也。"

② "位",古與"立"通。于《新證》:"金文'位'不從'人',《頌鼎》、《克鼎》'即立',即位也。""元",《釋詁》:"首也。""其惟王位在德元",謂"殆惟有我周王立於德之首",其意即謂只有我周王能以正確的認識來領導。

③ "刑",通"型",《釋詁》:"法也。""法",則效之也。

④ "越",《釋詁》:"於也。""於王顯",謂於王有光,其語法和《詩》云"於湯有光"同,蓋亦當時語例也。此語之意

謂"如要有成，只有我周王能以正確之認識來領導，小民才會效法以行於天下，這就於王有光了"。

⑤ "勤恤"，此二字，在經籍中往往連文表意，例如《國語·周語》"穆王將征犬戎"章"勤恤民隱而除其害也"之類，蓋亦周時語例，味其語氣，有痛癢相關意，故"上下勤恤"猶言上下能照顧也。有時，亦只用一個"勤"字，如《毛詩·鴟鴞》"恩斯勤斯"、《康誥》篇首之"周公咸勤"、本篇下文之"我非敢勤"，皆其例也。

⑥ "其"，通"期"，"其曰"，即期待着說。

⑦ "丕"，語詞，無義。"歷年"，猶言歷年之久。

⑧ "式"，《荀子·儒效》"禮者，人主之所以爲羣臣寸尺尋丈檢式也"《注》："度也。""替"，《説文》："偏下也。""偏下"者，一側高一側下之謂也。

⑨ "以"，與也。此數語意即"能上下互相照顧，可以期待說，我們接受天命，歷年殆如夏邦那樣久長；想來也可不下於殷邦，庶幾使我周王與小民永遠保持着上天所給予的使命了"。

[經文]

　　拜手稽首曰①："予小臣敢以王之讎民、百君子越友民②，保受王威命明德③。王末有成命④，王亦顯。我非敢勤⑤，惟恭奉幣⑥，用供王能祈天永命⑦。"

[詮釋]

① "拜手稽首"，此周公説完了慰喻的語辭後，以下要正式致庶邦家君的幣貢了，所以重新拜手稽首而言。

② "讎民"，"讎"亦作"酬"，或"醻"，《釋詁》："匹也。"郭

注：“儺猶儔也。《廣雅·釋詁二》：‘儺，輩也。’”吳汝綸
曰：“儺民”，猶言儔人，猶‘矧惟若疇’，謂諸侯也。”梓
案：《偽傳》釋“儺民”爲“匹民”；蔡《傳》釋爲“殷頑民”；
江《音疏》訓爲“應民之臣”；孫《疏》釋爲“衆民”，與吳釋
皆懸殊。按經文之叙次言，似以吳釋爲近是。蓋此文原爲
答謝庶邦冢君之辭，自應首舉與庶邦冢君相匹之儔輩；與
庶邦冢君相匹之儔輩，非周方之諸侯而何？況其下次以
“百君子”，則儺民之地位高於作爲百君子之大夫、士可
知，吳氏之釋，可謂巨眼。諸侯而稱民，終有些問題。竊
以爲“民”字疑有誤。此書之定本出於唐，唐人爲避太宗
諱，往往將“民”“人”二字渾同，以爲“民”即“人”矣。
“百君子”似即《盤庚》篇之百執事，也即此番説話對象之
一。蓋説話開頭時，原説“誥告庶殷越自乃御事”也。“友
民”，《偽傳》釋爲“匹民百君子於友愛民者”；蔡《傳》釋
爲“周之友順民”；江《音疏》釋爲“與應民者相應之民”，
是亦從《偽傳》説者。孫《疏》釋爲王之衆民及百君子之有
民者，吳汝綸則釋“友民”爲“有民”，説法極不一致。衡
以“越”字在本書中的用法，以蔡、吳二釋爲近是，實則
“庶民”是也。“友民”之“友”，其爲“有”字無疑，而“有
民”之“有”，非佔有之“有”，實如“有夏”、“有殷”之
“有”，無義之語詞也。這裏所謂“儺民、百君子越友民”
者，意即周方之諸侯、大夫、士及庶民也。

③ “保”，舊皆訓“安”，蔡《傳》將“保”“受”二字分釋，尤爲
支離。我亦從吳釋，釋“保”爲“任”，即可信任之“任”，
即今語保證之意。“威命”，威嚴的命令。“明德”，明白
的認識。“予小臣，敢以王之儺民、百君子越友民，保受
王威命明德”者，其意是“我這周邦的小臣，敢對我周方

的諸侯、大夫、士及庶民保證其無不接受周王的嚴命和他的正確的認識"。

④ "末"，阮元《十三經注疏》校記云："古本、《唐石經》本、岳本、葛本、宋閩本、明監本同毛本'末'作'未'，誤。"自《僞傳》以來皆訓終，應是"末"字。此言"我周王畢竟有他的天命"。

⑤ "勤"，即上文的"勤恤"。"我非敢勤"，周公的謙辭，照應上文的"予小臣"而言，蓋以爲勤恤諸侯應該是天子之事，而非己所克當也。

⑥ "恭"，肅也。"奉"，今語即"捧"。

⑦ "供"，即今語"供給"。此爲謝幣之辭，故說"我不敢代王致勤惜之辭（蓋已勤恤在前，故特謙稱非敢），只是鄭重地捧着承賜之幣，用以供給周王祈天永命而已"。

召誥篇譯文

　　是年二月月半，過了六天，是爲乙未日，王一早即從鎬京步行到了豐地。是太保召公奭在周公旦之前，到洛邑去相看地方。到了三月，是丙午這一天，天空出現新月了。又過三天，是戊申日了，太保一早到了洛邑，首先就用龜占卜洛邑這地方合不合用。既而得到吉兆了，便即設計起來。過三日到庚戌這一天，太保就發動殷方諸侯的臣民，在洛水和瀍水會流處左近，布置起城郭、朝市、宮室的方位來。用了五天的功夫，到甲寅這一天，一切的方位都已布置停當。

　　明天，是乙卯日了，一早上周公旦也到了洛邑，到召公奭已經布置停當的地方，統統看了一遍。過三天，到了丁巳這一天，就正式舉行祭天大禮，祭品是兩頭牛。過一天是戊午，便在新邑舉行祭社大禮，祭品是一頭牛、一頭羊、一頭豬。又過了七天，到了甲子，周公旦一早就書面通告殷方侯、甸、男三服中的諸侯之邦的君臣。通告之後，殷方各邦的臣民就動起工來。這時候，太保召公就帶領各邦的首長出去，取了玉帛等禮品，再進來贈送給周公旦，周公旦便開言道：“我這裏代周王拜手稽首謝謝各位大君，並寄王言於公，請公轉告殷方各邦的君長及其各執事們。”

“唉！皇天上帝改命了天子，停止了你大國殷邦的使命。我周王接受了這一使命，當然是無窮的榮幸，但也有無窮的憂慮。唉！我們能不鄭重其事嗎？當上天尚未終止你們大國殷邦使命的時候，殷邦那許多明哲的先王猶在天，後來的殷王和臣民當然要爲這種使命服務。其結果，却是人民的配偶都不見了，只有一些沒有室家之人存活着，以致人人都懷抱着幼小的兒童，手牽着老弱的婦孺，向着上天哀號，詛咒着殷邦的喪亡，以便逃出它的統制。唉！天也憐憫那四方的人民，眷顧我周邦，勉勵我周王，速速認清上天的使命。

看看從前的夏邦，天道曾予以慈愛和保護，夏的先后也能面向天道，但今天已喪失他的使命了。現在再看看殷邦，天道也曾來保護過，殷的先王也曾面向天道，現在却也喪失他的使命了。如今是我周邦的小孩子繼續接受這使命，我看不要遺棄老成人，於他們身上既可以請教前人的認識，又可以和他們商量如何接受天命。”

“唉！我周王年紀較輕，究竟是天子，他很能和人民取得協調。如今很可慶幸，他不敢遲遲不接受這使命，對於民情的難保也知有所顧忌。王命我們來行事是卜問過上帝的，到這天下之中來，我以爲於此築一個城市，庶幾可用以配合天命，祭祀上下神祇；庶幾可由此居中而治，使王可以執行既定的使命來統治四方的人民。”

“如今幸而我周王已先起用殷方各邦的執事們，使和我周邦的執事們比肩從政了。人生是過得很快的，我周王既鄭重地使你們都各得其所了，他自不會對這一認識苟且從事。老實說，我周邦不會不以夏邦爲鑑，也不會不以殷邦爲鑑。夏邦爲天命服務究竟規定了多少年，我不敢説知道；但夏邦不能延長它的使命，我敢説是知道的，是由於不鄭重認清這使命，所以提早喪失他的使命。你殷邦接受這天命究竟多少年了，我也不敢説知道；但你們不能延長這使命，我敢説是知道的，是由於不好好認識這使命，所以提早喪失了。今我周王繼殷邦而接受了這使命，我們也只有時時想着夏、殷兩國的使命，而繼續你們的工作。"

"我周王是初次執行這使命的。唉！好像生孩子一樣，沒有不在初生的時候，自行留下他的定命的。如今，上天賦予周王的定命，究竟是從智、愚上來定，還是在吉、凶上來定，還是在歷年的長短上來定，都在周王自己的努力。我周邦開始定在這新邑，我想周王會很快地正確認識使命。王大約會省察到這一點，用以祈禱上天延長使命。對於民力不要過度使用，也不應用殺戮的方法治理人民。"

"若要有成，只有王用正確的認識來領導一切，那末天下小民才會仿傚着行事，使王有光輝。能這樣上下互相照顧，庶幾可説我周邦接受這使命，歷年或能有夏邦那麼長久，想來也可不下於殷邦。庶幾使周王和小民，永遠保持着上天所給予的使命。"

到此，周公又重新拜手稽首道：

"我這小臣敢對我周方所屬的諸侯、大夫、士及庶民保證他們會接受我周王威嚴的命令和正確的認識，以顯示我周王畢竟有他的定命，而光耀於天下。我不敢代王來安撫各位，我只是恭敬地捧着承賜的幣貢，用以供給我周王祈天永命而已。"

洛誥篇詮譯

前　言

　　《尚書》一書，傳統的説法是孔子所删訂，漢時由伏生傳下來的。其實未必然。我認爲這書的編成，最早只能説是漢代人歐陽高和大小夏侯等人的工作，這就是所謂《今文尚書》二十八篇。現在尚存殘石的《漢熹平石經表叙》中，就有"尚書小夏侯"五字甚清晰，雖上下文已殘，不可正讀，但《熹平石經》用當時所習的小夏侯本，似可斷言（見吴維孝《新出漢魏石經考》。據吴氏自序，此石在公元一九二二——一九二四年間新出土）。我前撰《今文尚書論》，曾從《漢書·藝文志》、《漢書·儒林傳》等篇的資料，論定《熹平石經》用的是夏侯家本，已得到實物的證明，今譯《洛誥》一篇，更自信前説之不謬。

　　《尚書》之難讀，宋朱熹就曾提出過；近世通人如王國維也曾説："於《書》所不能解者，殆十之五。"且謂："此非獨弟所不能解者，漢魏以來諸大師未嘗不强爲之説，然其説終不可通。"（見《與友人論〈詩〉〈書〉中成語書》）《書》本難解，而《洛誥》則是最難解的一篇。我今不但强爲之説，還要今譯，真所謂"蚍蜉撼大樹"了。

　　我覺得《洛誥》之難讀，倒不在單辭隻義的訓釋上，而在編排上。這只消就篇中從"周公曰王肇稱殷禮"以下直到"乃單文祖德"

止，幾占全文三分之二以上篇幅的一大段，竟將周公、成王兩人
說的話，機械地分別匯成兩大堆，好像兩人各人在自說自話，有
此情景嗎？有這樣的事實嗎？說話的對象又是誰呢？爲了什麼事
才說的呢？照這樣編排，誰也摸不清頭緒，難怪漢魏以來諸大師
都只好像瞎子摸象般去強爲之說了。我覺得這實是《洛誥》篇所以
難讀的主要原因，也正是《尚書》一書成書的真相。這篇文字的癥
結既在這裏，我們要去讀它，唯一的辦法，就是先理清頭緒。如
今我姑且憑我這蚍蜉般的氣力，大膽去撼一撼這不中繩墨的大
樹，給它理出一個頭緒如下：

　　（一）從開頭到“拜手稽首誨言”止，是周公從洛邑派人向成王
報告營洛的經過、用意和成王的答辭，是爲第一段。

　　（二）從“周公曰王肇稱殷禮”起，到“乃單文祖德”止，是周
公到鎬京和成王商量怎樣舉行宗祭、怎樣利用洛邑控制諸侯的對
話，是爲第二段。

　　（三）從“戊辰”到末句止，是成王、周公同到洛邑舉行烝祭，
以及命周公留洛邑的經過。這本應是第四段，我參酌陳櫟的《書
解折衷》和王夫之的《書經稗疏》之說，移上作爲第三段。

　　（四）從“伻來毖殷”起，到“其永觀朕子懷德”止，是第二年
成王回鎬後，派人慰勞周公，周公所致的答辭。這本爲第三段，
也用陳、王兩家之說，移下作第四段。

　　這篇文字的中心環節是第二段，而編得雜亂難讀的，也正是
這第二段。所以雜亂、難讀，即如上述，只在將成王、周公兩人
的說話，各各選編在一堆。我就試將這兩大堆說話，重新分理開
來，編成兩人一來一往的對話。這樣做了再去讀，似乎就易讀、
易解多了，這篇文字的內容，也就因此摸出一點頭緒來了。這樣
的編排對不對，當然我也不敢自是，還待通人指教。我現先將我
重編的《洛誥》全文寫在下面。

重編《洛誥》經文

　　周公拜手稽首曰：“朕復子明辟。王如弗敢及天基命定命。予乃胤保大相東土，其基作民明辟。予惟乙卯，朝至于洛師。我卜河朔黎水，我乃卜澗水東、瀍水西，惟洛食；我又卜瀍水東，亦惟洛食。伻來，以圖及獻卜。”

　　王拜手稽首曰：“公不敢不敬天之休，來相宅，其作周匹休。公既定宅，伻來來，視予卜。休恒吉，我二人共貞，公其以予萬億年，敬天之休。拜手稽首誨言。”

　　以上爲第一段。

　　周公曰：“王肇稱殷禮，祀于新邑，咸秩無文。予齊百工，伻從王于周。予惟曰，庶有事。今王即命曰：‘記功宗，以功作元祀。’惟命曰：‘汝受命篤弼，丕視功載，乃汝其悉自教工。’孺子，其朋；孺子，其朋其往。無若火，始燄燄，厥攸灼，叙弗其絕厥若。彝及撫事如予，惟以在周工往新邑，伻嚮即有僚，明作有功惇大成，裕汝永有辭。”

　　王若曰：“公，明保予沖子。公稱丕顯德，以予小子揚文武烈，奉答天命，和恒四方民居師。惇宗將禮，稱秩元祀，咸秩無文。惟公德明，光于上下，勤施于四方，旁作穆穆，迓衡不迷文武勤教。予沖子夙夜毖祀。”

　　公曰：“已！汝惟沖子，惟終。汝其敬識百辟享，亦識其有不享。享多儀，儀不及物，惟曰不享，惟不役志

于享。凡民惟曰不享，惟事其爽侮。乃惟孺子頒，朕不
暇聽。朕教汝于棐民彝。汝乃是不蘉，乃時惟不永哉。
篤叙乃正父罔不若，予不敢廢乃命。汝往敬哉！茲予其
明農哉，彼裕我民，無遠用戾。”

王曰：“公功棐迪篤，罔不若時。四方迪亂，未定于
宗禮，亦未克敉公功。迪將其後，監我士、師、工，誕
保文武受民，亂爲四輔。”

周公拜手稽首曰：“王命予來承保乃文祖受命民，越
乃光烈考武王弘朕。恭孺子來相宅，其大惇典殷獻民，
亂爲四方新辟，作周恭先。曰其自時中乂，萬邦咸休，
惟王有成績。予旦以多子越御事，篤前人成烈，答其師，
作周孚先。考朕昭子刑，乃單文祖德。”

王曰：“公定，予往已。公功肅將祗歡。公無困哉，
我惟無斁其康事。公勿替刑，四方其世享。”

以上爲第二段。全文經我重行編排，成成王、周公兩人的對
話；中惟“王曰：‘公，予小子其退，即辟于周，命公後’”十五
字，按朱駿聲説，移至第三段“王入太室裸”語下。

戊辰，王在新邑，烝，祭歲。文王騂牛一，武王騂
牛一。王命作册逸祝册，惟告周公其後。王賓，殺，禋，
咸格，王入太室裸。王曰：“公，予小子其退，即辟于
周，命公後。”王命周公後，作册逸誥，在十有二月，惟
周公誕保文武受命惟七年。

以上原文在篇末，移上作第三段。

伻來毖殷，乃命寧予以秬鬯二卣，曰明禋，拜手稽
首休享。予不敢宿，則禋于文王、武王。惠篤叙，無有

遘自疾，萬年厭于乃德，殷乃引考。王伻，殷乃承叙萬
年，其永觀朕子懷德。

以上爲第四段。

我敢於打破已往的成規寫下來，這固然受目下時尚所倡導的
敢想、敢説、敢做的風氣所鼓勵，也確是我懷之已久的主觀想
法。當然，我也不敢胡搞，而是有我的一個主導原則，這原則見
於我對《書序》的説明。對不對，還得請讀者批評和指正。

[書序]

召公既相宅，周公往營成周，使來告卜，作《洛誥》。

[詮釋]

這只是本篇文字的一個緣起，而本篇所記載的，却是周公營
成周後，進一步和成王商量如何運用成周鎮撫東土的策略，這才
是本篇文字的核心。原來周起西土，因克商而拓地東方，代商而
爲當時各邦諸侯的共主（天子）。當其時，周勢雖甚鋭，但局面還
不怎樣穩定，所以本篇中成王即有"四方迪亂，未定于宗禮"的
話，可知如何鎮撫東土，實爲當務之急。《史記·周本紀》載武王
於克商時，即曾向周公説過如下的話："定天保，依天室，悉求
夫惡，貶從殷王受，日夜勞來我西土。我維顯服，及德方明。自
洛汭延于伊汭，居易毋固，其有夏之居。我南望三塗，北望嶽
鄙，顧詹有河，粤詹雒伊，毋遠天室。"這一段也見於《逸周書》。
可見營洛這一着，在武王是早已成竹在胸的了。不料武王克商
後，過了兩年便死，營洛的一着，竟來不及實現。武王死，成王
嗣位，因年幼由周公攝政。殷紂之子武庚以爲有機可乘，便聯絡
奄及淮夷、徐戎，勾結了管叔、蔡叔，企圖恢復殷之舊業。這一
來，周公便只能忙於一年救亂、二年伐殷、三年踐奄、四年建侯

衛，等到這些部署一一勝利地完成，匆匆已是四年過去了。直到第五年，覺得營洛一着，已不能再緩下去了，因本着武王的遺謨，和召公先後在雒伊一帶建築王城、成周兩城，以爲控制東方的重鎮。但是營洛這一策略，並不是建築兩個城邑就可萬事大吉，必須想法運用這新都來控制東土，然後營洛才有意義。這一篇《洛誥》的核心問題就在此。自五年營成周，至七年致政成王，這就是營洛的首尾，具見《多方》、《召誥》、《洛誥》三篇。後人泥於《大傳》"六年制禮作樂，七年周公致政"之文，以爲《洛誥》這篇文字的核心問題，就是這兩件大事。其實，我們仔細讀完了《洛誥》的全文，總覺得核心並不在此。所謂"制禮作樂"，只有周公教成王到洛邑主持宗祭這一件事的叙述可以附會，於是大家就在"肇稱殷禮"一語上展開了討論；所謂"周公致政"，也只有"復子明辟"和"兹予其明農哉"兩語可以附會，而這兩語也就成了古今聚訟的主題。其實，周公所以要教成王肇稱殷禮，最後的目的，只是"裕女永有辭"；所謂"復子明辟"和"兹予其明農哉"兩語，根本牽不上周公致政。所以還是《書序》簡明地以告卜洛爲緣起，倒可使我們明白了這一篇只是繼《召誥》而作，是緊接着營洛後的一個重要部署。至於何以不關"制禮作樂"和"周公致政"的理由，我當在下面詮注中，簡單地給以説明。

[經文]

　　周公拜手稽首曰："朕復子明辟①。王如弗敢及天基命定命②。予乃胤保大相東土③，其基作民明辟④。予惟乙卯⑤，朝至于洛師⑥。我卜河朔黎水⑦，我乃卜澗水東⑧、瀍水西⑨，惟洛食⑩；我又卜瀍水東，亦惟洛食。伻來⑪，以圖及獻卜。"

[詮釋]

① "復子明辟"，漢代經生通常據伏生《大傳》"七年致政"之文，將此語解釋爲周公將王位、王權一併交還成王，《僞傳》因之，遂釋此語爲"我復還明君之政於子"。直到如今，"復辟"一辭還被當作這一意義的成語來用。宋儒程顥始發其覆，以爲此語與《立政》篇的"告嗣天子王矣"一語有同樣的口吻；蔡沈因之，乃逕釋"復"爲如逆復之"復"，謂"成王命周公往營成周，周公得卜復命於王也"。這一解，清人多因之，我却獨有取於明末王夫之《書經稗疏》之說。王氏略謂《尚書》臣稱君未有奉以聖明之陋習。這"明辟"即下文"其基作民明辟"的"明辟"，並釋之爲"明法"，意謂明示朝見會同的大法，舉《毛詩・大雅・文王》"皇王維辟"語證此"辟"字的用法，意謂周以豐鎬一同天下，營洛亦此意也。這一解，參閱下文"作周恭先"的詮注，其義自明且確。

② "如"，《經傳釋詞》："當也。""敢"字本作"𣪘"，《說文》段注："冒而前也。"是有今語"躍進"義了。"弗敢"猶"敢"。"及"，同"伋"，《說文》："急行也。"今通作"急"。"基"，謀。"命"，使命。"定命"，猶"成命"。《國語・周語》："自后稷以來寧亂，及文、武、成、康而僅克安民。自后稷之始基靖民，十五王而文始平之，十八王而康克安之，其難也如是。屬始革典，十四王矣。基德十五而始乎；基禍十五，其不濟乎！""基命"，即《國語》"基德"、"基禍"的意思，故"基命"義即對上天的使命要善謀其始，蓋當時語例。"定命"，即《毛詩・周頌》"皇天有成命"的"成命"，義即上天自后稷以來，便已給周邦的使命，蓋亦當時語例。"王如弗敢及天基命定命"，譯以

今語，可作“王應當前進一步，急將上天給予周邦的使命，謀一個良好的開端”。

③ “胤”，《爾雅·釋詁》：“繼也。”“保”，《僞傳》以來，多解作文、武安定天下之道。我覺得過於想當然，即王國維所謂“强爲之説”了。其實，這保正是太保召公之“保”，這一篇誥辭實承上一篇《召誥》而作；《召誥》明云“惟太保先周公相宅”，所以這裏就説“予胤保大相東土”；《召誥》明云“乙卯，周公朝至于洛”，此篇下文也緊接着説“予惟乙卯朝至于洛師”，事實吻合無間，連時、日也不差，這“保”非太保而何？“相”，即相度，猶今語勘察。“東土”，洛邑於鎬京爲東，故云。

④ “其”，《經傳釋詞》：“庶幾也。”在此有期望義。“基”，即上文“基命”之“基”，也即以之爲基礎的意思。“其基作民明辟”，猶言“望你以洛邑爲基礎，明示人民以大法”。

⑤ “惟”，是。

⑥ “朝”，早晨。“洛”，當然指洛邑。“師”，自《僞傳》以來，多訓“洛師”爲“洛衆”，殊未的。案：《廣雅·釋地》：“十都爲師。”是“師”即大於“都”的邑落，猶後世稱京都爲京師。下文“和恒四方民居師”，衆怎麼居？非大邑落而何？

⑦ “朔”，北。“河朔”，即大河北岸。“黎水”，鄭玄注：“先卜河北黎水者，近於紂都，爲其懷土重遷，故先卜近以悦之。”鄭意蓋謂營洛所以遷殷民，故先卜近紂都之地，使殷民樂於遷徙。但所謂近紂都的黎水，究在何處，都未指出。直至孫星衍《尚書今古文注疏》，還只説“黎水未詳”。《水經》：“河水又東北過黎陽縣而南。”《注》：“黎，侯國也。”晉灼曰：“黎山在其南，河水逕其東。”案：黎陽

故城在今河南濬縣東北，但有黎山、無黎水也。梓案：
《濬縣志》引《太平寰宇記》云："衛河、淇水合流亦曰黎
水，亦曰濬水，又謂之白溝。"又引《明一統志》云："俗傳
舊水流至濬縣南十里，有名外郎河，乃黎水之故渠。"由
這些記載看起來，黎陽不能說無黎水。且黎陽本以黎陽山
得名，而黎陽山之得名，顧名思義，應從黎水得名。水北
曰陽，稱地之通例也。既名黎陽，則其山必在黎水之北無
疑。水可涸而斯名不可廢，晉灼乃謂有黎山、無黎水，何
也？今河南濬縣在安陽縣東南，而安陽故殷墟，是黎水正
是鄭玄所謂近於紂都之地。惟是黎水既大河之北的濬縣，
以今地衡之，距洛陽四百里而遙，周公勢不可能在胤保相
洛時，匆匆先卜黎水，而後卜澗卜瀍，蓋當時武王即位後
之十五年，狩方岳而誥於洛邑時，周公或曾隨往，與武王
共相其地，這裏特補述前事耳。猶之瀍水東之成周，鄭玄
亦以爲非召公所卜，而爲周公所卜；周公卜成周，也當是
攝政五年，遷殷民於洛，初營成周時事，在這裏也只是補
述。此番召公之卜洛營王城，已屆攝政七年，補述於此，
正以陪襯王城、成周地在密邇，對殷民較易控制，所以放
棄先卜的黎水也。以上推論，根據《竹書紀年》。

⑧ 澗水，據《水經》，出於河南新安縣南白石山，東南入
　　於洛。

⑨ 瀍水，據《水經》："出河南穀城縣北山，東與千金渠合，
　　又東過洛陽縣南，又東過偃師縣，又東入於洛。"澗水東、
　　瀍水西的爲王城，瀍水東的即爲成周。王城在今河南省洛
　　陽縣西北，成周則在縣東北。王城即戰國時的西周，成周
　　則戰國時的東周。

⑩ "食"，《僞傳》："卜必先墨畫龜，然後灼之，兆順食墨。"

兆順即爲可用了。所謂"食墨"，即墨色滲入龜甲灼裂坼文中。

⑪ "伻"，字本作"抨"，《爾雅·釋詁》："使人也。"

[經文]

王拜手稽首曰："公不敢不敬天之休①，來相宅②，其作周匹休③。公既定宅，伻來來，視予卜④。休恒吉⑤，我二人共貞⑥。公其以予萬億年敬天之休⑦。拜手稽首誨言⑧。"

[詮釋]

① "敬"，吳汝綸《尚書讀本》與"振"同。振，猶承也。"敬天之休"，猶《左傳》"以禮承天之休"。梓案："休"同"庥"，《爾雅·釋言》："與庇同。"釋"庥"有福庥、福庇義。

② "來"，《爾雅·釋詁》："勤也。"

③ "作"，《周禮·夏官·司士》"作六軍之士"鄭注："謂使之也。""匹"，《爾雅·釋詁》："合也。"即今語"配合"。

④ "視"，敦煌唐寫本作"眂"，同"示"。

⑤ "休"，即"休戚相關"之"休"，喜也。"恒"，同"亘"，《詩·大雅·生民》："恒之秬秠，是穫是畝，恒之穈芑，是任是負。"鄭箋："恒，徧也。"

⑥ "貞"，《經典釋文》引馬融云："當也。"即今語"擔當"。

⑦ "以"，《國策·齊策》"向欲以齊事王"《注》："猶使也。"梓案：《左傳》僖公二十六年："凡師能左右之曰以。""以"與"使"，實亦同一語吻。在此"公其以予億萬年敬天之休"，猶言公庶幾使我(或帶挈我)億萬年得承天之休。

⑧“誨”，于省吾《尚書新證》：“按舊皆讀‘誨’爲‘教誨’之‘誨’，又須增‘求’字爲訓，非是。吳大澂謂古‘謀’字，從‘言’從‘每’，是也，《王孫鐘》‘誨猷不飤’爲證。‘謀言’猶言‘咨言’。”梓案：于説是，所謂“謀言”，應即上文周公爲周邦打算如何利用洛邑基作明辟之言。

［經文］

周公曰：“王肇稱殷禮①，祀于新邑，咸秩無文②。予齊百工③，伻從王于周④。予惟曰⑤，庶有事⑥，今王即命曰⑦：‘記功宗⑧，以功作元祀⑨。’惟命曰⑩：汝受命篤弼⑪，丕視功載⑫，乃汝其悉自教工⑬。孺子，其朋⑭；孺子，其朋其往。無若火⑮，始燄燄⑯，厥攸灼⑰，叙弗其絶厥若⑱。彝及撫事如予⑲，惟以在周工往新邑，伻嚮即有僚⑳，明作有功惇大成㉑，裕汝永有辭㉒。”

［詮釋］

① “肇”，字本作“肁”，《説文》：“始開也。”引伸爲“開端”之義。“稱”，《爾雅·釋言》：“好也。”《注》：“物稱人意亦爲好。”《國語·晉語》：“稱晉之德。”《漢書·高帝紀》：“稱吾意”。案：即今語“有合”，引伸爲“援用”。“殷禮”一詞，注疏家頗有歧説，今從班固、鄭玄的説法。班固《白虎通義·禮樂篇》：“王者始起，何用正民？以爲且用先王之禮樂，天下太平乃更制作焉。《書》曰：‘肇修稱殷禮，祀于新邑。’此言太平去殷禮。”鄭玄即用其説以釋此語。梓案：班、鄭去古較近，應有據。按之《書大傳》“五年營成周，六年制禮作樂”之文，是營成周時，周公尚未遑制禮作樂，是時雖已七年，然六年之制禮作樂，史亦無

明文，經生們向來都把這篇《洛誥》，當作周公制禮作樂的記載，而其實未必然。劉逢禄的《尚書今古集解》謂："時洛邑初成，禮樂未制。"似尚揣想得近情；而況營成周，營王城，原所以和輯殷民，用東土所習的殷禮，似也正有其作用，故班、鄭之說未可廢。清人釋殷爲盛，以爲三年一舉的盛大祭禮，所以叫"殷祭"，而殷禮也即殷祭。說殊迂曲。況按之後文"王在新邑烝"，明所舉行者，乃歲朝常祭，而非三年一舉之殷祭，所以這裏仍沿班、鄭說。

② "咸秩無文"，"咸"，《說文》："皆也。""秩"，《說文》："積貌。"段氏注："積之必有次序，成文理，是曰秩。""無"，《經傳釋詞》引《漢書·貨殖傳》孟康注："無，發聲助也。"歷引《詩》、《書》、《禮》、《左》、《國》、《管》、《墨》各書語不下二十例，證明"無"之有聲無義。我以爲此"無文"，亦猶"文"也。蓋文非徒繁飾之謂，只是秩然的文理，故不得因"稱殷禮"，遂附會爲"有質無文"，如孫星衍所謂"此言無文者用殷禮祀之"。即秩自必有文理。本此"咸秩無文"，實咸秩而文也。

③ "齊"，在此有齊集義。"百"，成數。"工"，工作人員。"百工"，猶言百執事。

④ "伻"，使也。

⑤ "惟"，《說文》："凡思也。""曰"，《易·困卦》上六"曰動悔"《注》："思謀之辭也。"

⑥ "庶"，庶幾也。"有事"，指祭祀言。《左傳》僖九年"天子有事於文、武"、昭十五年"有事於武宮"，都指祭祀。蓋古代"國之大事，在祀與戎"，祀猶在戎之上。"政由甯氏，祭則寡人"，政權可不要，祭權倒在所必爭（前者見

《左傳》成十三年，後者見襄二十六年）。春秋時尚如此，何況西周初年？於此可見祭祀在當時是一邦最重大的事，故代表一切行事而稱爲"有事"。這句話意即我爲你打算，庶幾要有一次祭祀。

⑦ "今王即命"與《金縢》的"今我即命于元龜"同一語法，蓋爲當時語例。"曰"，《爾雅‧釋詁》："於也。"

⑧ "記"，于省吾《尚書新證》："乃祀之訛。舊訓爲記載，遂不可解結。《釋名》：'記，紀也。'《紀姜簠》、《紀侯鐘》'紀'均作'己'，不從'系'；《禮記‧表記》'彼記之子'，《釋文》：'記本又作己。'甲骨文'祀'或作'己'，二字形易混。"又曰"功宗"亦作"公宗"，並引《小子生尊》"辦事厥公宗"爲證。那末，"今王即命曰記功宗"一語之意，就是叫成王就近請命於祀公宗。"公宗"，于氏也引《毛詩‧大雅‧思齊》"惠于宗公"傳，釋爲宗神。梓案：《詩正義》以爲是宗廟中之先公，那末，此語也即是成王就近請命於宗廟中的先公。此即下文"未定于宗禮"的"宗禮"。

⑨ "以"，《經傳釋詞》："語助之用也。""功"，舊說無例外地訓爲功勞之"功"。我覺得這樣講和上下文都不貫串：上句正說請命於宗廟，下句又說"惟命曰汝受命篤弼"，這"功"究竟是指誰的功？是指周公的功呢？還是其他周臣之功？還是諸侯之功？況且此時此地，也還說不上論功行賞。我疑"功"當作"工"，實即上文"予齊百工"的"工"，然後接得上文的"惟命曰"和下文的"以功作元祀"。"元祀"，大祭也。"以功作元祀"，即用百工舉行一次大祭。

⑩ "惟"，《經傳釋詞》："獨也。"

⑪ "篤"，猶今語"着實"或"踏實"。"弼"，《說文》：

"輔也。"

⑫ "功"，于省吾《尚書新證》："按'功'，事也。《堯典》'惟時亮天功'，《史記》作'惟時相天事'。""載"、"哉"古通作。《詩》"陳錫哉周"，《周語》作"陳錫載周"。"丕"，猶斯也。"丕視功載"，言"斯視事哉"。

⑬ "悉"，盡也。"教"，《書大傳》作"學"，訓作"效"。"乃汝其悉自教工"，猶言"你們庶幾悉心自行效力"。

⑭ "朋"，自《書大傳》以來，幾無不訓作朋黨義，但終不得其解。俞樾訓爲"倗"，而有不義，亦迂曲。吳汝綸則以爲"朋"與"馮"同，"馮"，持念之意。于省吾曰"朋"、"逢"古同聲，訓爲長大。皆嫌徒以聲訓，不盡可從。據《説文》，"朋"實古"鳳"字，字作"鵬"，象形，許氏曰："鳳飛，羣鳥從以萬數，故以朋爲黨字。"孺子其朋，意即孩子你且帶領了百工罷，正是上文"伻從王于周"之義。下一句"孺子其朋其往"，則教成王率領了百工往洛邑去罷了。這兩句漢人引用時，往往於"其往"上多出一"慎"字，作"孺子其朋，孺子其朋慎其往"，故使後人解作"慎其朋黨"。其實，當時在周初，周公根本不會有此顧慮，儘管後人解釋時紛紛作各種揣測，我以爲這兩話極爲平實，只是說："孩子，你帶領着這些百工罷；孩子，你帶領百工小心點去罷。"別無他意。

⑮ "無若"，猶若也。

⑯ "燄燄"，《説文》"火行微燄燄"然也。

⑰ "厥"，其。"攸"，所。"灼"，燃。

⑱ "叙"，次第。"其"，將也。"弗其"，將不，其語法同於《盤庚》"不其或稽"的"不其"，猶今語"不會"，蓋殷周時語例。"厥若"，語法同於《立政》篇"我其克灼知厥若"和

《康王之誥》中"用奉恤厥若"，皆"厥"訓其，"若"訓順，
蓋亦當時語例。梓案：自《僞傳》以來，幾皆於"絕"字讀
斷，王國維首發見此語例，于省吾從之，我以爲此讀最
通。照舊屬下讀"厥若彝"，實無解。

⑲ "彝"，本義爲彝器之"彝"，在這裏聲假爲"夷"，語助，
無義。《孟子·盡心》"夷考其行而不掩焉者也"，實即"考
其行而不掩"。此處"彝及撫事如予"，即"及撫事如予"。
"及"同"伋"，《說文》："急行也。"引申爲凡急義。"撫"，
撫循，有善視義。"彝及撫視如予"，猶言快像我一樣撫
事這些百工。

⑳ "伻"，使。"嚮"，《多士》篇"嚮于時夏"《正義》釋爲"歸
嚮"。"僚"，同"寮"，《爾雅·釋詁》"官也"鄭注："官地
爲寀，同官爲寮。"梓案：《釋詁》"寮"與"寀"同訓官。郭
謂寀爲官地，從可知"寮"爲官守或官職，故曰："同官爲
寮。""有寮"之"有"，《經傳釋詞》："語助也，一字不成
詞，則加有字以配之。"歷引經傳幾十例，如有虞、有夏、
有司、有王之類，以引證其説。此處之"有僚"，和下一
句中的"有功"，都是它所引的例證。"伻嚮有僚"，謂使
各工作人員各歸他們的官守，猶言"使各司其事"。

㉑ "明"，經籍往往訓勉。蓋因"明"，聲讀同"萌"，"萌"、
"孟"古通讀(孟津亦作萌津，是其例)。而"孟"，《爾
雅·釋詁》則訓爲"勉"，故"明"在經籍中也往往作"勉"
字用，此篇即屢見。"作"，使之也。"惇"，通"敦"，
《淮南子·兵略》"敦六博"《注》："致也。""大成"，《孟
子·萬章》："孔子之謂集大成。"朱熹《集注》："成者，樂
之一終，《書》所謂'《簫韶》九成'是也。作樂者集衆音小
成爲一大成。"故"明作有功惇大成"，猶言勉使百工各自

效其力，以致大成。

㉒ "裕"，于省吾謂《尚書》中"裕"字皆宜訓"欲"，説甚博辨。雖不能這樣全稱肯定，但此處訓"欲"，正是的話。"辭"，敦煌唐人寫本作"詞"，隸古定本作"嗣"。梓案：此"辭"字，自《僞傳》以來，不訓爲歎譽之辭，即訓爲嗣續。這兩義在此，於上下文都不易通其讀，頗疑是"澤"字的通假。《堯典》"舜讓於德弗嗣"，《史記》作"不懌"，于省吾《尚書新證》引司馬貞云："《史記》一作'不懌'。"段玉裁的《古文尚書撰異》以爲"澤"即今"懌"字。"澤"，《説文》："光潤也。"段注"澤"又借爲"釋"。《梓材》"王惟德用和懌先後迷民"《釋文》注："字又作斁。"蓋"澤"、"懌"、"釋"、"斁"皆從"睪"得聲，故可互通。此"辭"字，既可作"詞"，作"嗣"，與"嗣"不惟形易訛，亦以同從"司"得聲，當然亦可互相通作。"辭"既通作"嗣"，自亦可通作"懌"，或"澤""辭"義既可訓"光潤"，則"裕汝永有辭"者，意即"欲汝長有光彩"，也即"欲汝長有遺澤"，所謂"君子之澤，五世而斬"，此之謂也。

　　梓案：自"王肇稱殷禮"起，到"裕汝永有辭"止，是周公對成王講的話，其中心意義是：周公教成王運用洛邑舉行宗祀。而這段話的中心意義，還只是要成王首先善於運用一切工作人員。舊有解釋，大都被周公制禮作樂的傳説所牽，又被"功"、"工"等字的互相通假所眩，以致忽而涉及論功行賞的話，忽而涉及成王改元的話，忽而涉及致衆成豐裕的話，甚至如惠棟的《九經古義》，還要附會到預防勢陵於君、權隆於主的話頭上去，愈説愈歧，愈解愈令人不懂。這都由於沒有把握着這段話的中心意義之故，甚至有幾處句讀也憑主觀搞錯了，以致這段文字讀起來也越讀越模糊。我這讀法，雖不一定就讀對了，不過確是多讀幾遍，仔細體會過一番；并且特別從聲音通假上去做些功夫，故自以爲庶幾已把握到中心意義，一掃疑雲。因本此重新句讀如上。不過，所有的詮注，決不敢杜撰一解，務使它字字有來歷、有根據。對不對，還得請通人指教。

[經文]

王若曰①："公，明保予沖子②。公稱丕顯德③，以予小子揚文武烈④，奉答天命⑤，和恒四方民居師⑥，惇宗將禮⑦。稱秩元祀⑧，咸秩無文。惟公德明⑨，光于上下，勤施于四方⑩，旁作穆穆⑪，迓衡不迷文武勤教⑫。予沖子夙夜毖祀⑬。"

[詮釋]

① "若曰"一辭，在《尚書》中，尤其在《周書》中，極爲習見，例如《微子》、《大誥》、《康誥》、《酒誥》、《多士》、《君奭》、《多方》、《立政》、《君陳》、《畢命》、《君牙》、《顧命》、《文侯之命》等篇都有。揣其語氣有二：（一）代人傳話時用，如《康誥》、《多士》、《多方》中的"王若曰"，都是周公傳達成王的話，而尤以《多方》中所用的爲明顯。（二）後人記載時用，如《君奭》、《立政》中的"周公若曰"，《君陳》中的"王若曰"都是，而尤以《君陳》所用的爲明顯。明陳泰交的《尚書注考》："若曰者，非盡當時之言，大意若此也。"梓案："若"，《説文》："擇菜也。"引伸爲凡"擇"義，例如《國語·晉語》"吾誰使先若夫二公子而立之"即是。上所羅引的"若曰"中的"若"，也可釋爲擇要而言之的意義，即後來所謂的"略曰"，譯作今

語，即大要如是説。這裏的“若曰”，即是第二種語氣。

② “明”，勉也，説見上。“保”，猶言保抱提携。京劇中的《大保國》之“保”，即此義。古語中的“保傅”，今語中的“保育”、“保母”，均是此義。

③ “稱”，《國語・晉語》“其知不足稱也”韋注：“述也。”“丕顯”，即大顯於世。《君牙》中的“丕顯哉，文王謨”、《文侯之命》中的“丕顯文武”都是。這裏的“丕顯德”，也即指文王、武王的德業言，這也是周人的語例。

④ “揚”，《爾雅・釋詁》：“續也。”猶今語“發揚”。“烈”，功業。

⑤ “答”，《大傳》作“對”。《説文》：“對，應無方也。”案：即今語“響應”。

⑥ “和”，和輯。“恒”，徧，説見上。“居師”，舊説多訓“師”爲“衆”。我以爲“師”即洛師，“居師”，即和輯四方民定居洛師，以上文既有“四方民”，不必再言“衆”了。

⑦ “惇”，同“敦”，致也。“宗”，宗祭，即宗廟之祭。“將”，奉行。“惇宗將禮”，即致祭於宗廟，以奉行其禮。

⑧ “稱”，即《爾雅・釋言》之“好”，實即今語“相稱”。“秩”，秩序。“稱秩元祀”，即相稱於一定的秩序，以舉大祭。

⑨ “德”，對於一切規律的認識。

⑩ “勤施”，《禮記・祭統》：“勤大命，施於烝彝鼎。”蓋縮此等句法一辭，猶言能奉行此大典，以影響四方。“勤”，奉行。“施”，迤及，亦即今語“影響”義。

⑪ “旁”，《説文》：“溥也。”有“旁簿”義，即今語“廣泛地得出”。“穆穆”，《禮記・曲禮下》“天子穆穆”《疏》：“威儀多貌。”意即静穆而有禮，義與今語“彬彬有禮”同。

⑫“迓”，漢人例讀魚據反。《三國志·魏文帝紀》載漢獻帝詔引此語，遂作“御衡不迷”。段玉裁《古文尚書撰異》：“此字本作‘御’，《僞孔傳》訓‘迎’，則讀爲‘訝’，故陸《釋文》云‘五嫁反’也。馬融、鄭玄、王肅皆讀若‘八柄馭羣臣’之‘馭’，讀如字，故陸德明云‘魚據反’也。衛倉依孔訓改字作‘迓’。”梓案：此字應作“馭”。“衡”，《莊子·馬蹄》“加之以衡軛”《注》：“轅前橫木縛軛者也。”“文武”，指文王、武王。“勤教”，劉逢禄的《尚書今古集解》引莊云：“文王之勤，武王之教。”蓋取諸《大傳》。《大傳》云：“以觀文王之耿光，以揚武王之大烈。”劉《集解》又云：“漢讀以‘御衡不迷’爲句，孔《傳》以‘不迷’屬下讀，今不從。”梓案：今從劉讀，以“迓衡不迷文武勤教”爲句。

⑬“毖”，《爾雅·釋詁》：“慎也。”

[經文]

　　公曰：“已①！汝惟沖子②，惟終③。汝其敬識百辟享④，亦識其有不享。享多儀⑤，儀不及物⑥，惟曰不享，惟不役志于享⑦。凡民惟曰不享⑧，惟事其爽侮⑨。乃惟孺子頒⑩，朕不暇聽⑪。朕教汝于棐民彝⑫。汝乃是不蘉⑬，乃時惟不永哉⑭。篤叙乃正父罔不若⑮，予不敢廢乃命。汝往敬哉！茲予其明農哉⑯，彼裕我民⑰，無遠有庚⑱。”

[詮釋]

　　①“已”，《經傳釋詞》：“歎詞也。《書·大誥》曰：‘已！予惟小子。’某氏《傳》（指《僞傳》）曰：‘已，發端歎詞也。’

《漢書‧翟義傳》作‘熙’，顏師古注曰：‘熙，歎辭。’”此字爲《尚書》所習用，例如《康誥》的“已，汝惟小子”、“已，汝乃其速由兹義率殺”，《梓材》的“已，若兹監”都是，蓋即今語中的“嘻”。

② “惟”，《經傳釋詞》：“亦作‘雖’。”梓案：雖，從虫唯聲；“唯”、“惟”音同，可通作，故“惟”與“雖”亦可通作。此處“惟”之詞氣即同“雖”。

③ “惟”，《經傳釋詞》：“猶乃也。”“乃，轉語詞也。”“終”，俞樾《羣經平議》：“《君奭篇》‘其終出於不詳’，《釋文》曰：‘終，馮本作崇。’蓋‘終’與‘崇’聲近義通。《詩‧蝃蝀篇》‘崇朝其雨’毛《傳》：‘崇，終也。’是其證也。”此文“惟終”當作“惟崇”。“汝惟沖子惟終”，與《召誥》曰“有王雖小，元子哉”文義正同。《禮記‧祭統》篇“崇事宗廟社稷”鄭注曰：“崇，猶尊也。”言汝雖沖幼，然汝位獨尊。

④ “識”，字亦作“誌”或“志”。《一切經音義》十六引《字詁》：“誌，記也。”“百辟”，猶言衆君、諸侯也。“享”，《說文》：“獻也。”段注：“下進上之詞也。”按《周禮》用字之例，凡祭享用“享”字，凡饗燕用“饗”字。梓案：“享”在《說文》爲“亯”之重文，釋爲篆文亯。亯蓋大篆，小篆始作“享”，故隸書從之。在此，“享”似作諸侯助祭之祭獻。

⑤ “多”，在此有求多義。《左傳》僖七年“後之人將求多於汝”，即此“多”字。“求多”，意即多有所求，略有今語“苛求”義。“儀”，此指禮儀講，猶今語“禮數”。

⑥ “物”，禮物，謂諸侯來助祭時帶來獻祭之物，即今語“禮物”，如《左傳》僖四年管仲責楚罪曰：“爾貢包茅不入，王祭不共，無以縮酒。”“包茅”即其物。詳見《周禮‧秋

官·大行人》。

⑦ “惟”，是也。“役”，在此猶用也。“役志”猶用志，亦用心也。

⑧ “惟”，《説文》：“凡思也。”“凡民惟曰不享”，猶言凡民想到諸侯不來祭獻。“曰”，于也。

⑨ “惟”，《經傳釋詞》：“有也。”“爽”，差忒也。“侮”，于省吾云：“侮應讀‘每’。‘每’，古‘謀’字。《舀鼎》‘迺每於我䵼’，即乃謀於䵼也。”是“爽侮”即“爽謀”，意即使所謀之事有差忒。

⑩ “乃”，《經傳釋詞》：“猶其也。”“惟”，《經傳釋詞》：“獨也。”“乃惟”，即“其惟”，猶今語“這只有”。“頒”，同“攽”，亦通作“班”，皆有辨別義。

⑪ “暇”，通“假”，有攝代義。“聽”，《周禮·地官》：“鄉師之職，各掌其所治鄉之教，而聽其治。”鄭注：“聽，謂平察之。”賈疏：“自鄉大夫以下至伍長，各自聽斷其民，今鄉師又聽其治者，恐鄉官有濫失，審察之，故鄭云：‘聽，謂平察之。’”“乃惟孺子頒，朕不暇聽”，猶言“這只有孩子你自己去辨別，我不再代你察看了”。

⑫ “于”，以也。《尚書》此用法極多，例如《盤庚》中的“予告汝于難”、“告爾百姓于朕志”、“今我既羞告爾于朕志”，皆此用法。“棐”，《爾雅·釋詁》：“俌也。”“俌”、“輔”古今字。“彝”，常也。“民彝”猶言人民所當遵行之常道。“棐民彝”，謂輔民使遵常道而行，猶《左傳》所謂“納民於軌物”。

⑬ “乃”，《經傳釋詞》：“若也。”“蔑”，錢大昕《十駕齋養新録》以爲應作“㝠”，爲“孟”之假借字，義訓“勉”。孫詒讓《駢枝》引莊葆琛説，謂即“癠”之訛，孫則認爲“癠”還

是“瘝”之訛，義亦訓“勉”。

⑭ “乃”，《經傳釋詞》：“猶則也。”“時”，《書》經常作“是”字用。“惟”，《經傳釋詞》：“語助。”“汝乃是不蘉，乃時惟不永哉”，猶言“你若是不勉力，則是不可以久的”。

⑮ “篤”，厚也，亦惇也。“篤叙”，即《皋陶謨》“惇叙九族”的“惇叙”，義即厚叙睦誼。“正”、“父”皆官長名。吳汝綸引《酒誥》的“農父”、“坼父”證“父”爲官長名；王國維引《酒誥》“庶士有正”、“有正有事”證“正”爲官長名。梓案：“正”，《説文》：“是也，从止一以止。”段注引江沅曰：“一，所以止之也，如‘乍’之止‘亡’、‘毋’之止‘姦’，皆一以止之也。”“父”，《説文》：“矩也，家長率教者，从彐舉杖。”兩字義固相通。又“尹”，《説文》：“治也。從彐丿，握事者也。”“尹”亦訓“正”，“正”、“尹”、“父”三字均有統治人的意義，其字原似皆從“父”字發展出來。蓋“父”從彐舉杖，作“彑”，杖往下柱即爲“彐”，二字皆象形。“正”則會意字，和“尹”往往通作，例如《説命下》記殷王武丁的話説“昔先正保衡作我先王”，《僞傳》：“保衡，伊尹也；正，長也，言先世長官之臣。”其實，伊尹一名摯，摯蓋本伊尹名，而“尹”則已是官名了。是“先正”實即“先尹”。蓋當武丁時，我國社會已走上家長制家庭公社的階段，父權已大盛，家長在公社中已是家人之嚴君，而邦中要任人以職事，便已非在各公社的家長中選用不可，“師尚父”、“農父”、“坼父”即其例。我覺得伊尹在殷商時，也羣尊爲伊父，而訛“父”成“尹”的；周初把“正”、“父”都作爲各負一項工作的長官也正如此。因此，“正”、“父”在此可作官長名，實即邦中一部分工作的負責人。因此我譯“篤叙”爲“惇叙睦誼”，而不必如《僞傳》

之訓“正父”爲武王，也不必如後人之泥於同姓諸侯而譯
作惇叙親誼。又劉氏《集解》引莊云：“‘篤叙乃正父罔不
若’句，‘予不敢廢乃命’句。”我覺莊論甚是，故亦從之。
“篤叙乃正父罔不若”一語，意即惇叙你那些負責的工作
人員，使他們無不順從你，也即上文的“彝及撫事如予”
之義。

⑯ “明”，勉也。“農”，即“農事”或“農政”，猶今語“農村
工作”。“明農”，自《僞傳》以來，幾無不引此爲周公致政
歸農的佐證。直至明末王夫之的《書經稗疏》始發其覆，
説道：“周公爲王叔父，爲周大宗，爵元侯，位三公，即
欲告老歸政，自當返彼侯服，豈若後世布衣而取卿相者，
可於致政之日，爲之辭曰，歸田間而秉耒乎？此所謂文之
不誠也。”正因此，他解釋“明農”一詞，以爲是“經理疆洫
之事，如禹之任土、文王之即田功。”我以爲，此説不但
比他以前那致政歸田之説爲長，即比清人以勉農爲勸農之
説，亦恰如周公之分，所以我釋爲勉於農事。這只須看上
文“和恒四方民居師”和下文“彼裕我民”，及《多士》篇的
“爾乃尚有爾土”和《多方》篇的“今爾尚宅爾宅，畋爾田”
等語，即可知王説之不可易。蓋周之營洛，作用在遷殷
民，以便控制並用以鎮撫東土。不將這些播民（見《大
誥》）安頓在農業生產上去，不但對周邦加重負擔，抑且
易使殷民生心。空言鎮撫，於事無濟。這一事正是營洛之
後的當務之急，周公何嘗有卸責之心？但王氏以爲周公之
明農，僅是無暇親至鎬京迎王……以洛邑初定，民事未
修，力任明飭其溝洫井疆之政，則似也未達一間，此可於
上文的“汝往敬哉”和下文的“彼裕我民”兩語見之。

⑰ “彼”，《説文》：“往有所加也。”義通“被”。“裕”，《説

文》："衣物饒也。""彼裕我民"，猶言往洛邑，加饒人民的物質生活。這正是周公在鎬京，促成王同往洛邑，由他自己勉力農政、輔助成王、加饒人民生活的話，所以説王氏之説爲未圓。

⑱ "無遠用戾"，猶《大禹謨》中"無遠勿届"，意謂無分遠近都因此會安定下來。"用"，因也。"戾"，《爾雅·釋詁》："止也。"亦定也。

[經文]

王曰："公功棐迪篤①，罔不若時②。四方迪亂③，未定于宗禮④，亦未克敉公功⑤。迪將其後⑥，監我士、師、工⑦，誕保文武受民⑧，亂爲四輔⑨。"

[詮釋]

① "棐"，輔。"迪"，導。"篤"，《釋名·釋言語》："築也；築，堅實稱也。"即今語踏實。

② "罔"，無。"若"，順。"時"，是。"罔不若時"，意即無不順着這一原則而行事。

③ "迪"，當作"由"，猶也。

④ "于"，以也。"宗禮"，即上文"記功宗"的典禮。

⑤ "敉"，王國維曰："敉之言彌，終也。《大誥》曰'敉寧武圖功'，《立政》曰'亦越武王率惟敉功'，皆謂'終'。"

⑥ "迪"，《經傳釋詞》："發語詞也。"無義。"將"，主。"其"，此。"迪將其後"，主此後祭祀事，猶言此後在宗禮上還仗主持。

⑦ "監"，《毛詩·節南山》"何用不監"《釋文》引《韓詩》："領也。"猶今語"領導"。"士、師、工"，于省吾《尚書新

證》："士謂卿士；師謂師尹；……工謂百工，亦曰百執事，簡稱爲'士師工'。……《盤庚》'邦伯、師長、百執事'……《盾叔多父盤》'使利於辟王、卿事、師尹、倗友'可互證。"

⑧　"誕"，《經傳釋詞》："發語詞也。""受民"，王國維《洛誥解》："謂所受於天之民。"《立政》曰："相我受民。"又曰："以乂我受民。"《盂鼎》曰："粤我其勵相先王受民受疆土。"梓案：這也即是下文"承保乃文祖受命民"的"受民"，蓋亦當時語例。

⑨　"亂"，友人周谷城的《古史零證》釋爲"團結"，甚新而確，此從之。"四輔"，自《大傳》以來，多訓爲"疑、丞、輔、弼"或"道、充、弼、丞"（説見《大戴禮》）之四輔，我以爲似尚不如《僞傳》訓爲"四維之輔"。因這句原是承上文的"受民"而言，説不上這樣的四輔。案："輔"，《毛詩·節南山之什·正月》"其車既載，乃棄爾輔"《正義》："爲車不言作輔，此云'乃棄爾輔'，則輔是可解脱之物，蓋如今縛杖於輻，以防輔車也。"《左傳》僖公五年亦載宮之奇之言"輔車相依"，是輔之爲物，實所以捍衛車身之物。《僞傳》所謂"四維之輔"，即謂可以之捍衛四境。

[經文]

　　周公拜手稽首曰①："王命予來承保乃文祖受命民②，越乃光烈考武王弘朕③。恭孺子來相宅④，其大惇典殷獻民⑤，亂爲四方新辟⑥，作周恭先⑦。曰其自時中乂⑧，萬邦咸休，惟王有成績。予旦以多子越御事⑨，篤前人成烈⑩，答其師⑪，作周孚先⑫。考朕昭子刑⑬，乃單文祖德⑭。”

[詮釋]

① 上文記周公説話，都只“公曰”二字（開首除外），此處獨加“拜手稽首”者，以上文都只商榷時一往一來的對話，此則周公正式接受成王交給他的使命了。

② “王命予來”，這是周公正式受命後的話。“來”，是説明從鎬京來洛邑。“承保”，即《盤庚》中篇“古我先后罔不惟民之承保”的“承保”，義即“奉養”、“奉畜”，蓋殷周時語例。“受命民”，猶言所受於上天使命予以承保的人民，亦即上文的受民。

③ “越”，及。“乃”，你。“烈”，威。“弘”，大。“朕”，劉氏《集解》引莊云：“當作‘侅’，古文‘訓’也。《書大傳》曰‘以揚武王之大訓’，可知今文本作‘訓’。”梓案：自《僞傳》以來，一直都於“恭”字讀斷，如劉逢禄、孫星衍都已知“朕”爲“侅”之訛，但皆未加解釋。孫氏釋“恭”爲“奉”，果如所釋，“恭”字自應屬下讀方順。兹據《書傳》，即於“朕”字讀斷，而以“恭”字屬下讀。

④ “恭”，孫氏《尚書今古文注疏》釋爲“奉”，是也。“恭孺子來相宅”，即奉成王來視洛邑，凡見此下的對話，是成王、周公已同來洛邑後的説話。

⑤ “惇”，同“敦”，《詩·魯頌·閟宮》“敦商之旅”鄭箋：“治也。”“典”，于省吾釋爲典籍之典，以爲是法度之文，並引《弓鎛》的“篇其先舊”和《克盨》的“王命尹氏友史趛典善夫克田人”兩語，以爲是動詞“典録”義。又《釋名·釋典藝》：“典，鎮也，制法所以鎮定上下，其等有五也。”“惇典”，猶言治典籍以資鎮撫也。“獻民”，舊訓都以爲是民之賢者。梓案：“獻”，《説文》：“宗廟犬名羹

獻，犬肥者以獻，从犬鬳聲。"段氏注："獻，本祭祀奉犬
牲之稱，引伸之，爲凡薦進之稱。按《論語》鄭注：'獻，
猶賢也。'獻，得訓賢者，《周禮》注：'獻，讀爲儀。'是以
伏生《尚書》'民儀有十夫，古文《尚書》作民獻'。《咎繇
謨》古文'萬邦黎獻'，漢《孔廟碑》、《費鳳碑》、《斥彰長
田君碑》皆用'黎儀'字，皆用伏生《尚書》也。班固《北征
頌》亦用'民儀'字。"容庚《金文編》犬部："獻从犬，通
鬳，見《子邦父鬳》。"郭沫若《兩周金文辭大系》所收《獻侯
鼎》和《獻彝》亦皆从犬，是鬳可通作獻。又《金文編》鬲
部："鬲，矢作《丁公簋》'鬲百人'，'人鬲'，即《書·大
誥》'民獻有十夫'之'民獻'。"是獻亦可通作鬲。舊訓釋
"民獻"爲民之賢者，在此殊窒，礙難通讀，照容氏釋爲
"人鬲"，就易通讀了。至於"人鬲"，究竟是何等樣人呢？
今人多將它解作奴隸，我以爲未必然，這只是《多士》書
序中的"殷頑民"，也即《大誥》篇中的"民儀"、《多方》篇
中的"義民"、《康誥》篇首的"播民"。蓋"鬳"，《説文》从
鬲虍聲，段注："牛建切十四部。按戴氏侗引唐本'虍省
聲'似是。然獻首即犧首，車轄亦作'鑭'，歌元古通，魚
歌古又通，虍聲即魚、歌之合也。"於是，我們似可肯定
从"虍"从"義"之字，古聲皆相通，而"播"亦歌部字，
"頑"亦元部字也。然則所謂"頑民"、"播民"、"義民"、
"民儀"、"民獻"，要無非同是被周邦遷洛的殷民。俘虜
還説得上，奴隸則未必。所謂"其大惇典殷獻民"者，猶
言"庶幾能治典籍以鎮定殷之移民"。

⑥ "亂"，《國語·魯語》韋解："凡作篇章，篇義既明，撮其
大要爲亂辭。"這豈非今語的"總結"，與周谷城之釋"亂"
爲團結，義尤相符（參看上"亂爲四輔"詮注）。"辟"，

《爾雅·釋詁》：“法也。”

⑦ “作周恭先”的“恭”，章炳麟《古文尚書拾遺》：“‘恭’、“共”字，石經古文皆作‘龔’，此正當作‘共’。”《詩·商頌·長發》“受小共大共”，《書序》“九共”，毛、馬皆云“法也”。先惇法於殷獻民，次乃撮要爲四方新法。“先”，先導，猶今語基礎。

⑧ “曰其”，蓋即《盤庚上》“矧曰其克從先王之烈”的“曰其”，也即同篇“越其罔有黍稷”的“越其”。“曰”、“越”，《爾雅·釋詁》：“于也。”“其”，此也。“曰其”，猶言“于此”。“自”，用。“時”，是，指洛邑。“中乂”，居中而治。“曰其自時中乂”，猶言於是用洛邑居中而治。

⑨ “子”，孫星衍《尚書今古文注疏》：“男子之美稱，謂衆卿大夫。”《春秋》之例，凡列國之卿大夫死後都加諡稱子，如季文子、趙宣子皆其例。“越”，及也。“御事”，即御史，也即百執事。

⑩ “篤”，《爾雅·釋詁》：“固也。”即今語“鞏固”。“成烈”，即已成的功業。

⑪ “答”，章炳麟曰：“凡答字，古今皆借作‘合’。”“答其師”，即“合其衆”，《康誥》篇首所謂“四方民大和會”，《召誥》所謂“厥命庶殷，庶殷丕作”，皆此衆也。

⑫ “周孚”，即《詩·大雅·文王》“萬邦作孚”的“孚”。梓案：“孚”，即“郛”。“郛”，郭也。郭，係城之外衛。此所謂周孚，即周之外衛。“作周孚先”，即使之爲周之外衛，打下個基礎。這與上文“誕保文武受民，亂爲四輔”相呼應。以上皆章炳麟《古文尚書拾遺》說。章炳麟曰：“周法與周俘並舉者，不放周法，則紀綱不一；不營周俘，則天保不定，故兩大之。”此解最確。舊釋“恭”爲“恭

敬", 釋"孚"爲誠信, 皆迂且窒。

⑬ "考", 指武王, 即上文"乃光烈考"之"考", 與下文之 "文祖"相對。"朕"亦"侁"之訛, 訓也。"刑", 《禮記·王制》: "刑也者, 侀也; 侀者, 成也。""考朕昭子刑", 謂"爾父遺訓所以昭示你的有成"。

⑭ "單", 同"殫", 《廣雅·釋詁》: "盡也。"猶今語"完成"。 此末兩語意謂: 必你父遺訓所昭示你的有成, 然後可完成 你文祖的德業。蓋作雒, 本武王遺謨, 俱見《逸周書·作 雒篇》及《史記·周本紀》, 俱見《書序》下說明, 故本篇屢 屢提及武王的宏訓。

[經文]

王曰: "公定①, 予往已②。公功肅將祗歡③。公無 困哉④, 我惟無斁其康事⑤。公勿替刑⑥, 四方其 世享⑦。"

[詮釋]

① "定", 《説文》: "安也。"

② "已", 舊訓"語終詞", 或假爲"以", 皆未的。于省吾曰: "即祀, 《易·損》初九'已事遄往', 《釋文》: '已虞作 祀。'甲骨文'祀'間作'已'。"是也。此亦見上"記功宗" 詮注。

③ "肅", 《説文》: "持事振敬也。"案: 即今語"嚴肅"。 "將", 奉行。"祗", 安。"歡", 悦。"祗歡", 即今語輕 鬆愉快。

④ "公無困哉", 孫星衍《尚書今古文注疏》歷引《漢書·元后 傳》、《杜欽傳》, 司馬彪《續漢書·祭祀志》劉昭《注》及

《東觀漢記》章帝賜東平憲王蒼書，“哉”皆作“我”。又引
《逸周書・祭公解》作“公無困我哉”，證明“哉”爲“我”
之譌。

⑤ “斁”，《説文》：“解也，从攴睪聲。《詩》曰：‘服之無
斁。’”“斁”，厭也。梓案：“解”當讀“懈”。“康”，章炳
麟曰：“讀爲‘庚’。”《律書》：“庚者，言陰氣更萬物。”
《律曆志》：“斂更於庚。”《説文》用部下：“庸，从用庚。
庚，更事也。”是“庚事”即“更事”，“我惟無斁其康事”，
猶言我不懈怠於更事。

⑥ “替”，《説文》：“廢也。”“刑”，通“型”，典型也。《詩・
大雅・思齊》：“刑于寡妻。”用法同此。

⑦ “享”，義即“祭獻”，見上。舊説皆解作享公之德，我以
爲未的。“世享”，猶言四方諸侯將世世來助祭。

[經文]

戊辰①，王在新邑②，烝③，祭歲④。文王騂牛一⑤，
武王騂牛一。王命作册逸祝册⑥，惟告周公其後⑦。王
賓⑧，殺⑨，禋⑩，咸格⑪，王入太室祼⑫。王曰：“公，
予小子其退，即辟于周，命公後⑬。”王命周公後，作册
逸誥⑭。在十有二月，惟周公誕保文、武受命惟七年⑮。

[詮釋]

① “戊辰”，係當時記日的干支，是這年十二月晦。“晦”，
即每月在地球上完全看不見月球一點影子的一天，其日必
在每月最末的一天——不是夏曆三十日，即二十九日。至
於這一年是哪一年，我們如今憑《召誥》、《洛誥》兩篇的
記載，至少可以肯定這篇所記載的，是同在一年内的事，

是營洛這一事的首尾，而這一年，即下文所謂"周公誕保
文武受命惟七年"。我們所以能確認戊辰這一天，是這年
十二月月底的一天，也是從《召誥》中"三月惟丙午朏"一
語推算而得。"朏"者，據《漢書・律曆志》引古文《月采
篇》，説是"三日曰朏"，是這"三月朏"，就是三月三日。
根據這一天去推算，我們可以算出《召誥》中的"乙卯，周
公朝至于洛"和本篇的"予惟乙卯朝至于洛師"的"乙卯"，
是三月十二日，由此再推算下去，則《召誥》中的"甲子，
周公朝用書命庶殷侯甸邦伯"的"甲子"，是三月二十一
日。由甲子再過四天，便是戊辰，是三月廿五日。按六十
日甲子一周計算，應該到是年十一月二十五日，又是戊辰
了。但周正與殷正本相差一個月，那麽殷的十一月，正是
周的十二月，所以在周正説起來，這十一月二十五日，也
即是十二月二十五日了。再説夏曆每月有大小——大月三
十日，小月二十九日，所以三月二十五日的戊辰，經八個
月之後，又得加上四天，所以三月戊辰是二十五日，到十
一月的二十五日的戊辰，就應該是二十九日，也即是周的
十二月二十九日了。據孔《疏》，戊辰是這一年的十二月
三十日，而據漢曆推算家李鋭的推算，則正是十二月二十
九日。

② "新邑"，當然是這一年新營成的洛邑。

③ "烝"，是當時人每年要舉行的冬祭。據《禮祭・祭統》説：
"凡祭有四時，春祭曰礿，夏祭曰禘，秋祭曰嘗，冬祭曰
烝。"據《爾雅・釋天》則"春祭曰祠，夏祭曰礿"，而秋、
冬兩祭則同爲嘗與烝，故冬祭曰烝，是可以肯定的。

④ "祭歲"，是解釋烝祭意義的，據舊解，則是所謂"歲朝朝
享"。"歲朝"，即今語元旦，故烝祭必於元旦的前一日舉

　　行，即烝祭所以必於上一年十二月晦舉行。

⑤ "騂牛"，赤色牛。

⑥ "作册"，是祭時執事的名稱。這種執事，通常以史官充
　　當。"逸"，是人名，爲"佚"的假借字。"祝册"，即讀册
　　以告文王、武王。"册"，即"册命"，後代也稱"策令"，
　　是古代帝王用以任命臣下的命令。此次史佚所讀的册，即
　　是成王、周公仍留洛邑，鎮撫諸侯的命令，成王打算舉行
　　宗祭後即歸鎬京，所以命周公其後。

⑦ "其後"即"且後"，意即且後歸鎬。

⑧ "王賓"，王國維曰："謂文王、武王死而賓之，因謂云
　　'賓'；殷人卜文屢云'卜貞王賓某某'，'王賓'下皆殷先
　　王名，知此'王賓'即謂文武矣。"梓案：王說是，但尚存
　　一問未達，我意此"王賓"，並非逕指文、武，特謂成王
　　迎文、武而賓之耳。"賓"在此是動詞，與下文的"殺，
　　禋，咸格"爲平列句。即卜辭中的"王賓某某"似亦應作如
　　此解。以"王賓"作名詞，指先王，亦未的。

⑨ "殺"，謂殺牲。

⑩ "禋"，謂實柴於牲而燎之，使煙徹於上故謂之"禋"。禋
　　之爲言煙也。王國維曰："殷人祀人鬼亦用此禮(見《殷虛
　　書契考釋》)。《逸周書·武成》云'燎於周廟'，知周初亦
　　然矣。"梓案：於此亦足徵上文之"肇稱殷禮"，確是殷商
　　之"殷"，而非三年一祭之"殷"。

⑪ "格"，一作"嘏"，"嘏"古或作"格"，是知"格"即"嘏"。
　　《禮記·禮運》"脩其祝嘏，以降上神與其先祖"《疏》：
　　"脩其祝嘏者，祝，謂以主人之辭贊神；'嘏'，謂以尸之
　　辭致福而嘏主人也。"所謂"尸"者，《儀禮·士虞禮》"祝迎
　　尸"《注》："孝子之祭，不見親之形象，心無所繫，立尸

而主意焉。"由此可知古人設祭時，不是望空致祭，要設一生人坐在神位上，去代表所祭的鬼神，這就叫做"尸"。"咸格"，即祝以尸之辭，向主祭、與祭者一一祝福也。

⑫ "太室"，清廟中央室，尸之所在。"祼"，也作"灌"，《說文》："灌祭也。"意即用酒灌地以降神也。

⑬ "王曰"至"公後"，本在第二段"公功棐迪篤罔不若時"語下、"四方迪亂"語上。在彼處，與上下都不連接，所以按照朱駿聲《尚書便讀》之說移此。此數語大意謂：成王說："公，我小子就要返鎬京去，即君位於宗周，今命公且留洛邑。""退"，返也。"辟"，君王也。

⑭ "王命周公後，作冊逸誥"，即"成王說了上面這話，便正式命周公留治洛邑，並命作冊逸布告諸侯在案"。

⑮ "誕保文、武受命"，王國維曰："自後人不知'誕保文、武受命'指留洛邑監東土之事，又不知此經記事、記年各爲一句，遂生周公攝政七年之說，蓋自先秦以來然矣。"梓案："誕保文、武受命"一語，於文似不能釋爲留洛監東土之事，却正是指周公攝政而言。《論語·憲問》子張曰："《書》云'高宗諒陰三年不言'，何謂也？"子曰："何必高宗？古之人皆然。君薨，百官總己以聽於冢宰三年。"可見在孔子以前，凡君死，百官總己以聽於冢宰，是例行的故事。文、武相繼死，周初爲共主，四方迪亂未定，成王又年甫成童，周公以冢宰攝政，原是當時例行之事，不然，何以謂之"誕保文、武受命"？所謂"誕保文、武受命"，意即扶保文、武所受於天的使命，正是周成王年幼而攝政的同義語，不必定指留洛監東土的事。況且留洛始於這一冊命，也沒有到七年。所謂"誕保文、武受命惟七年"，"惟"，有也，正謂自周公攝政以來，至是已有

七年。是年，成王許自己即辟於周，周公自不必再攝政，惟仍允留洛監東土，故特書年以記之。王說似未的。

[經文]

伻來毖殷①，乃命寧予以秬鬯二卣②，曰明禋，拜手稽首休享③。予不敢宿④，則禋于文王、武王。惠篤叙⑤，無有遘自疾⑥，萬年厭于乃德⑦，殷乃引考⑧。王伻，殷乃承叙萬年⑨，其永觀朕子懷德⑩。

[詮釋]

梓案：陳槽《書解折衷》曰：“自此至‘萬年其永觀朕子懷德’乃王歸鎬後，使人來勞周公，公因祭文、武而全載其祝辭也。”又曰：“‘惠篤叙’至‘朕子懷德’，此祝辭全文。”梓案：此一小段文字，在《洛誥》全文中，可謂最難解的了。所以難解，只緣這一段文字，似記事，似記言，致令讀者迷離惝怳，如墮五里霧中，不僅如王夫之所云：“文詞簡質，別爲一體，有類鐘鼎銘識之文而已。”（見《書經稗疏》）陳氏之說，謂“成王歸鎬後使人來勞周公”，是已；但其謂“周公因祭文、武而全載其祝辭”，却不對了。我的看法，這段話全是周公的口氣，這里着一個“伻來”、兩個“予”字，就可體會出來。只因少了“周公曰”的字樣，致使這段話是誰說的便無法斷定，況又似夾有記事文的字句在內。我本着這一看法，姑且假定如下，并且逐字詮注在下面，我體會到這是成王歸鎬後對東土的局面，因爲以前有過三監之叛，畢竟還有些放心不下，所以派人到洛邑看看情形，這就是所謂“伻來毖殷”了；又因將這樣一副重擔放在周公肩上，也有些過意不去，所以叫使者順便用秬鬯二卣安慰周公，這便所謂“乃命寧予以秬鬯二卣”了。自“惠篤叙”以下一段文字，並不是什麼祝辭，只是周公答謝成王的

慰問，并且告以情形不壞，使成王放心罷了。我這裏就本着這樣
的體會，詮注如下：

①　“伻”，使。“毖”，《説文》：“慎也，从比必聲。《周書》
曰：‘無毖于恤。’”梓案：“無毖于恤”一語，《僞傳》、
《正義》並訓“毖”爲“勞”，似與《詩》歧。《詩·小毖》“予
其懲而毖後患”，《疏》謂周公往時爲管、蔡所誤，是受懲
創，故“慎彼在後，恐更有患難”。我覺此《疏》大可移作
此處“毖”字的注脚，蓋有“察看”義，則“慎”“勞”兩義都
兼有了。

②　舊皆於“寧”字讀斷，作“乃命寧”句，清人如江聲之《尚書
集注音疏》、孫星衍的《尚書今古文注疏》及劉逢禄《尚書
今古文集解》都從其讀，蓋皆爲鄭玄及孔《疏》引顧氏之説
所誤。鄭云：“周公謂文王爲寧王，成王亦謂武王爲寧
王。”此一名二人兼之。顧云：“文、武使我來慎教殷民，
我今受文、武之命以安民也。”江氏《音疏》更進一步確指
此寧王爲武王。我以爲此處惟蔡《傳》爲得其讀，知於
“予”字讀斷；惟近人王國維的《洛誥解》爲得其解，故曰：
“寧，安也。《詩》曰‘歸寧父母’；《盂爵》曰：‘惟王初口
于成周，王命盂寧鄧伯。’是上下相存問通稱‘寧’也。”
“秬”，《説文》作𥠖，謂黑黍也。“鬯”，《説文》：“以秬
釀鬱草、芬芳攸服以降神也。”“鬱”，蓋即鬱金香。“卣”，
《爾雅·釋器》：“中尊也。”秬鬯之賜，例以一卣，此以二
卣，殊數也。

③　“曰明禋，拜手稽首休享”，王國維曰：“此周公述成王之
言。”我以爲此誤解“曰”字。王夫之《書經稗疏》曰：“明禋
者，秬鬯之名，猶酒曰清酌、脯曰尹祭也。”梓案：是也。
“休享”，猶言嘉貺。“拜手稽首”者，受命而拜賜也。

④“宿”，信宿之“宿”。一宿曰宿，再宿曰信。“宿”猶今語“隔夜”。

⑤“惠”，賜也。“篤叙”，即上文“篤叙乃正父”之“篤叙”。

⑥“無有”，無或也。“遘”，《説文》：“遇也。”“自”，劉逢禄引莊云：“自當作辠。”“辠”、“罪”，古今字。“罪疾”，即《盤庚》“丕乃崇罪疾”的“罪疾”，蓋亦當時語例，猶言“罪過”。舊説皆迂。“無有遘自疾”，即“無或犯罪疾”，猶今語“不敢或犯過錯”。

⑦“厭”，《説文》：“笮也，一曰合也。”此訓合。“厭于乃德”，即“求合於乃德”。“德”，於此義爲對道的認識。道，治道也。

⑧“殷”，指殷民。“引考”，于省吾《尚書新證》曰：“按‘引’乃‘弘’之譌。金文‘弘’作‘’，與‘引’相似，漢人誤仞。‘考’讀‘孝’，《毛公旅鼎》‘亦弘唯孝’，是‘弘孝’爲周人成語。”梓案：“考”、“孝”字古可通作；《史記·燕世家》“孝公”，《漢書·古今人表》作“考公”；《後漢書·城陽恭王傳》“子考侯仁嗣”，《前漢書·王子侯表》作“孝侯仁”。“弘孝”，即“大孝”。《漢書·文帝紀》：“孝悌，天下之大順也。”後世“孝順”往往並舉作一聯緜字，至今猶然，可見此二字乃是同義語，是“弘孝”即“大順”，意謂大大孝順也。

⑨“王伻殷乃承叙萬年”，舊讀皆於“叙”字斷句，“萬年”二字屬下讀。我覺得宜在“年”字斷句，作“殷乃承緒萬年”。“叙”，《爾雅·釋詁》：“緒也。”“承叙”，猶言承其緒餘。

⑩“觀”，《説文》：“諦視也。”猶今語注視。“朕”亦“佚”之訛。“懷”，《方言》：“來，自關而東，周、鄭之間，或曰懷。”梓案：當時所謂東土，正是周、鄭之間。“懷德”猶

言懷來之德。

洛誥篇譯文

　　周公拜手稽首説："我向你報告一個明示大法的打算。王應當前進一步，快將上天交給我周邦的使命，謀一個良好的開端。我繼太保之後，來察看東土的地勢，期望你能以這東土爲基地，明示人民以大法。我是乙卯這天的早晨到達洛邑這大都會的。我從前曾經卜過河北黎水一帶地方，今又來卜這澗水東、瀍水西一帶，看來只有靠近洛水的一處可用。我以前也曾卜過瀍水東的一帶，也只有靠近洛水的一處可用。你的使者來，我今叫他把這兩處的地圖連同卜兆帶呈給你看。"王拜手稽首説："公不敢不承受上天給我周邦的福蔭，辛辛苦苦跑到東土去察看地勢，期使我周邦能有以配合這一份福蔭。公看定了地方，派人帶了卜兆來給我看。且喜所卜的都吉利，我兩人自應共同擔當起來。公庶幾帶挈我萬億年都能承受上天所賜的福蔭罷。公爲我怎樣打算，我無不領教，在這裏拜手稽首謝謝了。"

　　周公曰："我王第一着要援用殷禮，在新都洛邑舉行祭祀，要舉行得秩然而有條理。我齊集了一切工作人員，使他們從你在宗周聽調度。只要我報告庶幾要舉行祭祀，我王就請命於宗廟中的先公，即用這些工作人員舉行大祭。只須命令他們道：'你們是受命忠實輔佐我的，現在可去視事了，你們要悉心自效。'孩子，你自己率領他們去，率領他們小心地去罷。譬如火，開始時原只有一點微光，只要所燃處一點着，就自會順序延燒開來，不會熄滅。急需像我一樣好好使用他們，帶領這些已在宗周的工作人員到新邑去，使他們各司其事，勉勵他們做好工作，以收大成之效。這樣做，是要使你能長留遺澤在人間。"

　　成王大要是這樣説："我公，勉力扶保我這小孩子罷！公嘗稱述我文祖武考那大顯於天下的德業，並要我小子發揚我祖和父的豐功偉烈，藉以奉答上天交給我周邦的使命，普遍地和輯四方來的人民，使他們能安居洛邑這大都會。因此，叫我致祭於宗廟，並要奉行殷禮舉行一次大祭，而且要舉行得秩然而有條理。我想這一切，只有我公能認識得明確，照見於上天下地，奉行這大典來影響四方的人，廣泛地養成一片彬彬有禮的氣象；也只有我公能用文祖父考憂勤的教訓來指導一切，而不會迷失方向。我小子只有小心翼翼奉行祭祀了。”

周公說：“嘻！你雖是個小孩子，但你的地位特別尊崇。你得緊緊記牢哪些諸侯是前來祭獻的，有不來祭獻的也得記住。在前來祭獻的當中，還要多多注意他們的禮數；禮數趕不上所獻的禮品，是無異於不來祭獻，正表明用心不在祭獻上。人們都認爲，諸侯不來助祭，一但有事，會和我們打算相左。這要你自己去辨別了，我不便再代你察看。我這是教你安撫人民使遵常道而行的道理。若是你自己不努力，這是不可以長此下去的。你對那些負有責任的工作人員，要搞好關係，使他們順從。我不敢放棄你的命令。你去好好幹罷！我要致力於農攻了，以便提高人民的物質生活，這樣無論遠近，人民都會安定下來。”

成王說：“我公的工作，端在踏踏實實地輔導我，每一事無不順着原則而行。如今四方還有些動亂，没能用宗禮去把秩序安定下來，那末，公的工作也就未能説已完成。所以，此後宗祭大事，也還得仗公來主持，領導着卿士們、師尹們、百工們去工作，保育我文祖武考受命於上天的人民，團結他們，一起捍衛我周邦的四境。”

周公拜手稽首説：“王命我來保育你文祖受命於上天的人民，以及你那威風烈烈的武考的大訓，我恭奉你這孩子來看新邑洛，期望你能好好制訂一些典制来鎮撫殷移民，並總結成爲統治四方的新法，作爲我周邦大法的先河。從此以洛邑爲中心，居中而治，萬邦都可受到你的庇蔭，這就是我王有了成績。我率領卿大夫和百工們，共同鞏固前人已成的功業，和合殷的衆移民，把他們作爲我周邦外衛的基礎。這樣，才能使你武考留示你的遺訓有所成就，你文祖的德業，也才可完成。”

成王說：“公且少安，我這就去舉行大祭。公的工作能使人嚴肅奉行，而行之又能輕鬆愉快。公不要作難我了，我決不會懈怠於事。公也不可廢棄你那典型的作用，四方諸侯就會世世代代來祭獻了。”

戊辰這一天，成王在新邑洛舉行烝禮，這是每年祭歲的例祭。對文王、武王各用赤色牛一頭。命史佚擔任此祭中作册的職務，因叫他在文王、武王神前讀册，告以任命周公權且留治洛邑的事。成王親自以賓禮迎神，次殺牲，實柴焚牲，次由史佚傳達文、武的神命，爲參與祭禮的人一一祝福畢，成王走入太室中，以酒灌地降神。於是成王面告周公道：“公，我小子要回宗周去即君位了，公且暫行留洛，爲我監視東土。”說完當即正式下令叫周公留洛，並命史佚將這事布告諸侯。時在十二月，這年周公攝政已七年。

王使人來洛察看殷人，乃叫使者用秬鬯二卣的殊禮犒勞我，名之爲明禋，我拜手稽首敬謝你的嘉貺。我不敢隔宿，當即以之祭獻於文王、武王。承你惠賜我這份厚叙親誼的盛意，我自不敢或有過錯，從此千秋萬世都要合於你的看法，殷人也自會孝順於我周邦。王使這一來，殷人千秋萬世都將受影嚮，將永遠敬仰你武考昭示你的懷來之德。

多士篇詮譯

前　言

　　《多士》篇是《周書》中周公經營商邑的諸誥之一，可能是最後的一篇。其立言與《多方》、《召誥》兩篇大體上相同，只是因說話的對象不同而略有異。

　　向來根據《僞傳》本的篇序，把《多士》篇次於《召誥》、《洛誥》之後，把《多方》篇次於《君奭》、《無逸》之後，《僞傳》且根據《多方》篇"至于再、至于三"之語，從而臆造出"成王兩次東征"之說，後人也遂信以爲真。其實，此說殊未見於他處，以書徵書，我覺此事也未能成立。本文與《多方》篇文一一相應，《多方》說"猷告爾四國多方……我惟大降爾命"，《多士》篇就說"大降爾四國民命"；《多方》說"王來自奄，至于宗周"，《多士》就說"昔朕來自奄"，兩兩對讀，若合符節，再衡以本篇"昔朕來自奄"語之"昔"字，明明《多方》作在前，《多士》作在後，不然，此"昔"字就無從解。

　　我以爲金履祥之認本篇爲《召誥》中"越七日甲子，周公乃朝用書命庶殷"之文，甚至連月日亦可符合，本篇所謂"惟三月"者，即《召誥》之三月"甲子"日（廿日或廿一日）也。我以爲其說確有所見，以視其他傳注訓"書"爲"役書"者不同。按其說認本篇爲周室作洛時，周公告庶殷之文，而《召誥》自"周公曰拜手稽首"以下而爲周公代成王酬謝侯、甸、男、邦伯之文，至《多方》則根據《康誥》篇首"周公初基作洛"之文，而移其文於《多方》篇首，而認其爲周室營洛前動員庶殷之文，故我於前言中定《多方》之篇序列於《召誥》之前，而列此誥於《召誥》之後。

[書序]

　　成周既成①，遷殷頑民②，周公以王命誥，作《多士》。

[詮釋]

　　① "成周既成"，此云"既成"者，非謂成周之城垣於此時已築成，乃《召誥》中所謂"甲寅位成"，謂成周之地點，及其中之城垣、宗廟、社、朝、市之位已定之謂也。所謂"成"，應訓"定"。

　　② "遷殷頑民"，此所謂殷頑民，舊皆以爲所以懲士民之忠於殷邦者，在殷爲忠臣，故於周則爲頑梗不化之人也，故謂之"頑民"。此一名詞惟見於僞《畢命》，所謂"毖殷頑民，遷于洛邑"者是也。《僞傳》釋爲"惟殷頑民，恐其叛亂，故徙于洛邑，密近王室，用化其教"云云，也即本篇所謂"我乃明致天罰，移爾遐逖"也。好像周邦因商奄之叛，專從殷舊邦中遷一部分對周尤不服化的殷民到洛邑來，以便於教化，我覺得這有點不合情理。據《春秋左氏傳》(定公四年衛祝佗語)成王封魯、封衛、封晉，都曾封以殷奄商之民若干族，築洛爲周庶殷，殷人已够流離遷徙了。這和口口聲聲的保殷民，似乎過於背道而馳了。我看此所謂殷頑民，實即《逸周書》所謂"凡所征熊盈族，十有七國俘維九邑"者，及"殷獻民遷于九畢"者，也即是附從

武庚之亂，與周邦討伐軍作戰的那些兵士，故稱呼爲“多士”，築成周時，即利用這些人的勞動力而成城。故所謂“移爾遐逖”者，不必遠從殷邦中再去遷徙些人來洛居，再去發動他們去勞役，而所謂遷者，恐也只是從九邑、九畢遷至洛邑來居住罷了，這也只顯得古代社會例用俘虜爲奴隸的習慣。

[經文]

惟三月①，周公初于新邑洛②，用告商王士③。王若曰：“爾殷遺多士④，弗弔旻天⑤，大降喪于殷⑥，我有周佑命⑦，將天明威⑧，致王罰勅⑨：殷命終于帝⑩。”

[詮釋]

① “三月”，即《召誥》之三月甲子日（廿日或廿一日）也。

② “初于新邑洛”，此言“初”者，營洛之初也，故對洛亦稱新邑。“新邑”，即《召誥》之“旦曰：其作大邑”，新作之邑也。“新”，《春秋左傳》莊公二十九年春“新作延廐”杜注：“言新者，皆舊物不可用，更造之辭。”蓋説話時，正周邦在新作洛邑之時也。

③ “用”，通也。“用告”，徧告也，也即通告也。詳見《大誥》詮釋。“士”，當然即大夫士，地位比大夫爲卑，比庶民爲高。凡當時爲公家做事的人如百執事或百工，乃至兵員亦皆由士爲之。在這裏，似皆周公平武庚之叛亂時所俘獲之殷等兵士也。

④ “殷遺多士”，殷邦所遺之多士也。“遺”，《史記·陳陟世家》“不如少遺之兵”《索隱》：“留餘也。”這裏稱“殷遺多士”，故知此乃稱殷軍之被俘者。

⑤　“弗弔旻天”，釋詳《大誥》篇首“弗弔天降喪于殷”語詮釋。

⑥　“大”，語詞，無義。

⑦　“佑”，通“右”，通“侑”，皆訓助也。“佑命”，即《毛詩·文王之什·大明》“保右命爾”的“右命”、《大明》篇所謂“保佑命爾”之“佑命”，據鄭《箋》，即武王是也，故下文即繼以“燮伐大商”。故此“我有周佑命”，亦即指“武王伐紂”言。

⑧　“將”，《周頌·我將》“我將我享”鄭箋：“猶奉也。”“明威”，明命、威命也。“將天明威”，猶奉天命也。

⑨　“致”，《説文》：“送詣也。”“勅”，《説文》無其字，其本字爲“敕”。“敕”，《説文》：“誡也。”“誡”，通“戒”，有“警告”義，故往往與“罰”字連用。“罰”本義只是“責”。“罰勅”猶後世之“敕責”連文。于《新證》引《盂鼎》“敏諫罰訟”爲證，以爲“諫罰”即“敕責”，是也。蓋行罰之前，予受罰者以警告也。

⑩　“終”，竟也，已也，與《召誥》之“天既遐終大邦殷之命”之“終”同訓。

[經文]

“肆爾多士①，非我小國敢弋殷命②。惟天不畀允罔固亂③，弼我④，我其敢求位⑤。惟帝不畀，惟我下民秉爲，惟天明畏⑥。”

[詮釋]

①　“肆”，《釋詁》：“故也。”

②　“弋”，《釋文》本作“翼”，馬云：“取也。”鄭云：“驅也。”兹兼從馬和鄭，謂驅而取之也，與下文之“求位”相呼應。

③ “惟”，是也。“畁”，《釋詁》：“予也。”“允”，《釋詁》：
　　“信也。”“罔”，《論語·爲政》“學而不思則罔”皇疏：“誣
　　罔也。”“固”，江《音疏》：“《書古文訓》本作‘志’……依
　　《説文》當作‘怘’。”是“惟天不畁允罔固亂”者，謂是上天
　　對於那信誣怘亂的殷邦，不予以使命也。

④ “弼”，从“弜”，百聲。“弜”，重也。“重”，《説文》：
　　“厚也。”故“弼”有“厚”、“重”義。“弼我”者，重我，或
　　厚我也。

⑤ “其”，豈也。

⑥ “惟帝不畁，惟我下民秉爲，惟天明畏”，此句三個“惟”
　　字，第一個，語詞，無義；第二個，乃也；第三個，是
　　也。“秉”，《釋詁》：“執也。”“爲”，《論語·顏淵》“爲之
　　難”皇疏：“猶行也。”“秉爲”，猶執行也。此謂“上帝之不
　　予，乃見之於下方人民之所執行，正是天的明命、威命”
　　也。此猶言“天明威自我民明威”也。

[經文]

　　“我聞曰：‘上帝引逸①。’有夏不適逸，則惟帝降
格②，嚮于時③，夏弗克庸帝④，大淫屑有辭⑤。惟時天
罔念聞⑥，厥惟廢元命⑦，降致罰⑧。乃命爾先祖成湯革
夏⑨，俊民甸四方⑩。”

[詮釋]

① “引”，《廣雅·釋詁》：“道也。”“道”、“導”通。“逸”，
　　通“佚”，《廣雅·釋詁》：“樂也。”

② “則”，乃也。“惟”，語辭，無義。“降”，自上而下。
　　“格”，詳見《盤庚下》“弔由靈各”詮釋。

③ "嚮"，同"響"，即影響之"響"。"時"，是也。

④ "庸"，《說文》"用也，从用庚。'庚'，更事也。《易》曰：
'先庚三日'"，段注："九五爻辭'先庚三日'者，先帝而
圖更也。"所以"庸"於此乃用《說文》本義，謂不因上帝之
降格，而圖有所更改也。

⑤ "大"，語詞。"屑"，《釋文》作"洯"，馬本作"屑"，今蓋
從馬本也。故"屑"通"洯"，亦通"佚"、"逸"。"大淫
屑"，即《多方》之"有夏誕厥逸"。"淫"，《詩·關雎》序
"不淫其色"《疏》："淫，過也。過其度量謂之爲淫。""大
淫逸"，大大過於逸樂也。"有辭"，有皋狀也。"辭"，
《說文》："訟也，从辛𤔔，猶理辜也。""𤔔"，理也。
"𧦝"，籀文"辭"，從司。《呂刑》："鰥寡有辭於苗。"然
則"有辭"也是當時成語。

⑥ "惟時"，於是也。

⑦ "厥惟"，其惟也。"元"，始也，本也。"元命"，即起初
的使命，或本來的使命。

⑧ "致"，通"至"。《禮·大學》："致知在格物。"朱注："推
極也。""致罰"，推其應得之罰至極也。

⑨ "革"，《易·革卦》鄭注："改也。""革夏"，謂改去夏邦
之使命也，亦即革夏之命也。

⑩ "俊"，通"畯"，《詩·豳風·七月》"田畯至喜"毛傳：
"田大夫也。"疏："選俊人主田謂之田畯。"實即選也。
《禮·月令》"孟夏之月……命太尉贊桀俊"，《正義》引
《蔡氏雜名記》曰："十人曰選，倍選曰俊。""甸"，《荀
子·王制》"司馬知師旅甲兵乘白之數"楊注："以其治田，
則謂之'甸'。"實即"治"也。

[經文]

　　“自成湯至于帝乙，罔不明德恤祀①。亦惟天丕建保乂有殷②，殷王亦罔敢失帝③，罔不配天其澤④。在今後嗣王誕罔顯于天⑤，矧曰其有聽念于先王勤家⑥？誕淫厥泆⑦，罔顧于天顯民祇⑧。惟時上帝不保⑨，降若茲大喪。惟天不畀，不明厥德。凡四方小大邦喪，罔非有辭于罰。”

[詮釋]

　　① “明德”，已習見於上，但這裏“明”，應作動詞，“明德”者，明確其認識也。“恤”，《史記·魯世家》引此文作“率”。“率”，修也；“修”，習也。然則“率祀”者，勤修祭祀也。

　　② “亦惟”，猶“一是”也；“一是”，猶一直也。“丕”，語詞，無義。“建”，立也，猶言立意也。

　　③ “失”，《孝經·孝治章》“不敢失於臣妾”《疏》引劉炫曰：“失謂不得其意。”

　　④ “配”，即《毛詩·大雅·文王》“殷之未喪師，克配上帝”之“配”，猶今語“配合”也。鄭《箋》釋此語曰：“殷自紂父之前，未喪天下之時，皆能配天而行。”而此語之上本文又有“永言配命”語，是所謂配天只是配合天命，也即配合上天的使命而行也。舊本皆讀若“帝罔不配天其澤”，而訓作“上天無有不配其天祿”，似非。“澤”，祿也；《孟子·公孫丑》“則是干澤也”，《白虎通》引作“干祿”。“祿命”往往連文，蓋有使命，必有祿食也。

　　⑤ “今後嗣王”，《史記》引此文“王”下加一“紂”字，所謂“今後嗣王”即紂也。“誕罔”，舊解類訓作“大無”，我以

爲此處似應用其本義，即"誕妄"。"誕罔顯于天"，即謂
紂之誕妄，上聞於天也，與上文"惟天不畀允罔固亂"相
呼應。

⑥ "曰其"，於此也。"聽念"，即上文"惟時天罔念聞"之
"念聞"，倒文者也。

⑦ "誕"，大也。"淫"，過度也。"泆"，通"佚"，通"逸"。

⑧ "天顯"，即天明威也。"祇"，《君奭》"祇若茲"，觀《石
經》殘石亦作"𡧳"，于省吾以爲即"甾"，是"甾"、"祇"可
互作。"甾"與"菑"通；"菑"亦可通作災。《易·復卦》
"無祇悔"，《詩·小雅·節南山》"俾我祇也"，都訓"祇"
爲"病"，蓋有由也。

⑨ "惟"，以也。"惟時"，以是也。"保"，佑助也。

[經文]

　　王若曰："爾殷多士，今惟我周王丕靈承帝事①，有
命曰割殷②，告敕于帝③。惟我事不貳適④，惟爾王家我
適。予其曰惟爾洪無度⑤，我不爾動自乃邑⑥。予亦念天
即于殷大戾⑦，肆不正⑧。"

[詮釋]

① "惟"，獨也。"丕"，《釋詁》："大也"。"靈"，《釋詁》：
"善也。""承"，奉也。

② "割"，奪也。僞古文《湯誓》"率割夏邑"，《史記》作"率
奪夏國"。

③ "敕"，同"敕"。

④ "貳"，《廣雅·釋詁四》："二也。"亦有"益"義，《廣雅·
釋詁二》："益也。"此所謂"益"，即一而二也，亦即再也。

"適",《論語·里仁》"無適也",《釋文》云:"鄭本作敵。"《荀子·君子篇》:"四海之内無客禮,告無適也。"楊注:"適,讀爲敵。"然則古"適"、"敵"通。

⑤ "其",豈也。"洪",《釋詁》:"大也。""度",《説文》:"法制也。"

⑥ "動",震也,有驚動之意。"自",由也。

⑦ "即",《廣雅·釋詁三》:"就也。""戾",《釋詁》:"辠也。"

⑧ "肆",《釋詁》:"故也。""正",《周禮·夏官·大司馬職》"賊殺其親則正之"鄭注:"執而治其罪。《王霸》記曰:'正,殺之也。'"

[經文]

王曰:"猷告爾多士,予惟時其遷居西爾①。非我一人奉德不康寧②,時惟天命無違③。朕不敢有後④,無我怨。惟爾知惟殷先人有册有典⑤,殷革夏命。今爾又曰夏迪簡在王庭⑥,有服在百僚⑦。予一人惟聽用德⑧,肆予敢求爾于天邑商⑨。予惟率肆矜爾⑩,非予罪,時惟天命。"

[詮釋]

① "惟時",惟是也,即"只有"。"其",將也。

② "非我一人奉德不康寧",語氣、語法完全與《多方》篇的"非我有周秉德不康寧"相同,只易"有周"爲"一人",易"秉"爲"奉"。有周指周邦,一人指成王。"奉",《廣雅·釋詁三》與"秉"同訓"持"。

③ "時",是也。"無",通"毋"。

④ "朕不敢有後"，江《音疏》："《唐石經》初刻'後'字下有一字汙漫不可識認，摘文誼當爲'命'。"梓案：段玉裁《古文尚書撰異》以爲"後"字下有一字爲"誅"，而摩去再刻者，似當以再刻者爲是。"有"，通"或"。"朕不敢有後"，是我不敢或後也。"後"，晚也，不及時也。此接"無違"而言，是對天命不可違背，不敢不及時也，正不必如江氏之增字爲訓。

⑤ 前"惟"，語詞，無義。"有册有典"，舊解以此語不煩解釋，一律以有典册記載訓之。我疑"有典"是釋文，是所以解釋"有册"二字的，後人轉録者，誤以爲正文，故有此重牀疊屋之語法。

⑥ "曰"，以爲也。"迪"，《釋詁》："進也。""簡"，《詩·小雅·出車》"畏此簡書"《疏》："古者無紙，有事書之於簡，以相戒命也。"引伸之，則凡有文字以相告語，皆謂之"簡"。古代帝王任用人，也書於竹簡，傳告本人及國人，故又引伸爲任用之義。過去任命官吏，還有所謂"簡任"、"薦任"、"委任"之分。本此，這裏的"簡"可訓爲"任用"。

⑦ "服"，事也，職也。

⑧ "予一人"，天子自稱也。"聽"，《周禮·地官·大司徒之職》"以聽王命"《疏》："待也。"

⑨ "敢"，未敢也。

⑩ "率"，孫《疏》："同吶，《説文》云：'吶，詮詞也。'"蓋於語詞無義者。"肆矜"，《論衡·雷虚篇》引此文作"夷憐"，蓋今文義也。"夷"，《易·明夷》釋文："傷也。"然則"夷憐"者，傷憐也。

［經文］

　　王曰：“多士^①，昔朕來自奄^②，予大降爾四國民命，我乃明致天罰^③，移爾遐逖^④，比事臣我宗多遜^⑤。”

［詮釋］

①　“多士”，《漢石經》“多士”上尚有“告爾”二字。

②　“昔朕來自奄”，即《多方》篇首“惟五月丁亥王來自奄，至于宗周”。孫《疏》：“案《周本紀》，‘召公爲保，周公爲師，東伐淮夷，踐奄’，亦在《多士》、《無逸》之後，與上文周公奉成王命伐誅武庚、管叔，放蔡叔不同時。誅管、蔡在攝政時，踐奄在七年歸政後，蓋史公所用孔安國古文説。……此史公説《書》之次，與諸子所載雖有異詞，然皆古説……此今文異説，不可附合古文……宜以史公所序爲是。”梓案：孫説過信於史公矣，其實，就《史記》論《史記》，其所序，關於此事，《周本紀》與《魯周公世家》就不同。他所引的只限於《周本紀》，讓我們再看看《魯周公世家》：“周公乃奉成王命興師東伐，作《大誥》；遂誅管叔，殺武庚，放蔡叔……寧淮夷東土，二年而畢定，諸侯咸服宗周。……及七年後，還政成王……初成王少時病，周公乃自揃其蚤沈之河以祝於神……亦藏其策於府……。及成王用事，人或譖周公，周公奔楚。成王發府，見周公禱書，乃泣，反周公。周公歸，恐成王壯，治有所淫佚，乃作《多士》，作《毋逸》。”然則“東伐淮夷”之事，《周本紀》序在作《多士》之後，而《魯周公世家》則固序在《多士》、《無逸》之前。孰先乎？孰後乎？史公自己也未定，我們怎麽可以以史公所序爲是呢？況且按之經文，《多方》篇首謂成王來自奄，乃始有“周公曰”、“王若曰”之文，而

有《多方篇》之作，而《多士》篇末又申有"昔朕來自奄"之文；且《多方》曰"我惟大降爾命"，而《多士》篇則曰"昔朕來自奄，予大降爾四國民命"，而文若合符節至此。史公所序却如此自相矛盾，謂能從乎？故說孫《疏》過信於史公也。據伏生《大傳》，謂"周公攝政，一年救亂，二年克殷，三年踐奄，四年建侯衛，五年營成周，六年制禮作樂，七年致政成王"。《多方》孫《疏》引鄭《注》云："此伐淮夷與踐奄，是攝政三年伐管、蔡時事。"所宜從者，伏、鄭之說也。所以我認定《多方》是平淮夷後、作洛前的誥辭，而將《康誥》篇首之四十八字移至《多方》篇首，認《多士》爲作洛時的誥辭，而篇序轉在《多方》之後矣，根據即在此"昔朕來自奄，予大降爾四國民命"二語。

③ "致天罰"，語釋已見前。

④ "遐"，字本應作"瑕"，義同爲"遠"。"逖"，古通作"易"，亦通作"狄"，義亦同爲"遠"。"移爾遐逖"者，遷移你們遠離故土也。

⑤ "比"，舊解非訓"俌"，即訓"近"。比較不同者，則爲吳汝綸之訓"俾"。我讀之似皆未的。"比"本亦"親附"義，用以解釋此處之"比"，庶幾近是，但既云"比"，又云"事"，又云"臣"，又云"遜"，我想古代語意多簡，不應重牀叠屋，至三叠四叠之繁。我意"比"乃《周禮·地官·小司徒之職》之"九比"、"比澽"、"大比"、"比要"及《鄉師職》"國比之澽"之"比"，蓋謂簡閱人數衆、寡、老、幼、貴、賤、廢、疾，辨其可任者。"事"，《漢書·高帝紀》"皆復其身及户勿事"《注》引如淳語："役使也。" "臣"，《説文》："牽也，事君也，象屈服之形。""多"，《論語》："多見其不知量也。"《正義》："多，猶適也。"

“適”,《吕氏春秋·適威》:“不能用威適,子陽極也。”高
誘注:“宜也。”又《春秋左氏傳》,“祇見疏也”,一本作
“多見疏也”。是“多”與“祇”亦互用,“祇”,亦敬也。
“遜”字應作“愻”,或“孫”,順理也。然則“多遜”者,即
適孫,或“祇孫”,亦即恰到好處地順理也。

[經文]

王曰:“告爾殷多士,今予惟不爾殺①,予惟時命有
申②。今朕作大邑于兹洛,予惟四方罔攸賓③。亦惟爾多
士攸服奔走④,臣我多遜。爾乃尚有爾土⑤,爾乃尚寧幹
止⑥。爾克敬⑦,天惟畀矜爾⑧;爾不克敬,爾不啻不有
爾土,予亦致天之罰于爾躬。今爾惟時宅爾邑⑨,繼爾
居⑩,爾厥有幹有年于兹洛⑪。爾小子乃興從爾遷⑫。”

[詮釋]

① “惟”,思也。
② “惟”,只也。“時”,是也。“命”,教令也。“有”,通
　 “又”。“申”,重也。觀此“予惟時命有申”語,知此篇實
　 繼《多方》而作,故云“時命有申”也。
③ “賓”,《釋文》:“如字。徐音‘殯’,馬云‘却’也。”合徐
　 音馬義觀之,蓋今行之“擯”字也,故《漢石經》作“責”。
　 以今語衡之,實“斥”也。
④ “亦惟”,亦是。
⑤ “乃”,然後也。
⑥ “乃”,庶幾也。“尚”字疑衍。“寧”,安心也。“幹”,舊
　 解有訓體者,有訓安者,似皆未的。我以爲應解作《易·
　 幹》“貞固足以幹事”,《疏》:“言君子能堅固貞正,令物

得成，使事皆幹濟。"後亦稱辦事曰幹事。"止"，語詞，
猶"已"也。

⑦ "敬"，不苟也，即今語"鄭重"、"認真"也。

⑧ "惟"，乃也。"畀"，予也。"矜"，憐也。

⑨ "啻"，但也。"不啻"，不但也。"宅"，居也。

⑩ "居"，江聲曰："'宅爾邑'，既謂安其居處，則'繼爾
居'，不得復謂居處，故以爲所居之業。《易·文言·象》
云'修辭立其誠，所以居業也'，是業可言居也。《唐風·
蟋蟀》詩云'職思其居'，亦謂所爲之事爲居也。""繼爾
居"，繼續你們所幹之職業也。

⑪ "有幹"，有一定之職業也。"有年"，長時期也。

⑫ "爾小子乃興從爾遷"，此一語舊解都解作"你們的下一代
就興盛起來，是從你們遷居開始的"。我以爲此解應作
"你們的小孩子也會跟着你們樂於遷居了"。蓋此"興"字，
我意應是"待文王而後興者"之"興"，非興盛之"興"。

[經文]

王曰①："又曰時予乃或言爾攸居②。"

[詮釋]

① 江聲曰："'王曰'下蓋有脫文。"

② 段玉裁曰："《唐石經》'或'、'言'二字初刻是三字，摩
去重刻改每行十字者，成九字矣。初刻隱然可辨，'或'
'言'之間多一字，諦視之，則是'誨'字，與《傳》教誨之
言合。"梓案：《漢石經》殘字有"從爾遷王"四字連文，或
此處乃衍"又曰"二字亦未可知。但《多方》篇末亦有"又
曰"，惟"王曰"、"又曰"之間尚有數語，故以脫文爲更可

能。又"或""言"之間有一字，段氏之説，似甚確鑿，且"誨言"二字亦見《洛誥》，似是當時成語。據此，此處應爲"王曰：'時予乃或誨言爾攸居'"。

多士篇譯文

三月，周公在新築成的洛邑，通告商王的兵士。王大要是這樣説的："你們這些殷邦遺留下來的衆多兵士，那不肯憐憫人的旻天，降下喪亡之禍於殷邦。我周邦受上天佑助而予以使命，奉了這明顯而威嚴的使命，我周王告誡你們：殷邦的使命已被上帝終止了。你們衆多兵士要知道，不是我小小的周邦敢於奪取殷命，是上天不肯將這使命交給那信誣怙亂之人，而看中我周邦，我周邦豈敢妄求這個地位？上帝不肯繼續將使命交給殷邦，這只要看人民的所作所爲，就可知道上帝的威靈顯赫了。"

"我聽説過：'上帝是要導人於安樂的。'當初夏邦不受引導，上帝也曾降下啓示給它，可惜夏邦也沒有領會上帝的用意，反而過度地貪圖安樂而有罪狀上聞於天。於是上天對夏邦也就無所顧恤，只好廢棄原來的使命，而降下極端的責罰給它。這才叫殷邦的祖先成湯去革夏之命，由成湯選拔人來管理四方的田畝。從成湯起直到紂父帝乙止，沒有不明白這一認識而勤修對上天的祭祀的。上天也一直佑助殷邦而使之平治，殷王也從沒敢使上帝失望，沒有一個不配合天命行事，如今，後王紂的誕罔直顯聞於天，還能説得上不忘先王勤恤其家的行事嗎？他過度貪圖安樂，所有上天的顯示和人民的苦痛都一概棄置不顧了。因此上帝就不再佑助他，降下如此大禍，使他亡國隕身。這是上帝不予他使命了，他却至死也不明瞭。大凡四方大小部落的喪亡，沒有不是罪狀確鑿而受罰的。"

王大要是這樣説的："你殷邦衆多的兵士們，現在只有我周王能善於承受上帝交下的事務，使我邦奪取殷邦，向上帝匯報。我邦的使命原本不再和你們爲敵，是你們的王家與我爲敵呀！難道是我以爲你們太目無法紀嗎？我可不曾驚動你們，動亂是由你們發動的。我也想到這是上天對殷邦降下的大災難，所以對你們並不加以殺戮。"

王説："通告你們衆多的兵士，我只是將你們遷移到西方來居住。不是我一人秉性不安静，實是天命不可違。我不敢不及時處理，你們也不必怨我。"

"你們是知道的，殷邦的先王於册典上，明載着殷邦革夏命。如今你們又認爲殷邦進用夏邦的人在王庭上，在各種官署中都有職務。老實説，我邦要等待那些能認識天命的人才用，故我不敢向商邑中求人。如今，我只是哀憐你們，這不是我的錯誤，實是上天的使命。"

王説："衆多的兵士們！從前我滅奄歸來，下赦令給你四國的人民，我是公開執行上天對你們的懲罰，遷徙你們遠離故土。在我們簡閲了役使之下，你們大都自願臣服我們。"

王説："告訴你們衆多兵士們，現在我並不想誅戮你們，我只是重頒一次命令而已。如今，我在洛築起了一座大城邑，我對四方來住的人都無所拒絕。你們衆多兵士爲我邦奔走服役，大都自願臣服我們。你們也應有你們的土地，你們安心幹下去罷。你們能認真幹，上天是會可憐你們的；你們要是不認真幹，你們就不但不能在這裏佔有土地，我還要將上天對你們的，加到你們身上。如今你們要安居在你們的住所裏，繼續幹好你們的營生，那就能在此洛土有你們的職業而且可以久居下去。就是你們的小孩子也會樂於跟着你們遷居此地。"

王説："這就是我對你們在此安居一事所作的教誨。"

梓案：劉逢禄《尚書今古文集解》引莊存與云："宋王柏

《書疑》謂《多方》篇自'王曰嗚呼猷告爾有方多士'以下是此篇錯簡,亦宋人改經積習;但謂'夏迪簡在王庭,有服在百僚',與《多方》'迪簡在王庭,尚爾士,有服在大僚'是二篇前後相應,不爲無見。成王伐奄時未營洛邑,不得云'自時洛邑',此篇'爾乃尚有爾土'四十字與《多方》'爾乃自時洛邑'三十九字,彼此互錯,當改正。"由莊氏之言觀之,可知宋儒之勇於疑經改經,清儒中乾嘉學派之經生是不以爲然的,但果真疑得有理,如此處所引三柏之言,却也不能不從而信之曰:"前後相應,不爲無見。"梓案:《尚書》編次確有不少問題,而此與《多方》篇之關係爲尤顯。劉氏亦曾引莊氏《多方》篇"爾惟克勤乃事"等十三字及"爾乃自時洛邑"三十九字入此篇;而以此篇"王曰告爾殷多士,今予惟不爾殺"十三字,及"爾乃尚有爾土"以下四十字入《多方》篇。固有見矣,其實亦未盡合。蓋《多方》篇中自"王曰嗚呼猷告爾有方多士,暨殷多士。今爾奔走臣我監五祀"以下至"離逖爾土"似皆《多士》之文,不必認爲互錯也。於何證之?我意有兩點可以說明:①"迪簡在王庭"及"離逖爾土"等語皆與《多士》篇中"夏迪簡在王庭"及"予惟遷居西爾"、"移爾遐逖"等語緊相聯繫,應同在一篇。②《多方》篇自此以上,皆明呼多方而告之,如"王若曰猷告爾四國多方",祇如"王若曰誥告爾多方",而自此以下,則明呼多士而告之矣,如"王曰:嗚呼!猷告爾有方多士,暨殷多士";如"王曰:嗚呼多士",這不是很明白嗎?蓋多方者,衆多方國也;多士者,衆多兵士也。一以方國爲對象,一以兵士爲對象,雖同實微有不同者在也。

立政篇詮譯

前　言

　　《立政》篇無書序。非無序也，乃與《周官》篇同一序。《僞書》序者，以序屬《周官》，且次《周官》於《立政》之前。《周官》篇亡，序亦隨之而亡，故《立政》遂無序。於何見之？由《史記・魯周公世家》見之。

　　《史記・魯周公世家》云：“成王在豐，天下已安，周之官、政未次序，於是周公作《周官》，官別其宜；作《立政》，以便百姓，百姓説。”由《史記》這段叙述看來，《立政》篇乃與《周官》篇同時作的姊妹篇應可肯定。這祇要看上文“周之官，政未次序”，故承以“周公作《周官》，官別其宜；作《立政》，以便百姓”，分承上文“官、政”二字——一爲定官制作，一爲立戒律作。《周官》者，制訂周邦之官制也；《立政》者，建立周邦之戒律也。讓我們再看今行《周官》篇之書序：“成王既黜殷命，滅淮夷，還歸在豐，作《周官》。”

　　這幾句序文，即《史記》“成王在豐，天下已安”兩語稍稍加詳之叙述，只是說明周公作《周官》之地與時而已，並没有涉及《周官》之内容，以之作《周官序》可，以之作《立政序》似亦無不可。大概《僞書》序者，當時原根據《史記》之文，而稍加鋪叙事實以爲書序的，其文似應作“成王既黜殷命，滅淮夷，還歸在豐，作《周官》，作《立政》"。只因"作周官"三字與"還歸在豐"一説相緊接，故因《周官》亡，而此《序》與之俱亡，所以只賸下光禿禿"作立政"三字了。

　　上文我説："《立政》者，建立周邦之戒律也。"這和《僞傳》以來的解釋竟没有一個相同。《僞傳》釋"立政"兩字，只是"建立政事"，《正義》也只疏爲"立善政"。經文中有"立政任人"、"立政立事"的説法，但通篇看起來也不能把握"立政"二字應作何解，也决不能簡單地解釋作"建立政事"或"立善政"。因參考並體會《史記·魯周公世家》和《立政》篇全篇經文，才創立這"建立周邦之戒律"七字的新解。對不對，我自己也不能確信，似乎不能不在這裏做一個説明。就《史記》"以便百姓"一語看，"百姓"兩字，在史籍中是没有作後世的"尋常百姓"或口頭的習語"老百姓"講的，"百姓"兩字解作"百官"，百官者，庶官也，這倒與經文符合。

　　據《史記》的叙述，周公因黜殷，滅淮夷，天下已大定，自己又因種種關係，不能不歸政成王了。唯恐成王因連克大敵而被勝利沖昏頭腦，雖已作《無逸》告戒成王，要傚法殷周前王之所爲，使之知道爲國之道，千萬不可稍稍鬆懈，應當要習勤；但恐成王爲左右所惑而流於淫佚，故沿《周官》之後，更作《立政》，以戒其對待近臣要自己卓然有所立，不要像殷紂那樣，"乃惟庶習逸德之人同于厥政"。故"立政"者，不能如《正義》所疏"王者當立善政"，亦不能如王氏《經義述聞》讀"立政"爲"立正"而釋爲"立長"。竊以爲，"立"宜釋爲《儀禮》"疑立"、"少立"之"立"；"政"、"正"通，即鄭《注》所謂"少立自正慎其位"之意。所謂"立政"也者，即"少立自正"之謂也。又《禮記·王制》"齊其政"鄭注："政謂刑禁。"《大戴禮記·盛德》"德不盛則飾政"《注》："政，禁令。"夫自正必有所不爲，《王制》"以時入而不禁"《正義》："禁謂防遏。"＂防遏＂也者，禁戒其妄有所爲也。然則＂立政＂也者，即謂建立一種戒律亦無不可。況通觀《立政篇》經文全文，又祇是再三説明庶官（即百官，也即事務官而非政務官之謂）之各有職司，期成王能慎選左右近臣，不必和他們同商大政；倘不＂少立自正＂，即易爲左右近習所狎。在篇首又明著一語曰＂用咸戒于王曰＂，戒非禁乎？況鄭注大小戴《禮記》也曾訓＂政＂爲＂刑禁＂與＂禁令＂，所以我敢一反舊訓而釋＂立政＂爲＂建立戒律＂。是否正確，我不敢自必，故説明如上，以待糾正。

其次，我上文認《周官》篇與《立政》篇同一書序，亦前人之所未言者，亦宜在此加以説明。

查《僞傳》在解釋《周官》篇序時曾説：＂黜殷在周公東征時，滅淮夷在成王即政後，事相因，故連言之。＂此即注疏家聚訟紛紜之成王二次東征説也。《正義》本疏不駁義之義例，從而爲之辭曰：＂據《金縢》之經、《大誥》之序，知黜殷命在周公攝政三年東征之時也；據《成王政》之序、《費誓》之經，知滅淮夷在成王即政之後也。＂梓案：照《正義》的説法，似乎《僞傳》之解釋皆有根有據、信而有徵。我以爲倘能綜合有關史料而細繹之，其説實似是而非。考其所謂＂《金縢》之經＂，當即指＂周公居東二年，則罪人斯得＂之文；其所謂＂《大誥》之序＂，當即指＂武王崩，三監及淮夷叛，周公相成王，將黜殷＂之文。我以爲周公之居東，當然爲了《大誥》序文之所謂＂黜殷＂，決不是後人所捏造之＂周公避罪居東＂説。居東與黜殷自是一事，故《金縢》以爲＂罪人斯得＂。居東不爲黜殷，有何＂罪人斯得＂乎？是其所謂罪人，當然也即《大誥》序文中的三監及淮夷。這可徵之於伏生《大傳》。據《大傳》之説，三監之叛，其造謀即出於奄君薄姑，奄即淮夷之一（説詳後文），故黜殷與踐奄亦自是畢其功於一役的事。蓋周公之居東，原爲的是鞏固周家新得之勝利成果，決不會僅止於黜殷而留下淮夷以俟年幼之成王圖再舉也。更考其所謂《成王政》之序，其文曰："成王東伐淮夷，遂踐奄。"所謂《費誓》之經有關此事之文則曰："徂茲淮夷徐戎並興。"我讀《費誓》經文，此兩語之上文有曰："公曰，嗟，人無譁聽命。"頗覺將此兩文扭在一起，實甚不倫。一則曰"成王東伐淮夷"，一則曰"徂茲淮夷徐戎並興"，然則究竟誰在征淮夷？成王乎？成王不當稱"公"。原其淆兩事爲一談之由來，竊以爲一則誤於奄非淮夷，二則誤於今行《尚書》編次之可疑。我覺此皆可用《尚書》鄭注來澄清它。《成王政序》鄭注曰："奄蓋在淮夷之地。"凡此伐諸叛國，皆周公謀之，成王臨事乃往，事畢則歸，後至時復行。"此伐淮夷與踐奄，是攝政三年伐管蔡時事，其編篇於此未聞。"案：《史記·周本紀集解》引《尚書·將蒲姑序》疏云："杜云'奄闕不知所在'，鄭云'奄蓋在淮夷之地'，亦未能詳。成王先伐淮夷，遂踐奄，奄似遠於淮夷也。"《史記集解》出劉宋裴駰手，今行《尚書正義》出唐孔穎達手，其所引鄭《注》文字所以不同，我的看法，《史記集解》變動似較少，可能較得其真，蓋至唐人或始以意修改，此似當以"奄蓋在淮夷之地"七字爲正。正惟鄭未確定奄之所在，故云蓋不似唐人之敢於隨意改字也。關於編篇問題亦然，鄭並不以爲其可疑，不似《正義》遽更改事實以遷就經文。增事解經，鄭所不敢爲，故只以"未聞"二字存其疑。即此可證鄭《注》遠視《僞傳正義》爲嚴謹。根據鄭《注》，似即可將伐淮夷與踐奄視爲一事而同符於伏生《大傳》。至於奄與淮夷，竊疑淮夷似指繁殖於淮水一帶的東夷人，奄則其中一部族也。《大誥序》所謂三監及淮夷叛者，即指武庚受奄君之慫恿，誘脅管、蔡同叛也。故周公相成王東征之役，直至踐奄而其事始畢也。

至所以編篇於此，據伏生《大傳》曰："周公居攝，一年救亂，二年克殷，三年踐奄，四年建侯衛，五年營成周，六年制禮作樂，七年致政成王。"此文叙次井然不紊，據以推證周初建國過程，其經過蓋有如下者。當管、蔡監武庚於殷時，蓋嘗使康叔宇於東，駐洛以爲聲援。此即《康誥篇》之所由作也。管、蔡、武庚謀叛時，首攻洛邑者，蓋欲以兵力脅康叔使參加而康叔不從，故《後漢書·蘇竟傳》曰："夫周公之善康叔，以不從管、蔡之亂也。"惟然，故遠在西土之周公，當奄君慫恿武庚謀叛於東時，得以知其謀而爲之備，此《大誥篇》之所由作，皆周公攝政二年時事也。黜殷踐奄，則攝政三年事也。迨既黜殷踐奄，則以殷地封康叔而以奄地封伯禽，情也，亦勢也，此即《酒誥篇》之所由作，攝政四年建侯衛時事也。既建侯衛，念康叔、伯禽孤懸東土之魯、衛，而又念及管、蔡叛時，康叔駐洛之作用甚大，遂遷殷遺於東國洛而營建宗廟明堂於洛以爲陪都，藉以控制東土，此則《召誥》、《多方》、《多士》等篇之所由作；《洛誥》則總結以上之未雨綢繆而特促使成王到洛舉行殷祭以結束此一勝算，則皆周公攝政五年營成周時事也。等到洛邑既成，乃偕成王西歸到豐，告成於文王之廟。周公以爲天下自此大定，深恐成王治有所淫佚，乃作《無逸》以戒之；又以爲周之官與政皆未修，故更作《周官》，作《立政》，使成王得以遵循，以圖周政權之鞏固，此則周公攝政六年制禮作樂之時事，亦正所以爲七年致政成王之準備也。舊解或以《洛誥》爲周公之制禮作樂，或以爲周公致政成王之記載者，我以爲皆皮相之談，不足據。

至《周官》、《立政》兩篇之編次，《僞傳》本亦與馬鄭本不同。據《堯典》篇首《正義》所引，《僞傳》本以爲《周官》在《立政》後第八十八，鄭則以爲《周官》在《立政》前第八十六。據《史記·魯周公世家》之記載，則鄭是而《僞傳》非。自《立政》後，即無復有周公之誥了。然則周公之誥殆終於是篇矣。

至於《費誓》經文之所云云，成王不應稱爲公，前已言之矣。

經文所謂"淮夷徐戎並興"云者，倘淮夷之奄邦至此時而尚可與徐戎並興，而伯禽之用兵，則攝政四年建侯衛之時，成王何能以封伯禽而爲魯？意者，此舉應是在伯禽就封時，奄之淮夷不就範，來與魯爭地，不能不以兵戎相見，故興師者爲魯公伯禽，而非成王，經文之稱"公曰"，而不稱"王曰"，就是這個道理。此則與《史記·齊太公世家》所謂太公就封於齊，萊人與齊爭營丘，事同一例也。《費誓》編次不與《酒誥》同者，則以彼爲周公代成王作的誥，而《費誓》則爲伯禽之言。後人爲要斡旋成王二次東征之謬說，又有認《費誓》爲伯禽代成王興師致討者。果爾，則《費誓》之文，就應作"魯公曰，王若曰"，而不應只稱"公曰"，其編篇亦應與《酒誥》並矣。故就《費誓》之稱"公曰"，與其就編篇上看，亦可見其非成王之東征也。此固有關此篇之時間，特附辨於此。

[經文]

　　周公若曰："拜手稽首告嗣天子王矣①。"用咸戒于王曰②："王左右常伯、常任、準人、綴衣、虎賁③。"周公曰："嗚呼！休兹④，知恤鮮哉⑤！"

[詮釋]

　　①"拜手稽首"，孫《疏》引《史記·魯周公世家》"成王長，能聽政，於是周公乃還政於成王……北面就臣位，匔（音窮，恭敬貌）匔如畏然"語，以爲"是説此經拜手稽首之義也"。此近似矣，但此確可説明《立政》之所由作，至"拜手稽首"云者，則周公在《洛誥》中已用之，不必定在此際。我以爲用以説明"告嗣天子王矣"一語，似更爲貼切，蓋此語正周公在致政時，或略前之言。其意若曰："你這小孩子如今已是一個繼承父位爲天子而王天下的人了。"

② “用”，“用”、“因”、“由”皆一聲之轉。“咸”，從《僞傳》
以來，都訓爲“皆”或“俱”，以爲周公與衆臣同進言戒成
王。其實，周公告成王何止此一次，何以獨此次而必與衆
臣同進言？我以爲此處應如《詩·棠棣》序箋疏釋爲“和”。
“用咸戒于王”者，因温言告戒於王也，亦猶是“翪翪如
畏”之意。

③ “左右”，近臣。“常伯”、“常任”，《僞傳》訓爲“常所長
事，常所委任，謂三公六卿”，似非。果爾，則與《周官》
奚以別？且無解於上文“左右”二字。孫《疏》引應劭《漢官
儀》訓常伯爲侍中。又云“《百官表》侍中、中常侍皆加官，
無員，多至數十人，得入禁中”，注引應劭曰：“入侍天
下，故曰侍中。”又引《古文苑》載胡廣《侍中箴》云：“亦惟
先正，克慎左右；常伯常任，實爲政首。”據此，則常任
亦爲侍中之職。“準人”，自《僞傳》以來，多訓爲“平法”，
謂士官。蓋訓“準”爲“平”，遂以“準人”爲平法之官，故
曰士官，似亦非。孫《疏》雖嘗據《漢石經》“準”作“辟”，
但仍訓“辟”爲“法”，而訓“準人”爲“士官”，並列下文司
寇蘇公爲證，而未念及司寇爲外朝之官（參閲《康誥》篇詮
釋），亦無解於上文“左右”字。于省吾《新證》泥於金文，
訓“準”爲“淮”，因釋準人爲平淮後淮人之入仕者。於文
有徵，於史亦通，但究不免以偏概全。我意此“準”字《漢
石經》既作“辟”，“辟人”，似即《孟子》中所謂“嬖人臧
倉”之“嬖人”，古籍中“辟”、“嬖”原通作；《荀子·儒效
篇》“事其便辟”，所謂“便辟”，亦即《孟子》中所謂“便嬖
不足使令於前與”之“便嬖”。釋“準人”爲“嬖人”，則合
於上文“左右”字矣。“綴衣”一名，不見《周官》，惟見於
《顧命》，一則曰“出綴衣于庭”，再則曰“狄設黼扆綴衣”，

似黼扆之屬而非官名，《僞傳》亦釋爲帳幄之屬。孫《疏》歷引揚雄《雍州牧箴》"敢告贄衣"、班固《西都賦》"虎賁綴衣"，以爲"贄衣"即此"綴衣"，又似是官名。此經亦"綴衣"、"虎賁"並列，是官名無疑。蓋"虎賁"於《周官》在夏官之屬，"掌先后王而趨以卒伍"，則"綴衣"亦當然在王左右之近臣。查《周官》，天官之屬有"幕人"、"掌次"之官，賈疏略云："案幕人之職云掌帷幕幄席綬之事，掌次之職云掌王次之法以待張事，皆安王身之事，幕人供之，掌次張之。"綴衣既是帳幄，則掌文事者，是即所謂帷幄近臣，疑此綴衣，即幕人、掌次之屬。此等皆士官，而非卿大夫；亦皆庶官，是即所謂百姓也。

④ "休"，《僞傳》以來皆訓"美"，此義施之此處，於通篇義亦似窒。竊以爲宜援《廣雅·釋詁一》"喜"義，庶可與下文"恤"字相對成文。蓋"恤"義爲"憂"，憂喜義相對也。"兹"與"哉"互用，例如《詩·大雅·文王》"昭兹來許"，《續漢·祭祀志》劉昭注引謝沈《書》作"昭哉來御"可見。

⑤ "鮮"，通"尟"，《釋詁》："寡也。""寡"即"少"。周公於此蓋告戒成王道："凡此左右近臣皆至可喜，但能解憂患者實少也。"

[經文]

"古之人迪維有夏乃有室①，大競籲俊尊上帝②，迪知忱恂于九德之行③。"

[詮釋]

① "迪"，語詞，無義，猶"遹"、"聿"、"欥"、"厥"也。"有夏"，即夏后氏，所以加"有"者，已見上釋。"乃"，

始也。"室"，宮室也。《僞傳》以來，都釋"有室"爲有家之卿士大夫，似非。因爲這種近臣，類以奚僮爲之，見《周禮·天官》，説不上是卿士大夫。

② "大"，《穆天子傳》"大奏廣樂"注："謂盛作之也。"我覺得這一"大"字的涵義，大有今語所謂"大辦農業"、"大辦糧食"之"大"義。"競"，《説文》："彊語也，一曰逐也。""競"、"逐"二字往往連文並書，其又爲"競賽"。"籲"，常義爲"呼籲"，在此義頗窒，疑通"篇"或"禴"。"篇"，祭祀時所用以舞之樂器。"禴"則祭名。"俊"，下文"三有俊心"之"俊"，《漢石經》作"會"。此經中之"俊"義皆同；疑昔原作"會"。會，小篆亦作"會"，字形與俊亦近似，合也。《僞傳》以來，大都訓"競"爲"彊"，訓"籲"爲"呼"，訓"俊"爲"賢俊"，因而《僞傳》竟釋此語爲"乃有卿大夫室家大彊猶乃招呼賢俊與共尊事上天"。我覺其增字解經，還解得不知所云，其較可理解者，宜莫如孫《疏》，其意則謂"其巨室多賢，其君招呼賢俊，以尊事上帝"。一言其室招呼賢俊與共尊事上帝；其一則謂巨室多賢，其君能招呼賢俊以尊事上帝。究竟誰是誰非？且尊事上帝何以必須招呼賢俊，也解得過於牽強，故敢改訓其文，而釋此語爲"厥維夏后氏，乃始有宮室，藉以爭相舉行禴祭，合事上帝"。

③ "迪"，《説文》："道也。""道"、"導"古通作，故"迪知"即"導知"。"忱"，《説文》："誠也。""恂"，《説文》："信心也。""九德"，舊訓爲《皋陶謨》之"亦行有九德"之"九德"。梓案："九德"之名，除《皋陶謨》外，《逸周書》中的《常訓》、《文政》、《寶典》皆各有其目而皆不同，此"九德"究爲何九目不可必，竊以爲此即無目，則"九"似

非數字。按"九",《廣雅·釋詁》四:"究也。"《禮記·祭統》疏引《孝經援神契》云:"天子孝曰就,諸侯孝曰度,卿大夫孝曰譽,士孝曰究,庶人孝曰畜。"宋邢昺《孝經疏》:"士行孝曰究,以明審爲義。""九德"當是"究德"。"迪知忱恂于九德之行"云者,謂導知其人(指常伯、常任以至虎賁等庶官百姓)對孝行有真誠的信心。

梓案:以上詮譯,由今觀之,似乎没有什麽邏輯上的聯繫。其實在野蠻時代(夏后氏之世,以今衡之,實當在恩格斯所謂的野蠻階段)的社會中,祭祀原是教育羣衆必要之工具,一切事物的認識和實踐,都得從祭祀的禮節和樂舞中去培養。這裹説的,正是夏后氏之世開始有宫室,故得以舉行盛大的禴祭以會合羣衆共事上帝,而導其人篤信其孝之行。

[經文]

"乃敢告教厥后曰①:'拜手稽首后矣②。'曰:'宅乃事③,宅乃牧④,宅乃準⑤,兹維后矣⑥。'"

[詮釋]

① "乃",然後也。"教",《釋名·釋言語》:"效也,下所法效也。""厥",其也。"后",《説文》:"繼體君也。"

② 此語其人在習禴祭中之樂舞,而知篤信孝德,然後敢告於其君道:自今以往,我們當對你拜手稽首,奉你爲嗣位之君了。

③ "宅",古亦通作"度"。《釋名·釋宫室》:"擇也,擇吉處而營也。"《大雅·皇矣》"度其鮮原"、《篤公劉》"度其隰原"之"度",皆此義也。在下文"文王惟克厥宅心"之"宅",《漢石經》作"度",此經之"宅",意義皆一貫,漢

石經當作“度”。“度”義爲審度，即“究德”之明審，故“宅”亦可訓“擇”，舊訓爲“居”，義殊窒。“事”，執事也。

④ “牧”，牧圉也。

⑤ “準”即“解”，同“嬖”。“嬖”也者，“便嬖”也。《孟子·梁惠王上》所謂“便嬖不足使令於前與”之“便嬖”，左右供使令之人也。

⑥ “兹”，《經傳釋詞》：“猶斯也。”“惟”，《經傳釋詞》：“猶爲也。”

　　梓案：所謂“事”、“牧”、“準”，大抵即《周禮·天官》所屬士官之臣——事如宮正、宮伯之屬；“牧”爲獸人、獸醫之屬；“準”則如内小臣、奄人之屬，故與上文之常伯、常任、綴衣、虎賁等並舉，而下文則與趣馬、小尹、左右携僕、藝人等並舉。凡皆左右近臣，所謂庶官、所謂百姓者也。“宅乃事，宅乃牧，宅乃準”云者，謂當審度以慎選此輩耳。能如此，“兹維后矣”，即謂“斯足爲繼體之君矣”。

［經文］

　　“謀面用丕訓德①，則乃宅人②，兹乃三宅無義民③。桀德惟乃弗作往任④，是惟暴德罔後⑤。”

［詮釋］

① “謀面”之上，《漢石經》尚有一“亂”字，于《新證》以爲“亂”乃“率”之譌，爲無義之語詞。二字形似易譌，是也。

　　梓案：《梓材》篇“王啓監厥亂爲民”之“亂”，《論衡》引作“率”，其證也。“率”，《史記·老莊申韓列傳》“大抵率寓言也”《正義》：“類也。”“率謀面”，猶言類皆謀之於面也。"謀面"，《僞傳》釋爲"謀所見面之事"，不知所云。蔡《傳》釋爲"謀人之面貌也，言非迪知忱恂之行，而徒謀之面貌"，在我看起來，義適與經義相反。于《新證》釋"謀面"爲"黽勉"，以爲聲音相通，也覺牽强，因爲《尚書》中涉及"黽勉"之處甚多，但未見有假聲及"謀面"者。我以爲孫《疏》引《逸周書·官人篇》以爲釋，於義較長。《逸周書·官人篇》所述是王(一説是文王)與周公論官人之道，有所謂觀誠、考志、視聲、視色、觀隱、揆德等六術，周公答以有六徵可齊以揆之。我以爲正可爲此二字注脚，蓋此六者固皆非謀之於面見不可也。何謂六徵? 請參閱《逸周書·官人篇》。"丕"，語詞，無義。"訓"，《廣雅·釋詁一》："順也。""訓德"與下"暴德"爲對文，謂順守孝德之人。

② "則"，《廣雅·釋言》："即也。""即"，《經傳釋詞》："猶若也。""乃"，女也。

③ "乃"，然後也。"宅"，審度也，訓見上。"三宅"，即上文"宅乃事，宅乃牧，宅乃準"之三宅也，亦即《詩·小雅·十月之交》之"擇三有事"也。"事"通"司"。"義民"，《僞傳》、蔡《傳》皆作正面肯定之人，故皆連上"無"字讀。《僞傳》釋此語以爲"用三處居無義之人，即大罪宥之四裔，次九州之外，次中國之外"。蔡《傳》則釋此爲"三宅之人，豈復有賢者乎"。我以爲皆與經旨不合。孫《疏》引王念孫之説，訓"義民"爲"邪民"，以爲古字"蛾""義"同聲，"蛾"與"餓"又同聲。"蛾"，《廣雅·釋詁二》："衺也。"本此，訓"義民"爲"邪民"。梓案：其説法亦似嫌迂曲。竊以爲"義""蟻"同聲通假，"義民"即"蟻民"，經傳、《説文》皆無"蟻"字，而以"蛾"爲"蟻"。"蟻"在經傳

中往往與"小"字同誼，故"義民"即"蟻民"，亦即"小人"。此通句意謂君主擇人，本謀面用人之術來用人，斯然後三擇都不會有小人了。

④ "惟"，猶言"正惟"。"乃"，《經傳釋詞》："猶是也。""作"，《易·離卦》"明兩作"《釋文》引荀云："用也。""往"，謂以往，即前人也。"任"，《周禮·太宰之職》"以任百官"《疏》："謂任使。"

⑤ "惟"，《經傳釋詞》引《玉篇》："爲也。""暴"與"棄"同義，《孟子·離婁上》以"自暴"、"自棄"互用，其證也。"暴德"，《僞傳》以來大都訓爲殘暴之德，似未的。我以爲此"暴德"應與上"訓德"爲對文，上謂順守孝德之人，此則謂暴棄孝德之人。"桀德惟乃弗作往任，是惟暴德罔後"者，言桀的認識正是不用前人任人之法，這正是棄了順守孝德之人而不爲以後計。

[經文]

"亦越成湯①，陟丕釐上帝之耿命②，乃用三有宅③，克即宅；曰三有俊④，克即俊⑤。"

[詮釋]

① "亦越"，《經傳釋詞》："承上啓下之詞。"猶言至於。

② "陟"，古作"敕"，亦作"勑"。《皋陶謨》"敕天之命"，《史記·夏本紀》作"涉天之命"。"敕"同"勑"，《廣雅·釋言》："謹也。""謹敕"今尚連文並連文成複語。"釐"，《堯典》"允釐百工"《傳》："治也。"亦理也，"釐""理"聲同。"耿"，《廣雅·釋詁》曰："明也。"下文"文王之耿光"，《漢石經》作"鮮"，疑此亦當作"鮮"。"鮮"亦明也，

見《易·説卦傳》"爲蕃鮮"《疏》。故"耿命"，即"明命"。

③ "乃"，《經傳釋詞》："於是也。""有宅"即"宅"。

④ "有俊"即"俊"，"俊"疑亦當作會。

⑤ "克"，《釋言》："能也。""即"，《廣雅·釋詁三》："就也。"此言至於成湯，謹敬地理治上帝之明命，於是爲事擇人，爲牧擇人，爲使令擇人，遂能就其所擇；所謂三擇皆有合，遂能就其所合。

[經文]

"嚴惟丕式①，克用三宅三俊②。其在商邑③，用協于厥邑④；其在四方⑤，用丕式見德⑥。"

[詮釋]

① "嚴"，通"儼"，謂"儼然"也。"惟"，爲也。"丕"，語詞，無義。"式"，《老子》"爲天下式"王注："模則也。"

② "克"，能也。"用"，以也。此言儼然爲法則，能以之三度三合也。

③ "其"，指湯。

④ "協"，和洽也。"厥"，其也。此言成湯在商邑時，以此和洽於商邑。

⑤ "四方"，指在其境外四方的部族言。

⑥ "見"，《廣雅·釋詁》曰："示也。""德"，認識。此言成湯在四方部族中，也以此顯示其用人之法則。

[經文]

"嗚呼！其在受德暋①，惟羞刑暴德之人②，同于厥邦③；乃惟庶習逸德之人④，同于厥政④。"

[詮釋]

① “受德”，孫《疏》：“受德者，《（逸）周書·克殷解》云：
‘殷末孫受德。’孔晁注云：‘紂字受德。’《呂氏春秋·當務
篇》云：‘紂之同母三人，長曰微子啓，其次曰中衍，其
次曰受德，受德乃紂也。’馬《注》見《釋文》以‘受德’爲受
所爲德者，《西伯戡黎序》云：‘奔告于受。’是紂亦單稱
受。上文言‘桀德’，則此‘受德’亦可言受之德也。”梓案：
“受德”是否是紂之字，殷商時是否名之外已有別所謂字，
現尚待考，姑不論定；但由上文“桀德”之文看，則此“受
德”可肯定其爲受之德。“暋”，《説文》引經作“忞”。
“忞”，《説文》：“彊也。”《廣韻》則作“自勉彊也”。據《廣
韻》，則此“彊”字應讀作“勉彊”之“彊”。梓案：果爾，
則“暋”字於此於義殊窒。竊疑此當讀作“昏”，蓋“暋”故
取聲於“昏”，義固可通，《盤庚上》“不昏作勞”語中之
“昏”，我在彼文原以“暋”義釋之也。“昏”，《説文》“日
冥也”段注：“引伸爲凡闇之義。”“其在受德昏”者，言在
紂的認識上講，就昏闇了。《僞傳》訓“暋”爲“彊”，而釋
此爲“大惡自强”，蔡《傳》釋爲“强暴”，皆於義爲窒。孫
《疏》釋“受德”甚詳盡，而於“暋”亦沿兩傳之誤。于《新
證》訓“暋”为“聏”，讀爲“聞”，似亦牽强，且與上文“亦
越成湯，陟丕釐上帝之耿命”對照起來看，應以昏闇義
爲長。

② “惟”，《經傳釋詞》：“與也。”“羞刑”，《僞傳》釋爲“用
刑”，孫《疏》訓此二字爲“進用”與“刑殺”，而釋此語爲
進用刑殺之人，我以爲此則應以俞樾《羣經平議》之訓釋
爲的。俞云：“刑與庸同義，故《爾雅》‘刑’、‘庸’並訓
‘常’。”“刑”之與“庸”，猶“形”之與“容”，“刑”、“形”、

“庸”、“容”聲義並同。“惟羞刑暴德之人”者，惟進庸暴
德之人也。“庸”者用也，故《尚書》每以刑用連文；《召
誥》篇“小民乃惟刑用于天下”，《多方》篇“厥民刑用勸”，
“刑”即“用”也。猶《無逸》篇“不皇暇食”，“皇”，即
“暇”也；《多方》篇“克堪用德”，“克”即“堪”也。古人自
有複語，枚（僞傳）不知“刑”與“庸”同義，故於“刑”“用”
皆失其解。昭十二年《左傳》“形民之力”，“刑”亦與“庸”
同，言用民之力也。

③ “同”，與《盤庚上》“兹予有亂政，同位具乃貝玉”之
“同”、《論語·子路》“君子和而不同”之“同”、《晏子春
秋》“此所謂同也”之“同”以及今諺“同流合污”之“同”，
皆同義。《晏子·諫上》：“所謂和者，君甘則臣酸，君淡
則臣鹹。今據也甘，君亦甘，所謂同也。”將“和”、“同”
二字分辨得很清楚。“同于厥邦”者，言在邦中與那些進
用不孝之人同流合污之謂。

④ “乃”，《經傳釋詞》：“而也。”“庶”，《皋陶謨》“庶尹允
諧”鄭注：“衆也。”“習”，近習。“逸”，同“佚”，失也。

⑤ “同於厥政”者，言在政治上又與衆近習失德之人同流合
污也。

[經文]

　“帝欽罰之[①]，乃伻我有夏式商受命[②]，奄甸
萬姓[③]。”

[詮釋]

① “帝”，上帝也。“欽”，《釋詁》：“敬也。”“敬”即不苟、
不忽也。

② “伻”，使也。“有夏”，本即夏后氏，是時周已營洛邑成，伊洛一帶，以往是夏后氏舊居，故周也以有夏自稱，以便代商，故沿稱有夏也。《史記·周本紀》及《逸周書·度邑篇》述武王與周公東征克商後，即有經營洛邑之意，以爲“自汭延於伊汭，居易毋固，其有夏之居”，是克商時即以繼夏后氏之業自任也。“式”，章炳麟《古文尚書拾遺定本》：“‘式’借爲‘代’。”“受命”，受天之使命也。

③ “奄”，《說文》：“覆也，大有餘也……從‘大’從‘申’。‘申’，展也。”有“廣”義。“甸”，《詩·小雅·信南山》“維禹甸之”毛傳：“治也。”“姓”，于《新證》：“金文作‘生’，《秦公鐘》‘萬生是敕’，萬生，即萬姓也。”萬姓蓋周時語例，猶言萬民也。此言上帝予以責罰，乃使我有夏代商家受了上帝的使命，來統治萬民。

[經文]

　　“亦越文王、武王，克知三有宅心①，灼見三有俊心②，以敬事上帝，立民長伯③。”

[詮釋]

① “克”，能也。

② “灼”，《廣雅·釋訓》：“灼灼，明也。”“俊”，《漢石經》作“會”。“會”，合也。此言至於文王、武王也能心知謀面及人之術，就能明白見到其所審度皆有合於心。

③ “以”，用也。

④ “伯”，《釋詁》：“長也。”言用這樣的認識敬事上帝，爲人民建立好國務的長官和各部族的首長。蔡《傳》引《王制》文“五國以爲屬，屬有長”和“二百一十國以爲州，州有

伯”，以分釋長伯，似泥。我以爲“長”指掌國家大事之
官，“伯”指諸侯。凡此皆治民之官，而非指在王左右掌
瑣事功罪之“牧”、“事”、“準”之流也。

[經文]

“立政任人，準、夫、牧作三事①。虎賁、綴衣、趣
馬——小尹②。左右攜僕、百司庶府、大都小伯——藝
人③。表臣百司④：太史尹伯⑤、庶常吉士⑥、司徒、司
馬、司空亞旅⑦，夷微盧烝⑧，三亳阪尹⑨。文王惟克厥
宅心⑩，乃克立兹常事司牧人⑪，以克俊有德⑫。”

[詮釋]

① “準”，便嬖，供使令之人。“夫”，蓋治事之人，爲綴衣
之類。“牧”，牧圉之人，爲趣馬之類。“作”，《周禮·司
士》“作六軍之士”《注》：“使之也。”“事”，《史記·傅靳
蒯成列傳》“坐事國人過律”《索隱》引劉氏曰：“事，役
使也。”

② “趣馬”，《周禮》夏官之屬，“下士皁一人，徒四人”。
“掌贊正良馬而齊其飲食，簡其六節，掌駕説（税）之頒，
辨四時之居治，以聽馭夫”。“先鄭説以《詩》云‘蹶惟趣
馬’者，彼《詩》是刺幽王之詩，其時臣名蹶，惟作趣馬之
官、權寵之例，引以證‘趣馬’是官名”。梓案：虎賁、綴
衣、趣馬皆以士爲之。趣馬甚且爲下士皁。此皆小臣之有
專職者，故總之曰“小尹”。

③ “左右攜僕”，孫《疏》：“蓋若《周禮》太僕、射人也。鄭
注《周禮·射人》云：‘射人與僕人俱掌王之朝位也。’《檀
弓》曰‘扶君，卜人師扶右，射人師扶左’，《注》云：

'卜'當爲僕，聲之誤也。僕人、射人皆平生時贊正君服位者。然則此文左右携僕，正當彼二官之職也。"王鳴盛《尚書後案》則曰："左右携持器物之僕，謂寺人、内小臣等也。"王説似不如孫説之落實。"百司庶府"，江《音疏》云："若《曲禮》云'天子之六府，曰司土、司木、司水、司草、司器、司貨'是也。《周禮》則官名言司者尤多。府則有太府、玉府、内府、外府、泉府、天府之屬。言百言庶，皆凡括諸官之詞也。"王氏《後案》云："百官有司之下主券契府藏之吏，謂其下賤人，非百官有司之身也。"王氏説限於小臣，不涉及大臣，看似有理，而不知此乃告王之辭，不致涉及百官之庶府，應皆指王左右之近臣如司會、司堂、内府、外府之屬，不如江説之確切而又渾括。"大都小伯"，《僞傳》釋爲大都邑之小長，後人多從之。吳汝綸曰："大都，大國也。小伯，小國也。大都言都，小伯言伯不言都，互見之也。"梓案：此等訓釋，就字面論，宜若可通，但未必合經旨。此經所言，專指左右近習之臣，而不涉地方長官。若必如所云云，亦在表臣之列，然亦無解於篇首之"左右"兩字。按"都"有首領之義，亦有"總"義；"伯"亦有"長"義，凡吏長均可稱"都"或稱"伯"，如"都司馬"、"巷伯"皆是近臣，均可有"都""伯"之稱。所謂"大都"、"小伯"云，疑亦渾括近臣之大小頭目而已。"藝人"，《僞傳》釋爲有道藝之人，後人多從之。吳汝綸云："藝人猶執臣，謂顯士也。"我以爲此訓釋皆不如俞樾《羣經平議》之説爲精確。俞云："'藝'當爲'埶'，'埶'從'執'聲，古'藝'止作'埶'。……《國語·楚語》（左史倚相廷見申公子亹章）'居寢有埶御之箴'韋昭注：'埶，近也。'……《説文》：'埶，日狎習相嫚也。'然則

'藝人'即'褻人'，亦即日狎習相嫚之人。"梓又案：此所謂"藝人"，非別有近習之臣，乃總結上文所列之左右携僕、百司庶府、大都小伯之類皆所謂藝人——近習之人也。

④ "表臣百司"，江《音疏》："百司兩見者，蓋內外之別與？'表臣百司'，表之言外，是外百司也。"梓案："表臣百司"，於文似總括下文諸官而言，統指以下太史尹伯、庶常吉士、司徒、司馬、司空亞旅諸臣也。

⑤ "太史尹伯"，孫《疏》："《周禮》：'太史、下大夫二人，掌建邦之六典。'所掌事重，故特言其官名。"梓案：太史之特舉官名，是否因其事重，似尚可商，因下文司徒、司馬、司空皆特舉官名也。況太史雖微，在《周禮》中究在大夫之列，而此經所陳固皆士職之官（虎賁氏雖亦下大夫，但虎賁則固士也）。故我以爲太史必須連下尹伯讀，猶言太史下各有主掌職司之士官，如屬天官之司書、屬春官之小史，即一爲上士，一爲中士；一掌邦六典、八法、八則、九職、九正、九事、邦中之版、土地之圖，以周知入出百物，以叙其財、受其幣……一掌邦國之志，奠繫世，辨昭穆，皆各有其職司，即所謂太史尹伯也。若以爲"尹伯"爲別有職司，則上文已有"小尹"、"小伯"，不太重叠乎？此等官皆不經常在宮中，卻仍不失爲王之左右，故其人也不甚爲王所禮遇。司馬遷自稱其先人世爲周太史，而於《報任安書》中則曰"僕之先人非有剖符丹書之功，文史星曆，近乎卜祝之間，固主上所戲弄，倡優畜之，流俗之所輕也"云云，則太史在周時之身份可知已。

⑥ "庶常吉士"，"庶"，衆也；"常"，常事；"士"，善也。"庶常吉士"云者，諸任尋常事務之諸善士也。此自《僞

傳》以來無異説者也。但由此可見上文與之駢列之官，皆士職也。

⑦ “司徒、司馬、司空亞旅”，司徒、司馬、司空之名皆經史中所習見，不煩再釋。但此等官，注家皆釋爲六卿之三，其實按《左傳》中所叙述，春秋各國除宋外類皆爲大夫而非卿，故《周禮》中其長官皆加一“大”以別之。即使是大夫而非卿，似亦不應駢列於士職官之列，故我以爲應連下文“亞旅”二字讀之，意即司徒、司馬、司空之亞旅也。“亞”，次也。“旅”，衆也。然則此其人應是《曲禮》“天子之五官曰司徒、司馬、司空、司士、司寇，典司五衆”之五衆也，此其人皆士也。

⑧ “夷微盧烝”，歷來注釋家皆訓“夷”爲蠻夷；釋“烝”爲“君”爲“衆”。我覺得蠻夷之君也好，衆也好，似皆不在王左右近習之列，不應駢列於此，我意擬訓“夷”爲“尸”，訓“烝”爲“進”，釋其語爲主管微盧等族所進之品物者也。蓋“夷”古亦作“尸”，尸，主也。“烝”，《詩·周頌·豐年》“烝畀祖妣”《正義》：“烝，進也。”《詩·小雅·天保》“禴祠烝嘗”《正義》：“烝，進品物也。”

⑨ “三亳阪尹”，“三亳”之訓，諸家多從鄭《注》，其説以爲“三亳”者，“湯舊都之民服文王者，分爲三邑，其長居險，故云‘阪尹’，蓋東成皋、南轘轅、西降谷也”。降谷即函谷。皆雄關，其地險峻，故云其長居險也。竊疑此皆司民之官，不在王左右，亦不應駢列於此。“阪”，疑通“版”，户籍也；“版尹”，司户籍之官也。“三亳阪尹”者，典司三亳之民之户籍者也。其官在《周禮》有類於宫正之屬，宫正之職爲上士二人、中士四人、下士八人云。《周禮》叙其職云：“宫正掌王宫之戒令糾禁，以時比宫中之

官府，次舍之衆寡，爲之版以待，夕擊柝而比之；國有故，則令宿，其比亦如之；辨外内而時禁，稽其功緒，糾其德行，幾其出入，均其稍食，去其淫怠與其奇衺之民，會其什伍而教之道藝。”然則“阪尹”即“版尹”，爲宮正之屬與？顧《正義》則謂：“亳人之歸文王，經傳未有其事。文王既未伐紂，亳民不應歸之。鄭王所説皆與孔同，言亳民歸文王者，蓋以此章雜陳文王、武王時事，其言以文王爲主，故先儒因言亳民歸文王爾。即如此意，三亳爲已歸周，必是武王時也。”梓案：《詩·魯頌·閟宮》言“實始翦商”者爲太王。《尚書·西伯戡黎》之西伯，歷來亦皆謂爲文王。祖伊言“我民罔弗欲喪”；《史記·齊太公世家》：“周西伯政平，及斷虞、芮之訟，而詩人稱西伯受命曰文王，伐崇、密須、犬夷，大作豐邑，天下三分，其二歸周者，太公之謀計居多。”其上文又述：“或曰，太公傅聞，嘗事紂，紂無道，去之，遊説諸侯，無所遇，而卒西歸周西伯。”《孟子·離婁上》亦謂：“伯夷辟紂，居北海之濱，聞文王作，興曰：‘盍歸乎來？吾聞西伯善養老者。’太公辟紂，居東海之濱……吾聞西伯善養老者。二老者，天下之大老也，而歸之，是天下之父歸之也。天下之父歸之，其子焉往？”然則紂民之歸文王，經傳中傳説固無多，焉所謂經傳未有其事？難道亳民一定要等到紂見滅後方可歸周？安所謂必是武王時事？《正義》之撰者，可謂不善讀書也矣。然則亳民歸文王者既大有可能，則文王以成皋、輱轅、降谷三處來歸之亳民而稱之爲三亳，亦應有之事。此後武王克殷，周公、成王築成周以處殷遺，亦猶此意也。文王既以亳民分處三亳，則設一人於左右以典掌其戶籍，亦必不可少之措施。

梓案：上引《曲禮》之六府、五官，鄭《注》皆謂是殷制，當以其不合於《周禮》故也。《周禮》一書，後人嘗謂其爲僞，固不可必。即便可信，相傳亦是周公之製作，文王時三分天下有其二以服事殷，固猶當行殷制也。此正鄭《注》之慎重，江聲、孫星衍輩乃欲以《周禮》解此經，宜見其多所牴牾矣。

⑩ "文王惟克厥宅心"，《漢石經》無"克"字，作"文王惟厥宅心"，蓋今文如此。"惟"，正惟。"厥"，其也。"宅心"，"宅"通"度"，《詩·皇矣》"帝度其心"《傳》："心能制義曰度。"故"宅心"者，度之於心也，亦即心揣其人能否適宜於任職也。此謂文王對上述之近臣——自虎賁以至阪尹，其"任人"皆心揣其宜否任事也，即慎擇近臣之意。

⑪ "乃"，然後也。"克"，能也。"茲常事司牧人"，即上文"三有宅"之人，着一"常"字尤可見。

⑫ "以"，用也。"俊"，依《漢石經》當作"會"，合也。"以克俊有德"，用能有合於孝德也。

[經文]

"文王罔攸兼于庶言①，庶獄庶慎②，惟有司之牧夫是訓③。用違庶獄庶慎④，文王罔敢知于茲⑤。"

[詮釋]

① "罔"，無也。"攸"，所也。"兼"，《說文》："併也。"字形從一手持兩禾束，有兼收並蓄之意。"庶言"，瑣瑣士庶之言也，也即上文乃事、乃牧、乃準之瑣言也，亦總括下文之"庶獄庶慎"而言。

② "庶獄"，"獄"，《説文》："確也。"《詩·召南·行露》"何以速我獄"《正義》："確實其情。"又《國語·周語》"夫君臣無獄"韋注："訟也。"《春秋》僖廿八年《左傳》注"不躬坐獄訟"《正義》："獄訟皆争罪之事。"然則"獄"之引伸義，乃争辨其有罪無罪，也即争辨一個是非功罪也；而"庶獄"云者，乃指左右瑣瑣是非功罪之争，是則所謂庶言矣。舊訓爲"衆刑獄"，非。"庶慎"，"慎"、"訓"、"順"同聲，古皆通作；"訓"又通"訊"，《荀子·賦篇》"行遠疾速而不可託訊者與"楊注："本或作訓。"是其證也。故于《新證》逕訓此"慎"爲"訊"。"訊"，《説文》："問也。"既有瑣瑣是非功罪之争，自應要追問一個究竟，即所謂"庶慎"矣。于訓視舊訓"衆所當慎之事"爲長，是亦所謂庶言矣。

③ "惟"，《經傳釋詞》："獨也。"於此猶言"一惟"。"有司"，有職司也。"牧"，即上文"宅乃牧"之"牧"。"夫"，在此似兼括"宅乃事"、"宅乃準"之事、準而言。此言文王對於瑣瑣是非功罪之争並無所兼聽，對於瑣瑣是非功罪及其究竟之追詰一惟其人之職司是問，不令其涉及職司以外之事。

④ "用違"，即或用或不用。"違"即不用也。此二字舊皆屬上讀，我細按上下文語氣，以爲宜屬下，讀作"用違庶獄庶慎"。

⑤ 此言對於此種瑣瑣是非功罪之辨或採用或不採用，文王是不敢與聞的。

[經文]

"亦越武王①，率惟敉功②，不敢替厥義德③，率惟謀從容德④，以並受此丕丕基⑤。"

[詮釋]

①“亦越”，語詞，即至於。

②“率”，厥也。“惟”，思也。“妝”，《説文》：“撫也。”“撫”又有佔有義，在此有安然撫有義。“功”，《釋詁》：“成也。”《大戴記》：“能成德法者爲有功。”然則功者，工作之有成效者也。此言至於武王，只是考慮如何很好地繼承文王已取得的功業。

③“替”，《釋言》：“廢也。”“厥”，其也，在此當指文王。“義”，《論語・學而》“信近於義”皇疏：“合宜也。”“合宜”義極近於今語“正確”。此言不敢廢棄文王那正確的認識。

④“惟”，《經傳釋詞》：“獨也。”“謀”，今語“打算”。“容”，通“頌”，儀容之“容”。“容德”舊訓爲寬容之德，非。我意此乃儀容的認識，即上文文王謀面任人之德。此言武王不敢廢棄文王正確的認識，只是打算順着文王謀面用人之法從儀容上去認識。

⑤“並”，《廣雅・釋言》：“俱也。”“丕”，大也。“基”，《漢石經》作“其”。“基”本取聲於“其”，亦鄭《注》所謂壞字之例。此言以此與文王並肩接受這大大的基業。

[經文]

　　“嗚呼，孺子王矣！繼自今我其立政①，立事、準人、牧夫②，我其克灼知厥若③，丕乃俾亂④，相我受民⑤，和我庶獄庶慎⑥。”

[詮釋]

①“繼自今”，從今以後。“我”，概指周政權，不專指成王，

更不是自指。此言"啊呵，小孩子居然爲王了。從今以後，我們庶幾建立一些戒律罷"！梓案：舊讀皆連下"立事、準人、牧夫"讀，我覺得於立政讀斷，於辭爲順。

② "立事、準人、牧夫"，即上文之"宅乃事，宅乃牧，宅乃準"，不過更其次序耳。

③ "灼"，明也。"厥"，其也。"若"，《漢書·賈誼傳》"苟若而可"《注》引師古曰："若猶然。"此言三宅之事，我們庶幾能明知其所以然。

④ "丕乃"，斯乃也。"俾"，益也。"亂"，治也。

⑤ "相"，祝也。"祝"，通示。"受民"，"受命民"之省文，即受上天使命來行使統治權的人民。

⑥ "和"，《論語》"和而不同"皇疏："心不爭也。"此言斯乃有益於統治，以示我邦受上天之命而實行統治的人民能使庶獄庶慎皆不爭執。

[經文]

"時則勿有間之①，自一話一言我則末②，惟成德之彥以乂我受民③。"

[詮釋]

① "時"，是也。"則"，《經傳釋詞》："亦將也，其也。""勿"，《論衡·明雩篇》引此文，"勿"作"物"；"物"，外物。"有"通"或"。"間"，《釋詁》："隙也。"《國語·晉語》"且夫間父之愛"韋注："離也。""間"在此，意即乘隙而入使之隔離，與今語"干擾"合。此言但仍將有外物來干擾視聽。

② "自"，從也。"話"，《說文》："會合善言也。"即非一人

自言，實即與"語"同義。《論語・鄉黨》"食不語，寢不言"朱注："答述曰語，自言曰言。"然則"一話一言"即"一語一言"，猶今語之"一言半語"也。"末"，《素問・繆刺論》"而布於四末"《注》："四末謂四支。"此言從其一言半語來講，於我也實同支體一樣的微末。

③ "惟"，《經傳釋詞》："獨也。"即今語"一惟"。"成德"，對孝德已有成就也。"彥"，《釋訓》："美士曰彥。""以"，與也。"乂"，《釋詁》："治也。"此言瑣瑣是非功罪之爭皆微末之事，惟孝德已成的善士，差可與之治理受民。

[經文]

　　"嗚呼！予旦已受人之徽言①，咸告孺子王矣②。繼自今③，文子文孫其勿誤于庶獄庶慎④，惟正是乂之⑤。"

[詮釋]

① "已受人之徽言"，《漢石經》作"以前人之徽言"，是也。人之徽言似嫌泛，前人則有定指，即禹、湯、文、武是也。"以"、"已"古通作。

② 以上言我已經用前王之善言，和緩地告誡你這已爲王的小孩子。

③ "繼自今"，從今以後也。

④ "文子文孫"，指成王也。周人以代商受命者爲文王，故言"文"，以成王乃文王之子孫也，故曰"文子文孫"。"其"，庶幾也。"庶獄庶慎"，瑣瑣是非功罪之言也。

⑤ "正"，即仡然守正之正，亦即"立政"之政。此言從今以後，爲文王之子孫者庶幾不要誤於瑣瑣是非功罪之言，惟仡然守正去處理。

[經文]

　　“自古商人，亦越我周文王，立政、立事、牧夫、準人則克宅之，克由繹之①，兹乃俾乂②。國則罔有立政用憸人③，不訓于德④，是罔顯在厥世⑤。繼自今，立政其勿以憸人⑥，其惟吉士用⑦，勱相我國家⑧。”

[詮釋]

①“由”，從也。“繹”，舊訓紬繹，非。于《新證》以爲“擇”之訛，是也。

②以上言從古代的商人，以至於我周邦的文王，確立了戒律，凡建立職司，進用牧夫、準人等，都能審度從事，能進行選擇，這就有益於治道了。

③“國”字上下疑有脫字，故注疏家往往屬上讀，讀爲“兹乃俾乂國”。我疑應屬下讀，讀爲“國則罔有立政用憸人”，意爲凡爲國是沒有立政而用憸人的。“立政”已見上釋。“憸”，《説文》：“憸利於上，佞人也。”即陰險而口給能舌辯之人，此其人正庶獄庶慎之所從出也。

④“訓”，通“順”。順也者，率循之謂。此其人往往不率循正確的認識，故曰“不訓于德”。

⑤“顯”，示也。“罔顯在厥世”者，在當世無以示範於人民也。“在”，《漢石經》作“哉”。“哉”“在”古通作，此在金文中例尤多，此經中亦屢見，具如上詮。

⑥“以”，用也。

⑦“吉”，善也。“吉士”，善士也，與“憸人”爲對文。“其惟吉士用”者，惟善士是用也。

⑧“勱”，《説文》：“勉力也。”“國家”，《説文》“勱”下引此經作“邦家”。以上言從今以後，要立政就不要用憸人，

惟成德之善士是用，令其勉力輔助國家。

[經文]

　　“今文子文孫孺子王矣，其勿誤于庶獄，惟有司之牧夫。其克詰爾戎兵以陟禹之迹①，方行天下②，至于海表罔有不服③。以覲文王之耿光④，以揚武王之大烈⑤。嗚呼，繼自今後王立政，其維克用常人⑥。”

[詮釋]

①　“詰”，《僞傳》訓“治”，馬融訓“實”，鄭訓“謹”，本皆可通讀，于《新證》謂法京隷古定本作“誥”，或竟是“誥”之形誤，亦未可知，然馬、鄭在前，當不至誤訓，諸説中似鄭説爲有合經義。“陟”，古通“敕”，已見上。“敕”，《易·噬嗑》“先王以明罰敕法”，《釋文》引鄭云：“猶理也；一云整也。”

②　“方”，旁之壞字；“旁”，《説文》：“溥也。”即普遍義。

③　以上言能立政亦不誤瑣瑣是非功罪之爭，各責其所司，庶幾能謹飭你的軍隊，去整理大禹足跡之所至，普行於四方，一直到了海外都不會有所不服了。

④　“覲”，就是尊老也，故諸侯天子亦謂“覲”。“耿”，《漢石經》作“鮮”，明也。

⑤　“揚”，發揚也。“烈”，《釋詁》：“業也。”此言能如此就能見文王鮮明之光輝，發揚武王之大業了。

⑥　“常”，《儀禮·士虞禮》“朞而小祥，曰薦此常事；又朞而大祥，曰薦此祥事”鄭注：“古文常爲祥。”“祥”，《釋詁》：“善也。”然則常人猶言吉士。此言“啊呵，從今以後，嗣王立政，庶幾能用吉士啊”！

［經文］

　　周公若曰：“太史司寇蘇公①，式敬爾由獄②，以長我王國③。茲式有慎④，以列用中罰⑤。”

［詮釋］

①“太史司寇蘇公”，據《春秋》成十一年《左傳》：“晉郤至與周爭鄇田，王命劉康公、單襄公訟諸晉。郤至曰：‘溫，吾故也，故不敢失。’劉子、單子曰：‘昔周克商，使諸侯撫封，蘇忿生以溫爲司寇，與檀伯達封于河。蘇氏即狄，又不能於狄而奔衛。襄王勞文公而賜之溫，狐氏、陽氏先處之而後及子。若治其故，則王官之邑也，子安得之？’晉侯使郤至，勿敢爭。”然則此克商後之司寇蘇公應即是蘇忿生。所以稱太史司寇蘇公者，當是蘇忿生之爲司寇也，亦兼任太史之官。

②“式”，《釋詁》：“用也。”“敬”，不苟也。“由”，經由也。

③“長”，培養也。此言周公猶恐成王不能用其言，乃呼太史兼司寇的蘇忿生而告之曰：“你所經歷過的庶獄庶慎不可忽視，要嚴肅處理，以長養我周邦這個王國。”

④“茲”，此也。“式”，敬也。“有”，只是配合“慎”成詞之用，見《經傳釋詞》。“慎”，通“訊”，見上詮。

⑤“列”，通“例”。“中罰”，江《音疏》以《周禮·大司寇之職》“刑平國用中典”釋之，蓋即以不過輕不過重之典責罰之也。此言對此等瑣瑣是非功罪之爭，你要認真訊問，援例用不輕不重之責罰以防間之也。

顧命篇詮譯
（康王之誥附）

前　言

　　今行《尚書·康王之誥》經文"王若曰庶邦侯甸男衛"下，《正義》引《釋文》云："馬本從此以下爲《康王之誥》。又云：'與《顧命》差異叙，歐陽、大、小夏侯同爲《顧命》。'"然則《顧命》與《康王之誥》本是一篇，至馬融始分爲二矣。故《康王之誥》標題下《正義》曰："伏生以此篇合於《顧命》，共爲一篇。後人知其不可分爲二。馬、鄭、王本此篇自'高祖寡命'已上內於《顧命》之篇，'王若曰'已下始爲《康王之誥》。諸侯告王，王報誥諸侯，而使告報異篇，失其義也。"《正義》似以馬、鄭等本分而爲二爲不然了。但按之《史記·周本紀》則云："成王將崩，懼太子釗之不任，乃命召公、畢公率諸侯以相太子而立之。成王既崩，二公率諸侯以太子釗見於先王廟，申告以文王、武王之所以爲王業之不易，務在節儉、毋多欲，以篤信臨之，作《顧命》。太子釗遂立，是爲康王。康王即位，徧告諸侯，宣告以文、武之業以申之，作《康誥》。"此《康誥》，當然不是周公（實武王）誥康叔之《康誥》，而是《康王之誥》之省文。然則《顧命》自《顧命》，《康王之誥》自《康王之誥》，明是二篇，似不得如《釋文》所云歐陽、大、小夏侯同爲《顧命》的了。

　　梓案：據《後漢書‧儒林傳》謂：“扶風杜林傳《古文尚書》，林同郡賈逵爲之作訓，馬融作傳，鄭玄注解，由是《古文尚書》遂顯於世。”是馬融原是《尚書》古文大師之一，而傳孔安國《古文尚書》之業者也。據《漢書‧儒林傳》謂“司馬遷亦從安國問故，而遷書載《堯典》……諸篇多古文説”。至歐陽、大、小夏侯之爲伏生今文家言，則固盡人而知者也。然則《顧命》篇與《康王之誥》篇所以有或分或合之不同，實即今、古文家法之不同也。

　　故陳喬樅《今文尚書經説考》於今《康王之誥》“王若曰庶邦侯、甸、男、衛維予一人釗報告”文下後案曰：“《尚書釋文》云，‘馬本從此已下爲《康王之誥》，歐陽、大、小夏侯同爲《顧命》’，此古文、今文分篇之各不同也。僞孔本以‘王出應門之内’分爲《康王之誥》，《正義》曰：‘伏生以此篇合於《顧命》，後人知其不可分而爲二。’馬、鄭、王此篇自‘高祖寡命’已上内於《顧命》之篇，‘王若曰’以下始爲《康王之誥》……使告報異篇，失其義也。考馬、鄭、王本皆孔氏古文之舊，今本乃《僞孔傳》妄改，孔穎達曲附之，無識其矣。”案《正義》之駁馬、鄭、王本，是矣，而其曲從僞孔本處，陳氏又斥爲“無識”，亦是也。兹引今本《尚書》此兩篇之序，即可以説明孔穎達之進退，皆失所據。

　　《顧命》書序曰：“成王將崩，命召公、畢公率諸侯相康王，作《顧命》。”《康王之誥》書序曰：“康王既尸天子，遂誥諸侯，作《康王之誥》。”案：《顧命》之《序》無問題，問題乃在《康王之誥序》。夫既曰尸，又曰遂，即此兩字，已可見《僞傳》妄生分別。“尸”也者，常訓爲主，實則本義謂象神而用之也。按《説文》：“尸，法也。”段注曰：“祭祀之尸，本象神而陳之，而祭者固主之，二義實相因而生也，故許但言‘陳’。”案：段注是也。若訓“尸”爲“主”，則“尸天子”豈不成了“主天子”了？通嗎？但《僞傳》則固訓爲“主”矣。我意此語當釋作“象天子”。於時，成王初崩，天子未正式易人，康王以太子而取代天子，猶祭祀時象神而設尸以代之。然則"尸天子"實即代居天子位，而尚未得爲真天子，詞義甚明。既代居天子位，遂不得不報諸侯，又何來康王之誥？江聲《尚書集注音疏》於《康王之誥》標題下疏曰："不云'即位'，而云'既尸天子，遂誥諸侯'，明非踰無即位……且必惟本'成王崩'言之，明是成王崩未久時事。然則'尸天子'，謂主天子之位，即在應門之內之位也。言'遂誥'，即在應門內而誥也。……今文家無爲篇之叙，不知有《康王之誥》，因此二篇文相承接，遂合爲一篇。當從馬、鄭本爲正。"江氏既已讀出此二篇之不可分，而又曲爲之說，以爲"因相承接遂合爲一篇"，其曲爲附合，殊不下於《正義》，特《正義》曲從《僞傳》本，而江則曲從馬、鄭、王本矣。況强將告報分而爲二，固有如《正義》所謂失其義；然《僞傳》之强將"王出應門之内"以下劃爲《康王之誥》，亦未顧及上文之爲"諸侯之出廟門俟"也。諸侯何俟？俟王命也。辭氣緊接如此，爲何可强分？故無論就文理言不可分，即就文辭言，亦不可分也。我意當從今文本，合作一篇爲正。

[經文]

　　惟四月哉生魄①，王不懌②。甲子③，王乃洮頮水④，相被冕服⑤，馮玉几⑥。乃同召太保奭、芮伯、彤伯、畢公、衛侯、毛公、師氏、虎臣、百尹、御事⑦。

[詮釋]

　　①"哉生魄"，"哉"，《釋詁》："始也。"從無而有謂之"生"。《春秋左傳》昭七年"人生始化曰魄"杜注："形也。""哉生魄"者，月始生形也。據《禮記・鄉飲酒義》在夏曆月之初二或初三也。說詳《多方》篇首詮釋。

② “懌”，《説文》：“悦也。”“悦”，《説文》：“釋也。”段玉裁
《古文尚書撰異》曰：“《釋文》‘馬本作“不釋”，疾不解
也’。玉裁按‘釋’‘懌’同字，《毛詩》‘悦懌女美’，鄭箋
讀爲‘説釋’。孔《傳》‘不悦懌’，猶今人云不爽快、不自
在也，其疾淺。馬云‘疾不解’，則深矣。”梓案：此云“王
不懌”，猶《金縢》之“王有疾弗豫”也。“豫”、“舒”古通
作，《洪範》“豫恒燠若”可證也。“弗豫”，猶弗舒也，故
段訓爲確。

③ “甲子”，是月之十五日也。《漢書・律曆志》曰：“成王元
年正月己巳朔，此命伯禽俾侯於魯之歲也。後三十年四月
庚戌朔，十五日甲子哉生霸，故《顧命》曰：‘惟四月哉生
霸，王有疾不豫，甲子，王乃洮沬水，作《顧命》；翌日
乙丑，成王崩。’”孫《疏》引此而辨之曰：“成王在位年數，
《史記》無文。劉歆説以哉生霸爲十五日，亦不可信。”並
引鄭注“此成王二十八年”説以正之。梓案：鄭注見《正
義》引。據鄭説，成王應在位二十八年而崩，而據劉説，
則成王在位應是三十年。二説究以何説爲正，以史無明
文，不能妄斷。然孫據劉以哉生霸爲十五日，遽斷爲不可
信，而以鄭説正之，且曲爲之説曰：“《竹書紀年》云‘成
王三十七年涉’，是以武王崩之明年爲成王元年。統周公
居東二年，攝政七年，凡九年，故三十七年。除此九年，
爲二十八年，與鄭合也。《竹書》後出，或即用鄭義。”案：
鄭説不知何據。照孫氏之計算，二十八年加九年，是三十
七年。劉氏則自有其《三統曆》可推算，只須計其正月己
巳朔推至四月庚戌朔，是否三十年即可定論。至於“十五
日甲子哉生霸”之文，則“生霸”本有兩説，即《禮記・鄉
飲酒義》之説與劉歆《三統曆》之説是也。劉氏本主“生霸

望也”之説，故引此經而略易其文以遷就其“以望爲生霸”之主張，經文故自明白不誤也。其曰“惟四月哉生魄，王不懌；甲子，王乃洮頮水”，明説四月三日是壬子，逾十二日而爲甲子，故曰十五日也。《僞傳》謂是十六日，殆非，此可就四月庚戌朔計之。《竹書》後出，固出土之物也，似不至用鄭義，我以爲正是用劉義也。

④　“洮”，馬融云：“洮，洮髮也。”鄭讀爲“濯”，以爲澣衣成事。梓案：“濯”，《説文》：“澣也。”顧澣義只是洗濯，不必定是澣衣。段玉裁《古文尚書撰異》曰：“洮讀爲濯者，《周禮·守祧》注：古文‘祧’爲‘濯’。《爾雅》郭本‘洮’，衆家本皆作‘濯’，是其例也。‘兆’聲、‘翟’聲同在第二部。”然則“洮”即“濯”也，洮髮即沐也。“頮”，《説文》：“沬”之古文，“洒面也”。《漢書·律曆志》引《顧命》曰“王乃洮沬水”，師古注曰：“沬，洗面也。”然則“王乃洮頮水”，謂王乃洗髮、洗面也。此言四月三日成王感覺身子不爽，十五日便洗髮洗面也。

⑤　“相”，鄭玄曰：“正王服位之臣。”自鄭以後，似皆無異訓。但我讀此，只理會得被冕服者應該是王不是相，《僞傳》釋爲王洮頮水後，即由“扶相者被以冕服”，説雖可通，但終覺近於增字解經，頗覺“相”是衍文，似涉《序》“相康王”之相而誤入。《周禮·春官·司几筵》鄭注引《書·顧命》文云：“成王將崩，命太保、芮伯、畢公等被冕服，憑玉几。”或東漢古文如是，似較順，故疑“相”爲衍文。“冕服”，冕，冠也；服，衣也，故“冕服”即衣冠，即當時之禮服也。至於其刑制，據《周禮·司服》，共分吉、凶、軍、賓、嘉五種。惟吉事(祭祀)用冕服，餘皆用弁服，弁亦冠也。此言冕服，鄭《注》以爲是

玄冕。玄冕在吉服中爲最下，已鄭重其事矣，故孫《疏》
曰：“云‘冕，玄冕’者，《周禮·司服職》冕服有六，玄冕
爲下，皆祭服也。……比尋常視朝當加一等，則是玄冕
矣。”冕之形略如後世之平天冠。弁之形，略如後世之三
梁冠。凡冕、弁皆玄色，故玄冕者，玄色之冕也。

⑥ “馮”，“憑”之假借字。《説文》：“凭，依几也。从任从
几，《周書》曰：‘凭玉几。’”今行之“憑”字，於“馮”字加
“心”，乃俗字也。

⑦ “乃同召太保奭、芮伯、彤伯、畢公、衛侯、毛公、師氏、
虎臣、百尹、御事”，《僞傳》：“同召六卿，下至御事。
太保、畢、毛稱公，則三公矣。此先後六卿次第，冢宰第
一，召公領之；司徒第二，芮伯爲之；宗伯第三，彤伯爲
之；司馬第四，畢公領之；司寇第五，衛侯爲之；司空第
六，毛公領之。召、芮、彤、畢、衛、毛皆國名，皆入爲
天子公卿。”案：此皆召之使受顧命也。以上言四月三日，
成王已覺身體不舒服；到十五日，王於是起來洗髮洗面，
穿了禮服，靠着玉几，同時召了召公奭、芮伯、彤伯、畢
公、衛侯、毛公等六卿率同師氏、虎臣、百尹及御事到面
前來。

[經文]

　　王曰：“嗚呼！疾大漸①，惟幾②，病日臻③，既彌
留④，恐不獲誓言嗣⑤，兹予審訓命汝⑥。”

[詮釋]

　　① “漸”，本義爲浸潤，引伸爲“向前”，爲“入侵”，故《易·
漸卦·彖》：“漸，之進也。”“之”有往義，故“之進”有前

進義。凡由近及遠、由淺入深，皆謂之"漸"。《易·坤·文言》曰："其所由來漸矣。"故"漸"義實慢慢地由淺而深，如水之浸潤也。"疾大漸"者，病慢慢地加重起來也。殷敬順《釋文》釋爲"劇"，忽略了這一過程，而後人皆從之，疏矣。

② "幾"，《説文》："微也，殆也。""殆"，《説文》："危也。"

③ "病"，《説文》："疾加也。""臻"，《釋詁》："薦、摯，臻也。"自《僞傳》以來，皆僅訓爲"至"，似尚未的。"荐"古亦通"荐"。"荐"，《説文》："薦席也。"是本義，引伸爲"再"、"重"。"摯"，古通"至"，亦通"鷙"，《曲禮上》"前有摯獸"《正義》："摯獸猛而能擊。"然則"病日臻"，亦可認爲病每日在加重，或病益加猛。病日益至，語似輕，蓋此固成王甲子日之言，而翌日乙丑即崩矣。

④ "彌留"，舊注皆訓爲"久留"，《僞傳》釋其義曰"言無瘳"，似乎以意訓釋，意謂疾病久留於身，故曰無瘳。義似可通，但似已轉入另一解，終嫌勉强，與下文"恐不獲誓言嗣"一語不易銜接。竊意此似出於聲音之通假，而非可以意會者。《爾雅·釋詁》"毗劉，暴樂也；覭髳，茀離也"郭注："謂草木之叢茸翳薈也。茀離，即彌離；彌離，猶蒙籠耳。"邵晉涵《爾雅正義》曰："覭，小見也，從見冥聲。"梓案：毗劉、暴樂、覭髳、茀離四語，當皆一義，即見冥之義也。見冥者，謂見之不清也。凡"毗劉"、"暴樂"，皆雙聲叠韻字，郝懿行所謂"方俗之語"，取其聲不論其字者。邵氏又謂"彌離"轉作"伂離"，並引《詩·中谷有蓷》"有女伂離"爲證。由此推之，"毗劉"亦可轉作"彌留"。然則，"毗劉"、"暴樂"、"覭髳"、"茀離"、"彌離"、"蒙籠"、"彌留"皆一聲之轉，總之，其義皆視不

明也。

⑤ “獲”，得也。“誓”，通“矢”，陳也。此語《僞傳》云：“恐不得結信出言，嗣續我志。”此泥於“誓”之常訓，故釋爲“結信出言”，然訓“嗣”爲嗣續，猶略有《史記》“恐太子釗不任”之意。江聲云：“恐不得謹言後嗣之事。”俞樾云：“‘嗣’當作‘嗣’，乃籀文‘辭’字，言病日臻，既彌留，恐不獲陳言辭。”似較有據。于省吾以爲：“‘嗣’金文亦作台，《伯晨鼎》‘台乃祖考侯于韓’可證。‘台’、‘台’、‘已’聲同古通，晚周‘以’作‘台’，《易·損》釋文‘已’本作‘以’，《伯康簋》‘因夙夜無台’，言夙夜無已也，猶《詩·文王》之‘令聞不已’。……此應讀作‘恐不獲誓言已’。‘已’，語終辭也。”我覺得按于讀較順。此言我既已神志不清，不能陳述我的言辭了。

⑥ “兹”，斯也。“審”，《説文》作“宷”，悉也，從宀從采，篆文從番，于省吾云應作“播”。《師旅鼎》“播”作“秘”，金文從“宀”或“攴”與否通用，如“康”作“康”、“親”作“窺”、“古”作“故”、“工”作“攻”之類是也。《説文》“采”讀“辨”，“播”“辨”同聲，《説文》“番”作“釆”，《尚書》“播”字隸古定作“冞”或“冞”。《君奭》“乃悉命汝”，“悉”本作“宷”，從“心”，乃後人所加，應讀作“乃播命汝”。《堯典》“播時百穀”毛傳：“播，布也。”“訓”，《漢書·揚雄傳下》注：“告也。”此言“這就是我布告命令你們的根由”。

[經文]

　　“昔君文王、武王宣重光①，奠麗陳教②，則肄肄不違③，用克達殷集大命④。”

[詮釋]

① "昔君"，猶先君。"重光"，馬融曰："重光，日月星也。"後人遂在這上頭大做文章。我以爲這裏只是説文王、武王一再宣揚其光輝而已，無須説到日月疊璧、五星聚房上頭去。

② "奠"，定也。"麗"，揚雄《甘泉賦》"于胥德兮麗萬世"，《羽獵賦》"未遑苑囿之麗"，李善注皆曰"光華也"。"奠麗"只是承上文"宣重光"之文，説奠定了光輝而已。像江聲釋"麗"爲"離宿"，只是泥於日月五星去解釋；孫星衍訓"麗"爲"數"，並引《周語》伶鳩州之言附會之，是之謂煩瑣。"陳"，示。"陳教"，謂示教。

③ "肄"，《説文》："習也。"孫氏更申其訓爲習武備，也還是泥於伶鳩州之語所致。我意"習"本義爲數飛，故有重義，與上重光照應。"肄肄"云者，文王奠麗、武王重之也。至於《僞傳》訓"肄"爲"勞"，且將兩肄字分爲一屬上讀，一屬下讀，似無謂。此上肄爲"勞"，下肄爲"習"歟？

④ "用"，以也。"克"，能也。"達"，《漢石經》作"通"，"通"、"達"兩字古通作。"達"，舊多訓"至"和"適"，於此亦不辭。章炳麟《古文尚書拾遺》曰："《商頌》'撻彼殷武'，《韓詩》作'達'。此'達'即'撻伐'字。""集"，成也。此言我先君文王和武王一再宣揚其光輝，保持這光輝以示教於天下，並不倦地加以發揚，因此能撻伐殷商而成就大命。

[經文]

"在後之侗①，敬迓天威②，嗣守文、武大訓，無敢昏逾③。”

[詮釋]

① “侗”，《説文》：“大貌。”段注：“此義未見證。”《論語》
“侗而不愿”孔注：“侗，未成器之人。”（見何晏《集解》
引）按：此“大”義之引伸，猶言渾沌未鑿也。又《論語》
“侗而不愿”皇疏則謂“籠侗未成器之人也”。梓案：“侗”，
《説文》收在言部，作詷，曰“共也”。並引此《顧命》之文
爲證，作“在夏后之詷”。《釋文》亦作“詷”，故清儒多釋
此語爲中夏之共主。但段玉裁《古文尚書撰異》曰：“‘後’
作‘后’者，古字通用。徐鼎臣（鉉）、李仁甫皆作‘在夏后
之詷’，誤衍‘夏’字，不可通，徐夢金本無‘夏’字……黄
公紹《韻會》引‘在后之詷’，用小徐本，無‘夏’字。”我以
爲此字就今經文上下文的邏輯講，似以從《僞傳》“侗稚，成
王自斥”之釋爲是。此蓋承上文“文王、武王宣重光……用
克達殷集大命”而言，而下又接以“嗣守文、武大訓”，則
此自應作成王自謙的口氣，似不能因《説文》引經而遽改
經文也。

② “迓”，通“御”。“御”，《文選》曹子建《雜詩》“臨牖御欞
軒”李善注：“猶憑也。”“威”，威命。

③ “逾”，《僞傳》訓爲“逾越”，非。此應通作“渝”。“渝”，
變也。以上言：“無知如我，只能敬憑上天之威命，繼續
遵守文王、武王偉大的遺訓，不敢冥冥然有所變更。”

[經文]

“今天降疾殆①，弗興弗悟②，爾尚明時朕言③，用
敬保元子釗④，弘濟于艱難⑤，柔遠能邇⑥，安勸小大庶

邦⑦，思夫人自亂于威儀⑧。爾無以釗冒貢于非幾⑨，茲既受命⑩。”

[詮釋]

①“殆”，危也。這“殆”有屬上、屬下兩讀，我這裏從屬上讀作“今天降疾殆”，意謂目今降下疾病，於我其危。

②“興”，興作，或受啓發。“弗興”，意似謂精神不振，不但不能有所動作，即受激發而思動作，也不能了。“悟”，《説文》訓“覺”，即今語“覺悟”。“弗悟”，謂神志不清，不能有覺悟的能力了。故“弗興弗悟”，謂精神不振、神志不清了。

③“尚”，庶幾也。“時”，是也。“朕”，莊云通作“佚”，訓也，承上“審訓”之“訓”。

④“用”，以也。“敬”，認真。“保”，扶保。“元子”，天子嫡子也。“釗”，康王名。

⑤“弘濟”，大大地度過也。此言你等庶幾明白此番訓命，以之認真扶保我兒子釗，使他順利度過這艱難的局面。

⑥“柔”，懷柔也。“遠”，離周畿遙遠的小大庶邦也。“柔遠”，即《中庸》之柔遠人也，所以安之。“能”，古通作“耐”；《荀子·仲尼篇》：“能耐任之，則慎行此道。能而不耐任，且恐失寵，則莫若早同之。”楊倞曰：“耐，忍也。‘慎’讀爲‘順’。言人有賢能者，雖不欲用，必忍而用之，則順己所行之道。有能者不忍急用之。”王念孫曰：“‘能耐任之’，‘能而不耐任’，兩‘能’字皆衍文，‘耐’即‘能’也。……‘而’讀爲‘如’，言如不任其事，則莫若推賢讓能也……楊氏不得其解，故曲而爲之辭。”然則“能邇”，謂對於近畿諸侯，則當忍之也。忍之，即所以安之也。柔之所以安之，耐之亦所以安之。

⑦ “安”，吳汝綸以爲語辭。此種用法，習見於《荀子》，《尚書》中似僅此處。我以爲于省吾說似較具體。于云：“安、宴古通。”“宴”即飲宴之“宴”。“勸”，于氏根據他釋“安”爲“宴”的訓釋，更釋“勸”爲“觀”，以爲“勸”“觀”古通。

⑧ “思”，舊訓皆認爲語辭無義，于亦然。“夫人”，王引之釋爲凡人，蓋舊訓固皆如是也。“自亂”，《僞傳》訓“自治”，“治”、“亂”古亦通作，《論語》“予有亂臣十人”，是其證也。“威儀”，于此亦只泛言禮儀，不必泥於《僞傳》所謂“有威可畏，有儀可象”。于釋此語，以爲上言“柔遠能邇”，故接以“宴飲觀示於小大衆邦，凡人必須自治於威儀”。《酒誥》“爾乃飲食醉飽，丕惟曰爾克永觀省，用燕喪威儀”；《況兒鐘》“用盤俟歙酒，龢遧百生，怨于威儀”；《詩・小雅・賓之初筵》“其未醉止，威儀反反，曰既醉止，威儀幡幡”；《大雅・抑》“敬慎威儀，維民之則。其在於今，興迷亂於政。顛覆厥德，荒湛於酒”，皆可以見當時用宴飲觀人威儀之例證，吾故曰于氏之訓釋，較爲具體也。惟于氏實得解矣，而語意殊未明。吾意此言“要弘濟艱難，你們需得要使遠近諸侯都能自安；而要知乎此，可從宴飲中計慮其人是否能自行整治其威儀”。這裏“思”不一定是語詞，而是《禮記・曲禮》“儼若思”之“思”，此“思”據《疏》是訓爲計慮的。“夫人”亦不必如王訓爲“凡人”，而應是“彼人”。

⑨ “無”，毋也。“以”，使也。“冒”，犯也。“貢”，《釋文》：“如字。馬、鄭、王作‘贛’，音勑用反。馬曰：‘陷也。’”“幾”，通“冀”，望也，見《國語・魯語》韋注。

⑩ “茲”，今茲。“既”，《漢石經》作“即”。此言“你們不可使釗去干犯或陷溺於非望之事。今茲你們進前來受我的顧

命”。案：成王語止此。

[經文]

　　還①，出綴衣于庭②。越翼日③，乙丑，王崩④。太保命仲桓、南宮毛俾爰齊侯呂伋⑤，以二干戈、虎賁百人⑥，逆子釗于南門之外⑦，延入翼室⑧，恤宅宗⑨。丁卯⑩，命作冊度⑪。越七日⑫，癸酉，伯相命士須材狄設⑬。

[詮釋]

　　① “還”，自《僞傳》以來，“還”皆屬上讀，讀作“兹既受命還”，以爲召公受命而還。吳汝綸曰：“還者，史氏之言也，謂王還寢室也。”我覺得吳義爲長。

　　② “出綴衣”，自《僞傳》以來，幾乎都訓“出”爲撤出，似非，我認爲此“出”應訓“將出”。當時羣臣知王病危，一切幄帳之屬，將要陳設辦喪，故將綴衣（即幄帳）取出以備應用。必如此説，下文“于庭”二字及“狄設黼扆綴衣”一語方有着落。

　　③ “越”，及也。“翼日”，明日。

　　④ “崩”，天子死曰崩。

　　⑤ “太保”，召公奭也。“仲桓、南宮毛”，江聲曰：“虎賁氏下大夫二人，仲桓、南宮髦蓋爲是官也。”當是也。孫星衍曰：“《周禮》虎賁氏之職，大喪守王門。虎賁氏秩僅下大夫，而齊侯伋爲之者，蓋以列侯兼領此職，備非常也。”似不如江説。“爰”，《説文》：“引也。”“齊侯呂伋”，據《史記·齊太公世家》係太公子謚丁公；《釋文》亦云然。《説文》玉部“玎”字下：“玎，玉聲也，从玉丁聲；齊太公

子伋謚曰玎公。"段注云："《齊世家》云：'師尚父之子丁公，丁公之子乙公，乙公之子癸公……丁、乙、癸皆非謚明矣。而云謚丁公者，古者以字爲謚之義也。'"梓案：此丁公、乙公、癸公云者，此似尚沿殷人以天子命名之習者也。江聲云："桓、髦官卑，不可徑迎太子，故使引導齊侯往迎也。"理或然歟！蓋齊侯係子釗之元舅，決非如孫星衍所謂以齊侯兼爲虎賁氏之故也。

⑥　"以干戈二、虎賁百人"，江聲曰："虎賁，百人虎士也。桓、髦各執干戈率虎士百人爲齊侯前引，且爲嗣王衛也。"

⑦　"逆"，《釋言》："迎也。""子"，古者未踰年之君稱"子"，見《春秋繁露·精華》）；一曰在喪之稱，見《春秋》文公十八年"冬十月子卒"《注》；一曰嗣君也，見《禮記·曾子問》"不俟子"《注》，其義一也。"釗"，康王名。"南門"，《僞傳》以爲是路寢門，以將正太子之尊，故云之於路寢門外也。我意上兩説都不免增事解經、想當然耳。孫星衍否定上兩説，而引《史記》"二公（召公、畢公）率諸侯以太子釗見於先王廟"之文，訓"南門"爲廟門。我意此説應有據，但此當是下文所謂"王麻冕黼裳由賓階隮"之前，而不能是此時。劉逢禄雖亦訓爲路寢之南門，而引《禮記·喪大記》"君拜寄公國賓於位……迎於寢門外"之文以爲成王之喪，有二王之後來弔祭，康王宜拜送於南門之外。此説雖視孔、江之增字解經爲有據，但是時成王初崩，康王尚未"入翼室恤宅宗"，似尚不須迎國賓於寢門之外。以上云云，人各一説，皆出於臆解。梓則以爲，上文只述及同召太保以至御事，未述及召太子；況召羣臣就爲的托孤，而且明明説及"無以釗冒貢于非幾"，康王是時原不與其召而至於路寢，故必須迎之於路寢南門外，使入主

喪，初非預出太子於路寢門外，以示尊也。

⑧ "翼室"，猶夾室。《釋名》："在堂兩頭，故曰夾也。"孫星衍以爲左路寢，按之《喪大記》"既正尸，子坐於東方"之文，不爲無據。吳汝綸以爲"翼室，倚廬也。士倚廬尚在中門外，則天子之廬不在路寢也"。二説未知孰是。按："逆子釗于南門之外，延入翼室"之文，似以孫説爲是。

⑨ "恤"，《釋詁》："憂也。""宅宗"，亦作"度宗"，居於主位也。"恤宅宗"，憂居爲喪主也，蓋猶今語云"丁憂"。此言太保召公一見成王駕崩，當即命令虎賁氏仲桓和南宮毛兩位下大夫，使導引成王的元舅齊侯呂伋，用兩干兩戈帶領虎賁之下一百人，到路寢的南門外迎接太子釗，延請他入居翼室以爲喪主。

⑩ "丁卯"，照上文甲子、乙丑計之，應是月之十七日也。

⑪ "作册度"，于省吾云《僞傳》言命史爲册書法度；王靜安訓"度"爲處理事務，非作册之名，並非。按"作册"，官名，金文習見，猶今世所謂秘書。《尚書》"度"多與"宅"通，古文作"宅"，今文作"度"；《堯典》"宅西曰昧谷"，"宅"，《周禮》注引作"度"；《禹貢》"降丘宅土"，"宅"，《風俗通義》作"度"。"作册宅"，"宅"乃作册者之名；"命作册宅"，猶言命宅爲作册。意當時新主即位，百官仍舊，而作册綜理文事，朝夕左右必新有所加命也。如王氏之説，"度"爲處理事務，未免增字釋經。此處上既有"乙丑太保命仲桓、南宮毛俾爰齊侯"了，下又有"癸酉伯相命士須材"，則此命作册度亦必有所事，不能釋爲命一新官而已也，且其所事必有關治喪。竊以爲"度"有規度義，與議禮同性質；《禮記·中庸》"非天子，不議禮，不制度，不考文"，"制度"即"度"也。度於此蓋規定儀節之

意，自"須材狄設黼扆綴衣"以下至"王麻冕……太史秉書
由賓階隮御王册命"止，皆由作册官規度之儀節。此等本
爲太史所掌，而由《洛誥》之作册佚以觀，則作册一官，
實只於有大事時由太史任之，作册書以記其事云耳。故此
"命作册度"云者，實謂命作册官規定制度禮節也。

⑫ "越"，過也。"越七日"，自丁卯過七日，則爲癸酉也，
即月之廿四日也。

⑬ "伯相"，即召公、畢公也，蓋召公本與周公爲二伯；周
公死，畢公繼其任，是時，召公、畢公蓋以二伯而爲相
也。"須材"，江聲謂"須"當爲"頒"字之誤也。其說曰：
"聲謂'須'當爲'頒'字之誤也。'頒'，布也者，《禮記·
玉藻》說笏之制，'大夫以魚須文竹'，《釋文》云：'崔云
用文竹及魚班也。《隱義》云以魚須飾文竹之邊。須音
班。'蓋'班'與'頒'而誤爲'須'也，此文'須'字實亦'頒'
字之誤也。""頒"有"布"義，斂後有布材之事，則以"須
材"爲"頒材"，誼實允愜矣。顧江氏又引《檀弓》"天子
崩……虞人致百祀之木可以爲棺椁者"之文及鄭注，肯定
"材爲椁材"。梓案：此則似率，所謂斂後有布材之事，
江氏實據《禮記·檀弓》"既殯，旬而布材與明器"之文。
顧《正義》曰："殯後十日而班布告，下覓椁材及送葬明器
之材……《士喪禮》'筮宅吉，左還椁，獻明器之材於殯門
外'是也。"然則所謂"材"者，似不限於椁材，亦兼明器之
材言之也。"狄設"，此兩字自《僞傳》以後皆屬下讀，惟
劉逢禄《尚書今古文集解》屬上，讀若"伯相命士須材狄
設"，釋其義曰："頒材者爲大葬之用，《記》曰'虞人致百
祀之木'。狄者，樂吏之賤者也。狄設者，即下'黼扆'至
'次輅'也。"我認爲這一讀法，比任何一家都合經義。若

將下自"黼扆"至"次輅"諸事，全部由狄主動去陳設，則
"狄"不幾與"伯相"平立，即謂"伯相命士須材，狄設黼
扆……"了。但《禮記·喪大記》云"復有林麓，則虞人設
階；無林麓，則狄人設階"，是狄人的地位與虞人並。
《禮記·祭統》又云"翟者，樂吏之賤者也"，更可見翟只
是賤吏，不可能與"伯相"相提並論。此文似應讀若"伯相
命士須材；命狄設黼扆……"也。案："翟"，《說文》：
"山雉也，尾長。"段云："翟羽，經傳多假'狄'爲之；狄
人字，傳多假'翟'爲之。"可見"狄"、"翟"經傳皆通作，
《喪大記》之"狄人"，即《祭統》之"翟"也。古人祭祀多舞
羽，翟羽美麗，故舞羽實即舞翟羽，而舞羽之人，即稱爲
"翟"或"狄人"。古人作樂，亦兼舞蹈，故《論語》云"樂
則《韶舞》"。舞羽之人，亦謂之樂吏者，此也。由《喪大
記》之文，此種樂吏之職，不限於舞，亦兼陳設祭祀用之
一切器具，《禮記》所謂"祭器"的一些東西。《喪大記》所
謂"無林麓則狄人設階"，原是指"復"（招魂）時講的。古
時招魂之禮，原須升屋，故須設階梯；此則用以指祭祀的
陳設，故不問有無林麓，而只是陳設祭器，此則狄人之職
也。狄設者，狄人陳設也，故以劉說爲長。以上言自在丁
卯，命令此次擔任作册之太史，規劃一切禮制。過七天，
日在癸酉，伯相又命令士職之官布置做棺椁及明器的材
料，命狄陳設一切祭器。

[經文]

黼扆①，綴衣②；牖間南嚮③，敷重篾席④、黼純⑤，
華玉仍几⑥，西序東嚮⑦，敷重厎席⑧，綴純⑨，文貝仍
几⑩；東序西嚮，敷重豐席⑪，畫純⑫，雕玉仍几；西夾

南嚮⑬，敷重筍席⑭，玄紛純⑮，漆仍几；越玉五重陳
寶⑯，赤刀、大訓、弘璧、琬琰⑰，在西序；大玉、夷
玉、天球、河圖⑱，在東序；胤之舞衣、大貝、鼖鼓⑲，
在西房；兌之戈、和之弓、垂之竹矢，在東房。大輅在
賓階面⑳，綴輅在阼階面㉑，先輅在左塾之前㉒，次輅在
右塾之前。二人雀弁㉓，執惠㉔，立于畢門之內㉕；四人
綦弁㉖，執戈上刃㉗，夾兩階戺㉘；一人冕，執劉㉙，立
于東堂；一人冕，執鉞，立于西堂；一人冕，執戣㉚，
立于東垂㉛；一人冕，執瞿㉜，立于西垂；一人冕，執
銳㉝，立于側階㉞。

[詮釋]

① “黼扆”，《漢石經》作“黼依”，經傳亦然，王座後之屏風，
畫有斧文者。《釋器》“斧謂之黼”鄭注：“黼文畫斧形，因
名。”《周禮・春官・司几筵》“王位設黼依”鄭注：“斧謂之
黼，其繡白黑采，以絳帛爲質；‘依’，其制如屏風然，
於依前爲王設席，左右有几，優至前也。”

② “綴衣”，見前。

③ “牖”，《正義》：“謂窗也。”“間”，户牖之間也。按扆本
左户，東牖西扆，所謂牖間，即扆前也。

④ “敷”，一作“布”，今語讀若鋪。“篾”，當爲“蔑”，俗從
“竹”，《僞傳》訓爲桃枝竹，似未的。孫《疏》：“蔑，即
蒻，《説文》：‘莕也。’‘莕’，《説文》：‘析竹筂也。’
‘筂’，《説文》：‘竹膚也。’‘筂’與‘蔑’聲近。”梓案：
“筂”下，段注：“膚，皮也；竹膚曰筂……見《禮器》。俗
作‘筠’；已析可用者曰‘蔑’。”似以孫説爲是。“重篾
席”，謂重迭之蔑席也。

⑤　“黼純”，黼文之純也。“純”，《釋器》：“緣謂之純。”“緣”，《禮記·玉藻》“緣廣寸半”鄭注：“飾邊也。”“重篾席，黼純”，重叠的蔑席，而鑲以黼文的邊也。

⑥　“華玉”，鄭注：“玉，五色。”“仍几”，《周禮·春官·司几筵》“凡吉事變几，凶事仍几”《注》引鄭司農云：“變几，變更其質，謂有飾。仍，因也，因其質，謂無飾也。”

⑦　“序”，《僞傳》：“東西廂謂之序。”

⑧　“底席”，馬融云：“底，青蒲也。”即司几筵之蒲席。

⑨　“綴純”，謂繪之繢有匸文者。

⑩　“文貝”，謂貝之有文采者。

⑪　“豐席”，鄭康成云：“刮涷竹席。”“涷”，《説文》：“濔也。”《廣雅·釋詁》：“濔，灑也。”

⑫　“畫純”，鑲邊之繪畫有雲氣者。

⑬　“夾”，《釋名·釋宮室》：“室在堂兩頭。”

⑭　“筍”，鄭玄云：“析竹青皮也。”“筍席”，析竹之青皮編爲席也。

⑮　“玄”，黑色。“紛”，鄭玄引鄭司農云：“紛讀爲豳，又讀爲和粉之粉，白繡也。”以上“牖間”，即扆前，天子見諸侯之所；“西序”，天子旦夕臨事之坐；“東序”，天子饗羣臣之坐；“西夾”，天子私宴親屬之坐，皆指王生時常所設坐處之陳設也。

⑯　“越”，及也。“玉五重陳寶”，江《集注音疏》引《周禮·考工記》曰：“天子用全，上公用龍，侯用瓚，伯用埒。”引禮家説曰：“全，純玉也；龍，四玉一石；瓚，三玉二石；埒，玉石半相埒也。”並因之肯定純玉爲五玉。又云：“玉重石輕，五玉故曰五重。於是設玉五重，其所置之處則未聞也。”梓案：《考工記》此文下鄭注云：“鄭司農云：

‘全，純色也；龍當爲尨，尨謂雜色。’玄謂‘金’，純玉也。‘瓉’，讀爲餐屋之屋。‘龍’、‘瓉’、‘埒’，皆雜名也。卑者下尊，以輕重爲差，玉多則重，石多則輕；公侯四玉一石，伯、子、男三玉二石。”此一説法與江氏説法微有不同。江氏所謂禮家説者，乃許慎《説文》“瓉”下之文也。鄭與許皆東漢末年人，則此兩説乃東漢人對於《考工記》之理解，並非以之説《顧命》此文，不如《正義》之以西序二重、東序三重共爲列玉五宣的説法較説得通，因下文所列東序、西序之所陳列者八，雖不盡爲玉，而玉祇有五，其餘所列爲赤刀、大訓、河圖，雖非玉而不失爲寶，故“越玉五重陳寶”實賅括下兩句之陳設者也。

⑰ “赤刀、大訓”，陳設於西序的二寶，“弘璧、琬琰”，則爲陳設之二重玉。

⑱ “大玉、夷玉、天球”爲陳設於東序之三玉，河圖則爲陳在東序之一寶。

⑲ “胤”及下文“兌”、“和”、“垂”，《僞傳》或訓人名，或訓國名，其實亦不必以意強爲分別。例如“胤”固見於《胤征》，“垂”亦見於《堯典》，究竟是人名，是國名，歷來亦皆各有異説，“兌”與“和”尤未他見。“鼖鼓”，《説文》：“大鼓謂之鼖。鼖八尺而兩面，以鼓軍事，从鼓賁省聲，讀若賁。”以上胤之舞衣、大貝、鼖鼓，陳列於西房之寶。以下兌之戈、和之弓、垂之竹矢則陳列於東房之寶。是皆所陳寶者也。

⑳ “大輅”，《僞傳》：“‘大輅’，玉；‘綴輅’，金；‘先輅’，象；‘次輅’，木。”案：“輅”，《説文》：“車軨前橫木也，从車各聲。”經傳通作“路”，讀若路。“大輅”，天子所乘之車也，飾以玉。賜車亦稱“路”，從王賜之名，見《春

秋》襄八年《左氏傳》“先路、次路”疏。所謂“綴輅金”，謂輅之飾以金也，次於大輅；“先輅象”者，謂輅之飾以象者也；“次輅木”者，謂輅之但制以木而無飾者也。“賓階”，西階也。

㉑ “面”，猶前也。“阼階”，東階也。古者大事，賓由西階上堂，主由東階上堂，故《廣雅·釋詁三》：“阼，主也。”《儀禮·士冠禮》“立於阼階下”《注》：“阼，猶酢也。東階，所以答酢賓客也。”《禮記·文王世子》：“成王幼，不能踐阼；周公相，踐阼而治。”後世因概稱天子即位爲“踐阼”。

㉒ “塾”，《釋宮》：“門側之堂謂之塾。”此皆成王死時喪事之陳設，即狄所設之綴衣及玉與寶也。

㉓ “雀弁”，亦稱爵弁。“雀”、“爵”古通作。《禮記·三年問》“小者至於燕雀”，《釋文》：“雀本作爵。”《莊子·在宥》“方將拊脾雀躍而遊”，《釋文》：“雀本作爵。”是其證也。《正義》：“禮大夫服冕，士服弁。”是“弁”乃士之服。宋聶崇義《三禮圖》：“爵弁，制如冕，但無旒。……其色赤而微黑，如爵頭然……一命大夫之冕亦無旒，其制與爵弁不殊，得名冕者，一命大夫之冕雖無旒，亦前低一寸二分，故得冕稱；其爵弁則前後平，故不得冕名。”

㉔ “惠”，《僞傳》：“三隅矛。”于《新證》：“《僞傳》訓‘惠’爲三隅矛。鄭康成‘惠，狀蓋斜刃，宜芟刈’。俞樾謂《説文》惠古文作𤣩，𤣩像三隅之形。按俞説近是。《廣韻》：‘鐬，鋭也，一曰矛三隅謂之鐬。’……金文‘惠’作‘𤣩’。”

㉕ “畢門”，路寢門。

㉖ “綦”，音其，馬本作“騏”，云“青黑色”。“綦弁”，騏皮所爲之青黑色皮弁也。

㉗ "上刃"，刃向上也。

㉘ "阯"，音士，堂廉也；"廉"，稜也。

㉙ "劉"，《僞傳》："鉞屬。"

㉚ "鈠"，一作"鏒"，《廣韻》："戟屬。"

㉛ "垂"，邊也，蓋近階承簀之地，《僞傳》所謂"東西下之階上"，"下"下似落一"堂"字，此可視《正義》而知之。

㉜ "瞿"，即"戵"，《廣韻》亦訓爲戟屬，古謂四出矛爲戵。

㉝ "銳"，《僞傳》："矛屬。"梓案，一説"鈗"也。《説文》金部"鈗"字下云："鈗，侍臣所執兵也，從金允聲；《周書》曰：'一人冕執鈗。'讀若允。"

㉞ "側階"，《僞傳》："北下立階上。"不辭，蓋北堂下之階上也，此亦可參之《正義》而得。劉《集解》後案謂："鄭以東下階，據明堂有九階之制。"《僞傳》"北下"，即謂《禮記·雜記下》"夫人至，入自闈門，升自側階"之制。自小寢適路寢，必由側階，當以《傳》爲正也。王自翼室易服，由西户至東房，降側階下堂，由賓階隮也。這是繼上狄設器物——黼扆、綴衣、越玉、陳寶等等的陳設，再鋪排康王行即位禮時人物的布置，名爲衛殯，實則護衛新王的措施。這只要看他們各人手執兵器，而所在的處所，又都是有關新王行動出入的地方，便可理會到這一點。

[經文]

　　王麻冕黼裳①，由賓階隮②；卿士、邦君麻冕蟻裳③，入即位④；太保、太史、太宗皆麻冕彤裳⑤。太保承介圭⑥，上宗奉同瑁⑦，由阼階隮⑧，太史秉書⑨，由賓階隮，御王⑩。

[詮釋]

① "麻冕黼裳"，宋聶崇義《三禮圖》云："冕者，俛也，後高前下，有俯俛之形，故因名焉。蓋因在位者失於驕矜，欲令位彌高而志彌下，故制此冕，令貴者下賤者也。""麻冕"，《白虎通·紱冕篇》："麻冕者何？周宗廟之冠也；《禮》曰：'周冕而祭。'……冕所以用麻爲之者，女功之始，亦不忘本也。"《論語》："麻冕，禮也。"《書》曰："王麻冕。"梓案：我國古無棉，所謂布者，皆績麻爲之，故曰女功之始。《論語》所謂"麻冕，禮也，今也純"，舊訓"純"爲純絲，我初不解，何以用絲反視麻布爲儉？嗣見劉寶楠《論語正義》謂鄭注《論語》以"純"爲"緇"，側基反，而"純"則順倫反，其《後案》云："案《説文》'緇，帛黑色也'，緇本謂黑帛，其後布之黑色者，亦得名之。"緇紂爲古今字，實以"純"字與"紂"相似，故讀從之。……《詩·都人士》云"臺笠緇撮"，毛傳："緇撮，緇布冠。"鄭箋："都人之士，以臺皮爲笠，緇布爲冠，古明王之時，儉且節也。"則緇布冠，是冠之儉者。由是可知麻冕固可以緇布代麻也。《周禮·夏官·弁師》云："掌王之五冕，皆玄冕朱裹。"然則凡冕皆玄（黑），故可以緇布代之也。"黼"，上已詮釋爲白地黑斧文。天子九章：一龍、二山、三華蟲、四火、五宗彝，皆績於衣；六藻、七粉米、八黼、九黻，皆刺繡於裳。然則所謂黼裳也者，繡於裳者，惟黼一章歟！

② "隮"，劉《集解》："《説文》阜部無隮字，《詩》、《書》之隮，當作躋。謹案石鼓有隮字籀文，小篆作隮，蓋《説文》脱耳。""躋"，升也。

③ "卿士"，指王朝之卿士，有選自邦君者，故與邦君並提。

《春秋》隱公三年《左氏傳》"鄭武公、莊公爲平王卿士"，即此卿士也。如顧命之臣衛侯、齊侯皆是也。"蟻裳"，蟻之大者謂之蚍蜉。"蚍蜉"，《方言》："西南梁益之間謂之玄蚼。"可見蟻之色玄，故鄭注此文曰："蟻謂色玄也。"此字上與"黼裳"、下與"彤裳"爲對文，故以鄭氏色玄之訓爲是。

④ "入即位"，謂入而就位。"入"，江聲云："入畢門也。"不云升階，知皆位於庭。鄭注云："卿西面，諸侯北面。"此皆卿士、邦君之無職事者，故不升階。

⑤ "彤裳"，冕服皆上玄下纁，"彤"，亦赤色，彤裳即纁裳。

⑥ "承"，奉也。"介圭"，大圭也。《周禮·春官·典瑞》云："王晉（搢也）大圭。"介本有大義，《釋詁》："介，大也。"

⑦ "上宗"，即上之太宗，鄭注："宗伯之長，大宗伯一人，與小宗伯二人也。凡三人，使其上二人也，一人奉同，一人奉瑁。""同"，鄭訓酒杯，王鳴盛《尚書後案》："鄭《注》其詳不可得聞，推鄭意，'同'，蓋圭瓚可盛鬯酒者，故鄭訓酒杯也；下文'太保以異同秉璋以酢'，則'同'是璋瓚矣。半圭曰璋，璋瓚亞於圭瓚。《禮記·祭統》云'君執圭瓚祼尸，大宗執璋瓚亞祼'，是其差也。太保以酢之同既是璋瓚，則此同，王將受以祭者，自是圭瓚也。朱駿聲《説文通訓定聲》乾部'瓚'字下云：'《周禮·冬官·考工記》"玉人之事……祼圭尺有二寸，有瓚以祀廟"《注》："瓚如盤，其柄用圭，有流前注。"《周禮·春官·典瑞》"祼圭有瓚"《注》："漢禮，瓚槃大五升，下有盤口徑一尺。"按瓚者勺也，黃金勺，青金外，朱中，以圭爲柄曰瓚，以璋爲柄曰璋瓚，所以挹鬯祼祭。'"梓案：勺既爲黃金勺，或以其質稱之爲銅，而省爲"同"，亦未可知。

“瑁”，《説文》：“諸侯執圭朝天子，天子執玉以冒之，似
犁冠。《周禮》曰：‘天子執冒四寸。’”吳、虞翻以冃似
“同”，而以瑁爲重文，並以之駁鄭《注》。其實，同自同，
瑁自瑁，不然無以解於下文“太保受同，降盥，以異同秉
璋以酢”之文。

⑧ 此皆在此次典禮中，有職事之卿士，故皆由阼階升。

⑨ “書”，即成王顧命之册書也。

⑩ “御”，鄭注：“御猶嚮也。王此時正立賓階上，少
東。太史東面於殯，西南而讀册書以命王嗣位之事。”梓案：惟
然，故太保、太宗皆由阼階升，獨太史隨王之後，由賓階
升也。“御”，亦通“迓”，“迓”，亦迎也。迎面，即面向
也。舊皆於下文“册命”讀斷，惟劉《集解》引莊云：“以御
王讀斷。”今從之。

[經文]

　　册命曰①：“皇后憑玉几②，道揚末命③，命女嗣④，
訓臨君周邦⑤，率循大卞，燮和天下⑥，用答揚文、武之
光訓⑦。”

[詮釋]

① “册”，《説文》：“符命也，諸侯進受於王也。象其札一長
一短，中有二編之形。”此則新王進受於前王矣。“命女
嗣”下即册命文矣。乃由太史口陳者。

② “皇”，《廣雅·釋詁一》：“大也。”“后”，《説文》：“繼體
君也。”“憑”，本作“恁”，依也。

③ “道”，《荀子·非相篇》“學者不道也”注：“説也。”“揚”，
《廣雅·釋詁二》：“説也。”故“道揚”，乃叠文，意即今語

"稱道"。"末"，最後。"末命"，最後的命令。

④ "命女嗣"，自《僞傳》以來，皆於"訓"字讀斷，讀爲"命女嗣訓"。劉《集解》引莊云："'命女嗣'句，'訓臨周邦'句，'君'字衍。"梓案：莊讀是，舊訓"訓"爲"道"，爲"順"，爲"緒"，皆有些望文生義，不如莊讀之自然。

⑤ "訓"，《説文》："説教也。""臨"，《説文》："監也。""監"，《説文》："臨下也。""君"，蓋所以解釋"訓臨"者。既訓教而又自上臨下，非君人而何？既言"訓臨周邦"，即謂君臨周邦，故曰"君"字衍也。

⑥ "率循大卞，變和天下"，劉《集解》引莊云："本文當以'率天下'爲句，無'循'字。謹案《堯典》'於變'，《漢孔宙碑》作'於卞'，是今文以'卞'爲'變'也。'變'與'燮'形相近，隸古定本或以'卞'字釋'變'，轉寫者譌爲'燮'耳。'率'、'循'爲轉注，'循'、'順'爲同音假借，'循變'即'順變'之意。詳經意，當衍'率'字、'燮'字，而謂'順大變，和天下'。"梓案：莊讀遠較舊讀爲順，故從之。惟其所謂"以卞字釋變"，於文疑應作"以變字釋卞"耳。

⑦ "用"，以也。"答"，《禮·郊特牲》："君之南鄉，答陽之義也；臣之北面，答君也。"鄭注："對也。""答揚"，《書·説命》："對，答也，答受美命而稱揚之。"梓案：此文"揚"字，似當發揚而光大之意，不僅稱揚也。"答揚文、武之光訓"，謂接受了文王、武王之大訓，而加以發揚也。

[經文]

王再拜興①，答曰②："眇眇予末小子③，其能而亂四方④，以敬忌天威⑤。”

［詮釋］

①“再拜”，謂一再拜也。“興”，《釋言》：“起也。”

②“答”，對也。

③“眇”，謂微小也。“末”，微末也。

④“其”，猶豈也。“而”與“能”古通作，故“能”、“而”兩字，必有一衍。蓋因以“而”釋“能”，而傳寫者訛爲正文也。故“其能而亂四方”，實“豈能亂四方”。“亂”，《釋詁》：“治也。”“四方”，四境也。

⑤“忌”，畏也。“敬忌天威”，謂敬畏天之威命也。

［經文］

　　乃受同瑁①，王三宿②，三祭，三咤③。上宗曰④：“饗⑤。”太保受同，降盥⑥，以異同秉璋以酢⑦。授宗人同⑧，拜；王答拜。太保受同，祭、嚌、宅⑨，授宗人同，拜；王答拜。

［詮釋］

①“乃受同瑁”，此承上王謝命後之事，故受同瑁者爲王，且下文亦緊接以“王三宿……”云，尤顯得受同瑁者是王。鄭注：“王既對神，則一手受同，一手受瑁。”於此受可見同與瑁非一物——同，所以酢神；瑁，所以朝諸侯。王同時接受此兩物，即顯示其嗣位矣。

②“宿”，江《集注音疏》引鄭《注》云：“‘徐行前曰肅，卻行曰咤。王徐行前三祭，又三卻復本位’。蓋鄭君以‘宿’、‘肅’字通，故以‘宿’爲‘肅’。……聲以此説未的，故不用也。‘宿’當爲‘茜’。”“茜”，《説文》：“禮，祭束茅加

于祼圭而灌鬯酒，是爲茜，象神歆之也。《春秋傳》曰：
'爾貢苞茅不入，王祭不供，無以茜酒。'"梓案：段《注》
以爲茜乃束茅立之，祭前沃酒其上，滲下去，若神飲之，
故謂之縮。今《左傳》此文正作"縮"，然則"茜"通作
"縮"，又省作"宿"也。此自視鄭《注》爲有據。

③ "咤"，《説文》作"㲈"，曰："㲈，奠爵酒也，从宀，託
聲。《周書》曰：'王三宿，三祭，三㲈。'"此言康王一手
受同、一手受瑁後，三次祼神，三次祭神，三次奠爵也。

④ "上宗"，即上文之太宗。

⑤ "饗"，以酒飲賓也。

⑥ "盥"，《説文》："澡手也。"

⑦ "璋"，瓚也。璋瓚亦可稱璋，即爲勺柄之半圭也。"酢"，
《説文》："關東謂酢曰酸。"非此義。此應作"醋"，客酌主
人也。今以酸者爲醋，而酢則用爲酬酢之酢，適互易矣。

⑧ "宗人"，即太宗之副也。此言是時太宗在位贊稱曰饗，
即勸王可以酒飲賓事。首受饗者自爲太保召公奭。於是太
保接受了王用以饗之同，下階盥手，另用一同，執其璋柄
以回酌王也。太保酢王之後，將同交給宗人，舉手拜王。
王答拜。

⑨ "嚌"，《説文》："嘗也。""宅"，疑即上文之"㲈"，奠爵
也。此言太保接受了王所饗之同，便先以之祭神，次以自
嘗，最後奠爵。禮畢，將同交給宗人，對王下拜。王
答拜。

[經文]

　太保降，收諸侯出廟門俟①。王出②，在應門之
內③，太保率西方諸侯入應門左，畢公率東方諸侯入應

門右④，皆布乘黃朱⑤，賓稱奉圭兼幣⑥。

［詮釋］

① “收”，莊云：“‘收’當爲‘以’字，形相近而誤。”梓案：依莊説，可讀作“太保降，以諸侯出廟門俟”。亦遠視舊讀爲順，今從之。“俟”，亦作“竢”，《釋詁》：“待也。”

② “出”，江聲謂出畢門也。

③ “應門”，江氏《音疏》：“王亦自殯宮出，故云‘出畢門也’。畢門即路寢門，其内爲内朝，亦曰燕朝；路寢門之外，應門之内，爲治朝，是正朝也，亦謂之‘寧’，故《爾雅》云‘正門謂之應門’，郭注以爲朝門。”

④ “太保率西方諸侯入應門左，畢公率東方諸侯入應門右”，時周公已殁，召公爲西伯，畢公代周公爲東伯，故經文云然。

⑤ “布乘”，一作“黼黻”。“布”，《廣雅·釋詁一》：“列也。”“乘”，四馬也。《詩·叔于田》云：“乘乘黃。”《傳》云：“四馬皆黃。”“黃朱”，《詩·干旄》疏引鄭《駁異義》云：“《尚書·顧命》‘諸侯入應門，皆布乘黃朱’，言獻四黃馬朱鬣也。”

⑥ “賓”，武億云：“古文通作‘擯’。”“賓稱”，是擯者之辭。“奉圭兼幣”，“幣”，所以將圭也。《周禮·秋官·小行人》：“合六幣：圭以馬，璋以皮，璧以帛，琮以錦，琥以繡，璜以黼。”馬、皮、帛、錦、繡、黼，所謂六幣也。奉圭兼幣，指上文之“布乘黃朱”而言。蓋諸侯朝王，例執圭，如《周禮》本節所謂“王用瑱圭，公用桓圭，侯用信圭，伯用躬圭，子用穀璧，男用蒲璧”是也。朝而兼享，則圭璧必兼幣，故云“奉圭兼幣”。

[經文]

　曰:"一二臣衛①,敢執壤奠②。"皆再拜稽首。王義嗣,德答拜③。

[詮釋]

① "一二",指少數人,但非一人也。"臣衛","臣"有伺候意,"衛"則指衛護。此皆諸侯、邦君對天子自謙之稱謂。

② "敢",有冒昧義。"壤奠",新天子即位,例須舉行大祭,諸侯例須助享(參閱《洛誥》詮釋),助享之禮儀曰"奠"。"壤",即土地也。鄭注:"諸侯當璧以帛,亦有庭實。"孫《疏》引《大戴禮‧朝士》篇云:"奉國地所出重物,明臣職也。"又《詩‧韓奕》疏云:"三享者,初享以馬若皮,其餘以國地所有之物,分之爲二,以備三享。"又引《禮記‧禮器》云:"天不生,地不養,君子不以爲禮。"《儀禮‧覲禮》:"庭實惟國所有。"申之曰:"則此諸侯所執以奠者,自是其國土所生之物,陳之以爲庭實也。'奠'者,鄭注《禮記》云:'猶獻也。'"

③ "王義嗣,德答拜",舊解以爲王此時嗣位,但義嗣先王之德,故皆於德字讀斷,讀若"王義嗣德"。我覺此近臆解,故寧取劉《集解》之説。劉引莊云:"'嗣'當係'詞'之誤。'詞'、'辭'古今字也。'王義辭'句,'德答拜'句。"又引莊云:"'義辭'謂固辭,非禮辭也,下堂而辭,不受朝禮。'德',升也;升,亦進也。"梓案:道德之"德",乃假借字,本字"悳",段云"俗假德爲之",德行而悳廢矣。"德"之本義,《説文》:"升也。"蓋"登"字一聲之轉。莊説蓋謂王不敢當諸侯朝覲禮,故下堂而固辭,然後登堂而答拜也。此言擯者贊曰:"一二臣衛,都奉獻

了各國所產之方物。"擯者説完，來朝諸侯皆再拜稽首。
王乃下堂固辭，升堂答拜。

[經文]

太保暨芮伯咸進，相揖，皆再拜稽首曰："敢敬告天
子，皇天改大邦殷之命，惟周文、武，誕受羑若，克恤
西土。惟新陟王，畢協賞罰，戡定厥功，用敷遺後人休。
今王敬之哉！張皇六師，無壞我高祖寡命。"

王若曰："庶邦侯、甸、男、衛！惟予一人釗報誥，
昔君文、武丕平富，不務咎，厎至齊，信用昭明于天下，
則亦有熊羆之士、不二心之臣，保乂王家，用端命于上
帝。皇天用訓厥道，付畀四方。乃命建侯樹屏，在我後
之人。今予一二伯父，尚胥暨顧，綏爾先公之臣服于先
王。雖爾身在外，乃心罔不在王室，用奉恤厥若，無遺
鞠子羞。"

羣公既皆聽命，相揖趨出。王釋冕，反喪服。

（以下闕）

略談《尚書·周書》的篇次問題

一、引　言

　　《史記·周本紀》：”初，管、蔡畔周，周公討之，三年而畢定。故初作《大誥》，次作《微子之命》，次《歸禾》，次《嘉禾》，次《康誥》、《酒誥》、《梓材》。”這裏《大誥》、《微子之命》、《歸禾》、《嘉禾》、《康誥》中間，都用一“次”字分開，明示周公作這幾篇誥辭的次序，《康誥》、《酒誥》、《梓材》三篇，都没有用“次”字分開，很像是一番説話，只是以内容分篇罷了。《周書》篇次，固自分明。今行《尚書》中的《周書》，這幾篇的篇次，即依此編排。其餘篇的篇次，也大體按照《周本紀》及同書《魯周公世家》編排如下：

　　金縢　大誥　微子之命　康誥　酒誥

　　梓材　召誥　洛誥　多士　無逸　君奭　蔡仲之命

　　多方　立政　周官　君陳　顧命　康王之誥

　　畢命　君牙　冏命　吕刑　文侯之命　費誓

　　秦誓

這種編排是有根有據的，還有甚麽問題呢？《君陳》以下，不關周公，其作誥辭的人，先後亦自有次第，和歷史叙述都没有不符，可以不論。自《大誥》以至《立政》，據説誥辭都出於周公，問題就在這幾篇中了。我看出這幾篇編次上有問題，是從《康誥》等三篇，而尤其是從《康誥篇》篇首四十八個字看出的。

據《康誥》等三篇的書序說：“成王既伐管叔、蔡叔，以殷餘民封康叔，作《康誥》、《酒誥》、《梓材》。”是這三誥辭，都是成王在封康叔於衛時，告康叔的話，和《史記》作周公告康叔的話有矛盾。

又據《史記・衛康叔世家》：“周公旦以成王命興師伐殷，以殷餘民封康叔爲衛君，居河淇間故商墟。周公旦懼康叔齒少，乃申告康叔曰：‘必求殷之賢人、君子、長者，問其先殷所以興所以亡，而務愛民。’告以紂之所以亡者，以淫於酒，酒之失，婦人是用，故紂之亂自此始。爲《梓材》，示君子可法則，故謂之《康誥》、《酒誥》、《梓材》以命之。”這更明白說出所以分三篇，只因其有三個內容；而誥辭是周公以成王之命誥康叔的，上說的這一矛盾也解決了，還有什麼問題呢？但細細讀了這三篇誥辭後，却叫我疑寶叢生了。這裏姑將我懷疑所在，就其較顯著的逐一分述在下面。

第一，《康誥》篇首的四十八個字，照《尚書》其他各篇的體例，應該是叙述成王或周公告康叔這番話的緣起，像上引《史記・衛康叔世家》中那段話才對，可是這裏却是這樣四十八個字：

> 惟三月哉生魄，周公初基作新大邑於東國洛。四方民大和會——侯、甸、男、邦、采、衛百工播民和見士于周。周公咸勤，乃洪大誥治。

這裏四十八個字，說的明明是：周公營洛都之初，四方人民來個大集合，所有侯、甸、男、邦、采、衛的百執事和帶來的人民，都爲周邦效勞做事，周公在一一慰勞之餘，因代成王發表一篇大告四方各邦臣民的誥辭。在這樣一個緣起之下，所說的話，和康叔有什麼相干？但這四十八字以下，用“王若曰”引出的，却劈頭便來個"孟侯，朕其弟，小子封"，明明是單呼康叔而告之的話，這不是牛頭不對馬嘴了嗎？

第二，《康誥》篇中"王若曰"以下，一則説"孟侯，朕其弟，小子封"，再則説"乃寡兄勖，肆汝小子封在兹東土"，而"小子封"的稱謂，更屢見不鮮。這"王若曰"句中的王，究竟是誰呢？照《書序》説，應該是成王。難道這竟是成王對康叔的稱呼嗎？從任何記載上看，我們只知道成王是武王的兒子，康叔是武王的胞弟，儘管年紀小，總沒有胞姪對胞叔稱弟，并且還不斷地呼他"小子"的吧。況且照《逸周書》的記載，武王克殷殺紂後，清除宮禁時，叔封還曾和周公、召公、太公、毛叔鄭、散宜生一同擔任執事，而叔封所擔任，還是焚禮的事。儘管《史記》説他齒少，決不至少到哪裏去。一個幼小即位的成王，會這樣不斷地"小子"、"小子"稱呼他嗎？還不但稱康叔爲"朕其弟，小子封"，而且自稱爲"寡兄"，這難道也可説是成王的口吻嗎？若説正因此我們可以斷定《史記》的叙述較之《書序》爲得其實，這稱康叔爲弟而自稱寡兄的，正足見是周公而非成王。但又何以解於上文的"王若曰"呢？明陳泰交《尚書注考》"王若曰，格汝衆"訓若曰者，非盡當時之言，大意若此也。"周公若曰拜手"訓，此篇周公所作，而記之者，周史也，故稱"若曰"。前一語出《盤庚》，後一語出《立政》。繹此則"若曰"一語，口吻有二：①代人傳話時用，如《康誥》、《多士》、《多方》中的"王若曰"都是；②後人記載時所用，如《君奭》、《立政》中的"周公若曰"都是。這篇中的"王若曰"，應是周公代成王講的話，自應用成王的口吻，不能用自己的口吻。既是傳成王的口吻，就不應拿出自己的身份來。所以對於這一漏洞，連向來最善於傅會的注疏家，也無法彌縫，只能抬"周公攝政稱王"一個無中生有、非理之理來解釋。但這問題也正是自漢至清注釋《尚書》的學者們所爭持不决的問題，我想另文提出來討論，此姑不贅。對於這一點首先作爲問題提出的是宋蔡沈的《書集傳》，當然我認爲他提得入情入理，才重行提出的。蔡《傳》說："按《書序》以《康誥》爲成王之書，今詳本篇，康叔於成王爲叔父，成王不應以弟稱之。說者謂周公以成王命誥，故曰弟，然既謂之'王曰'，則爲成王之言，周公何處以弟稱之也？……又謂'寡兄勗'爲武王，尤爲非義。寡兄者，自謙之辭，寡德之稱，苟語他人，猶之可也。武王，康叔之兄，家人相語，周公安得以武王爲寡兄而告其弟乎？"這求之於古記載，確未見有先例，蔡《傳》的懷疑，確有理由。因此，我很懷疑，這《康誥》的誥辭，竟自武王自己告康叔的話。武王自己稱寡兄，稱康叔爲弟，就都沒有問題了。

第三，《康誥》一篇，照《書序》、《史記》都說是管、蔡亂平後，封康叔於衛時，成王或周公的誥辭；《史記·衛康叔世家》還撮其篇旨。但我們用以讀今行《康誥》本文，都覺得只有兩小段是符合這一篇旨的，而占《康誥》全文一半以上的文字，都只說個明德慎罰，倒很像是命康叔爲司寇時的誥辭。除了篇末"汝乃以殷民世享"一語外，幾乎一點看不出這竟是封殷的誥辭。

第四，《梓材》一篇，那就更可疑了。不但我懷疑，連善於附會的經學家們，也始終不曾得到解決。

照我主觀的看法，就這《康誥》、《酒誥》、《梓材》三篇，連《康誥》篇首的四十八個字看，除了《酒誥》問題較小外，其餘都是疑雲密布，讀起來，覺得如墮五里霧中。至於篇首這四十八字，我主觀的想法，除根本不與這三篇文字相干外，倒還可以借它來整理周公所作全部誥辭的篇次。

二、《尚書》成書的問題

我覺得在解決上述這些疑團之前，還有一個問題得先解決，即有關於全部《尚書》——即使是今古文家同認爲可信的二十八篇——的眞僞問題。關於這一問題，我在二十年前（一九四一年）曾在《今文尚書論》及《續論》中有過一番論證，大旨以爲：《尚書》一書，原因漢代經生們認爲是上古之書而得名。這所謂書，並不像漢代那樣用縑帛寫成一卷一卷的書，當然更不像宋以來用紙寫印成一本一本的書，而是用刀筆在竹簡、木版上刻契文字，用韋帶連綴成一册一册的書。像這樣綴簡成册的書，是極易散亂的。在戰國時，孟子已曾說道："諸侯惡其害己而皆去其籍。"戰國之局結束後，秦始皇又曾大規模地搜焚民間藏書。秦亡時，經項羽的咸陽一炬，連官家的藏書，也不免散亂了。再經秦漢之際全國規模的內戰，所以到了漢代初年，公私藏書的散亂闕失，當已無可修復了。《漢書·藝文志》就曾說："漢興，改秦之敗，大收篇籍，廣開獻書之路。迄孝武世，書缺簡脫，於是建藏書之策，置寫書之官，下及諸子傳說皆充秘府。"經這樣蒐求整理，是不是就斐然可觀了呢？這還遠遠不夠，所以到成帝時，還覺得書頗散亡，再"求遺書於天下"，并且還特詔劉向、任宏、尹咸、李柱國等各就所長，加以校訂整理。這總該完備了吧，但到東漢時，王充還在《論衡·書解篇》中寫道："漢興收五經，經書缺滅而不明，篇章棄散而不具，龜錯之輩各以私意分拆文字，師徒相因相授，不知何者爲是。"於此可見，即使經過漢興以來的蒐求整理，而缺滅棄散的情形仍照樣嚴重；即使從龜錯以來，不斷有人整理，但也沒有眞正完整的章句可得，不過由整理者以私意分拆文字，而以之傳授生徒，始終莫衷一是。本此，我們應該清楚如今所能看見的先秦經籍，可說幾乎沒有一部不是由漢人從一些零篇斷簡中輯訂出來的。正因此，所以漢人傳經，才各有各的家法；而所謂家法，原只是各人有各人的讀法——各人有各人對字形的揣摩，各人有各人對章句的排比，各人有各人對義旨的解釋。於是《易》有施、孟、梁丘、京等四家，《書》有歐陽、大小夏侯等三家，《禮》有后蒼、大小戴、慶等四家，《詩》有魯、齊、韓等三家，《春秋》有公羊、穀梁二家。但這還都只就立於學官的講，未得列於學官的，還沒有計算在內。例如我們所見到的《詩經》，是未得立學官的《毛詩》，並非魯、齊、韓三家的《詩》；我們所習見而普遍在學習的倒是漢時未得立學官的《左氏傳》，而非公、穀二家。至於在這裏要討論的《尚書》，那就漢時得立學官的三家的本子，竟没有一家存在的了。像這種情形，誰又能肯定某一家所輯訂的本子是對的，是真的——是先秦經籍的本來面目呢？

不過，還有一點是可以肯定下來的，儘管那些已輯訂成章句或篇章的，不論它在漢時得立於學官與否，都不可信其為已輯訂得很合於先秦的本來面目，而那些被輯訂的零篇斷簡，却可信為真的，因為他們都是西漢一代廣收篇籍時搜求得來的。其中簡篇容或有闕失，字形不免有訛解，但決不能認為是子虛烏有，或者何人所捏造。我們倘就這些資料，參考先秦遺物，如金石甲骨上的文字，或者此類各種同時的資料，而加以鈎稽訂正，自於研究古史不無價值。但也不能拘泥於什麼孔子刪訂六經之説，而認為一切經籍都是經過孔子手訂的先秦原本；只能認定它們是兩漢人自伏生而下至小夏侯等就零篇斷簡中各本其讀法先後輯訂起來的，那才不至為現行經文所迷誤。

至於現行《尚書》的經文，其可信的程度更難説了。即使是今古文家所同認為可信的二十八篇本，雖是西漢小夏侯家的輯訂本，但此本《尚書》經文，無論是字形上、章句上、篇章上，均已被魏晉以來作偽者所竄亂。現行《尚書》經文，是由唐初孔穎達所訂定的《正義》本，不但不是先秦的本來面目，並也未必是小夏侯本的本來面目。我們讀它時，絕不應像那些篤信古籍、惟古是尚的朴學家們，把現行本認作大經大法，強作解人去遷就它，或者倒可窺見一些真相。這是我那兩篇舊作的大意。

認清了這一點，我們這纔可嘗試去解決上述的那些疑團。

三、康誥篇首四十八字的問題

此四十八字，《僞孔傳》的解釋是：

> 周公攝政七年，三月始生魄，初造基建作王城，大都邑於東國洛汭，居天下土中，四方之民大和悦而集會。五服之百官播率其民，和悦並見即事於周，周公皆勞勉五服之人，遂乃因大封命，大誥以治道。

鄭《注》對此的疏釋，則散於《正義》。

> 此時未作新邑。基，謀。（見本篇《疏》引）

> 岐鎬之城，處五岳之外，周公爲其於政不均，故東行於洛邑，合諸侯，謀作天子之居。四方民聞之，同心來會，樂即功作，效其力焉。是時周公居攝四年也。（見《周禮‧大司徒》疏引）

> 不見要服者，以遠於役事而恒闕焉。洪，代言周公代成王誥。（見本篇《疏》引）

孔、鄭的解釋，雖有所不同，但認定周公爲營洛而作誥是同的；而命誥的對象，也同是五服諸侯的臣民。鄭《注》在解釋正文"王若曰"時，並解爲"總告諸侯"（見本篇《疏》引），似乎康成所見的《尚書》（當然是小夏侯本），這四十八字還不在《康誥》篇首，移到《康誥》篇首，好像還是康成以後的事。

正因於此，北宋時蘇軾認爲這四十八字爲《洛誥》的篇叙；南宋時朱熹、蔡沈等，也引用蘇説來解決這個疑團。但細讀現行《洛誥》全文，仍覺有些不類。《洛誥》實係營洛已成之後，周公據以報告成王，並請成王蒞洛主持宗祭的叙述，既非周公初基作洛之時，也非周公大誥五服臣民之語，所以這四十八字仍安不上去。清儒批評他們爲淺妄，也還不算過火。

宋末元初，金履祥也早曾另行提出一個看法，在他所著的《通鑑前編》第八卷引《召誥》文“越七日甲子，周公乃朝用書命庶殷侯、甸、男邦伯”語下，曾説道：“即《多士》之書也。蓋以王命爲書誥命庶殷，故下文召公又曰‘誥告庶殷越自乃御事’，謂周公以王命告庶殷，又當自誥也。侯、甸、男邦伯亦當有書，其叙亦出《康誥》之首，其書今《梓材》。”金氏在同書同卷引《多士》文之後案中，就更説得明白了；並對蘇軾認爲《洛誥》篇首之説，也曾加以批評道：“夫宅洛之事，其總叙見於《召誥》曰：‘三月惟丙午朏，越三日戊申，太保朝至于洛，則達觀于新邑營。越三日丁巳，用牲于郊，牛二。越翼日戊午，乃社于新邑，牛一、羊一、豕一。越七日甲子，周公乃朝用書命庶殷侯、甸、男邦伯。厥既命庶殷，庶殷丕作。’其庶殷之書，即《多士》之書，叙所謂‘惟三月周公初于新邑洛，用告商王士’者也；其命侯、甸、男邦伯，亦必有書矣。其書安在？曰《梓材》之書是也；其《叙》即《康誥》之《叙》，所謂‘惟三月哉生魄，周公初基作新大邑于東國洛。四方民大和會，侯、甸、男邦、采、衛百工播民和見士于周。周公咸勤，乃洪大誥治’是也，蘇氏所謂《洛誥》之《序》也。……今以《康誥》之《序》冠《梓材》之首，合爲一書，豈不昭然明白也哉？”金氏並曾本此意通釋《梓材》全文，且能持之有故、言之成理；而這四十八字中“三月”之文和“侯甸男邦”之文，和《召誥》、《多士》也相符合，其持論遠非蘇、蔡等含混其辭者可比。

此後清人對蘇、蔡等看法，曾批評其淺妄，對金氏此説，都未見有何批評。清末，俞樾的《羣經平議》且和金説幾乎完全相同。《平議》卷六“王曰封”條下曾説：“《康誥》之首，有‘惟三月哉生魄'至'洪大誥治'四十八字，此文與全篇無涉。蔡氏《集傳》因用蘇氏之說，移此文於《洛誥》之首，然'周公咸勤，乃洪大誥治'、'周公拜手稽首曰朕復子明辟'，文不相屬，且既云'周公咸勤'，則篇中當有慰勞五服之語，《洛誥》豈有是耶？然則此四十八字在《康誥》，在《洛誥》，皆贅旒也。竊疑當在《梓材》之首。"

和俞樾同時而稍後的吳汝綸，却又另有一看法，以爲這四十八字，係"《大誥》之文，當在'卜陳惟若兹'之下"；意即認爲這四十八字，當在《大誥》篇末。但通讀《大誥》篇全文，只是説明了一點，就是説武庚、管、蔡不可不討伐，旨在解釋友邦君、尹氏、庶士、御事等的疑慮而已，並無一語涉及作洛，並也沒有一語有慰勞的口吻，這和此四十八字，也還是湊合不攏來。

綜上所引述，可見對於《康誥》篇首四十八個字這一疑團，並非我個人所獨有，只要不是篤信《尚書》經文爲大經大法的人，對此都是所共有的。歷來想要解決這一疑團的，就我所知，大約有以上三個看法：①《洛誥》篇首説；②《梓材》篇首説；③《大誥》篇末説。①③兩説已辨證如上，剩下的只有②，即仁山金氏、曲園俞氏的《梓材》篇首説了。這一説是否就使我心折了呢？可是我的疑團仍不曾由這兩位大師的看法把它打破。這裏，姑先申我説如下：

金、俞兩大師雖同以這四十八個字爲《梓材》篇首，但金氏却於這一點之外，還曾將這四十八字和《梓材》全文，聯繫於《召誥》中"周公朝用書命庶殷侯、甸、男邦伯"之文，認爲即是命侯、甸、男邦伯的誥辭。按《梓材》全文是否即《召誥》中所謂周公命侯、甸、男邦伯的誥辭，我想應該另作討論，這裏不妨先指出兩點：

①四十八字中説周公所咸勤者，是五服的百工和播民，並不是邦伯，而金氏却引了《左傳》"成王合諸侯城成周以爲東都"之

文，以爲是作洛必合諸侯各率其卿士大家將其徒衆以受役，並以之解釋《梓材》"以厥庶民暨厥臣達大家，以厥臣達王惟邦君"，正是諸侯們的應有事故。以《梓材》爲誥邦伯之辭，以之解釋《梓材》之文是對了，但和這四十八字還是相合不起來，因爲命誥的對象不同了。

②《召誥篇叙》之文，是"越若來三月，惟丙午朏；越三日戊申，太保朝至于洛……越三日庚戌，太保乃以庶殷攻位于洛汭；越五日甲寅，位成；若翼日乙卯，周公朝至于洛……越三日丁巳，用牲于郊……越翼日戊午，乃社于新邑……越七日甲子，周公乃朝用書命庶殷侯、甸、男邦伯"，拿這和四十八字中的叙述對校一過，說話的月份同是三月，好像確實可聯繫起來看的。但一數到記日的甲子，却有些不對頭了。我這裏將《召誥》中所記的甲子排列在後：

三月	丙午朏	三日（孟康説）
	丁未	四日
	戊申	五日（太保至洛）
	己酉	六日
	庚戌	七日（攻位于洛汭）
	辛亥	八日
	壬子	九日
	癸丑	十日
	甲寅	十一日（位成）
	乙卯	十二日（周公至洛）
	丙辰	十三日
	丁巳	十四日（用牲于郊）
	戊午	十五日（社于新邑）
	己未	十六日

庚申　　　十七日

辛酉　　　十八日

壬戌　　　十九日

癸亥　　　二十日

甲子　　　二十一日（周公朝用書命庶殷侯、甸、
　　　　　　　男邦伯）

　　照這樣看，太保召公到洛，在這年三月五日，七日庶殷攻位
於洛汭，十一日位成，周公到洛，已在位成的次日，即十二日，
十四日用牲於郊，十五日社於新邑，周公用書命庶殷侯、甸、男
邦伯，要到是月二十一日了。拿這和《多士》篇首去聯繫，是沒有
問題的，因爲《多士》篇只泛泛記“三月”，三月中任何一天都可説
得上；可是拿這和四十八字來聯繫，就有問題了。因爲這裏明明
白白説是“三月哉生魄”這天的事。這一天究竟是哪一天？是不是
二十一日這一天呢？至於“哉生魄”一辭向來就有兩個解釋：一是
《禮記·鄉飲酒義》的説法，即“讓之三也，象月之三日而成魄
也”；又許氏《説文解字》“魄”作“霸”，説是“月始生魄然也，承
大月二日，小月三日，《周書》曰：‘哉生霸’”。這是一説。另一
説法，是《漢書·律曆志》引劉歆《三統曆》的説法，就是“死霸，
朔也；生霸，望也”。歷來注解《尚書》此語的，也有兩個解釋：
《釋文》引馬云：“魄，朏也，謂月三日始生兆朏，名曰魄。”這和
《説文解字》都分明用的是《禮記》的説法。《僞孔傳》則釋爲“始生
魄，月十六日，明消而魄生”，這用的卻是《三統曆》的説法。這
兩個説法，誰對誰不對，不是要在這裏論定的問題，這裏要説的
是這四十八字和《召誥》篇首聯繫的問題。若用《禮記》説，那末
“三月哉生魄”，恰正是《召誥》的“三月朏”，這一天連召公也沒
有到洛，周公更不必説，叫他怎麼來“咸勤”而“洪大誥治”？若照
《三統曆》的説法，這一天應該是己未而不是甲子，也和《召誥》聯

繫不起來。

　　至於這四十八字和《梓材》篇聯繫的問題，現行《梓材》全文開頭一句是"王曰封"，明明是單呼康叔而告之的誥辭，這就有些牛頭不對馬嘴。金、俞兩先生異口同聲，都説這裏只有"王曰"兩字，而疑誤衍了"封"字。根據他兩位的看法，自不能不有此一疑。我覺得任意點竄經文，如無他證，也就未可盡信。因爲排比篇章，釐訂章句，固然出於漢人之手，而零簡上的文字，我認爲是可信的，沒有真憑實據，是不應該隨意點竄的，何況這應是一簡之首，少掉個把字是可能的，決不可在"王曰"之下，當簡中會衍上一個"封"字。俞先生以爲涉《康誥》、《酒誥》之文而誤衍，我覺得除非這一整簡本是《康誥》或《酒誥》之文而錯簡在此，否則不會單單誤上了個"封"字。但果真錯簡了，這一簡也不會只有"王曰封"三個字，"封"字下的一句"以厥庶民……"云云，也必會在這一簡上，那末又何以解於金先生對《梓材》全文的解釋？ 講到《梓材》全文，有大段似乎是什麼人告王的語氣，就是照金先生的解釋，爲對邦伯們講的話也不像，別説是對五服的百工播民了。況且《梓材》篇中，自首至尾，絕不曾提及作洛這一件事，而這四十八字的主題，却正是"周公初基作新大邑于東國洛"。這又如何合得攏來呢？

四、這四十八字是《多方》篇篇末的文字

　　由上述，我對於金、俞兩先生的説法，仍覺有些似是而實非。這四十八個字，既不是《康誥》的篇叙，也不是《洛誥》的篇叙，更不是《大誥》的篇末，連持之最有故、言之最成理的《梓材》篇叙説，也還未必合轍，那末，究應把它安排在什麼地方才説得通呢？我通覽了《周書》各誥，覺得這倒很像是《多方》篇末之文。

對不對不敢自必，這裏姑把它提出來，以待批評。

根據這四十八字的敘述，所説明的，是"侯、甸、男邦、采、衛百工播民和見士于周"，所以周公於一一加以撫慰之後，而代成王作這大誥之辭。在這裏，只提侯、甸、男邦、采、衛百工播民，不像《泰誓》那樣提的是"友邦冢君越我御事庶士"，也不像《牧誓》那樣提的是"友邦冢君、御事司徒、司馬、司空"，也不像《武成》那樣提的是"庶邦冢君暨百工"，並也不像《召誥》那樣提的是"侯、甸、男邦伯"，似乎專對百工和播民講的話，並不包括邦君、邦伯在內。而所以要説這番話，就爲的是"作新大邑于東國洛"這一件大事。我想這樣的看法，似乎錯不到哪裏去。根據這一看法去讀《康誥》、《洛誥》、《大誥》固然不對頭，就是去讀《梓材》也照樣對不了頭，只有拿這去讀《多方》才讀得通。

《多方篇》劈頭就説"猷告爾四國多方"，並不説是"告爾庶邦冢君"，這是很明白的。至所謂"四國多方"，那得看它將"四國"和"多方"對句的語法。按《周禮·夏官·大司馬》云："施邦國之政職：方千里曰國畿，其外方五百里曰侯畿，又其外方五百里曰甸畿，又其外方五百里曰男畿，又其外方五百里曰采畿，又其外方五百里曰衛畿。"由是可知，"國"是"王畿"，即是殷邦；"四國"，即是殷邦的四境；多方是指四境以外的每個方五百里的五服諸侯，包括自近及遠所謂侯、甸、男、采、衛的諸侯之邦，故稱"多方"。這"多方"即《大誥》的"多邦"，也即各誥中的"庶邦"，可知這篇誥辭所呼而告之的，只是泛泛的庶邦之人。這我們讀了《多方》篇中"惟帝降格于夏……曷不惠王熙天之命"的一大段，應該有此體會。在這段話中，"爾多方之義民，不克永于多享；惟夏之恭多士大不克明保享于民"兩語，就已明明白白提出了"百工"和"播民"了。義民，即儀民，也是"獻民"，也即是"民儀"、"民獻"，也即是金文中的"人鬲"，這不是"播民"是什麼？

"恭多士"的"恭"，即是"共"，也即是"供"；"恭多士"，即供職的多士，這不是"百工"是什麼？再下面單呼多士而告之的一段，那就更明顯了，這裏把它抄在下面而加以意譯：

> 王曰："嗚呼！猷告爾有方多士暨殷多士，今爾奔走臣我監五祀。越惟有胥伯小大多正，爾罔不克枲。自作不和，爾惟和哉，爾室不睦；爾惟和哉，爾邑克明。爾惟克勤乃事，爾尚不忌于凶德。……乃自時洛邑，尚永力畋爾田，天惟畀矜爾。我有周惟其大介賚爾，迪簡在王庭，尚爾事，有服在大僚。"

這不正是對五服的百工講的話嗎？這段話的大意是説："你們臣事於我周邦派出的監，已有五年之久了。你們中那些大大小小的執事們，也都不至於不守法而不響應。只要你們能響應，你們的家和邦，也就自會和我們相處得很好；只要你們能勤於所事，也就没有什麼凶德。……你們在這洛邑地方，將會永遠有田可耕，老天也自會哀憐你們，給你豐收。就是我周邦也會大大地酬報你們，簡選你們到王庭上來做事；只要你們能任事，還可在重要機構中給你們事做。"這不正因五服的百工播民，能"和見士于周"而加以鼓勵、撫慰的話嗎？既普遍地撫慰了多方之人，又特別提出義民和多士，而一一加以撫慰，這不正是"周公咸勤"嗎？這段話中，還有特別可注意的兩句話：一即是"今爾臣我監五祀"，一即"自時洛邑"。這兩句話，後一句是明指出了説話的地點，前一句話是明指出了説話的時間。

以《多方篇》的時間講，我們從"今爾奔走臣我監五祀"和上文"天惟五年須暇之子孫誕作民主"兩語參詳起來，作這一誥辭的時間，應該是武王死後、成王嗣位、周公攝政的第三年。這兩句話的意思，後一句是"上天寬假殷的子孫，讓他仍作人民之主已有五年了"，前一句是"如今你們臣事於我周邦所派出的監，已有五年之久了"。這不正說明武王克殷後，封紂子武庚於殷，而受三監的監視那一事實，已存在有五年之久了嗎？按《金縢》篇首說，"既克商二年，王有疾弗豫"；在《金縢》篇中雖說武王的病，因周公親禱而"翼日乃瘳"，但接着仍說"武王既喪"，可知"乃瘳"只是病體的一時好轉，其實，武王在這一年畢竟還是死了的。《史記·封禪書》就曾說，"武王克殷二年，天下未寧而崩"；可見這事實是史無異辭的。武王死，成王嗣，周公攝政，這一事實也是史無異辭的。按之《書大傳》："周公攝政，一年救亂，二年伐殷，三年踐奄，四年建侯衛，五年營成周，六年制禮作樂，七年致政成王。"（見《隋書·李德林傳》引）這《多方》篇中所謂"五祀"、"五年"，不正是武王克殷後的二年，加上周公攝政的三年，合成的五年嗎？《多方》篇首原記明是"王來自奄"，就是說這一篇的誥辭是三年踐奄後，成王歸周時，周公代王所作的。經文、書傳、史實一一符合，我們似乎可據以斷定《多方》篇之作，確實"三年踐奄"後所作，而毫無疑義的了。但這裏却也存在着一個問題，便是《多方篇》的篇次，何以排列在"四年建侯衛"時所作的《康誥》等和"五年營成周"後所作的《召誥》、《洛誥》，乃至還在《多士》、《無逸》、《君奭》等篇之後呢？這確實是成問題的。正因此，《偽孔傳》覺得無法解釋了，便不得不無中生有，幻出了"周公歸政之明年，淮夷、奄又叛"這一事實來圓其說，并且引了《費誓》所述的"魯征淮夷"事爲證，用以解釋《多方》篇中兩句較空洞的"至于再至于三"一語，並申其說道："再謂三監淮夷叛時，三謂成王即政又叛。"其實，成王即政又叛，根本沒有這麼一回事。歷史事實告訴我們，用於克殷後，首次倡亂叛周的，便是三監，怎麼說得上"再"呢？難道說武王伐紂算是首次嗎？要知這裏所謂"再"、"三"，原是分指上文的"我惟時其教告之"、"我惟時其戰要囚之"而申之以"至于再至于三"、"乃有不用我降爾命"。以殷人講，武王伐紂時，殷還不曾爲周所克，根本説不上用命不用命，那麼這個"再"，怎麼能安在三監之叛上去呢？至於《費誓》所述，那更是伯禽之事，這時明明由於淮夷、徐戎並興，也根本不與奄相干。按奄本殷舊都，有古本《竹書紀年》"盤庚自奄遷于北蒙"之文可證；又按之《書大傳》，奄君薄姑謂禄父（即武庚）曰："武王已死矣，成王幼，周公見疑矣，此世之將亂也，請舉事。"（見《太平御覽》卷六百四十七）由此可知奄與殷休戚相關，而三監之叛，奄正爲其主謀。正因此，周公乘克殷之後，所由必繼之以踐奄。也正因此，四年建侯衛時，必以殷封康叔而爲衛，同時又必以奄封伯禽而爲魯。況此舉《費誓》爲證，尤當知成王親政後，奄已是伯禽的封地，難道伯禽也叛周嗎？再所謂"三年踐奄"，照《書大傳》的解釋，説是"踐之者，謂殺其身，執其家，瀦其宫"（見《詩·豳風》疏引），是當時周之於奄，是已一舉而絕其本根，故得以之封伯禽。這也因三監之叛，奄君薄姑實爲之謀，這才如此對付（據此踐奄之踐，似當讀作"殘"，《書序》有逸篇《將蒲姑》，"將"亦"戕"的假借字）。奄既被摧殘得根株盡絕，是已根本無奄了，如何又能再三舉叛旗？所以踐奄一舉，在《周書》中被視爲一件大事，於《多方》篇首既大書"王來自奄"，於《多士》篇首更大書"昔朕來自奄"，似乎比克殷還要看得鄭重。即此二語參詳，《多方》之作，似應遠早於《多士》，魏源的《書古微》中也曾説："《多士》、《多方》，《書序》次《洛誥》之後，僞孔因以爲再叛再征在周公歸政之後，西漢今古文家均無是説，馬、鄭亦無是説。"並曾根據此一看法，改定《多方》篇次，緊次於《大誥》之後。可知只要合《周書》全部來參詳，而不拘於認經文爲孔子所手訂的大經大法，自然可以得到這樣一個結論的。

以講話地點論，據《多方》篇中"爾乃自時洛邑，尚永力畋爾田"之文，我們應可斷定這是周公在新邑洛地方講的話。"自"在此應作"于"字講；"時"在《尚書》中多作"此"字講；"自時洛邑"義即"于此洛邑"，不已明白指出説這話時是在洛邑嗎？而且還説"你們在此洛邑，長此種你們的田"，這尤合周公在洛咸勤義民和恭多士的口吻。不過，這裏也還存在一個問題，就是周公營洛還是要等到攝政五年的事，而《多方篇》之作，上文却已論定是攝政三年踐奄後的事了，前後相差要兩年之久，這又是一個絶大的矛盾，不易解決的。其實，周公營洛卜謀雖攝政五年才能完成，而這一計劃却還是武王遺謨，周公原久想實現，特爲時間所不許可。《逸周書·度邑篇》載有武王告周公的話道："嗚呼！旦。我圖夷茲殷，其惟依天。……自雒汭延于伊汭，居易無固，其有夏之居。我南望過于三塗，我北望過于嶽，丕顧瞻過于有河，宛瞻于伊雒，無遠天室。"大意是説："我要平治殷人，只有將他們放在王室靠近的地方。……從雒汭延於伊汭一帶，地形平易無險固，當是當年夏人所居。我南從三塗，北到有嶽，乃至過了黄河到河北，都曾周覽一過，覺得只有伊雒一帶離王室不遠。"只這就是周代要東營洛邑的用心。自然，以地望講，周的根據地也確實如鄭康成之説"岐鎬之地，處五岳之外，周公爲其於政不均，故東行於洛邑……謀作天子之居"。而不知這實是武王早有的企圖。而武王所以有此企圖，原即因周都關中，偏在西北，而當時所謂中夏，却在關外所謂山東之地，實不便於統治。出關而東，又不能離根據地太遠；伊雒一帶既近關中，而又確是當年夏人所居，自然最爲適宜，所以一克殷，便將這打算告訴了周公。不料武王克殷後，只兩年便死，這一事業只好留給周公去完成。但武王死後，三監便已蠢動，周公雖想實現武王這一遺謨，因要救亂，自不可能有此機會。等到克殷踐奄後，時間有了，營洛的必要也見得更急了，自不由得不兜上心來。況且克殷踐奄時，既已做了一番犁庭掃穴的功夫，殷奄遺民自也不能没有一個完善的處置，於是武王那“倚天室”、“無遠天室”的遺謀，就更勢不容緩了。《多士》篇中説道：“昔朕來自奄，予大降爾四國民命，我乃明致天罰，移爾遐逖。”這“移爾遐逖”，就是説將殷奄遺民來遷徙。遷徙到什麼地方，不必説就是這“倚天室”的洛邑。既將殷奄遺民遷徙到洛邑，那就落得利用這些俘虜的勞動力來營洛邑爲成周。這就是《康誥篇》那四十八字劈頭第一句“周公初基作新大邑于東國洛”。鄭康成把“基”字解作“謀”，是極合事實的，《僞孔傳》就不免望文生義了。《召誥》、《洛誥》是營洛已成後，周公、召公向成王作的報告。《洛誥》中，周公還更建議成王舉行宗祭，這都是落成典禮中的事了。周公攝政三年初基營洛，五年落成，那時的勞動率，用兩年功夫經營一個作爲天子首都的洛邑，總應不能算慢，何況當時所營建的還是兩個大城呢———一個是周天子所居的王城（漢洛陽縣），一爲殷遺民所居的成周（今洛陽縣），也即戰國時的東周和西周。

　　再者，據《多士篇》“移爾遐逖”一語，我們又可體會到這四十八字的“播民”，也決不應如《僞孔傳》所釋的“播率其民”。這“播”字應讀作《大誥》中“迪播臣”的“播”，是“移爾遐逖”時被播遷的人民，也即是洛邑建成後，居於成周的殷遺民，這也正是《多方》篇中的義民。所謂“和見士于周”，也決不如《僞孔傳》所謂“和悦而集會”。按“和”，《説文解字》釋作“相應也”，是即“唱和”之“和”，用現代語説來，是響應。“和見士于周”，意即響應周的號召而來做事，換一説法，就是“百工播民響應了周的號召都貢獻出勞動力”。既要利用他們的勞動力，自然對他們只能一一去慰勞。對多方之人説，你們可以在這洛邑“宅爾宅，畋爾田”。對百工説，可以等我有周“大介賚爾”，“可以迪簡在王庭，有服在百僚”。這樣的一一撫慰，自是三年初謀作洛的事，而不是五年作洛完成時的事。

那末，這四十八字，何以不是《多方》的篇首，而是《多方》篇末之文呢？我的體會是這樣的：《多方》篇首已經有"惟五月丁亥，王來自奄，至于宗周"十三個字，下即緊接以"周公曰，王若曰"，是《多方》之作，乃在三年五月，而不在三月；而這四十八字的叙述，却尚是初基營洛的緣起，是這年三月中的事。大概這一年周公隨成王伐奄，踐奄之後，便本着武王遺謨，於三月中，便帶了殷奄的俘虜先歸洛邑，妥爲處置。等到五月中，成王由奄西歸，至於宗周，周公這才以成王之命"洪大誥治"，安頓殷奄兩邦及其他各邦響應來築洛的百工播民，而有《多方》篇之作。載筆的史官，既叙作誥的時日於篇首，再撮述作誥的緣起追記於篇末。

五、周書的篇次問題

我在"二、尚書成書問題"中已説過，現行《尚書》一書的篇章或章句，是漢人所輯訂、唐人所訂定的，未必就符合歷史事實發展的進程，萬不可信爲孔子所手訂的胡説。正惟如此，所以宋金履祥先生和清魏源先生都曾有過修正。

按現行《尚書·周書》的篇次，即使就較可徵信的二十八篇講，《周書·大誥》以後，《立政》以前，周公代成王所作的十三篇誥辭中間，除了《微子之命》和《蔡仲之命》兩篇是僞古文不計之外，餘十一篇的原順序是：

大誥——康誥——酒誥——梓材——召誥——洛誥——

多士——無逸——君奭——多方——立政

我通覽全文，稽之史實，參以伏生《大傳》、金履祥的《通鑑前編》，及魏源的《書古微》的見解，覺得有把它調整一下的必要。首當然應列二年克殷前所作的《大誥》；次即當以緊接以三年踐奄後的《多方》；然後次以四年封侯衛時所作的《康誥》、《酒誥》、

《梓材》；次以五年營成周時所作的《召誥》和《多士》；再次以七年歸政時所作的《洛誥》；《洛誥》之後，再次以成王歸政後的《無逸》、《立政》等篇。就是這樣的編列也還不無問題：

1. 按《史記·燕召公世家》云："成王既幼，周公攝政，當國踐阼，召公疑之，作《君奭》。"《書序》也説："召公不説，周公作《君奭》。"《後漢書·申屠剛傳》，剛也有"成王幼少，周公攝政……然近則召公不悦，遠則四國流言"的話，可見漢人深信有此一説。可見周公當時攝政踐阼，不但管、蔡疑之，即賢如召公，也未嘗不疑之。那末，《君奭》之作，似乎又要在《大誥》之前了。

2.《康誥》中王稱康叔爲"小子封"，而自稱"寡兄"，蔡《傳》疑此"王"爲武王，我是認爲疑得有理的。果爾，那末《康誥》還可能是武王告康叔之辭，那就更應列在《金縢》、《大誥》之前了。

本此，我以爲這十一篇篇次，就應調整如下：

君奭——大誥——多方——康誥——酒誥——梓材——

召誥——多士——洛誥——無逸——立政

假如上述可以成立的話，那末《多方》之後，是緊次以《康誥》的；而《多方》篇末這四十八字的一簡，當然也和《康誥》的"王若曰孟侯朕其弟小子封"一簡原相緊接的。這倒並非普通所謂錯簡了，只是後人編排周書時，覺得《康誥》無篇序，才將這四十八字硬移下去而致誤的。

談談"井田制"

——金子敦先生在東北文史研究所講演記録

我想談談夏、商、周三代的生産方式，即"井田制"問題。

要研究歷史分期，應從生産方式入手。目前史學界歷史分期問題之所以没有解決，主要是由於没有從生産方式上去進行研究，而僅僅是着眼在一些片斷、枝節問題上的緣故。我以爲"井田制"是先秦時代唯一可探討的生産方式，三代的生産方式就是"井田制"。僅僅有奴隸制度和農奴制度的存在，這並不能决定社會形態。奴隸制度在奴隸社會以前就已存在，馬克思曾指出："現代的家庭，在萌芽時，不僅包含着奴隸制，而且也包含着農奴制，因爲它從最初起，就是和耕地操作有關的。它以縮影的形式包含了一切的對抗，這些對抗後來在社會及其國家中廣泛地發展起來。"（恩格斯《家庭、私有制和國家的起源》第五十五頁）而作爲歷史分期的奴隸制社會實在是在有了國家之後才出現的（現代意義的國家，即階級統治的機構，統治階級利用這一機構來統治、剥削被統治階級），因此不從生産方式上去研究中國歷史，就不能解決問題。

關於"井田制"有無的問題，直到今天還在爭論莫决。主張在中國古代曾經有過井田制度的人，他們主要是憑藉古典文獻，認爲"井田制"的土地作囲形區劃，中間爲公田，八家皆私百畝，同養公田。至於否認井田制存在的人，其中講的最膚淺的是胡適，他認爲中國古代絕對没有這樣豆腐乾塊的"井田制"。他是鈔襲焦循的見解。焦循在《孟子正義》中就曾説過："方者，開方也，方一里謂縱橫皆一里，劃爲九，則積九百畝者，其方三百畝也，其形如井字，故爲一井也。或云方是法，不是形。"這是把方字另作解釋，認爲方里並非四方之方，而是開方之方，却並没有根本否定"井田制"。

雖然焦循並没有根本否認"井田制"，但他却又認爲井田的田"斷無百十里直如繩，平如砥者"。這種講法則未免與事實不相符合。地理上許多廣漠的沖積層，是明顯的事實。我國古代文化的搖籃中原地區是主要所在地，冀、魯、豫平原就是其平如砥的千里沃野，晉、陝之間的山塊地帶，不也有着厚厚的黄土堆積的一處處臺層地塊是很爲平坦的嗎？因此説平的地方比較少還可以，説一點没有這就不符合實際情況。説它不直是成立的，但這是由於過去土地私有制人爲的現象，此疆彼界，犬牙交錯，當然不可能直。可是古代的土地是公有的，那就完全可以直。中原地區大部分是平原，所以三代在這裏很可以發展直如繩、平如砥的"井田制"。魯豫一帶是殷的根據地，古籍所説至湯至盤庚遷來遷去總是在這裏便可説明這一點。因而焦循的話是不能成立的。認爲豆腐乾式的"井田制"根本不存在的説法，實際是不懂得歷史和地理。

"井田制"在我看來是歷史發展的必要階段，馬克思在《資本主義生産以前各形態》一書中曾指出在古代，"土地——這就是一個偉大的實驗場，就是一個既供給勞動資料又供給勞動材料的兵工廠，又是居住的地方，即集體的基礎。人類素樸天真地把土地看作集體的財産，而且是那活的勞動中生産和再生産出來的那種集體的財産。每一個單獨的人只是作爲集體的一環，作爲這個集體的成員即一個所有者或佔有者而出現。那通過勞動過程的實際佔有，是在這樣的一些前提下發生的，那些前提本身並非勞動的產物，而是作爲勞動的自然的或神授的前提出現的"（第五頁）。可見古代沒有私有土地，而只有分地。所謂"亞細亞"的"普遍農奴制"是不同於古代希臘羅馬的，希臘羅馬個人獨立性強而發展爲奴隸制（古代氏族公社制可分爲三種：亞細亞的、古典的、日耳曼的）。無論哪一本歷史無不是從氏族公社講起。我以爲"井田制"就是由中國氏族公社制度發展所要求而產生的。解放前在江南還有一個犂七八個人共同拉着耕作的情況，何況古代在沒有犂、生產力低下的條件下，地要開出來是很不容易的，必須集合人力一塊搞才有可能。幾十個人一同進行是很必要的。可見"井田制"是氏族社會發展到一定階段的產物。總之，在古代生產力低下的情況下，要向自然鬥爭，不組織起來通力合作，就不能戰勝自然、征服自然。認爲中國古代沒有"井田制"，乃是非歷史唯物主義的觀點。

關於"井田制"，在中國古籍中記載最具體的要算《周禮》和《孟子》，如《遂人》中"……以土地之圖經田野……以歲時稽其人民，而授之田野……辨其野之土……"以授民。經者，經營也。稽者，察人民之數也。就是辨別土地的好壞和人民的多寡，作適當的分配。古代沒有私有土地，所以只有分給農民使用的"授田制"，這種做法，到周代便在《周禮》上制訂下來。爲什麼施用分地給人民種這種做法呢？目的是"以任地事"（任，責成大家開墾土地）和責令貢賦稅歛。以"國家"名義給人民以土地，然後人民向"國家"納稅納貢，交納生產收穫中一定數量的實物。在《國語·魯語》中有如下記載："季康子欲以田賦，使冉有訪諸仲尼，仲尼不對。私於冉有曰：求來！女不聞乎？先王制土，籍田以力，而砥其遠邇，賦里以入，而量其有無，任力以夫，而議其老幼，於是乎有鰥寡孤疾，有軍旅之出，則徵之，無則已。其歲收，田一井，出稷禾秉芻缶米不是過也，先王以爲足。若子季孫欲其法也，則有周公之籍矣。若欲犯法，則苟而賦，又何訪焉？”可見當時交納貢賦是有一定目的的，因爲"國家"收貢賦是爲了備外患天災和興辦事業。這與剝削剩餘勞動力不同。

古代的"井田制"是有變化的，授田在周代"三十授田，六十還田"，夏商不一定如此，可能是暫時性不固定的分授。

孟子說："卿以下必有圭田。圭田五十畝，餘夫二十五畝。"

"圭田"，歷代的注解家都認爲是充祭祀之用的田。古代祭祀用圭璧，是一種玉制的禮器，有一定樣式，看得很重，頂清潔，不會發生化學變化。實際圭字有兩個意義：一是因爲玉色白，所以有清潔、潔白之意。二是量度的意思。《大學》有"絜矩之道"，丈量地面。從趙岐起一直到清代的學者向來只作"祭祀的田"來解釋，趙岐認爲祭祀的田必須潔净，《左傳》上說"絜粢豐盛"，因而稱大夫用作專爲生產充祭品之用的田地爲圭田云云。朱熹的《章句》也如此講。到清代孫蘭《輿地隅說》中才改正了，認爲圭就是量度。他根據《九章·方田章》中有圭田截廣縱法，有圭田截小截大法，有方田截圭田法，肯定了圭田是零星散碎不成片段的田，須用圭去量度。《周禮·大司徒》說"以土圭土其地"，鄭玄注云："土其地猶言度其地。"就是零星的田地用土圭去量度的意思。

關於"井田制"的記載，在古籍中有：《周禮》、《孟子》、《春秋》三傳、《國語》、《論語》、《禮記·王制》等。以《周禮》、《孟子》講得較多較詳。在以後爭論中，儒家相信其有，法家則以現實眼光去看認爲其無。

周九夫爲井，《孟子》一書有着詳細的記載，《周禮》也有"鄉田同井"的制度，《周禮·小司徒》說："乃經土地而井牧其田野，九夫爲井，四井爲邑。""令五家爲比，使之相保；五比爲閭，使之相受；四閭爲族，使之相葬；五族爲黨，使之相救；五黨爲州，使之相賙；四州爲鄉，使之相賓。"這裏值得注意的是"四閭爲族，使之相葬"。《周書》："墳墓相連。"《漢書》、《逸周書》皆有"有無相通"、"患難相救"、"死後相葬"的話，氏族社會是許多人葬在一塊的，最近在上海青浦就發掘出有羣葬的古墓。特別是在《鄉師》中有"比共吉凶二服，閭共祭器，族共喪器，黨共射器，州共賓器，鄉共吉凶禮樂之器"的記載，一切都共用，這很近於原始共產主義，共以解釋作公，如不公用何必共用呢？在解放前江南鄉村做戲，吃飯桌上的魚下面常有"五房常"字樣，就是這種遺風遺俗。可見"井田制"是氏族公社的產物，只不過土地由定期分配到終身佔有而已。古籍中透露的消息是堯的時候還是有母無父，可見堯時代是母系氏族社會，至舜、禹才知有父，這是標誌從母系氏族社會轉到父系氏族社會。夏代應是父系氏族社會的開始時期，有人把夏代當作奴隸社會，是不對的。總之，我認爲"井田制"是原始公社發展到最後階段的一種生產方式，同時又是使百姓親睦的一種組織手段。

《孟子·滕文公篇》說："夏后氏五十而貢，殷人七十而助，周人百畝而徹，其實皆什一也。"可見夏代是實行貢法，殷代是實行助法，周代實行徹法。也就是說，夏后氏分給人民土地五十畝，取於民用貢法，殷分給人民土地七十畝，取於民用助法，周又分給人民土地百畝，取於民用徹法。

關於貢、助、徹的解釋，歷代傳注家都沒有講解清楚。

貢法：在我看來，貢有自動的意思，鄭玄說："貢者，自治其所受田，貢其稅穀。"夏后氏分五十畝土地給人民耕種，并且由自己訂出上繳的數目自動上繳。這種方法最原始，并且有許多毛病，因此龍子批評"治地莫善於助，莫不善於貢"，因爲"貢者校數歲之中以爲常，樂歲粒米狼戾，多取之而不爲虐則寡取之；凶年糞其田而不足，則必取盈焉"。

　　助法：就是從殷代開始實行"井田制"的納賦辦法。甲骨文的
田字作囲，便是井田。把一方九等分各爲七十畝的一方田，周圍
的八塊分給八家耕種，中間的一塊由大家共同耕種，收成歸公，
所以《孟子》説"助者藉也"、"惟助爲有公田"，《禮記·王制》説
"古者公田藉而不税"，鄭玄注："助者借民力以治公田。"不過這
種説法到後來也有毛病，大家只致力於私田而不願意治理公田，
因此到周代改爲徹法。

　　徹法：《孟子》説過"周人百畝而徹"、"徹者徹也"。但究竟
徹是怎麼回事，從古至今都没有明確理解。楊時説："徹者徹也，
蓋兼貢、助而通用也。"(《南軒孟子説》卷三)趙岐説："耕百畝
者，徹取十畝，以爲賦。"只有錢大昕解釋得比較接近，他的根據
是《周禮·司稼》。但有一點他説錯了，周制九夫爲井，他説成八
家共井。總之我認爲，周代去掉公田，九夫爲井，每年派司稼視
年成好壞來訂當年税目，不論年成如何皆取收成的十分之一，這
樣不耕公田的毛病就没有了，可見，徹是當取字講。

　　至於貢、助、徹的變化，皇侃認爲：夏代人多，所以只能分
配五十畝。殷代人減少，所以增爲七十畝。周代人口更少，所以
可能分到百畝。顧炎武説法與其恰恰相反。我的看法是由於生産
力發展的緣故。夏代人民勞動力差、工具差，一家能種五十畝。
殷代生産力發展，能種七十畝。周代更爲發展，所以能種百畝。
這種發展變化也表明"井田制"也在發展變化。從這裏我們又可以
看到土地制度與賦税制度的關係。

　　三代時没有私有土地，土地都屬於國君的。古代王，即后，
都是部落首腦。問國君之富，數地以對。問大夫之富對以有宰食
力(宰即管家管事的)，問士之富以車數對。問庶人之富數畜以
對。這樣看起來，土地只有國君才有，其他人則無土地，這與馬
克思所講的很相像，只有部落酋長才有土地，其他人没有土地

（見《資本主義以前各形態》）。

歷來講井田制都以《孟子》爲主、《周禮》爲輔，以《周禮》注《孟子》，以《孟子》注《周禮》，講來講去都講不通，於是就認爲這個問題麻煩，甚至劃圖來計算，也搞不通，最後就説是儒家假造的。

其實，《孟子》所講的"井田制"確實和《周禮》不一樣，《孟子》是有一半講制度，一半講自己的主張。孟子回答滕文公的話，"夏后氏五十而貢，殷人七十而助，周人百畝而徹……"，這是講制度。至於回答畢戰的話，則是講自己的主張。孟子時代，"井田制"早已廢掉，滕文公只聽到過"井田制"的説法。才使畢戰去向孟子請教，於是孟子根據三代井田制的流弊，以及看到當時人民生活困苦、負擔沉重的情況，才提出自己的主張："方里而井，井九百畝，其中爲公田，八家皆私百畝，同養公田。……"孟子的"井田制"既不是周制，也不是殷制。周制九夫爲井，孟子是八家同井，同養公田；殷代是七十而助，而孟子是八家皆私百畝。可見孟子是採取了周代的授地制和殷代的徵税制，而湊成他自己的主張的。同時孟子在回答畢戰時説"請野九一而助，國中什一使自賦"，"此其大略也，若夫潤澤之，則在君與子矣"。顯然是提供意見以備參考的口氣，可見孟子在這裏確實在講自己的主張。所以我認爲探討井田制應以《周禮》爲主。

《周禮》上説"九夫爲井"，孟子説"八家皆私百畝"，這就産生了以什麽單位來授田的問題、單位是夫還是家的問題。同一《周禮》，不僅有用夫的地方，如"夫一百万廛田百畝"，還有用家的地方，如"上地家百畝，萊五十畝；中地家百畝，萊百畝；下地家百畝，萊二百畝"。更有夫、家在一起連用的地方：《周禮·大司徒》連用者凡十見，《小司徒》等篇也有。"夫家"按時計算夫家數目，授以土地，交貢税，夫家中有可任者，自行耕種（有勞動力者）。夫家裏還有人民，鄭康成解釋人民即是奴婢。

　　鄭康成説夫家“男女也”，這話講不通，《周禮·媒氏》中就有“司男女之無夫家者”，説夫家是夫婦也很難講。因爲夫家不只兩個人，“上農夫食九人，下農夫五人”，可見不是夫婦。一夫一婦還有兄弟，一子一女，還有二子二女（有兄弟稱之爲“餘夫”，餘夫授田二十五畝，即是圭田）。一夫一婦一子一女之外還可能有奴隸。所以我認爲夫家者，一夫之家也，夫即代表家，家是因夫而成立的。夫是很有能力的人，可以領導人的才叫夫：“夫也者，以知帥人者也。”《周禮·地官·小司徒》：“上地家七人，可任也者家三人。中地家六人，可任也者二家五人。下地家五人，可任也者家二人。”其中就去掉一個家長即夫没有在内。家長不可能全力參加勞動，在家要管理事務，出外做代表，并且可以代表分地。所以井田制授田單位是夫家，父字𠃊象人持杖，可以打人。“家人有嚴君焉，父母之謂也”（《孝經》），這説明夫在家的權力是相當大的，夫家很像恩格斯講的大家長制的家庭。

　　中國古代君父並稱，繼承單位是夫家，最大者是夫，即父親。有兄弟稱餘夫，未成家給二十五畝，成家則再另成一井。一父之子還有餘夫之分，這很像“宗法制度”，餘夫等於別子，做祖的第二代的才叫宗。本來“井田制”和“宗法制”是一體的兩面，龔自珍説：“惟農爲初有宗。”周代很講嫡庶之分，同父母所生最大者是嫡子，第二子爲庶，只有嫡子可以繼承父權。嫡庶之分如此之嚴，也是與井田制有關。只有嫡子纔可以做夫繼承家長之位，來受田。

　　總之，我們可以看到周代中國的氏族社會已有了很大發展。不是以氏族，而是以夫家爲單位，家族代替了氏族，這已接近了氏族社會的末期。到東周時期，井田制解體了，宗法制度也解體了。

井田制、宗法制在西周時期本來很嚴，可是到東周時期就都慢慢解體了。春秋初期諸侯中以鄭爲最强，鄭莊公擔任周王卿士，挾天子以令諸侯，從鄭"四月取温之麥，秋又取成周之禾"的記載來看，當時土地還是穩定的，所爭奪的却不是土地，而是搶掠農作物。可是到後來，天子、諸侯、卿、大夫甚至是老百姓，就出現了變相争奪土地的情況。這樣"井田制"就維持不住了。因此魯宣公十五年不得不履畝而税，實行了"初税畝"，税夫改爲税畝，計夫征税改爲履畝而税。此後，成公元年魯作丘甲；襄公十四年，鄭子駟爲田洫，使司氏、堵氏、侯氏、子師氏都喪失了田地；襄公三十年，鄭子産使田有封洫；昭公四年，鄭子産作丘賦；昭公十一年，陳轅頗賦封田，爲國人所反對；哀公十二年，魯用田賦等，各項變革相繼出現。這一系列變化事實，都是"井田制"一步一步解體的里程碑。所以到春秋末期，"井田制"幾乎完全被廢棄，到戰國，"井田制"、"宗法制"都不見了。不過在春秋時期雖然出現了不少掠奪土地的情況，但未見有買賣土地的史實。可是到了戰國就有了，例如趙括就買了不少土地。可見春秋時期土地私有還不曾合法化，這也正説明了"井田制"是建築在土地公有的基礎之上的事實。因此至秦商鞅之時，正式"廢井田，開阡陌"，此後井田制就不再見於文獻的記載了。

一九六二年十月十一日

釋　　衆

　　一九五九年十月號《學術月刊》載有謝天佑同志的《關於中國古史分期的若干基本問題的討論》一文。這篇文章將解放後十年來關於古史分期問題的論爭做一個回顧。這樣的做法，我以爲很好。我很想在時間許可的條件下，按着作者所列舉的問題都一一試來解答一下。這裏我想先就"衆"是不是奴隸這一問題來做個解答。當然我不説我的解答已正確了，不過本着敢想敢説的精神，姑且提出來請大家共同討論。

　　主張"衆"是殷代奴隸之説的，是根據甲骨文字"𠂤"字的字形分析出來的結論。其説以爲，"𠂤"從"日"從"从"，指的是那些在太陽底下勞動着的多數人，因而在殷代這些叫做"衆"的人是奴隸。主張這一説的人首先肯定了殷代社會是奴隸佔有制社會，所以覺得那些在太陽灼熱下在勞動着的多數人就肯定他們是奴隸了。這似乎先有結論而後有例證的論證法，是不是科學方法，是值得討論的。

　　單就"𠂤"這一字形論，下半部的"州"原是"衆"的初文，《國語》所記"三人成衆"是也，這不是問題所在，問題乃在上半部的那個"⊖"字。我由小篆追溯上古，以爲"⊖"並非"日"，而是"目"。《説文》："衆，从乑从目，目衆意。"（《繫傳》文）許氏可能望文生訓，但徵之周金文，許氏對此字倒没有這樣做。據郭沫若《兩周金文辭大系》所收《舀鼎》"衆"作"𠂤"；《師旂鼎》"衆"作

“🐾”；《師袁鼎》“衆”作“🐾”。《師旅鼎》的🐾，上半部活畫上一只
眼睛，不必多説；《師袁鼎》的🐾，也有旹，有睞，有瞳子，非目
而何？只有《舀鼎》的🐾較簡化，但也未嘗不像一只眼睛。甲骨文
的“衆”，字形的搆成雖不一，有“🐾”“🐾”“🐾”“🐾”等形，上半部
雖比較近於“曰”字，但最後一個和金文《舀鼎》的衆字竟一般無二
了。由這情形看，甲骨文和金文似不致於像兩條平行綫似的分頭
發展，而是一直綫似的發展下來的。最後發展到小篆，既然固定
爲从目从众而得許氏“目衆意”的解釋，則其字从目不从“日”，似
乎應該可以肯定。仿“日下多人”的解釋，我們倒也可於此得到
“目下多人”的解釋。果爾，則“衆”的身份我覺得很有類於《毛
詩》中的“田畯”。

　　田畯的“畯”，《説文》和《爾雅》都訓爲“農夫”；而《爾雅》郭
注：“今之嗇夫也。”邢昺疏則曰：“田畯，一曰農夫。”並引孫炎
曰：“農夫，田官也。”在“農夫”和“田官”兩名間畫上個等號，粗
看看似不能無問題。但從這一名的發展上看，也有它的發展過程
可溯。孫炎、郭璞都是魏、晉間人，其説似皆出於後漢的鄭玄。
《毛詩·豳風·七月》“田畯至喜”鄭箋：“田大夫也。”《小雅·甫
田》、《大田》“田畯至喜”鄭箋：“田畯，司嗇，今之嗇夫也。”最
後到了孔《疏》，則云：“此官選俊人主日，謂之田畯。”又《周
禮·春官·籥章》“以樂田畯”《疏》引鄭衆云：“田畯，古之先教
田者。”綜上所引，田畯一名，其有四義：（1）農夫，（2）田官，
（3）選主田事的俊人，（4）古之先教田者。此四義中，以時代論，
最早當然是鄭衆的“古之先教田者”，其次才是許慎的“農夫”和鄭
玄的田官。但鄭衆解的是《周禮·春官》文，《周禮·春官·大宗
伯》主掌的是祭禮，則其中的田畯便不能不是古人，自不能是
“畯”的原始義，應除外。鄭玄解的是周人的詩，而《説文》、《爾
雅》則解的都是字義。自然《説文》、《爾雅》的解釋要算最樸素。

倘照我們的常識來講，自應根據字義，訓田畯爲"農夫"，這似可肯定它是原始義了。至於鄭玄的解釋，就夾雜有漢人以今擬古、用古解今的成分在內。漢人解經，不但名物訓詁上如此，即解釋經義也往往借古諷今。今即以鄭玄的《毛詩》箋釋"田畯至喜"一語來講，其釋《甫田》、《大田》兩詩中"曾孫來止，以其婦子，饁彼南畝，田畯至喜"的箋文便是顯例。其文的大意是：

> 曾孫，即周成王，帶了王后和世子到南畝去給農民送飯，使王后和世子借此略知道些稼穡的艱難。看見田畯了，也爲之設酒食來表示親熱和尊重。

這種說法是藉以諷當時的統治者，希望他們也能這樣做，這就是所謂"通經致用"了。田畯的本義既是農夫，大可逕釋田畯爲農夫，豈不更直截了當。我們要知道漢時人的階級成見已遠比周時爲嚴，倘逕釋田畯爲農夫，那豈不要叫天子帶了皇后太子去給農民送飯，還要特設酒食去表示親熱和尊重，豈不失了天子的體制。好在漢時原有三老、嗇夫等類的鄉官，落得借來一用，說得好像君主普遍慰勞臣下的禮節，免得觸怒當時天子的淫威。用當世的"嗇夫"去比附田畯，是當時知識分子的苦心。至於孔《疏》所謂"主田事的俊人"，則是解釋農夫和田官之間劃等號的道理，是從"畯"字生發出來的了。我想事實上的發展，應該是這樣的——農夫，當然是原始義；事實上遇有設官主田事的需要時，便選農夫之俊者來充當，這就是所謂"主田事的俊人"了。照常識講，這種人選當然非老於田事的農夫莫屬。俊也者，就是比較出人頭地的人。等到要祭田祖時，因旌祀古時也當有這類田官，便用來配祭田祖，這才又有了"古之先教田者"的一義。

當然殷、周時代和漢代那樣的鄉官原也不是沒有，《周官》中便序列得不少；《禮記·曲禮下》也有這類記載，卻就叫做"衆"了。《曲禮》云："天子之五官，曰司徒、司馬、司空、司士、司寇，典司五衆。"鄭玄注説："衆謂羣臣也。"羣臣原是指有別於大臣的臣下而言，田畯之類的官，明擺着就是司徒典司下的羣臣，也就是五衆之一；其他如司馬、司空等典司之下當然也各有其"衆"。在同書同卷中"大夫死衆"的"衆"，鄭玄就訓爲軍師了。這軍師當然是"師旅"之"師"，不問可知其爲司馬典司下的"衆"了。這類官儘管是官是民不易分别，但在古代必須由自由農民或公社成員充當，不可能由來自俘虜中的奴隸來充當，這總應該是可以肯定的，所以"衆"之訓爲"農夫"是很自然的，但不可能訓爲奴隸。

"農夫"、"自由農民"、"公社成員"三個名詞是不是同義語呢？以身份論，當然是同義語，但運用起來也不是絲毫無分别的。"自由農民"和"公社成員"是用以區别於不自由或没有資格做公社成員的奴隸的。即自由農民和公社成員二者之間，又有它們自己的分别。這因古代社會，人類可以當作勞動的客觀條件，同時又可當作自己的財產的，主要是自然界中現成的土地；便是身爲他人財產的奴隸，勞動的條件是土地，也不例外，不過不能把土地當作自己的財產。在廣大的自然土地中，誰佔有一塊小的可由自己去勞動的土地便是自由農民。在以公社爲基礎的集體所有制的土地中，佔有一定部分的分地的，便是公社成員，但勞動却都在這種土地上進行。因此在太陽底下進行勞動的人，自不能肯定他們一定是奴隸，儘可有自由農民或公社成員在内，而且還是主要的。

至於農夫一名和自由農民之間也並非没有區别。據《周禮·考工記》的記載，開頭就爲公、卿、士、大夫、百工、商旅、農夫、婦功各下了個定義。"農夫"一名原是用以區别於婦功、商旅、百工以至於士、大夫、婦公等職業的。據這裏對於"農夫"一名的鄭注是"三農受夫田也"。此語似乎不太明白，賈公彦疏引同出《地官・遂人》文，釋爲“夫一廛田百畝”，則是“農夫”一名，正指我國古代井田制下共同耕作的公社中一夫受田百畝的人而言，是“農夫”正完全等同於公社成員。他和一般農民的區別，就名辭講，只在一個“夫”字上。“夫”，《説文》：“丈夫也，从大一，一以象簪也。周制八寸爲尺，十尺爲丈，人長八尺，故曰丈夫。”按之《周禮・地官・鄉大夫》“以歲時登其夫家之衆寡，辨其可任者，國中自七尺以及六十，野自六尺以及六十有五，皆征之”之文，可知在邑中七尺以上的人到六十歲的人、野中自六尺以上的人到六十五歲的人都應勞動的了，那八尺以上的人，且不限年齡，比較起來，無疑是較爲特殊的。這還只就身材和年齡講。又《禮記・郊特牲》云“夫也者，以知帥人者也”，更可見夫之爲夫，不僅身材和年齡上有特殊的資格，還須具有能領導他人的知識。從這上頭看，就可知“農夫”也者，並不同於一般的農民。又《周禮・少司徒》云：“乃經土地而井牧共田野，九夫爲井，四井爲邑，四邑爲丘……四甸爲縣，四縣爲都夫。”“夫”竟又和邑、丘、甸、縣、都等名詞同成爲地方區域的名詞，而成邦國中一個最小的區域單位了。於此可見“夫”在這最小區域單位中竟是一種在這一單位有代表性的人物，《郊特牲》説他能“以知帥人”，大抵就因此。

　　從以上引這些資料看起來，這種“夫”倒很有些可以和恩格斯在《家族、私有制和國家的起源》一書中的家長制家庭公社的情形相比較(見《馬克思恩格斯文選》第二卷第二一六頁)。在這種家庭公社中，“夫”殆即家兵，而《小司徒》下的“夫家”，竟是家庭公社，而作爲區域名詞的“夫”即是“夫家”的省文。恩格斯描述南斯拉夫人的 Zodruga 説：“它包括一個父親所生的數代後裔以及他們的妻子。他們住在一起，共同耕種自己的田地，用共同的儲蓄維持衣食，共同佔有一切剩餘產品。公社由一個家長管理，家長對外代表公社。……他是由大家推選，不一定是最年長者。"（見同上二卷二一七頁）這家長不即是"夫"嗎？不即是選出主田事的俊者——田畯嗎？不即是司徒典司下五衆之一嗎？所以我説"衆"有類田畯，如何會是奴隸？

"衆"在殷虛契文中首先被提出來作爲日下勞動人民的佐證的，是郭沫若同志的《奴隸制時代》一文。他那文中所引用的幾片甲骨是：

"王大令衆人曰協年其受年。"（《殷契粹編》八六六片）

"王往以衆黍于周。"（《卜辭通纂》四七三片）

"貞維小臣令衆黍。"（同上四七二片）

在同一文中，他並引了《毛詩・周頌・臣工》篇中"命衆人，庤乃錢鎛，奄觀銍艾"的詩，證明衆是耕田的人。又引了《䀇鼎》"用五田，用衆一夫曰嗌，用臣曰寁，曰朏，曰奠，曰田夫稽首"的銘文，更證明"衆"是奴隸。單從這三種資料來看，我就和他有不同的理解。《卜辭通纂》中的兩片"以衆黍"、"令衆黍"，固可釋爲種黍而肯定"衆"爲種黍的人；但《殷契粹編》中那一片的"協田其受年"訓爲自耕農當然無問題，倘訓爲奴隸，可就有問題了。我以爲奴隸只能於協田有分，而於受年就不見得有分了。這一片我覺得和《周頌・臣工》篇那一章詩，確可互相參證。那一章詩，我們給它好好地解析一下，倒可以看出"衆"在那時候的社會地位。據《毛詩》是"庤，具；錢，銚；鎛，鎒；銍，穫也"，鄭箋："奄，久；觀，多也；教我庶民，具汝田器，終久必多銍艾，勸之也。"這一章詩和《殷契粹編》那幾句卜辭的口吻可以説完全相同；所不同者，彼令"協田"，此命"銍艾"而已。這一章詩義本平易，但給鄭玄一箋，反而有點費解。鄭箋"奄"爲久，已不如《執競》篇毛傳釋"奄"爲"同"來得簡明；其箋"觀"爲"多"尤爲他處所不經見，其實逕釋爲"觀看"的"觀"，把這句釋爲"同看銍艾"不更乾脆嗎？而且和"遣諸侯於廟"的篇旨尤吻合。所以這一章詩意，照我的解釋，只是說："命我衆人：備好了你們的田器，同去看農民收割。"這"衆人"不正是"目下三人"的"衆"，不正是"田畯"嗎？至於《舀鼎》上那句銘文，"用衆、用臣"，原文既分明地區分開來，我們何必將它們混而爲一？不能以"臣"可釋爲奴隸，連"衆"也硬派它是奴隸。況且上文明明有"匡衆甼臣廿夫寇舀禾十秭"之文，這"臣"也明明說是匡衆之臣，"衆"又何以會和"臣"並爲奴隸？

　　在同一文中，郭同志又曾引《尚書·盤庚中》篇"奉畜汝衆"來證明"衆"的身份。講到《盤庚》，我所理解到的，和郭老似乎更遠了。這三篇文獻中的"衆"，似乎不但不和奴隸混淆，並也不與"平民"混淆。《盤庚》所以分上、中、下三篇，從來的注疏家都理解爲因所誥的對象不同而分的。上篇主要是對"衆"講的話，中篇是完全對"民"講的話，下篇又是對"衆"講的話。我是相信這樣理解的，因爲根據三篇開頭記盤庚作誥之緣起的三段叙述原很明顯。上篇開頭說："民不適有居，率籲衆慼出矢言。"大意即謂殷民不願往新居，相率向衆呼籲而出矢言。底下接着便是衆代民傳達矢言。盤庚聽了衆代述矢言後，接着叙述了如下的一段話道："盤庚斅於民由乃在位……王命衆悉至于庭。"《僞傳》釋這"衆"字，說是"羣臣以下"；而下文"王若曰"之下，開頭就說"格女衆"，而"格女衆"之下接着便說"古我先王亦惟圖任舊人共政"。於此可見衆自先王以來都是和王共政的人。中篇開頭就記着"盤庚作惟涉河以民遷，乃話民之弗率，誕告用亶其有衆，咸造勿褻在王庭，盤庚乃登進厥民"一段叙述。這段文字，我是這樣理解的，說是盤庚要以民遷居，召集了不肯遵令遷居的殷民來聽他講話，乃布告出去，叫用亶（亶）旂召集有衆，都各建了㫃（勿）旂執守在王庭上，這才叫有衆用㫃旂趣人民上王庭來。這裏衆自衆、民自民，絕不混淆。不然先已"宣其有衆"了，何以下文又要來個"登進厥民"呢？下篇就更明顯了，叙述中明說是"綏爰有衆"；而後文告辭中却直呼有衆爲邦伯、師、長，爲執事之人了。那末這篇中的有衆，竟是邦伯、師、長，爲執事之人了。假如我這樣理解而不深的話，殷代又果是奴隷佔有制社會的話，"衆"不但非奴隷，還畢竟是一些"奴隷主"呢。至於《盤庚中》篇那"用奉畜汝衆"的誥辭，劉逢祿的《尚書今古文集解》乃因中篇是對民說話，而疑"衆"是衍文，或認爲本作息，形訛，並因主張屬下讀。我是贊成這樣讀法的，理由是：①凡同一句中，要省略必在下半句，不應省略在上半句。上半句既是"予豈汝威"，疑有"衆"字。②這兩句連文，此語正與上半句爲對文，不應有"衆"字。況此一篇全文，明明是對人民講的話，爲何會插上一句"用奉，畜汝衆"，原因也就在此。當然我不能肯定"衆"一定指邦伯、師、長等大奴隷主講，但爲執事應可說得通，田畯不就爲執事嗎？在《盤庚》三篇中，對"衆"爲奴隷之說，由來已給予否定了。平心論之，"衆"固不必定爲《盤庚》篇中邦伯師長等大奴隷主，但其可爲田畯的自由農民或公社成員的農夫，如《毛詩》、《周語》之所云者，總應可肯定。殷代社會姑不必急於論定它已發展到何等形態的社會，而有公務身份的人，總起碼應是自由農民或公社成員，總不可能是奴隷。所以我說，"衆非奴隷"。

封邑邦國方辨

《説文解字》土部下："封，爵諸侯之土也。"又邑部下："邦，國也。"又邑部下："邑，國也。"又口部下："國，邦也。"照以上所列《説文解字》的解釋，"邑"、"邦"、"國"三個字，竟是同義字，故可互訓；便是"封"的解釋，所謂"爵諸侯之土"，按之《周禮·春官·詛祝》："以叙國之信用，以質邦國之劑信。"鄭注："國，謂王國；邦國，諸侯國也。""邦國"不就是"爵諸侯之土"嗎？那末"封"也即是邦國，而"封"和"邦"、"邑"、"國"也就都可互訓。

這四字不但可互訓，而且都可互用。《尚書·康誥序》："邦康叔。"《分器序》："邦諸侯。"《蔡仲之命》："乃命諸王邦之蔡。"這明明就是"封康叔"、"封諸侯"、"封之蔡"，都是"邦"可用作"封"字的例。《詩·商頌·玄鳥》"邦畿千里"，《文選·東京賦》注引作"封"；《論語·季氏》"而謀動干戈於邦内"，鄭《注》本作"封"，這都是"封"作"邦"用的例。《左傳》桓公十一年"以御四邑"，這"邑"決不是城邑的邑，城邑用不着御，當然是代"國"字用的。《尚書·太甲》"惟尹躬先見于西邑夏"，《武成》"用附我大邑周"，《多士》"肆予敢求爾于天邑商"，甲骨文也不時見有"天邑商"和"大邑商"等語，這又都是"邑"字作"邦"、"國"用的例。《孟子·滕文公》"請野九一而助，國中什一使自賦"，《周禮·天官》"體國經野"，這以"國"和"野"對稱，又明明是把"國"字代

"邑"字用的例。《尚書・盤庚》"不常厥邑，于今五邦"，竟好像把"邦"和"邑"等同起來了。大邑商也仍可作"大國殷"、"大邦殷"（都見《尚書・召誥》）。更又把"邑"和"邦"、"國"等同起來了。"封"既可和"邦"互用，也自可和"國"互用，《國語・楚語》："叔段以京患莊公，鄭幾不封。"這"不封"實即"不國"，也是一個顯例。

這四個字，既可互訓，更可互用，就難道一點沒有區別了嗎？這也不然。照這四個字的本義講，實在確有分別的。

"封"，小篆作𡉚，《説文解字》："从之（𡳿），从土，从寸，守其制度也。……會意。"這原只就小篆的字形的説法。"封"的籀文作𡉚，是一個从土丰聲的形聲字，其實也兼會意，因丰（𡴍），《説文解字》："草盛丰丰也。"所會的意就是土上草木盛長之義。古文又作𡊄，段玉裁以爲"从之土"，李陽冰以爲"从一丰聲"。"之"，《説文解字》："出也，象草過𡳿，枝莖漸大，有所之。‘一’者地也。"从之土者，即合𡳿於土，是草木生出土上之意。从一丰聲，也即合丰於一，是草丰丰然出於地上之意，義原無不同——從段説，是一個會意字；從李説，是一個會意兼形聲字。綜合以上諸解，我們可以斷定"封"字的本義，只是象徵着土地上有生長得很茂盛的草木罷了。照𡉚、𡉚、𡊄三個字字形發生的先後看，確是古文𡊄最先起，因它只象徵着草木盛生於大地之上；次轉爲籀文𡉚，它卻象徵着從旁用土去培壅了；最後起的是小篆𡉚，卻已加上了人爲的制度了。其實在這三個字形之外，在金文中還有個𡴍。這字見於《散氏盤》銘。字從𡴍從𦥑，𡴍即丰的省文，𦥑則𦥑的省文。朱駿聲《説文通訓定聲》釋𦥑爲"兩手捧物"，所以𡴍字正象兩手捧着草木在種植之形，是個會意兼形聲字，也正是《易・繫辭》所謂"不封不樹"的"封"。《散氏盤》銘文中有一段，這𡴍字凡十八見，容我引錄如下：

用矢僰散邑，迺即散用田，眉自瀸涉吕南，至於大沽，一封；已涉，二封；至於邊，柳；復涉瀸，涉芊，叔豩陝目西，封於歇城，楮木。封於若述，封於若，道内，陟若，登於厂泉，封於陼，栫。陝陵岡栫。封於單，道封於原，道封於周，道以東封於㝵；東疆右還，封於眉。道吕南，封於龢述；道吕西，至於㙻莫。眉井邑田：自桹木，道右至於井邑，封。道以東，一封；還以西，一封；陟田，三封；降吕南封於同。道陟州岡，登栫，降棫，二封。

這段文字，是我以意釋讀的，標點也是我以意標定的。當然不一定讀得對，也不一定標得對。這段文字雖不能盡解，但大意是：矢人會同散人整理兩國的疆界，沿界聚土堆堳埒以爲識，在堳埒上並植木以爲封。所用以植封的木，則有柳、楮、栫、桹、棫等五種。由此，我們可以知道散邑，除了和矢鄰接外，並和周、原、單、㝵、井相鄰。這就不但告訴了我們這個"封"字，還用事實具體地給以解釋。由這植封爲界的一義，我覺得《論語·八佾》中"哀公問社於宰我"的那一段所謂"夏后氏以松，殷人以栢，周人以栗"的話，也可和這參合起來看。按《周禮·地官·封人》："掌詔王之社壝，爲畿封而樹之。凡封國，設其社稷之壝，封其四疆；造都邑之封域者亦如之。"社本是所謂土神，原所以祈其靈佑一邦之土地，而壝則是社壝四周之界，植樹於社壝的四至，正象徵一邦土地的四至，而此種樹木即爲封於邦竟（即封域）的樹木，所以説"造都邑之封域者亦如之"；所謂"封域"，即《論語·季氏》"且在邦域之中矣"的"邦域"，即一邦之境界。所謂"夏后氏以松，殷人以栢，周人以栗"，就是説明夏后氏以松爲封域，殷人以栢林爲封域，周人的封域卻用栗木之林。

由此我們更可知所謂"封"，似即上古部落時代的沿境林或防衛林。恩格斯在他的名著《家庭、私有制和國家的起源》中曾告訴我們如下的一些事實道：

幾個氏族組成一個胞族……幾個胞族組成一個部落……美洲的各個印第安人部落……

……除自己確實居住的地方以外，還佔有廣大的地區，以供打獵和撈魚。在這塊地區境界之外，有一塊一直伸至鄰近部落境界的廣闊的中立地帶；……這種中立地帶與德意志人底邊境森林，凱撒底蘇匯維人（Caesar's Suevi）在其地區四周所設的荒地相同，這與丹麥人和德意志人之間的 isarnholt（丹麥語爲 jarnved，dimes Danicus）、德意志人和斯拉夫人之間的薩克遜森林和 branibor（斯拉夫語爲"防衛林"，普魯士的Brandenburg 省即由此得名）也相同。這種並不是由一定界限劃分開來的地區，乃是部落底共有土地，而爲相鄰部落所承認，他們自己亦須防衛，以免他人侵佔。

這種情形，和《爾雅》、《説文解字》兩書中所記載的我國古代情形很類似。《爾雅·釋地》："邑外謂之郊，郊外謂之牧，牧外謂之野，野外謂之林，林外謂之坰。"《説文解字》："邑外謂之郊，郊外謂之野，野外謂之林，林外謂之冂（坰）。"此外，王冰《素問注》也有"邑外謂之郊，郊外謂之甸，甸外謂之牧，牧外謂之林，林外謂之坰"的一段話。就這三種記載，拿來和恩格斯告訴我們的事實參合起來看，"邑"，《釋名》："邑，人聚會之稱也。"這就是恩格斯所謂部落中人"確實居住的地方"。郊、甸、牧、野，就是恩格斯所謂廣大的獵地——近邑叫做郊，郊以外才是甸、牧和野。至於這一片廣大的場地供什麼用，那就得看經濟的發展階段怎麼樣了——在漁獵階段，就是恩格斯所説作爲"打獵和撈魚"之用了；在牧畜階段的，就是《爾雅》所謂"郊外謂之牧"；在農業階段，就是王冰所謂甸了。野當是郊、甸、牧的總稱。林可就是恩格斯所謂沿境林或防衛林了。坰或冂，《説文解字》："象遠介也。"這應是恩格斯所謂"一直伸至鄰近部落境界的廣闊的中立地帶"。這可見在國家這一機構未形成前，無分亞、歐、美，部落和部落之間都是以森林爲界的。這種作爲分界的森林，最初當然是原始森林；而這就是"封"的古文坴所取象的草木。因坴字本義，原即地上自然生長得很茂盛的草木。到後來人口漸漸稠密，土地也漸漸作爲生産資料，部落和部落的接觸漸漸接近，這就有人爲疆界的需要了，也就是恩格斯所謂"爲相鄰部落所承認，他們自己亦須防衛"的分界了。這種人爲的疆界在那時不必説最容易取法於自然而樹植人造林。這就是"封"的金文𡉚或籀文𡊄所取象的林木了。因𡉚本象人用雙手植林，𡊄則從旁用土培林，這就有人造林的意義。也正因此，"封"就由本義沿境林一義引伸而有"界"義（見《小爾雅》詁），且有"建立封疆"義（見《周禮·夏官·大司馬》"制畿封國"《注》）。後來把分茅胙土叫"封建"，而封建時必須分茅，也即由此而來——"封建"的意義，就是植封林以建邦；等到植封林以建邦，封就有所謂制度，而"封"字就因之從之從土從寸了。這是"封"字字形孳乳的過程，借此，我們似乎可以略略窺見上古社會發展過程的一斑。

　　"邑"，《説文解字》："國也，從囗。先王之制，尊卑有大小，從卪。"會意。簡單點説，只是從囗從卪，會意。"囗"是"圍"的本字，《説文解字》："回也，象回帀之形。"囗，只是周圍的圍，意即在大地上圈定的一塊地。清初的圈地，近年來美帝在它自己的所謂友邦中圈定什麼軍事基地，都用事實告訴我們這囗字的具體意義。原始時代，尚未行土地私有制，一切土地都是無主的。有人聚居的地方，就圈定一定大小的土地作爲居住和生産之用，這就是囗字的本義。"卪"即今"節"的本字，《説文解字》："瑞信也。守邦國者用玉卪，守都鄙者用角卪，使山邦者用虎卪，土邦者用人卪，澤邦者用龍卪，門關者用符卪，貨賄用璽卪，道路用旌卪，

象相合之形。"段注："瑞，以玉爲信也。"這所謂"以玉爲信"，是
因守邦國者用玉卩，所以舉玉卩以概其餘，總之將一物平剖爲二，
各執其一以資信守的意思。這和現今合同的用意相同，不過合同
用同樣的文字寫成兩份，各執其一以資信守；卩卻用一物，或玉，
或角，或竹，刻劃簡單文字或圖畫於其上，即從字或畫的中央剖
而爲二，各執其一以資信守。總之是"以爲信也"而已。今人取信
則用印章，也還是由用卩蛻變而來。"印"，小篆作𢑏，從爪從卩，
意即以爪抓住節，而制作大概源於璽卩。後世皇帝有璽，官守有
印，都從古時的用節而來。"邑"的從囗從卩，所會的意，就是在
大地之上圈定一塊地，作爲一邦或一邑之人聚居和生產的地方，
由鄰邦鄰邑相互承認，各執卩之一半以爲信守。這就是恩格斯所
謂"爲鄰近部落所承認"。上文所引"邑外謂之郊，郊外謂之野，
野外謂之林"中的邑，便是邦人聚居的地方，郊和野便是邦人生
產的地方，林卻只是封，只是和他邦的分界——所以"邑"居中，
封則是極邊的境界，這就是"邑"和"封"的區別。

　　"邑"是邦人聚居的地方，"邦"又是什麼呢？"邦"，《說文解
字》："國也，從邑丰聲。"這是形聲字，但也只就小篆說是如此，
"邦"的古文卻作𨛜。"𨛜"，段玉裁《說文解字注》："從之田；
之，適也，所謂往即乃封。古文封字亦從之土。"這一解釋似嫌過
泥於"之"的引伸義了。按甲骨文𨛜作𨛜，和"封"金文𡉚同從半，
而並不從止，所以其字實從田丰聲，實是一個會意兼形聲字，和
後起的𨻐一樣從丰得邦聲，不過一從"田"、一從"邑"而已。照
此，"封"也實從土丰聲，或竟如李陽冰所謂從一丰聲，決不像許
叔重、段玉裁所謂從之土，因"封"實亦取聲於"丰"的。果如此，
邦的古文𨛜和"封"古文𡉚，成文的意義可說是完全相同，所不同
者只是一從"田"，一從"土"或"一"而已。其實"一"，地也（見
上）；"土"，田也（見《爾雅·釋言》）。從田，從土，從一，其義

一也，所以這兩字似乎竟是一個字。按之聲韻，雖同取聲於丰，
按之聲紐，今雖封爲輕脣音，邦爲重脣音，但古音又本無輕脣
音，是聲紐亦復相同。音、形、義既無一不同，是"封"、"邦"兩
字幾已毫無分別了，這就是兩字不但互訓而且可互用的由來。即
以小篆論，"封"從一丰聲，加從一"寸"，"邦"從邑丰聲，一從
寸，一從邑，似乎略有不同，其實《說文》"邑"下原也說是"先王
之制，尊卑有大小"，是用意仍無二致。小篆原是後起的字形，
便是周金文也不見得是原始的，只從上引《散氏盤》銘文中的𡴀
看，比之𡴀也已是後起了。所以王襄《簠室殷契類編》所收兩"邦"
字一作𤲝，一作𤲝，而容庚《金文編》所收"邦"字二十餘，就無一
不從丰從邑了。這大概因"邦"字當初原也和"封"一樣，只象徵着
土田上有盛生的草木，到後來因有了尊卑大小的制度，才加從
"邑"來表示。

　　那末"邦"和"封"就沒有區別了嗎？是的，這兩字的本義確無
不同，但就它們的引伸義說起來也不然。"封"只是沿境林或防衛
林，其第一步的引伸義也還只是邊界或疆界，即後此"封疆"的
封。由此再引伸出去，乃成爲植封立界，即"封建"的封、"封土"
的封，例如《散氏盤》銘的𡴀，就是這一義。由此再引伸，更又成
爲"封口"、"封鎖"的封。"邦"本義和"封"同，甚至引伸爲封建
義時，"邦"也還保有本義，如篇首所引《尚書》中的"邦康叔"、
"邦諸侯"、"邦之蔡"就是，但由此再引伸出去，"邦"卻另向一
個方向發展了。《周禮・天官・大宰》之職云：

　　　　"以九賦斂財賄：一曰邦中之賦……三曰邦甸之賦……
　　　　五曰邦縣之賦，六曰邦都之賦……"《疏》云："邦中之賦者，
　　　　謂國中之民出泉也。……邦甸之賦者，謂郊外曰甸，百里之
　　　　外，二百里之內，民所出泉也。……邦縣之賦者，四百里地
　　　　名縣，有小都，賦入采地之主，其中公邑之民出泉入王家

也。……邦都之賦者，其五百里中有大都，大都采地，其賦入主，外爲公邑，其中民所出泉入王家也。……"

《疏》是唐人的說法，不足爲據。我引在這裏，不過以之說明"邦中"、"邦甸"、"邦縣"、"邦都"等四個名詞的大概意義。因此《疏》所說的那些里數和什麼人出錢根本不可信，況且也不是我們在此要討論的問題，可以置之弗論。《疏》謂"邦中"即"國中"，那末也就是邑中。《疏》謂"邦甸"者"郊外曰甸"，那末與王冰注《素問》說合，而所謂"甸"，按之《詩·韓奕》"維禹甸之"《傳》"治也"，是土地已闢治爲田的地方，也就是部落中從事農業生產的所在。邦縣、邦都，《疏》以"縣"爲小都所在、"都"爲大都所在。《說文解字》："有先君之舊宗廟曰都。"《左傳》莊公二十八年："凡邑有宗廟先君之主曰都，無曰邑。"可知"都"也是人所聚居之地，和邑不同之處，只是"都"有先君的舊宗廟，"邑"是沒有的。照這樣說起來，"縣"和"都"倒是比所謂邑的"邦中"更像是部落的中心所在了。似乎說不通。這還得從"邦"字上求解答。

章太炎《文始》文六侯東類下：

封字《說文》訓"爵諸侯之土"。尋《春秋傳》曰"宿敢不封殖此樹"，《周官·封人》注"聚土曰封"，蓋本以土培樹。……封諸侯必聚土爲之堳埒，以表國界……故曰"封"；……乃孳乳爲邦國也。古文作當，从㞷田者，乃从㞷省聲也。其他封墓、封山，皆從封樹引伸。對轉侯，則變易爲"坿"，益也；孳乳爲"墣"，小㞷也；又爲"附"，附婁，小山也；爲"培"，培敦，土田、山、川也，《春秋傳》言"分之土田陪敦"。培敦、陪敦，即《呂覽》所謂"葆禱"，《九章算術》所謂"堨壔"（堨壔，李淳風《九章注》釋堨爲堨城，壔爲"以土擁木"，義頗等於封），所謂聚土爲堳埒矣。

照章氏之說，"封"、"邦"以至於"培"，都只是一聲之轉，而“陪”則和“培”可互用。照《説文》“培”字的解釋，有堨壿，有土田，有山川，也儼然有邦國的規模，那末“培”字不也可訓釋爲邦爲國了嗎？但事實又不然，“培”從無“國”義，我覺得這倒是部落的“部”字。按《風俗通·山澤》“部者阜之類”，部從邑音聲，與阜部之“陪”同取聲於音，不過一從“邑”一從“阜”而已，而“陪”又與“培”可互用。大概原來是陪落或培落，後來因音轉而爲部，才用“部”字來代替。“部”在《説文解字》原只訓爲“天水狄部”，根本無此義，而“培”或“陪”既包舉有堨壿、土田、山川，這才和部落的含義相合。邦本與封同爲壅土培木，義與陪敦（堨壿）原相通，於是便由本義封疆、封土、封山之義引伸而爲陪敦，爲部落。照上引恩格斯告訴我們的話，部落原由氏族和大氏族組成，那末氏族、大氏族當然先於部落而存在；部落形成了，氏族、大氏族便只是部落的成員了。本此，“縣”的前身，疑即是氏族；“都”的前身，疑即大氏族。氏族、大氏族本都是由血緣而發生的團體，自然都有其所謂先君的舊宗廟在。作爲部落中心的所謂“邦中”，雖也可能是氏族、大氏族之一的所在地，但爲便於聯繫那些加入部落聯盟的各氏族，尤其可能另闢一新邑聚，所以倒不一定要有先君的舊宗廟在。我國古代唐、虞、夏、商的國都往往不一其地而有煩後人的考據，大約即由於此。周初的歷史，那就更明白指示我們了。起初是公劉居邠；到太王，遷岐山；文王爲西伯，又遷都豐；武王又遷鎬；到周公相成王更營雒邑爲東都。周的發展本自西北向東南，所以它的“邦中”也就一步步向東南移，爲的原就是便於聯繫或控制新加入它部落的各氏族和大氏族。周人的先君舊宗廟必在邠、岐、豐可知。武王克商之後，立即就有營雒的企圖；武王死後，周公更以築雒引爲己責，原因也就在此。武王既遷鎬，而成王在命周公、召公築雒時，卻必自鎬京到豐去，以此事告於文王廟，可知周的先君舊宗廟在豐而不在鎬。周公築雒既成，跟着就在雒邑建宗廟明堂，更可知雒邑並無先君舊宗廟，鎬和雒當時已是周的"邦中"了，就不一定有先君舊宗廟，但加入周部落的各氏族、大氏族，原可和周在岐、豐時一樣，建有宗廟的，所以説"邦都"、"邦縣"都有宗廟，而"邦中"卻不一定要有。假使這一説法可成立的話，那末，"邦中"就是作爲部落聯盟中心的邑，"邦甸"就是這邑郊外的甸，"邦縣"就是加入聯盟的氏族所在地，"邦都"就是加入聯盟的大氏族所在，而"邦"不正就是"部落"了嗎？由此説來，"邦"是封以内有山川、有土田的全領地，而"封"卻只是這全領地的邊界了。只這就是"邦"和"封"在引伸義上的區别了。

接着我們要來談談"國"字的意義了。《説文解字》："國，邦也，从囗从或。"段注："戈部曰：'或，邦也。'古'或'、'國'同用，'邦'、'封'同用。""或"，《説文解字》："邦也，从囗、戈以守其一。一，地也。"段注："蓋或、國在周時爲古今字。古文只有或字，既乃復製國字……而封建日廣，以爲凡人所守之或字未足盡之，乃又加囗而爲國。"照段氏之説，"或"、"國"是一字的古今異形；照許氏之説，"或"、"國"都訓"邦"，那末"國"和"邦"又是同義字了。其實並非如此。"國"尤其是先起的"或"，其本義是"邑"的同義字，而非"邦"的同義字。許氏分析"或"字的製作，説是"从囗、戈以守其一"（按或字之口是囗不是口）；分析"邑"字的製作，説是"从囗从卪"。兩字同从"囗"，而一从"戈"，一从"卪"，卪以資信守，戈以資守衞，意義上可説小異而大同——所同者，一樣表示守着一方圈定了的土地；所異的是，"邑"只表示用卪資信守；"或"則表示用武力守衞着，兩者都專作爲部落人聚居的地方。所謂"邦中"講，和作爲部落全領地的"邦"，當然不能説是同義字，即和"邦"的本義"封"，也非同義。就"邑"、"或"兩字的製作看，"邑"似乎更先於"或"而存在。原始時代地曠人稀，部落與部落間既有廣大森林作爲間隔，而雙方的封林以內又各有廣大的土地足資生産，只要在互相承認之下相約不侵犯，便只須用卩就可資信守。到後來人口漸漸繁殖，需要用以居住和生産的土地也漸漸擴大，部落與部落間接觸也日漸頻繁，因而利害上也就不免有衝突。這時單靠一個卩來信守，也就有些靠不住了，這才有武力守衛的必要，而"邑"也就因之有了同義字"或"。

　　單就"或"這一字形的發展看，也饒有興趣。殷虛甲骨文還只作𢆶，所要守衛的，還只是圈定了作爲聚居的邑；金文中《南宫方鼎》有🐾字，還和甲骨文大同小異；《毛公鼎》國作𢆶，也作𢆶，那就口外除了戈還另有一個一，才和"或"完全符合；《禾距悖》作𢆶，"或"字就已圍上兩邊；《齊侯甗》作𢆶，已圍上三邊；到了《录卣》作𢆶，才四邊都圍起來而成了"國"。就這一個字形的發展，我們可以得到兩個意義：（1）"或"和"國"只是一個字形體的發展，決不如我們現在這樣用作兩義的；（2）原來只表示用武力守衛着一塊圈定的人們聚居之邑，後來守衛的武力需要用以守衛"邑"以外全領土的土地了，這才在"或"字之外再圍上一個表示全領土的大圈圈，這就是段氏所謂"或"未足以畫，乃又加圈而爲"國"了。等到"或"字發展而爲"國"，這才和指全領土的"邦"有同等的意義了。

　　那末"國"和"邦"兩字是不是就沒有區別了呢？就本義講，尤其是就"國"的本字"或"字講，當然不同，已如上述。但這還只是從字形上分析得來，我在這裏再引段玉裁的話來説明，《説文解字》邦字下段《注》：

　　　　《周禮注》曰"大曰邦，小曰國"，析言之也；許云"邦，國也"，"國，邦也"，統言之也。《周禮注》又云："邦之所居亦曰國。"此謂：統言，則封竟之内曰國，曰邑；析言，則國野對偶，《周禮》"體國經野"是也。古者城郭所在，曰國，曰邑，而不曰邦，邦之言封也。

這一分析，可算明白，只是其中所謂"統言則封竟之内曰國曰邑"一語，疑有誤，"邑"似應作"邦"，否則無所謂統言，且與上文引許語亦不合。由此我們可以明確知道："國"的本字"或"，其本義本只與"邑"同，所以可與野對偶；後來由"或"而成"國"，這才和"邦"同指封竟以内言，而可互訓。但就"統言封竟之内"一義講，兩字也不能説完全相同。"邦"是從邑丰聲的，而邑還只意味到用阝資信守；"國"既從"或"而擴大其守衛之範圍，那就意味着要用武力守衛了。守衛這一大圈圈而必經常有資於武力，那就不是部落而竟是國家——部落和國家可就不能説是同義語了。所以就"統言封竟之内"一義講，當初原只用"邦"字來表達；等到部落逐步蜕變而成國家，在其發展中，"邦"才逐步由"國"來代替。這在《尚書》二十八篇（僞古文各篇不計入）中至今還留下相當明顯的痕迹，我這裏暫取以對照如下：

		用"邦"字例	用"國"字例
虞書	堯典	一見	無
	皋陶謨	一見	無
夏書	禹貢	一見	無
商書	盤庚	五見	無
	西伯戡黎	一見	無
	微子	一見	無
周書	牧誓	一見	無
	洪範	一見	一見
	金縢	一見	一見
	大誥	八見	無
	康誥	三見	無

酒誥	四見	一見
梓材	四見	無
召誥	兩見	兩見
洛誥	一見	無
多士	一見	兩見
無逸	兩見	兩見
君奭	一見	一見
立政	一見	三見
顧命	一見	無
呂刑	一見	一見
文侯之命	一見	一見
秦誓	兩見	無

　　由上列《尚書》一書中把"邦"和"國"作爲同義字用的例看，我們可以得到一個大概：即《虞》、《夏》、《商》三書中，只見用"邦"字的例，絕不見用"國"字的例。直到《周書·洪範》才開始見用"國"字，但自此以後，如《金縢》、《酒誥》、《召誥》、《多士》、《無逸》、《君奭》、《多方》、《立政》、《呂刑》、《文侯之命》等篇仍都"邦"、"國"並用，且有數處與邑同義而互見，絕無一篇專用"國"而不用"邦"的；而《大誥》、《康誥》、《梓材》、《洛誥》、《顧命》、《秦誓》仍專用"邦"，而不用"國"，由此可知，自周初至春秋，還仍在由部落到國家的蛻變中，且以用"邦"字表示爲習見；直到戰國以後，"國"字才代替了"邦"字。本此，我覺得"邦"所指確是部落，而那小圈圈之外再加上個大圈圈的"國"，所指的才是國家，所以"邦"、"國"二字雖同指封竟內全領地，在實質上仍有所不同。

　　綜合以上就字形的分析，似乎可作一個結論如下：

　　　"邑"是古代部落與部落之間的沿境林，也即《説文解字》

所謂"野外謂之林"的林，引伸之則爲後代國與國之間的疆界。

"封"是古代部落中人聚居的地方，即《周禮·天官》中的"邦中"，因其築有垣牆，至後代遂成爲城邑的"邑"。

"邦"本是"封"的同義字，後來一再引伸，轉成了封竟以內的全領地，因音轉爲部落。

"國"的本字"或"，本是"邑"的同義字，後來因武力的守衛逐漸擴大，轉成後代"國家"的意義。

以上就是這四個同義字因引伸而來的區別。此外還有一個在古代，尤其是殷代，和"邦"完全同義的常用字，就是"方"。

在《尚書·商書·湯誥》中，"萬方"一詞凡六見；《周書》還有《多方》一篇，"多方"一詞凡九見，連"有方多士"的"有方"，"方"凡十見。《湯誥》"誕告萬方"《疏》："大誥諸侯以伐桀之義。……萬者舉盈數；下云'凡我造邦'，是誥諸侯也。"照這解釋，"方"竟即是"邦"；而"萬方"也即是《堯典》"協和萬邦"的"萬邦"。《多方》篇《序》："成王歸自奄，在宗周，誥庶邦，作《多方》。"更明明白白説明"多方"即是"庶邦"，所以這"多方"也即是《大誥》篇首"大誥繇爾多邦"的"多邦"。又《詩·大雅·常武》："不測不克，濯征徐國。王猶允塞，徐方既來。徐方既同，天子之功。""方"明明和"國"互用了。

"方"不但可和"邦"、"國"互用，並亦可以訓"封"。經籍中習見的"四方"，倘以"四封"、"四境"代之，義亦恰合。大概"封"、"邦"、"方"，只是因方音而聲轉的三個字。《廣韻》"封"屬三鐘，"邦"屬四江，"方"屬十陽。段玉裁《古十七部本音説》："四江一韻，東、冬、鐘轉陽、唐之音也。"照這樣説來，這字是由"封"經"邦"而聲轉爲"方"的了。

《説文解字》釋"方"爲"併船也，象兩舟省總頭形"。按"舟"

的小篆爲夕，而"方"的小篆爲方，照這兩篆的形體看，所謂"併船"，"省總頭形"，雖可牽合，總覺勉強了些。倘從甲骨文、金文的形體看，便覺得連勉強牽合都不可能了。甲骨文"舟"作、等形，而"方"卻作等形。金文"舟"作（《父丁卣》）、（《父壬尊》）、（《洹秦簋》）、（《開簋》）等形，而"方"卻作（《且子鼎》）、（《曾伯簠》）、（《番生簋》）、（《不嬰簋》）等形。不論它怎樣省，兩"舟"絶不可能併成一個"方"。倘撇開"舟"字不管，只把"方"字中間的"一"和"Ｈ"解作地，解作象草木根柢旁出形，倒可和"邦"、"封"的形體較爲切近，不過前者根柢向地下發展，而後者則莖支向地上發展而已。這樣的説法倘可成立的話，那末"方"和"邦"只是一聲之轉，而其義則同爲部落。這在甲骨文也已有"人方"、"鬼方"、"盂方"……一類方國之名，作爲地下遺物來給我們證明了。我很疑"方"一名是殷的方音，故爲殷人所習用；"邦"則是周的方音。《湯誥》不必説是殷的文獻，便是《多方》，雖爲《周書》，但也原是周成王誥殷庶邦的紀録。就拿《周詩·大雅·常武》來講，徐國、徐方也原是殷庶邦之一，當以武庚爲首的三監之叛發動時，徐戎原也是和淮夷並興的（見《史記·魯世家》），更可知徐和淮都是殷的盟邦，所以徐國也還稱徐方。

金兆梓傳（1889—1975）

　　金兆梓，字子敦，號芚齋、芚盦，浙江金華人，生於清光緒十五年（一八八九）。長兄兆豐（雪蓀），光緒二十九年癸卯科二甲第五名進士，授翰林院編修，曾任京師大學堂提調，著有《清史大綱》、《中國通史》等書。仲兄兆棪（仲蓀），舉人，京師大學堂畢業，歷任參議院議員、七總裁政府秘書長、臨時參政院參政。三兄兆鑾（蕭圃），曾任浙江寧波高等廳廳長，以通國際法名海内外。民國元年，金兆梓年廿四，畢業於北京大學預科，以未能升學，先投身社會工作，後考入北洋大學礦冶系，喜研化學，嗣以家貧母病，輟學歸里侍疾，閒時自修文史，旋任金華浙江省立第七中學教員、校長。九年秋，應北京高等師範學校（十二年七月，改名北京師範大學）之聘至北京，任文科教授。十年一月，“文學研究會”成立於北京，旋加入爲會員。十一年，以中學時文史老師張相（獻之，一八七七——一九四六）之介，任上海中華書局文史編輯，同年編成暢銷一時之《新學制初中本國史》，並出版所著之《國文法之研究》（“中華”版）。全書三章，爲繼劉復（半農）《中國文法通論》後革新派中國文法理論之重要著述（模仿派之代表作爲馬相伯、建忠昆仲合著之《馬氏文通》。馬氏在後序中自言：“此書係仿葛郎瑪而作”）。將“詞品”分爲“實字”、“虚字”、“傳感字”三大類。

　　十二年三月，考取北京政府外交部主事，任翻譯，遂離滬入京，嘗兼北平華北大學教授。十八年四月，復以張相之薦，重返中華書局，任教科圖書部副部長。十九年，升部長。任內主持編印大量初高小、初高中各科教科書。二十一年，出版《實用國文修辭學》（"中華"版）。二十四年，與蔡元培、吳敬恒、葉聖陶、朱自清等署名發表《推行手頭字緣起》。二十五年，《辭海》上冊出版（翌年續出下冊），列名爲編輯委員。同年卸除教科圖書部部長職務，繼年屆六十退休之張相爲編輯所副所長（所長舒新城）。二十六年夏，在北平"北京圖書館"爲中華書局出版之《古今圖書集成》謀補缺頁；七月，抗戰軍興，匆匆返回上海。二十七年，上海語法學界發起"中國文法革新"之討論，討論重點在於詞類上。金兆梓在《學術》第二輯發表《炒冷飯》一文，重申早年在《國文法之研究》中關於詞類劃分之主張，即"詞品盡可以根據詞本身的體、相、用來分"。金兆梓之主張對南派學者很有影響，郭紹虞認爲"南派則是沿着金兆梓的道路而發展的"（《漢語語法修辭新探》）。在上海時嘗兼大夏大學教授。

三十年十二月，太平洋戰事起，日軍開入上海租界，中華書局所有業務幾乎陷於停頓，自念曾在《新中華》雜誌發表反日文章，又在編寫之《新編高中本國史》下冊中有"寇深矣，可若何"之句，勢不可再留於上海。三十一年一月，偕局中歷史編輯章丹楓繞道同歸金華。春，迭奉中華書局新總經理李叔明（原總經理陸費逵於三十年七月病逝香港）、西南各省分局監理郭農山來電，促即赴重慶恢復出版業務。四月，與章丹楓經贛、湘、桂、黔入川。六月，抵達重慶，李叔明擬任爲編輯所所長，金兆梓以所長舒新城在滬，辭不就，改以總編輯名義主持局中編輯部，負責出版業務。計劃先行復刊《新中華》雜誌，後因忙於中華新成立之總管理處事務，籌備工作改由章丹楓、姚紹華負責。總管理處設總務、編輯、業務、會計、印刷五部，以總編輯名義兼編輯部長，吳廉銘副之。三十二年一月,《新中華》以月刊名義在重慶復刊,成爲大後方唯一大型期刊。除自撰社論外,一切由姚紹華負責(時章丹楓已出國)。又兼國立編譯館編纂。是時復旦大學內遷至夏埧,常應邀至復大作專題演講。三十三年冬,日軍進迫桂林,大量左派人士退至重慶。金兆梓委由茅盾(沈雁冰)組成一十人編審委員會,爲中華編印一套新文學叢刊,後因李叔明憂慮"會否有問題",以致該叢刊只出版一、二種後,即停止出版;爲此與李叔明意見不合,辭去編輯部長職務,由吳廉銘、姚紹華分任正、副部長。

三十四年八月,抗戰勝利,李叔明命金兆梓偕協理姚戴楣返上海接收中華書局。以才非其任,不往。三十五年春,得業師張相故世音訊,退志復萌,靜待六十歲到來即退休。東歸後與舒新城主持編輯所,計劃編輯出版工作;除將渝、滬兩編輯機構合而爲一外,並代圖書館委托茅盾乘訪蘇之便(茅盾於三十五年十二月應"蘇聯對外文化協會"邀請,至蘇聯參觀、講學;翌年春返國),代購俄文書籍。三十七年,年滿六十,仍任職如故(李立明《中國現代六百作家小傳》以金兆梓年滿六十退休,並搬往蘇州靜養,誤。金兆梓《我在中華書局三十年》,以第二次進局,共工作二十三年)。

一九四九年,廖胡今在局內發動同人學習馬列主義,金兆梓首先響應。一九五○年,任出席第一次"全國出版會議"特邀代表,至北京出席會議。一九五一年春,因公至北京向出版總署請示機宜。六月,出席"上海歷史會議"。會議期間,高血壓病復發,病勢危殆,逾兩月始脫險,自是年六月即請假不到局。十一月,正式按照新頒《勞動保險條例》退職養老,移住蘇州。計自一九二九年起,至一九五一年止,任職中華二十三載。一九五四年八月,任一屆"人大"蘇州市代表。其後復當選爲蘇州市人民委員、蘇州市副市長，又被聘爲江蘇省政協委員。一九五六年，獨子永祚（陶瓷工業家，曾任駐加拿大代理領事）携眷自美返回大陸定居（此據吳鐵聲《我所知道的中華人》。李立明《中國現代六百作家小傳》作一九六五年）。一九五七年，國務院科學規劃委員會新設“古籍出版規劃小組”，將出版任務交與中華書局，並將北京“古籍出版社”、上海“古典文學出版社”兩國營出版社併入中華，又調舒新城、金兆梓兩舊人重返中華書局，任金兆梓爲中華書局上海編輯所主任、北京總公司編輯部副總編輯，從事古籍整理工作，所寫稿件多未發表。同年在《拼音》第六期發表《我對〈漢語拼音方案（草案）〉的一些意見》。一九五八年五月，“中華書局辭海編輯所”成立，由舒新城任主任。一九五九年夏，舒新城任“辭海編輯委員會”主編，另設副主編四人，負責組織上海學術界力量，分科進行《辭海》具體修訂工作，任“辭海編輯委員會”委員。

一九六一年，任“上海文史館”館長，遷回上海居住。一九六二年，爲紀念中華書局成立五十週年，撰寫《我在中華書局三十年》一文（至該局慶祝七十週年前夕始有機會刊出）。在上海時，歷任政協上海市委委員、“中國民主促進會”（簡稱“文進”）上海市委員會委員、“上海歷史學會”理事。性嗜酒，晚年因酒患半身不遂。一九六六年六月，“文化大革命”起，後遭“四人幫”折磨，未發表之稿件喪失殆盡。一九七五年六月十五日因病在北京去世，終年八十七歲。

著有《國文法之研究》、《實用國文修辭法》、《苞盦治學類稿》、《穆罕默德》、《中國近代史》、《中國史綱》等。編有《新學制初中本國史》、《高級中學用新中華本國史》、《新編高中本國史》（三冊）、《新中學本國歷史參考書》、《俄國革命史》（金兆梓編，傅斯年校）、《法國現代史》（金兆梓編，樓桐孫校）、《現代中國外交史》（金兆梓編，王寵惠校）等。校有《中英外交史》、

《中法外交史》（以上束世澂編，金兆梓校）。譯有《詩之研究》（與傅東華合譯）。詩篇散見於《新中華》等雜誌，未輯集。

〔關國煊稿。參考：金兆梓《我在中華書局三十年》、吳鐵聲《我所知道的中華人》（以上載《學林漫錄》四集，一九八一年十月，北京中華書局版）、趙金銘《金兆梓》（載《中國現代語言學家》第一分冊，一九八一年十一月，河北人民出版社版）、李立明《中國現代六百作家小傳》（一九七七年十月，香港波文書局版）〕

（本文原載臺灣《傳記文學》第四十五卷第二期，有刪節）